सर्जनात्मक काव्यालोचन

सर्जनात्मक काव्यालोचन

अभ्यन्तर का उद्घाटन

पाण्डेय शशिभूषण 'शीतांशु'

लोकभारती प्रकाशन
पहली मंजिल, दरबारी बिल्डिंग, महात्मा गाँधी मार्ग, इलाहाबाद-1

लोकभारती प्रकाशन
पहली मंजिल, दरबारी बिल्डिंग, महात्मा गाँधी मार्ग
इलाहाबाद-211 001
वेबसाइट : www.lokbhartiprakashan.com
ईमेल : info@lokbhartiprakashan.com
शाखाएँ : 1-बी, नेताजी सुभाष मार्ग, दरियागंज
नयी दिल्ली-110 002
अशोक राजपथ, साइंस कॉलेज के सामने
पटना-800 006
36-ए, शेक्सपियर सरणी
कोलकाता-700 017

मूल्य : ₹ 550

संस्करण : 2014

इण्डियन प्रेस प्राइवेट लिमिटेड
इलाहाबाद-211 002 द्वारा मुद्रित

SARJNATMAK KAVYALOCHAN
by Pandeya Shashibhushan 'Shitanshu'

ISBN : 978-81-8031-827-6

अपने आदरणीय एवं स्मरणीय
आचार्य डॉ. कामेश्वर शर्मा
की पुण्य स्मृति में श्रद्धापूर्वक समर्पित
जिनके साहित्य-विवेक और अध्यापन-कौशल
से अभिप्रेरित होकर मैं साहित्यालोचन
में प्रवृत्त हुआ!

क्रम-सर्जना

पूर्व काव्यालोचन

हिन्दी आलोचना का वर्तमान संकट और सर्जनात्मक काव्यालोचन

1. हिन्दी आलोचना का वर्तमान संकट--सर्जनात्मक काव्यालोचन पर विचार करने के पहले हिन्दी आलोचना के वर्तमान संकट पर विचार कर लेना अपेक्षित है, क्योंकि सर्जनात्मक काव्यालोचन के अब तक विकसित नहीं हो पाने का कारण हिन्दी आलोचना की इस संकटावस्था में ही निहित है।

मलयालम के कवि, आलोचक के. सच्चिदानन्दन ने अपने Indian Literary Criticism विषयक आलेख में यह लिखा है कि "Traditional Indian Poetics is in a crisis today" पर परम्परित भारतीय काव्यशास्त्र की क्षमता और प्रभावपरकता तथा उसकी अद्‌यतन अपेक्षा को देखते हुए यह उक्ति भ्रान्तिपरक और अयुक्तियुक्त लगती है। हाँ, समकालीन हिन्दी आलोचना के सन्दर्भ में यह स्पष्ट प्रतीत होता है कि Hindi Literary Criticism is in a crisis today मानना होगा कि हिन्दी आलोचना आज अपनी संकटावस्था से गुजर रही है। इस संकट का कारण बाहरी भी है और आन्तरिक भी। पर मूलतः यह आन्तरिक है, क्योंकि यह संकट आलोचक की अपनी आलोचनधर्मिता का संकट है। यह हिन्दी आलोचना के अमौलिक होने और आलोचना के नाभिकेन्द्र से साहित्य को बाहर रख देने का संकट है। हिन्दी आलोचना अपनी अस्मिता अभी तक प्रभविष्णु नहीं बना पायी है। वह अपने संलक्ष्य में साहित्य को नहीं रखकर वादों और सिद्धान्तों को ही नाभिकेन्द्रित कर लिखी जा रही है। हिन्दी आलोचना का अपना कोई सिद्धान्त नहीं है। वह विरासत में प्राप्त या बाहर से आयातित सिद्धान्तों पर ही आधारित है। वह साहित्य का तलस्पर्शी सार्थक भावन, निर्वचन और सम्यक मूल्यांकन करने-कराने में भी असमर्थ है। इसके पास न तो भारतीय काव्यशास्त्र, न ही ग्रीक-इतालवी साहित्य-चिन्तन और न ही अद्‌यतन पाश्चात्य सिद्धान्तों की तरह अपना मौलिक साहित्य-सिद्धान्त है। यहाँ हिन्दी की क्लासिक कृतियों की समर्थ, शक्तिपूर्ण, गुणात्मक और प्रादर्श सर्जनात्मक आलोचना भी नहीं है। मेरी यह स्थापना भारत-सहित विश्व के बहुकालिक और समकालिक सिद्धान्तों से तुलना के सन्दर्भ में द्रष्टव्य है। हाँ, एकाध व्यक्ति हिन्दी आलोचना की अपनी ज़मीन की तलाश में भारतीय षड्‌दर्शन को अपने रंगीन लाल चश्मे से पढ़ गये हैं, उन्होंने वेदान्त को अप्रासंगिक मानकर झाड़ू से बुहार दिया है, ज़मीन की तलाश में अपने शाही ख्वाब में हिन्दी के आलोचना-सिद्धान्त का

आकाश-कुसुम खिलाया है, जो उनकी चाहत का इज़हार-भर बनकर रह गया है। बिसात पर कुछ भी नहीं आ पाया है।

हिन्दी अभी तक अपने आलोचनात्मक साहित्य को इतना समृद्ध नहीं कर सकी है कि दूसरी भाषाओं (देशी और विदेशी) का साहित्यालोचन इससे कुछ ग्रहण कर सके। इसके विपरीत वह अब तक संस्कृत के काव्यालोचन और विश्व के साहित्य-सिद्धान्तों से लगातार ग्रहण करती, उनका हरण, अनुसरण करती आ रही है। उसकी इस दुर्बलता ने ही उसकी संकटावस्था को गहराया है। इस प्रकार हिन्दी आलोचना के वर्तमान संकट पर विचार करना प्रकारान्तर से उसकी दुर्बलता पर विचार करना है, जहाँ हिन्दी आलोचकों के लिए आत्मान्वेषण करना लाज़िमी हो उठता है।

आत्मान्वेषण की प्रक्रिया में यह ज्ञात होता है कि हिन्दी आलोचना में मौलिकता का अभाव उसका सबसे दुर्बल पक्ष है। भारतीय आलोचनात्मक चिन्तन मूलतः संस्कृत का काव्यालोचनात्मक चिन्तन रहा है। जब इलाहाबाद विश्वविद्यालय में डॉ. धीरेन्द्र वर्मा हिन्दी के प्रोफेसर-अध्यक्ष थे तब उन्होंने हिन्दी के अपने काव्यशास्त्र के निर्माण के लिए, इस दिशा में चिन्तन-अनुचिन्तन और प्रणयन करने के लिए आह्वान किया था। पर उनके इस आह्वान की ओर न तो किसी ने ध्यान दिया और न ही किसी ने इस दिशा में प्रयत्न किया। यह स्थिति हिन्दी आलोचना के क्षेत्र में बहुत धुआँ उठने के बाद भी, अब तक, ज्यों-की-त्यों बनी हुई है। कहीं भी कोई अग्नि नहीं है, कोई प्रकाश नहीं है और न ही अपनी मौलिकता की जीवनोष्मा है। इस तथ्य और सत्य को नामवर जी जैसे जो आलोचक स्वीकार नहीं करते हैं, वे प्रायः एक वाग्छल का सहारा लिया करते हैं। वे कहते हैं कि संस्कृत में आलोचना नहीं है, वहाँ शास्त्र है और आलोचना शास्त्र से अलग है। पर सत्य यह है कि संस्कृत काव्यशास्त्र आलोचना का सिद्धान्त पक्ष है और यह काव्य-सर्जन और उसके अनुभावन से किस तरह जुड़ा हुआ है, इसे सर्वत्र लक्षण-उदाहरण के सायुज्य से स्पष्ट किया गया है।

सच्चाई यह है कि जब हिन्दी आलोचना में सिद्धान्त और सर्जनात्मक अनुप्रयोग—दोनों ही दिशाओं में किसी प्रकार की मौलिकता नहीं रेखांकित की जा सकती, जब एक प्रतिष्ठापित लम्बी रेखा से और बड़ी रेखा नहीं खींची जा सकती, तो डॉ. नामवर सिंह जैसे आलोचक के लिए बेहतर मार्ग यही रह जाता है कि अपनी आड़ी-तिरछी रेखा के सामने उस सीधी-लम्बी रेखा को रेखा मानने से इनकार कर दें। कहना होगा कि ऐसी स्थिति में यही काम वह अपने वाग्छल के द्वारा किया करते हैं।

यहाँ मेरा यह प्रश्न उठाना अप्रासंगिक नहीं होगा कि आखिर आलोचना है क्या? वस्तुतः आलोचना रचना के सन्दर्भ में सिद्धान्त और सर्जनात्मक अनुप्रयोग–दोनों ही रूपों में आलोचक के साहित्य-विवेक, जीवन-विवेक, उसकी निजी चिन्तनात्मक दृष्टि और संदृष्टि (vision) की अभिव्यक्ति है। यहाँ मैं जिसे साहित्य-विवेक कह रहा हूँ उसमें 'साहित्य-सिद्धान्त' और 'सहृदयत्व' दोनों का ही मणिकांचन संयोग रहता है। पर नामवर जी का उक्त वाग्छल भी क्या उनका मौलिक उद्गार है? स्पष्ट ही नहीं, क्योंकि यह भी अंग्रेजी के एक प्रसिद्ध आलोचक रेनेवेलेक की एक मान्यता की विरूपित (Destorted) छाया-भर है। वेलेक ने अपनी मान्यता यह कहकर स्पष्ट की है कि 'साहित्यिक वैदुष्य' (Literary Scholarship) और 'साहित्यालोचन' (Literary Criticism) दोनों भिन्न हैं। ये एक नहीं हैं। पर क्या भारतीय काव्यशास्त्र केवल साहित्यिक वैदुष्य-भर है? क्या पश्चिम में अरस्तू और प्लेटो से लेकर अब तक प्रवर्तित हो रहे साहित्य-सिद्धान्त साहित्यिक वैदुष्य भर हैं? तब तो बिम्ब, तनाव, विडम्बना आदि के सारे सिद्धान्त भी साहित्यिक वैदुष्य-भर हैं। पर नामवर जी तो इन्हीं सिद्धान्तों को लेकर कविता की आलोचना करते हैं, कविता का नया प्रतिमान रचते हैं। यही नहीं, अपनी 'कविता के नये प्रतिमान', जैसी आलोचना-कृति के आरम्भ में वे अपने आलोचन-कर्म को उद्भासित-प्रकाशित करने के लिए प्रसिद्ध भारतीय काव्यशास्त्री आनन्दवर्धन का श्लोक-पर-श्लोक उद्धृत करते हैं। यानी हिन्दी आलोचना में नामवर जी की स्थापना पर क्या कहें, उनका तो आरोप तक मौलिक नहीं है। वैसे साहित्यिक वैदुष्य साहित्य-विषय के समग्र या विशिष्ट ज्ञान में पारंगत होना है, जैसा किसी भी अन्य विषय के वैदुष्य में होता है। साहित्यिक वैदुष्य रखनेवाले के लिए आलोचन-कर्म आवश्यक नहीं है, पर आलोचन-कर्म के लिए साहित्यिक वैदुष्य रखना लाभकर ही है।

पश्चिम में तो हमारे समकाल तक में सिद्धान्त-पर-सिद्धान्त रचे गये हैं और रचना का सर्जनात्मक निर्वचन भी बड़े प्रभावी ढंग से किया गया है। पर हिन्दी आलोचना या तो संस्कृत का उच्छिष्ट खाती है या पश्चिमी संरचना, उत्तर-संरचना, रूपवाद, शैलीविज्ञान, संकेतविज्ञान, उत्तर-आधुनिकता, उत्तर-उपनिवेशवाद, मनोविश्लेषणवाद, सौन्दर्यशास्त्र, मार्क्सवाद, अस्तित्ववाद, साहित्य का समाजशास्त्र, उत्तर-मार्क्सवाद, दलित-साहित्य, स्त्री-विमर्श आदि आयातित सिद्धान्तों पर आन्दोलनात्मक विमर्श करती रहती है। क्या इसे कोई हिन्दी आलोचना की मौलिकता कहेगा? सच्चाई यह है कि हिन्दी आलोचना और आलोचक के पास न तो आज कहीं आलोचकीय मस्तिष्क है और न ही कहीं आलोचकीय हृदय। उसकी विशेषता, महत्ता और

सार्थकता यदि कुछ है, तो वह इसकी पराश्रयता और परोपजीविता है। पर इसके कुछ कनिष्ठिकाधिष्ठित अपवाद अवश्य हैं।

मैं अपनी इस स्थापना को थोड़ा और विस्तार दूँगा। पाठ की आलोचना में सर्जनात्मक निर्वचन की दिशा में पश्चिम में लेवी स्ट्रास ने जो मिथकों की संरचना का, देरिदा ने रूसो के सिद्धान्तों का, शैलीविदों ने अनेक कवियों की कविताओं का और विसंरचनावादियों ने जो अनेकानेक पाठों का सर्जनात्मक निर्वचन किया है, एडगर एलेन पो की कहानी 'द पर्लोइण्ड लेटर' (The Purloined Letter) का जो अर्थगर्भी निर्वचन देरिदा, लेकाँ तथा अन्यों ने किया है वैसी आलोचनात्मक सक्रियता तो हिन्दी में कहीं देखने तक को नहीं मिलती। सर्जनात्मक साहित्यालोचन का क्षेत्र अभी सूना है।

कहते हैं, मूल की नयी व्याख्या में मूल का, यानी मौलिक स्थापना का ही श्रेय मिलता है। यह मान्यता आनन्दवर्धन की है। बहुत पहले डॉ. नामवर सिंह ने इसे अपनी एक आलोचनात्मक कृति के आरम्भ में कुछ सोच-समझकर ही उद्धृत किया था। पर इस आलोक में भी हिन्दी आलोचना में जैसा अपेक्षित रहा है, अब तक न तो संस्कृत काव्य-सिद्धान्तों का ही नया निर्वचन किया जा सका है और न ही हिन्दी साहित्य की महत्त्वपूर्ण कृतियों का ही सर्जनात्मक निर्वचन सम्भव हो पाया है। यानी मूल की नयी व्याख्या की मौलिकता भी प्रायः हिन्दी आलोचना को प्राप्त नहीं हो सकी है।

हिन्दी आलोचना का जो-कुछ भी आज तक महत्त्वपूर्ण माना जाता है, उसका अविकसित रह जाना उसका दूसरा दुर्बल पक्ष है। ऊपर मैंने जिन कनिष्ठिकाधिष्ठित अपवादों की बात की है, यहाँ मेरा आशय उसी अपवाद-त्रयी से है। वस्तुतः हिन्दी आलोचना के जो तीन अत्यन्त महत्त्वपूर्ण आलोचक माने जाते हैं—रामचन्द्र शुक्ल, हजारीप्रसाद द्विवेदी और नन्ददुलारे वाजपेयी—वे मेरी दृष्टि में हिन्दी के पाठकवादी आलोचक (Readers—Oriented Critic) थे। आलोचना के क्षेत्र में पाठकवादी सिद्धान्त पश्चिम में बाद का आन्दोलन है। पर वह अपनी गुणात्मकता में पहले हिन्दी में आया। पाठकवादी आलोचक साहित्य-विवेक (Literary comptence) से सम्पन्न होता है। यहाँ पाठक (Reader) से अभिप्राय समर्थ पाठक, योग्यतम पाठक से लिया जाता है। यह साहित्य का वही पाठक है, जिसमें साहित्य-विवेक, जीवन-विवेक, निजी चिन्तनात्मक दृष्टि और संदृष्टि (Vision) होती है। इस त्रयी की आलोचना में ये सभी विशेषताएँ मिलती हैं। इनके यहाँ मूल की नयी व्याख्या है, तो कृति और कृतिकार के विषय में नयी स्थापनाएँ भी हैं और नन्ददुलारे वाजपेयी के यहाँ तो एक सीमा में ही सही, पर सर्जनात्मक निर्वचन भी है। खेद है कि हिन्दी में इस पाठकवादी

आलोचना का विकास नहीं हो पाया। वह अवरुद्ध हो गयी। 'ब्राण्डमार्का आलोचना' ने ऐसा जोर पकड़ा कि इसकी नवाचारिता के आमोह में पाठकवादी आलोचना के विकास की सम्भावना ही निःशेष हो गयी। फिर बाद में अन्य पश्चिमी साहित्य-सिद्धान्त आये। इससे हिन्दी में इस पाठकवादी आलोचना का भविष्य ही नष्ट हो गया।

हिन्दी आलोचना की गम्भीरता और उसकी कर्मनिष्ठा को मार्क्सवादी बनाम जनवादी आलोचना ने भी क्षति पहुँचाई है। हिन्दी में न तो इसके अपने सिद्धान्त पक्ष का सम्यक् विवेचन सम्भव हो पाया है और न ही इसके मानदण्ड और मानक को स्थापित कर उस पर विमर्श ही किया जा सका है। अब तक इस आलोचना के जितने प्रतिमान प्राप्त होते हैं, वे सभी बाहरी प्रतिमान ही हैं। चाहे गोल्डमान हों या लूकाच, अल्थूसर हों या ग्राम्शी, बख्तिन हों या मैकरे, इन सबने क्लासिकल मार्क्सवाद में नयी सम्भावनाओं को लेकर विचार किया है। पर हिन्दी में जड़ मार्क्सवाद से आगे नव्य मार्क्सवाद या उत्तर-मार्क्सवाद पर विचार करनेवाले लोग नहीं हैं। हिन्दी की मार्क्सवादी आलोचना ने न तो किसी टेरी ईगल्टन को जन्म दिया है और न ही फ्रेडरिक जेम्सन को। यह आलोचना आज भी हिन्दी में जड़ और गतानुगतिक आलोचना ही है। सिद्धान्त के क्षेत्र में तो इसकी प्रकृति घोर अनुर्वर है।

मार्क्सवादी हिन्दी आलोचना के इस दुर्बल पक्ष को कभी एक सीमा-रेखा खींच कर डॉ. नामवर सिंह ने स्वयं स्वीकार किया था कि "1956 तक जिस तरह की मार्क्सवादी आलोचना लिखी गयी, चाहे वह सोवियत संघ में हो, पश्चिमी यूरोप के देशों में हो, चाहे अन्यत्र, यह बहुत ही यान्त्रिक, स्केमेटिक और कट्टरपन्थी राजनीतिक दृष्टि से परिचालित थी और आज यह माना जाता है कि इस दौर की साहित्यिक आलोचनाएँ मार्क्सवाद की बहुत उथली और कच्ची समझ का परिणाम थीं।" पर हिन्दी में मार्क्सवादी आलोचना आज भी उसी तरह लिखी जाती है। इसमें एंगेल्स का स्वर प्रमुख नहीं है, बल्कि लेनिन का स्वर ही प्रमुख है। इसीलिए यह आलोचना अपने व्यवहार पक्ष में विचारधारा, प्रतिबद्धता, सामाजिक यथार्थ और मूलाधार के आधार पर समसामयिक समाज और राजनीति से जोड़ने का प्रयत्न करती और वैसे मुद्दों पर बहस करने को ही अपना प्रमुख एजेण्डा बनाती है, जहाँ साहित्य छूट जाता है। स्पष्ट तौर पर मार्क्सवादी आलोचना ने आर्थिक वर्ग-संरचना और राजनीति को नाभिकेन्द्र में रखकर साहित्य को दरकिनार कर दिया है। इसकी शिविरबन्दी और पक्षधरता हिन्दी आलोचना के 'जेनुइननेस' के लिए खतरा है। यहाँ न तो मार्क्स की 'बहुवचनीयता' का विवेचन है और न ही हीगेल के साथ उसके वैचारिक सम्बन्ध और सरोकार पर विचार। इस आलोचना ने पाठकवादी आलोचना का विकास अवरुद्ध किया है। न तो वैश्विक धरातल पर इस आलोचना के

विकासक्रम की सम्यक् मीमांसा की गयी है, न मार्क्सवाद का पुनर्मूल्यांकन और न ही प्रतिष्ठित मार्क्सवादी प्रतिमानों के आधार पर हिन्दी की महत्त्वपूर्ण कृतियों का मूल्यांकन। बौद्रिया और ल्योतार ने मार्क्सवाद पर जो आरोप लगाये हैं या देरिदा ने जो 'Spector of Marx' लिखा है, उनका उत्तर भी हिन्दी के मार्क्सवादी आलोचक नहीं दे सके हैं। इस तरह विश्व की मार्क्सवादी आलोचना की तुलना में हिन्दी की मार्क्सवादी आलोचना कहीं कम विकसित और दुर्बल सिद्ध होती है। यही नहीं, हिन्दी आलोचना के क्षेत्र में भी इसमें कई ऐसी दुर्बलताएं हैं, जो हिन्दी आलोचना को विकसित नहीं होने देती हैं। भले ही मार्क्सवादी आलोचक इसे अपने स्वास्थ्य का प्रमाण मानें, पर यह उनकी मानसिक रुग्णता ही है कि अपने शिविर के सर्जकों और आलोचकों के सिवा अन्य समर्थ सर्जकों और आलोचकों का वे नोटिस नहीं लेते। मार्क्सवादी ब्राण्डमार्का आलोचना द्वारा साहित्यकारों में दृष्टान्ततः डॉ. रामदरश मिश्र और उदयप्रकाश की लगातार उपेक्षा करना तथा इन पर तरह-तरह के असंगत आरोप लगाना—वस्तुतः इस आलोचना की पूर्वग्रस्तता है। इस तरह यहाँ 'जेनुइननेस' का अभाव है, जो इसका दुर्बल पक्ष है।

आलोचना सिद्धान्त या सर्जना के विषय में आलोचक की अपनी स्थापना, उसके द्वारा की गयी रचना की परख और पहचान हुआ करती है। इसलिए यहाँ अलग-अलग आलोचकों से उसकी निजता और अन्यों से उसकी भिन्नता या उससे आगे की विस्तृति-संहति की अपेक्षा बुनियादी तौर पर बनी रहती है। पर मार्क्सवादी आलोचना में प्रायः सुरों की इस भिन्नता की जगह सुरों की एकता-ही-एकता देखने को मिलती है, मानों दादुर-समूह एक स्वर में टर्रा रहे हों या शृगाल एक स्वर से सामूहिक विरुद-गान कर रहे हों। यह भी हिन्दी में मार्क्सवादी आलोचना की अक्षमता ही है। उनके यहाँ अगर कहीं भिन्नता है भी, तो वह बालू की नींव पर खड़ी है अथवा विरोधमात्र के लिए है।

मार्क्सवादी हिन्दी आलोचना सन्तुलनहीन है। वह घोर एकांगी है। वह रचना पर विचार करने के पूर्व द्विविभाजन (Dichotomy) का सहारा लेती है। ऐसे में वह रचना को 'अन्तर्वस्तु' और 'रूप' (Content and Form) में बाँटती है तथा केवल 'अन्तर्वस्तु' की सतह पर तैराकी करती रहती है, उसकी गहराई में नहीं उतरती, गोताखोरी नहीं कर पाती और उसमें निहित अभिप्रायों, सार्थक कथ्य-छायाओं की उद्घाटन-प्रक्रिया तक भी नहीं पहुँच पाती है। इसलिए वह रचना की सही पहचान-परख नहीं कर पाती है। अपने इस आरोप को मैं यहाँ मुक्तिबोध की 'अँधेरे में' कविता के बारे में नामवर जी और चंचल चौहान (दोनों मार्क्सवादी-जनवादी आलोचक) द्वारा दिये गये एक तथाकथित परस्पर विरोधी वक्तव्य के आधार पर प्रमाणित कर रहा हूँ।

इन दोनों के बीच यहाँ विचारणीय बिन्दु यह है कि 'अँधेरे में' कविता में 'अस्मिता की तलाश' है या 'अस्मिता का विलय' है? यह विवाद इस ब्राण्डवादी आलोचना के द्वार सुलगा दिया गया। नामवर जी ने अपनी पुस्तक के दूसरे संस्करण में 'अँधेरे में' कविता का अपने द्वारा पहले किये गये विवेचन के बाद 'पुनश्च' लिखकर चंचल चौहान को उत्तर दिया। पर यह साहित्य-विवेक दोनों में से किसी में नहीं उभर पाया कि वह यह समझ सकें कि ये दोनों परस्पर विरोधी कथन न होकर परस्पर सहनिर्भर कथन हैं, क्योंकि बिना निजी 'अस्मिता के विलय' के काम्य 'अस्मिता की तलाश' व्यर्थ है और इसी तरह काम्य अस्मिता की तलाश तो कथित अस्मिता के विलय की अपेक्षा रखती ही है। यहाँ अस्मिता की तलाश से आशय अस्मिता की सही पहचान से है। मुक्तिबोध ने स्वयं जिसे 'डी-क्लास' होना कहा है, जहाँ कहीं अपनी मध्यवर्गीय चेतना को छोड़ने की बात की है, वही तो 'अस्मिता का विलय' है। पर यह होगा कहाँ? इस गन्तव्य को प्राप्त करने के लिए ही तो 'अस्मिता की तलाश' या 'पहचान' की सार्थकता है। तभी सर्वहारा वर्ग की अस्मिता में मध्यवर्ग का यह विलय सम्भव हो पायेगा। इसे यूँ देखें कि काँच का एक ग्लास है। उसमें आधा पानी है, जो साफ-साफ अपनी पारदर्शिता में दीख रहा है। पर एक यह कह कर अड़ा है कि आधा ग्लास खाली है और दूसरा यह दृढ़तापूर्वक कह रहा है कि आधा ग्लास भरा है। इनमें कोई भी वस्तुस्थिति को नहीं समझा पा रहा है, क्योंकि यहाँ रचना को देखने की दृष्टि का, साहित्य-विवेक से उत्पन्न उस पारदर्शिता का अभाव है, जो तत्काल इसकी पारस्परिक सह-निर्भरता का ज्ञान और अनुभावन करा देती है। यदि चंचल चौहान इसे समझ लेते, तो अपने मन्तव्य को नामवर जी के मन्तव्य की व्याप्ति और उसकी पारस्परिक निर्भरता में उपस्थापित कर देते और यदि नामवर जी यहाँ अपने साहित्य-विवेक में नहीं चूकते, तो 'पुनश्च' में इतना लम्बा-चौड़ा वक्तव्य देने की, 'रै-करण' (Reification) तक की चर्चा करने की उन्हें कोई आवश्यकता ही नहीं पड़ती। वे 'पुनश्च' में दोनों कथनों की परस्पर निर्भरता और एकोन्मुखता के प्रति दो वाक्य लिखकर ही वस्तुस्थिति स्पष्ट कर देते। पर मार्क्सवादी आलोचना इसमें चूक गयी। दोनों के द्वारा अपनी-अपनी शक्ति दिखाने में ही आलोचक और आलोचना की अशक्ति सामने आ गयी।

हिन्दी आलोचना की एक दुर्बलता उसमें विकासात्मक-गत्यात्मक आलोचना का अभाव है। इस ओर आलोचक अब तक ध्यान नहीं दे पा रहे हैं। इस प्रकार की आलोचना जहाँ साहित्य-विवेक से सम्भव होती है, वहीं साहित्य-विवेक को सम्पन्न-समृद्ध भी करती है। विकासात्मक-गत्यात्मक आलोचना तब सामने आती है जब किसी पूर्व स्थापित साहित्य-सिद्धान्त को और आगे बढ़ाया जाए, उसमें कुछ नयी कड़ियाँ और

जोड़ी जाएँ अथवा उसके उपांग या अभिलक्षण को तर्कसंगति के आधार पर खण्डित कर हटा दिया जाए और किसी नये, युक्तियुक्त अभिलक्षण या स्थापना से उसे प्रतिस्थापित कर दिया जाए। व्यवहार पक्ष में विवेचन-निर्वचन की दृष्टि से एक आलोचक द्वारा की गयी पूर्व स्थापना को उसी दिशा में और व्याख्यायित किया जाए अथवा सर्वथा नयी दिशा में जाकर नयी, मौलिक उद्भावना-स्थापना की जाए, भले ही यह स्थापना पूर्ववर्ती आलोचना की विरोधिता में ही क्यों न उपस्थित हो?

सिद्धान्त पक्ष में 'अलंकार सिद्धान्त' की मूल स्थापना से अलग हटकर वक्रोक्तिकार कुन्तक के द्वारा 'वक्रोक्ति' को एक अलंकार-मात्र न मानकर उसकी स्वतन्त्रतः स्थापना करना और उसकी 'वाच्य-वक्रता' के अन्तर्गत अलंकारों को समाविष्ट कर लेना विकासात्मक-गत्यात्मक आलोचना का दृष्टान्त है। हिन्दी में आचार्य रामचन्द्र शुक्ल के दो आलोचनात्मक आलेखों—'साधारणीकरण' और 'कविता क्या है' में किसी अंश तक विकासात्मक-गत्यात्मक आलोचना का आरम्भ रेखांकित किया जा सकता है। पर परवर्ती हिन्दी आलोचना में इस दिशा में कोई सक्रियता प्राप्त नहीं हो पाती है।

व्यवहार-पक्ष के उदाहरण में हिन्दी के एक ललित निबन्धकार के साहित्य-विवेक को, उसकी परख-पहचान को देखने की आवश्यकता है, जिससे हिन्दी आलोचना में इस प्रकार के अभाव का सहज ही पता चल पाता है। हिन्दी निबन्धकार कुबेर नाथ राय की एक पुस्तक है 'किरात नदी में चन्द्रमधु'। अपनी इस पुस्तक के एक निबन्ध में उन्होंने 'निराला' की प्रसिद्ध कविता 'जुही की कली' के विषय में तब तक की गयी सारी आलोचनात्मक परिशंसाओं और स्थापनाओं को नकार दिया है। यहाँ तक कि स्वयं इस कविता के कवि 'निराला' के द्वारा की गयी विवेचन-व्याख्या से भी अपनी असहमति जताते हुए उसकी सर्वथा नवीन और मौलिक विवेचना की है। कहना होगा कि इससे अधिक उपयुक्त और सटीक विकासात्मक-गत्यात्मक आलोचना का प्रमाण ढूँढ़ना कठिन है। श्री राय के शब्दों में "मुझे विशेष रूप में स्मरण आती है 'निराला' की रचना 'जुही की कली'। छायावाद के आमुख काल में यह कविता लिखी गयी थी, परन्तु प्रत्यक्ष, सुन्दर अर्थ पर एक वेदान्ती, नीरस अर्थ कवि ने ही स्वयं आरोपित कर दिया था। सम्भवतः 'सरस्वती' के तत्कालीन आर्यसमाजी, वेदान्ती पहरेदारों को फुसलाने के लिए, अन्यथा उनके स्थूल 'हवालेपन' से यह बेचारी जड़-समेत उखड़ जाती। पर जब मैं इस शुक्लाभिसारिका-जैसी, शुक्लाप्रेमिका-जैसी चन्द्र-ज्योत्स्ना के साथ एकान्त में बैठकर बात करता हूँ, तो 'विजन-वन-वल्लरी' से आरम्भ होकर अन्तिम पंक्ति तक कविता का मधुकोष दल-प्रति-दल, पाँखुरी-दर-पाँखुरी खुलने लगता है और तब मैं अनुभव करता हूँ कि अपने असल अर्थ में यह कविता

मोक्ष-बोध की नहीं, काम-बोध की कविता है। बालिका-वधू का कामबोध। यह जुही की कली भीतर-ही-भीतर तरुण हो चली है। पर यौवन-बोध अभी वयःसन्धि द्वार को लाँघ ही पाया है। वह 'अमल-कोमल-तनु' है। 'दृग बन्द किये शिथिल पत्रांक' में सोयी है। सम्भवतः अपने विकसित हुए आन्तरिक व्यक्तित्व के प्रति स्वयं सचेत नहीं। चेहरे पर विमलता-अबोधता-पवित्रता के भाव अंकित हैं और इसी समय 'मलयानिल' अर्थात् कामबोध उस सोयी हुई (अर्थात् अपने इस नये व्यक्तित्व के प्रति अचेत) जुही की कली को आकर झकझोर जाता है : यौवन का तीव्र, सचेत बोध दे जाता है, भीतर के स्नायुमण्डल को जगाकर। 'निराला' भले ही कहें कि वह मलयानिल 'उपवन, सर-सरित, गहन गिरिकानन, कुंज-लता-पुंजों को पार कर' दूर देश से आता है, परन्तु मैं तो ऐसा अर्थ प्राप्त करता हूँ कि सारी प्रक्रिया भीतर होती है, वह मलयानिल भीतर जाता है। वह 'वन-उपवन, सर-सरित, गहन गिरि-कानन' सब-कुछ मन के अवचेतन और स्नायु-चक्रों में है और वह अन्तर का मलयानिल अनेक स्नायु-चक्रों को निर्ममतापूर्वक जगा देता है, जो वयःसन्धि के बाद सक्रिय होते हैं। कविता की भाषा रूपक या 'एलेगरी' होती है। अतः जो व्यापार भीतर घटित होता है, उसको यहाँ पर बाह्य नाट्य और प्रतीकों के आधार पर प्रस्तुत किया जाता है। इसी से मलयानिल, जो भीतर की कामचेतना है, बहुत दूर देशों से आते मलयानिल का रूपक धारण कर प्रत्यक्ष होता है। वह 'जुही की कली' इस प्रकार भीतर-भीतर काम-चैतन्य का पूर्ण जागरण पाकर सृष्टि-व्यापी प्रकृति-पुरुष की कामलीला का प्रतीक बन जाती है न कि आत्मा-परमात्मा के मोक्षमार्गी महामिलन की। यह वेदान्ती नहीं, वैष्णवी कविता है।" "...इस कविता को वेदान्ती मानना इसके काव्यत्व को हीन करना है। यह शुद्ध और स्वस्थ कामबोध की कविता है। यह स्वास्थ्य-दीप्त कामबोध है। वसन्त में इस बोध को उद्दीपन प्राप्त होता है और भीतर के बोधचक्र, भीतर की रक्तशिरा और स्नायुप्रवाह जग जाते हैं।... 'जुही की कली' रस से भावित कामबोध की कविता है।" (किरात नदी में चन्द्रमधु, पृष्ठ-19, 20, 21) इस तरह विगत शताब्दी के नवें दशक के आरम्भ में हिन्दी के श्रेष्ठ चिन्तक और ललित निबन्धकार कुबेरनाथ राय ने जो 'जुही की कली' की उक्त अन्तर्मुख, वैष्णवी व्याख्या प्रस्तुत की है, वह विकासात्मक-गत्यात्मक आलोचना का सुन्दर दृष्टान्त है। पर हिन्दी आलोचना में इस प्रकार की आलोचना का अभाव उसकी अशक्ति को ही दर्शाता है।

हिन्दी आलोचना में अब तक हिन्दी साहित्य की क्लासिक कृतियों और महत्त्वपूर्ण रचनाओं, यथा—'गोदान', 'कामायनी', 'कफन', 'पूस की रात', 'राम की शक्तिपूजा', 'अँधेरे में', 'असाध्यवीणा' आदि के सन्दर्भ में विकासात्मक-गत्यात्मक आलोचना का अभाव खटकता है। ये सभी रचनाएँ बहुध्वनिक (polyphonic) और

अर्थगर्मी रचनाएँ हैं। केवल मैंने इस दिशा में पहला प्रयास इन सब पर आलेख लिखकर किया है। अतः गतानुगतिकता से अलग हटकर आलोचना की इस नयी दिशा में विमर्श और विवेचन सम्भव है, पर अब तक इस दिशा में जो-कुछ प्रयास हुए भी हैं, वे नगण्य हैं।

हिन्दी आलोचना का एक और दुर्बल पक्ष आलोचनात्मक सिद्धान्तों के विवेचन के सन्दर्भ में उनके अनुप्रयोगी और व्यवहार पक्ष की उपेक्षा है। किसी भी सिद्धान्त की चरितार्थता और सार्थकता उसके व्यवहार पक्ष से ही सिद्ध हो पाती है। इसी से सिद्धान्तों के विवेचक के साहित्य-विवेक का भी पता चलता है। डॉ. नगेन्द्र ने पश्चिमी प्रगामी आलोचना-सिद्धान्तों में क्या काव्य-बिम्ब, क्या सौन्दर्यशास्त्र, क्या मिथक, क्या शैलीविज्ञान, क्या साहित्य का समाजशास्त्र और क्या तुलनात्मक साहित्य, सभी का सिद्धान्त-विवेचन किया, पर इन सिद्धान्तों के आधार पर वे किसी भी सर्जनात्मक कृति का अनुप्रयोगी विवेचन नहीं कर सके। काव्य-बिम्ब के सन्दर्भ में डॉ. रामस्वरूप चतुर्वेदी ने 'संश्लिष्ट बिम्ब' का सिद्धान्त दिया, यद्यपि इस 'संश्लिष्ट' शब्द का पूर्व प्रयोग शुक्ल जी कर चुके थे। पर चतुर्वेदी जी 'संश्लिष्ट काव्यबिम्ब' के सिद्धान्त के आधार पर किसी कृति का सौन्दर्यशास्त्रीय विवेचन नहीं कर सके। दूसरे शब्दों में इस सिद्धान्त का अनुप्रयोगी पक्ष ऋणात्मक ही रहा। यहाँ एक बात ध्यान में रखने की है कि सिद्धान्तों के घटक-तत्त्वों के उदाहरण रचना से ढूँढ़-ढूँढ़ कर प्रस्तुत करना सिद्धान्त का ऐसा अनुप्रयोगी पक्ष नहीं है, जिससे उस सैद्धान्तिक आलोचना की अनुप्रयोगी सर्जनात्मक चरितार्थता प्राप्त की जा सके, बल्कि यह तो सिद्धान्त का ही निदर्शन और स्पष्टीकरण है। ऐसा ही शैलीविज्ञान, मिथकीय सिद्धान्त, मनोविश्लेषण, मार्क्सवाद, अस्तित्ववाद, साहित्य का समाजशास्त्र, संरचनावाद, उत्तर-संरचनावाद, विसंरचना (डीकन्स्ट्रक्शन), तुलनात्मक साहित्य, उत्तर-उपनिवेशववाद आदि के सिद्धान्तों के सन्दर्भ में भी हुआ है। इन सिद्धान्तों को भी रचना या कृति-विशेष पर साकल्य (Wholeness) में अनुप्रयुक्त करते हुए उसकी साभिप्रायता, सोद्देश्यता और सार्थकता को उद्घाटित नहीं किया जा सका है। यहाँ जिस प्रकार का निदर्शनात्मक और सोदाहरण स्पष्टीकरणात्मक अध्ययन हुआ है, उस तरह के घटकीय निरूपण को पहले पश्चिम में 'फाइलोलॉजिकल स्टडी' कहा जाता था। हिन्दी में यदि ऐसा शीर्षक बनाएँ तो उदाहरण होगा—प्रेमचन्द के उपन्यासों में किसान, प्रेमचन्द की कहानियों में मजदूर, प्रेमचन्द के कथा-साहित्य में दलित, पन्त के काव्य में बिम्ब, 'निराला' की कविता में विचलन और समान्तरता।

वस्तुतः सिद्धान्त के आधार पर की जानेवाली व्यावहारिक आलोचना की एक प्रतीक्षित सोद्देश्यता रही है। वह यह कि वह महान् कृतिकारों तथा अन्य कृतिकारों

की भी महत्त्वपूर्ण कृतियों की सम्यक् पहचान-परख कर उसकी अनदेखी साभिप्रायता और सार्थकता को दिखा सके, उसका सही मूल्यांकन कर सके। यदि एक-दो अपवादों को छोड़ दें, तो हिन्दी में इस दिशा में भी विराट् शून्य ही दृष्टिगत होता है। अपवादों में वासुदेवशरण अग्रवाल का नाम लिया जाएगा, जिन्होंने भारतीय मिथकीय प्रतीकों में समुद्र-मन्थन और 'कल्पवृक्ष' की कूट-मुक्ति के द्वारा मिथकीय आलोचना को सार्थक दिशा प्रदान की है और ऐसे अभाव को भाव में भरने का प्रयत्न किया है। पर हिन्दी के आलोचक अन्यान्य क्षेत्रों के ऐसे समर्थ चिन्तकों-विवेचकों से भी अभिप्रेरणा लेकर इस अभाव को भरने की दिशा में प्रयत्नशील नहीं हैं।

हिन्दी में प्रायः सैद्धान्तिक और सर्जनात्मक (व्यावहारिक)–दोनों प्रकार की आलोचना में सही 'तुलनात्मकता' और 'अन्तरपाठीयता' (Inter-Textuality) का अभाव मिलता है, जबकि आलोचना के विकास-क्रम और समृद्धि की दृष्टि से इसका महत्त्वपूर्ण स्थान है। जो आलोचना पूर्ववर्ती और परवर्ती, पौरस्त्य और पाश्चात्य तथा विभिन्न अभीष्ट भाषिक साहित्यों के बीच ऐसे सूत्रों, बीजों और प्रभाव-छायाओं के अन्तर-पाठों का विवेचन करती है, वह आलोचना महत्त्वपूर्ण, सार्थक और श्रेष्ठ मानी जाती है। ऐसा नहीं है कि हिन्दी में तुलनात्मक आलोचना नहीं लिखी गयी है। वह लिखी गयी है और अधिकाधिक लिखी गयी है। पर वह 'तुलनात्मक साहित्य' जैसे पश्चिमी ज्ञानानुशासन के स्वरूप और घटक-तत्त्वों से बिना पूरी तरह परिचित हुए ही केवल 'समानता' और 'असमानता' के आधार पर अब तक लिखी जा रही है, जबकि इसमें 'तद्रूपता' (identity) और 'व्यतिरेकिता' (contrastivity) जैसी दिशाएँ भी खुलती हैं। जहाँ तक अन्तरपाठीयता का प्रश्न है, हिन्दी के सर्जनात्मक साहित्य में अन्तरपाठीयता का सन्निवेश मिलता है, पर आलोचना में अन्तरपाठीयता का उपयोग आलोचक नहीं कर पाते हैं। अतः इसको मानक रूप तभी प्राप्त हो सकता है, जब यह इस ज्ञानानुशासन की व्यापकता और गहनता–दोनों को ऐसी आलोचना में समाविष्ट करे। वस्तुस्थिति यह है कि हिन्दी आलोचना में इसके दृष्टान्त भी बहुत कम मिल पाते हैं। हाँ, पुराने पौरस्त्य-पाश्चात्य आलोचना-सिद्धान्तों, विभिन्न भाषाओं के कृतिकारों, कृतियों, आन्दोलनों और प्रवृत्तियों के सन्दर्भ में हमें जो-कुछ रूढ़ तुलनात्मक विवेचन प्राप्त होता है उससे सन्तुष्ट नहीं हुआ जा सकता है। अतः इस कमी और दुर्बलता को भावात्मकता और सबलता में क्रमशः भरने और रूपान्तरित करने की अपेक्षा और प्रतीक्षा अभी बनी है।

समकालीन हिन्दी आलोचना में 'अनुसन्धानात्मक आलोचना' का भी अभाव है। इस प्रकार की आलोचना आलोच्य विषय को पूरी व्यापकता और गहनता में ग्रहण करती है। इसका 'ट्रीटमेंट' 'माइक्रो' (गहन) और 'मैक्रो' (व्यापक) दोनों प्रकार का

होता है। ऐसी आलोचना 'परिपूर्ण' और 'प्रादर्श' (perfect) आलोचना मानी जाती है। हिन्दी में अब तक कुछ गिने-चुने लोगों ने ही इस दिशा में पहल की है। इनमें रामचन्द्र शुक्ल, रामविलास शर्मा, नलिन विलोचन शर्मा और कुमार विमल जैसे नाम स्मरणीय हैं। हजारीप्रसाद जी का जो लेखन अनुसन्धानात्मक है, वह शुद्ध अनुसन्धान ही है। हाँ, उनकी कबीर-विषयक आलोचना में एक सीमा में अनुसन्धानात्मकता प्राप्त होती है। वहाँ 'मैक्रो' का 'ट्रीटमेंट' तो एक सीमा में मिल जाता है, पर 'माइक्रो ट्रीटमेंट' का वहाँ अभाव है। इसी तरह डॉ. रामविलास शर्मा के यहाँ भी 'मैक्रोट्रीटमेंट' तो प्राप्त होता है और वह भी पूरी व्यापकता में, पर 'माइक्रोट्रीटमेंट' का वहाँ भी अभाव है। शुक्ल जी, नलिन जी और कुमार विमल के यहाँ भी मूलतः 'मैक्रोट्रीटमेंट' की अनुसन्धानात्मकता प्राप्त होती है। पर इन तीनों के यहाँ एक सीमा में 'माइक्रोट्रीटमेंट' भी है।

यह खेद का विषय है कि सम्प्रति इस ओर किसी का भी ध्यान नहीं जा पा रहा है। कोई भी साहित्य-विवेक सम्पन्न आलोचक, चाहे वह जिस किसी भी प्रकार की आलोचना लिखता हो, वह अनुसन्धानात्मक आलोचना की इस कठिन दिशा में पहल करना चाहे, तो संकल्पदृढ़ हो हिन्दी आलोचना के इस दुर्बल पक्ष को शक्ति-क्षमता प्रदान कर सकता है।

हिन्दी में काव्यभाषा, कथाभाषा एवं नाट्यभाषा-परक आलोचना के क्षेत्र में भी लगातार प्रयास चलते रहने के बावजूद यह आलोचना जिस गन्तव्य तक पहुँचनी चाहिए थी वहाँ तक यह अब भी पहुँच नहीं पायी है। इसका कारण है इन तीनों विधाओं की भाषा के सन्दर्भ में आलोचकों की दृष्टि का साफ नहीं होना। हिन्दी में आलोचक जब साहित्य की भाषा का अध्ययन करने चलता है तब वह प्रायः 'आधारभाषा' अर्थात् जिस भाषा में साहित्य लिखा गया होता है (अवधी, ब्रजभाषा, खड़ी बोली, दक्खिनी), उस भाषा के व्याकरण के विभिन्न तत्त्वों और उसकी विभिन्न कोटियों (categories) की दृष्टि से भाषा-प्रयोग का विवेचन करने लग जाता है। उसे इसकी बुनियादी जानकारी नहीं होती कि साहित्य की भाषा सर्जनात्मक भाषा होती है। साहित्यकार साहित्य की आधार-भाषा में ही भाषा-कौशलों की निजी बुनावट डालकर उसे विशिष्ट या सर्जनात्मक बना देता है। यही सर्जनात्मकता साहित्य की भाषा की अपनी पहचान होती है। इस दृष्टि से साहित्य की भाषा अलंकारों (Figures of speech), रीतियों, वक्रोक्तियों, ध्वनि-गूंजों और अर्थ-विच्छित्तियों की भाषा होती है। वह बिम्ब, प्रतीक, मिथक और फंतासियों की भाषा होती है। वह तनाव, विडम्बना, भंगिमा और विरोधाभास की भाषा होती है। वह अन्यथाकरण की, अग्रप्रस्तुति (Foregrounding) की—विचलन, विपथन और समन्तरना—की और

'डिफेरेंस' (Differance) की भाषा होती है। यहीं काव्यभाषा साहित्य को साभिप्रायित करती है।

हिन्दी में काव्यभाषा-विषयक आरम्भिक आलोचना को देखें। डॉ. नामवर सिंह ने 'पृथ्वीराज रासो', डॉ. शिवप्रसाद सिंह ने 'कीर्तिलता', डॉ. सत्यनारायण त्रिपाठी ने 'रामचरितमानस' तथा डॉ. महेन्द्र ने कबीर की काव्यभाषा का विवेचन किया है। पर यह सारा विवेचन संज्ञा, विशेषण, सर्वनाम, रूप-रचना—कारकों, अव्ययों, क्रियारूपों आदि का ही विवेचन है। यह केवल आधार-भाषा का विवेचन है, जिससे कवियों द्वारा किये गये इनके आनुपातिक प्रयोगों का ही पता चल पाता है। काव्यभाषा के बाद के आलोचकों में डॉ. रामस्वरूप चतुर्वेदी ने 'मध्यकालीन काव्यभाषा' शीर्षक अपनी आलोचना-पुस्तक लिखी है। उन्होंने भक्तिकाल के कवि कबीर, जायसी, सूरदास और तुलसी की काव्यभाषा पर विचार किया है। रीतिकाल के प्रमुख कवियों को भी लिया है। पर उनका काव्यभाषिक अध्ययन-विवेचन भी सम्बद्ध आधार-भाषाओं की व्याकरणिकता में सिमट कर रह गया है। आश्चर्य इस बात पर होता है कि काव्यभाषा के सैद्धान्तिक विवेचन में उन्होंने आधारभाषा और सर्जनात्मक काव्यभाषा का अन्तर भी स्पष्ट किया है, पर अपने व्यावहारिक विवेचन में वह इस सर्जनात्मकता को आधार नहीं बना सके हैं। हाँ, यत्र-तत्र आधारभाषिक विवेचन के अन्त में उसकी यत्किंचित् पुच्छभूता चर्चा भले ही देखने को मिल जाती है, पर इससे न तो मध्यकालीन काव्यभाषा की सर्जनात्मक क्षमता उद्‌घाटित-विवेचित हो पायी है और न ही यह भाषिक सर्जनात्मकता सम्बन्धित काव्यकृति को किस प्रकार सार्थक और साभिप्रायित करती है, यही ज्ञापित हो पाया है। कहना न होगा कि आज भी हिन्दी में काव्यभाषा-परक आलोचना इसी सरणि पर की जाती है। मूलतः काव्यभाषा की यह आलोचना रूपवादी आलोचना है, जहाँ भाषा को कथ्य और अर्थ से विच्छिन्न रूप में विवेचित किया जाता है, पर सर्जनात्मक काव्यभाषा कथ्य और रूप की इस द्वयता को इस 'डिकेटॅमी' को नहीं मानती है और सर्जनात्मक एकात्मता को साभिप्रायिता-सार्थकता से जोड़ती है।

यहाँ यह भी द्रष्टव्य है कि काव्यभाषा का अध्ययन केवल 'शब्दकेन्द्रित' नहीं होता है, वह 'संरचना' (वाक्यसंरचना)—केन्द्रित भी होता है। प्रायः काव्यभाषा के द्वारा कृति में तलस्पर्शी प्रवेश इसी वाक्यसंरचना के जरिये सम्भव हो पाता है। इसीलिए मिस नवोतनी नामक पश्चिमी आलोचिका ने वाक्यसंरचना को सर्जनात्मक काव्यभाषा की सर्वाधिक महत्त्वपूर्ण इकाई तक माना है। हिन्दी काव्यभाषा की आलोचना में काव्यभाषा का यह पक्ष भी उपेक्षित-अविचारित रह जाता है। कहना न होगा कि हिन्दी के आलोचकों को काव्यभाषिक विवेचन-विषयक इन सभी दुर्बलताओं पर ध्यान देने

की आवश्यकता है, जिससे इस विवेचन को सार्थकता और अद्यतन परिपक्वता प्राप्त हो सके।

हिन्दी में कथाभाषिक आलोचना की स्थिति भी तथावत् है। वहाँ भी भाषा-विवेचन मुख्यतः शब्द-केन्द्रित है। अन्तर यह है कि यहाँ शब्द-प्रयोगों के उत्स का, संस्कृत, अंग्रेजी, बँगला, पंजाबी, उर्दू, फारसी, अरबी में वर्गीकरण कर इनका आनुपातिक प्रयोग निर्धारित किया जाता है। फिर व्याकरणिक कोटिगत वर्गीकरण भी किया जाता है तथा इसकी सम्प्रेषणीयता-असम्प्रेषणीयता पर प्रकाश डाला जाता है। कभी-कभी कथाभाषा का विवेचन रूढ़ शैलीगत रूप में भी कर दिया जाता है। पर वह भी तालिकाकरण-मात्र होता है।

इन सबसे काव्यभाषा की तरह ही इसकी सर्जनात्मकता रेखांकित-उद्घाटित नहीं की जा पाती है। शब्द के अतिरिक्त वाक्यों, वाक्यसंरचनाओं, प्रोक्तियों, प्रोक्ति-गठनों को बिलकुल उपेक्षित कर दिया जाता है, साथ ही सर्जनात्मक भाषिक तत्त्वों की भी बाहरी और भीतरी संगति नहीं दिखायी जा पाती है। अब तक भाषा के प्रकार्यों (functions) के आधार पर भी यहाँ अध्ययन सम्भव नहीं हो पाया है।

हिन्दी में नाट्यभाषिक आलोचना तो घोर उपेक्षित है। यहाँ सबसे अधिक बल बोलचाल की भाषा, पात्रानुकूल भाषा और यथार्थ भाषा पर दिया जाता है। पर भाषा की नाट्य-संगति कैसे बनती है, इसकी पहचान हिन्दी के नाट्यलोचकों को नहीं है। वे 'भाषाव्यवहार-शास्त्र' (Pragmatics) के जानकार नहीं हैं। पर नाट्यभाषा के अध्ययन-आलोचन के लिए इस क्षेत्र के आलोचकों के लिए ग्राइस, ऑस्टिन और सार्ले (Grice, Austin and Sarle) के सिद्धान्तों को जानना बहुत आवश्यक है। नाट्यभाषा के आलोचक ज्यादातर यहाँ भी शब्द के पीछे पड़े रहते हैं। ध्यातव्य है कि नाट्यभाषा का नाभिकेन्द्र तो 'प्रोक्ति' (Discourse) है, शब्द नहीं। पर इससे 'शब्द' की अपनी सार्थकता खण्डित नहीं होती। मूल तो यहाँ 'अन्दाजेबयाँ' का अध्ययन-विवेचन है, जो 'भाषाव्यवहार-शास्त्र' के सिद्धान्तों के स्वरूप और उसकी सक्रियता से परिचित होने पर साभिप्रायित तौर पर निरूपित-विवेचित हो सकता है। इसके लिए नाट्यभाषा में विवक्षा-सूत्रों (Maxims of Implicature) पर ध्यान देने की जरूरत पड़ती है। परिमाण-सूत्र, गुण-सूत्र, सम्बन्ध-सूत्र और प्रविधि-सूत्र के खण्डन को रेखांकित करना होता है। साथ ही वचन-कर्म में (Speech Act) भाषेतर वचन-कर्म (Elocutionary Speech Act) की सक्रियता देखनी पड़ती है। नाट्यभाषा का एक दूसरा पक्ष उसके रंगमंचीय पाठ (Theatrical Text) का भी है, जहाँ भाषेतर संकेत-भाषा का अध्ययन भी नाट्य-प्रस्तुति की सार्थकता को उजागर करता है। यद्यपि इस तरह की नाट्य-आलोचना हिन्दी में आरम्भ हो चुकी है, पर वचन-कर्म

और विवक्षा-सूत्रों (Maxims of Implicature) की जानकारी का अभाव नाट्यभाषिक आलोचना का दुर्बलतम पक्ष है, जिस ओर नाट्य-अध्येताओं और आलोचकों को अपनी सम्पन्नता और समृद्धि के लिए ध्यान देना चाहिए।

हिन्दी में 'हरणपरक आलोचना' उसकी अकादमिक आलोचना का सर्वाधिक दुर्बलतम पक्ष है। ऐसी आलोचना साहित्य-विवेक के अभाव में, ईमानदारी और निष्ठा के अभाव में जन्म लेती है। यह आलोचना आलोचकत्व नहीं रहने पर भी, आलोचना करने की शक्ति-क्षमता नहीं रहने पर भी पदोन्नति के लिए अथवा चोर दरवाजे से श्रेय और यश की कामना से लिखी जाती है। राजशेखर ने चौर कवियों के लिए अपनी 'काव्यमीमांसा' पुस्तक में पूरे 'हरण-प्रकरण' का विवेचन किया है। आलोचना के क्षेत्र में जब यह तस्करी (Plagiarism) घटित होती है, तब 'हरणपरक आलोचना' सामने आती है। इसमें आलोचक-विशेष की आलोचना के पृष्ठ-दर-पृष्ठ बिना किसी उद्धरण-चिह्न के और बिना किसी प्रकार से उस आलोचक के नाम का उल्लेख किये ही हरणकर्ता आलोचक द्वारा अपनी आलोचना में ग्रहण कर अपना लिये जाते हैं। हिन्दी आलोचना में विगत चार-पाँच दशकों में इस प्रकार का आलोचकीय हरण अनुसन्धाताओं और प्राध्यापकों द्वारा की जानेवाली आलोचना में प्रभूत मात्रा में सामने आया है। कहना न होगा कि ऐसी प्रवृत्ति किसी भी भाषा-साहित्य की आलोचना पर धब्बा लगाती है, उसे कलंकित करती है। आज हिन्दी में इस 'हरणपरक आलोचना' की विद्यमानता हिन्दी आलोचना के लिए घोर चिन्ता और संकट का विषय है, जो हिन्दी आलोचना को क्षीण और शक्तिहीन करती है। अतः ऐसी आलोचना को हिन्दी में प्रतिबन्धित किये जाने की अपेक्षा है।

दारोगाई मानसिकतावाली आलोचना भी हिन्दी आलोचना के नाम पर बट्टा लगाती है। मुक्तिबोध ने 'एक साहित्यिक की डायरी' में लिखा था कि "आलोचक साहित्य का दारोगा होता है।" हिन्दी आलोचना में सर्जकों को उठाना, गिराना, प्रशंसित करना, उपेक्षित करना, इसकी पूरी दबंगई-भरी राजनीति करना—इसी मानसिकता की देन है। यह एक प्रकार की घोर पक्षपातपूर्ण आलोचना है। इससे आलोचना की प्रामाणिकता नहीं रह पाती है। कहना न होगा कि आज हिन्दी आलोचना के क्षेत्र में मार्क्सवाद की जो माफियागिरी है, उसने इस प्रकार की आलोचना को हिन्दी में विकसित किया है। मार्क्सवादी आलोचकों ने प्रभुत्व में रहने पर या अपने प्रचार-तन्त्र के बल पर इस प्रकार की मानसिकता के वशीभूत अपने चहेतों को ऊपर उठाया है और उससे अधिक योग्य या उसके समानान्तर योग्य साहित्यकारों की घोर उपेक्षा की है। उन पर मिथ्या, भ्रान्त आरोप लगाये हैं, उनका छिद्रान्वेषण तक किया है और अपने प्रभुत्व-मद में उन्हें विभिन्न पुरस्कारों और सम्मान तक से वंचित किया

है। हिन्दी आलोचना के क्षेत्र में यह विगर्हणात्मक स्थिति अब तक बनी हुई है। सही आलोचना सिद्धान्त और कृति—दोनों की गुणात्मकता पर आधारित होती है। पर जनवाद का नारा देनेवाले आलोचक अपना घोर राजतन्त्रीय प्रभुत्व-सामर्थ्य दिखाकर हिन्दी आलोचना की शक्ति-क्षमता पर ऐसा कुठाराघात करते हैं, जिससे उसकी प्राणशक्ति नष्ट होती है। स्पष्ट है कि किसी भी साहित्य की आलोचना को ऊर्जा और शक्ति-क्षमता उसके आलोचकों की पूर्वग्रहहीन गुणात्मक परख से प्राप्त होती है, न कि दारोगाई मानसिकता वाली प्रपंचपरकता से। हिन्दी आलोचना में भी जब पूर्वग्रहहीन, न्यायनिष्ठ और निर्णयात्मक सन्तुलन की प्रामाणिकता के प्रति आग्रह बढ़ेगा, दृढ़ता आयेगी, तभी इस दुर्बलता से यह मुक्त हो पायेगी।

हिन्दी आलोचना में अभी प्रत्यालोचना (Meta-Criticism) तक बहुत विकसित नहीं है। प्रत्यालोचना मूलतः आलोचना की आलोचना है। इसमें पहले की गयी आलोचना की भ्रान्तियों, गलत स्थापनाओं और तर्क-असंगतियों को उद्घाटित किया जाता है। इसकी सोद्देश्यता पाठकों में वह साहित्य-विवेक जाग्रत् करना है, जिससे साहित्य की वास्तविक पहचान और उसके सम्यक् मूल्यांकन के प्रति उसकी दृष्टि साफ हो सके। हिन्दी में इस तरह की युक्तिसंगत और तर्कपूर्ण प्रत्यालोचना डॉ. रामविलास शर्मा ने लिखी है। पर उसके बाद 'प्रत्यालोचना' के नाम पर आज जो-कुछ भी लिखा जा रहा है उसमें आरोप-प्रत्यारोप ही अधिक हैं, आरोपों में केवल भावावेगी स्तर पर खण्डन देखने को मिलता है। इसके लिए न तो तर्क और न प्रामाणिक आधार ही दिये जा पाते हैं, जिससे यदि पूर्व आलोचना में पूर्वग्रहपूर्ण आरोप किये गये हैं, तो उसे अयुक्तिसंगत सिद्ध किया जा सके। अतः एक-दो अपवादों को छोड़कर हिन्दी आलोचना में अभी प्रत्यालोचना की स्थिति भी दुर्बल बनी हुई है। वह भी कर्त्तव्य-चेतना और स्तरीयता प्राप्त नहीं कर पायी है।

अन्ततः यहाँ यह भी विचारणीय है कि अपने साध्य और अपनी सोद्देश्यता को सुरक्षित रखते हुए भी अपने देश की हिन्दी आलोचना 'कच्चे माल' (Raw materials) तक के रूप में भी प्रौद्योगिकी तकनालॉजी का अनुप्रयोग और उपयोग नहीं कर पायी है, जबकि जापान जैसे देश में आज से पैंतीस वर्ष पूर्व से हिन्दी साहित्य के अध्ययन, अध्यापन और आलोचन के सन्दर्भ में इस दिशा में अभिरुचि, संकल्पशक्ति और क्रियात्मकता देखने को मिल जाती है। हिन्दी आलोचना को इस दुर्बलता से भी शीघ्र मुक्त किये जाने की अपेक्षा है, जिससे इस आलोचना को अद्यतन स्तरीयता प्राप्त हो सके।

इन सभी दुर्बलताओं पर ध्यान देने से यह निष्कर्षित होता है कि हिन्दी आलोचकों को अपनी आलोचना-परक दुर्बलताओं से, अपनी संकटावस्था से मुक्ति

पाने के लिए अधिक-से-अधिक पढ़ने और चिन्तन-मनन करने की अपेक्षा है। उन्हें अधिक-से-अधिक साहित्य-विवेक और जीवन-विवेक से सम्पन्न होने की और पूर्वग्रहहीन, मौलिक दृष्टि से प्रणयन करने की अपेक्षा है। यहाँ मुझे सहज ही कार्लाइल की वह उक्ति याद आ जाती है कि "Reading without thinking is dangerous and thinking without reading is the sheerwaste of time". कहना न होगा कि यह उक्ति लेखन पर भी यथावत् लागू होती है।

यहाँ मैंने हिन्दी आलोचना के दुर्बल पक्षों को, उसके वर्तमान संकट को भावात्मकता और अभावात्मकता, धनात्मकता और ऋणात्मकता तथा विद्यमानता और अविद्यमानता—दोनों ही दृष्टियों से विवेचित किया है। उद्देश्य यह रहा है कि हिन्दी आलोचना में जो भी उसका दुर्बल पक्ष है, उसे रेखांकित कर दिया जाए; साथ ही यह भी कि यहाँ क्या नहीं है, जिसके कारण वह परिपूर्ण और शक्तिपूर्ण नहीं हो पा रही है, इसे भी बता दिया जाए।

इस दृष्टि से आज के उत्तर-औपनिवेशिक पद (Term) 'पावर' (Power) का व्यवहार करें, तो कहना पड़ेगा कि हिन्दी आलोचना अपनी संकटावस्था में उस सामर्थ्य, क्षमता और प्रभुत्व को अब तक प्राप्त नहीं कर सकी है, जो भारत में संस्कृत काव्यालोचन और नाट्यालोचन को प्राप्त रहा है; साथ ही वह अद्यतन पाश्चात्य साहित्यालोचन की व्यापकता, गहनता, चिन्तनात्मकता और ऊँचाई तक भी अपनी मौलिकता-सार्थकता सिद्ध नहीं कर पायी है। वह अभी तक प्रभावित की स्थिति में ही है, प्रभावक की स्थिति में नहीं आ पायी है। बड़ी दुर्बलता और संकटावस्था यह है कि वह अपने विभिन्न विधाई साहित्य का बहुआयामी और तलस्पर्शी विश्लेषणात्मक-निर्वचनात्मक मूल्यांकन भी नहीं कर पायी है। पर इसका यह आशय नहीं लिया जाना चाहिए कि हिन्दी आलोचना में कुछ भी श्रेयस्कर और महत्त्वपूर्ण नहीं है। हिन्दी में कुछ श्रेयस्कर और महत्त्वपूर्ण भी हैं। पर मेरा मन्तव्य और उपजीव्य यहाँ विश्व-साहित्य की आलोचना की तुलना में हिन्दी आलोचना की संकटापन्न स्थिति और दुर्बलता पर विचार करना रहा है। वह भी बहुकालिक और समकालिक—दोनों ही अक्षों पर, पुरातन के साथ तुलना में और समकालीन के साथ भी तुलना में, जिससे हिन्दी आलोचकों को वह अभिप्रेरण प्राप्त हो सके कि वे विश्व के श्रेष्ठ साहित्यालोचन से टक्कर ले सकें, मौलिक सहित्य-सिद्धान्तों का प्रणयन कर सकें, अपनी संदृष्टि से पूर्व प्रणीत सिद्धान्तों की अभिनव व्याख्या कर उसे दिशादान कर सकें तथा उसकी क्लासिक साहित्य-कृतियों का मौलिक साहित्यिक निर्वचन और पुनर्मूल्यांकन कर सकें।

2. सर्जनात्मक आलोचना—हिन्दी आलोचना की इस संकटावस्था में सर्जनात्मक आलोचना का विकास अब तक सम्भव नहीं हो सका। यह सर्जनात्मक आलोचना आखिर है क्या? यह एक प्रकार की व्यावहारिक आलोचना है, जिसकी प्रकृति निर्वचनात्मक होती है। पर यह अपनी निर्वचनात्मकता में भी विशिष्ट है। यहाँ रचना का सामान्य निर्वचन नहीं किया जाता, अपितु रचना की शाब्दिक उपस्थिति के बीच जो अनुपस्थित और अर्थगर्भित रहता है, उसका सर्जनात्मक उद्‌घाटन किया जाता है। इसी से रचना की पुनस्सर्जना सम्भव हो पाती है। यहाँ आलोचक रचनाकार की रचना में गर्भित अनकहे उद्‌गार को प्रत्यक्ष कर देता है। इस अर्थ-गह्वर (Semantic-Enclave) में प्रवेश कर जाने वाला आलोचक एक साथ एक ही रचना से उभरी कई अर्थ-छायाएँ उन्मीलित कर दे सकता है। ऐसा उसके साहित्य-विवेक और प्रतिभापूर्ण भावन-क्षमता पर निर्भर होता है। इस तरह सर्जनात्मक आलोचना जहाँ एक ओर पाठक-केन्द्रित आलोचना से जुड़ती है, वहीं दूसरी ओर विकासात्मक-गत्यात्मक आलोचना से भी जुड़ती है। इसमें अनुसन्धानात्मक आलोचना की सूक्ष्म पर्यवेक्षणात्मकता (Micro Observation) भी निहित होती है। सर्जनात्मक आलोचना की विशेषता यह है कि यह किसी भी आलोचना-प्रणाली को साधन-रूप में ग्रहण कर सकती है और उसके माध्यम से रचना की सार्थकता की पुनःसर्जना कर सकती है।

यद्यपि पश्चिम में सर्जनात्मक आलोचना के माध्यम को लेकर अनेक वर्ग देखने को मिलते हैं, पर उन सब का संलक्ष्य एक ही है, जिसके कारण ही यह आलोचना सर्जनात्मक होती है। यहीं पर आलोचक (Critic) सर्जक (Creator) के समकक्ष हो जाता है।

विसंरचना (Deconstruction) सर्जनात्मक आलोचना को अधि-आलोचना (Meta-Criticism) के रूप में देखती है। पर यदि किसी कृति या पाठ की सर्जनात्मक आलोचना कोई पहली बार ही प्रस्तुत करता है, तब वह अधि-आलोचना नहीं होती। हाँ, उसकी निर्वचनात्मकता के विकास-क्रम में जब यह स्वरूपित होती है तब अधि-आलोचना के रूप में सामने आती है।

हिन्दी में सर्जनात्मक आलोचना या समीक्षा के इस स्वरूप-वैशिष्ट्य और उसके प्रकार्य की पहचान-परख नहीं रहने के कारण प्रायः भ्रान्तियाँ रहीं हैं और इसलिए इस आलोचना का स्वरूप आलोचकों के बीच स्पष्ट नहीं हो पाया है।

मुझे याद आता है कि 'दस्तावेज' के अंक-102 में डॉ. शिवकुमार मिश्र (स्व.) का 'अकादमिक बनाम सृजनात्मक समीक्षा' शीर्षक आलेख छपा था। इसे पढ़कर बहुत निराशा हाथ लगी थी। शिवकुमारजी आज भी सर्जनात्मक समीक्षा की बात अकादमिक सन्दर्भ से अलगा कर ही करते हैं। यद्यपि उन्होंने इसकी पृष्ठभूमि

को स्पष्ट करते हुए लिखा था कि "सच कहा जाए तो आलोचना को अकादमिक, विश्वविद्यालयीन विज्ञापित करने के पीछे रचना की परख जैसे मुद्दे नहीं, रचनाकारों के विशेष वर्ग के कुछ अपने पूर्वाग्रह रहे हैं, तथाकथित आलोचना से जुड़े आलोचकों की नयी रचनाशीलता या अपनी रचना से असन्तुष्ट लोगों की यह पहल है, जिसके चलते आलोचकों ने आगे आकर न केवल समकालीन रचनाशीलता की वरन् अपनी-अपनी रचना की पड़ताल शुरू की, उसका मूल्यांकन किया तथा उसे तथाकथित अकादमिक, शास्त्रीय अनुशासनवाली आलोचना से अलग 'सृजनात्मक आलोचना' का नाम दिया।" (दस्तावेज-102, जनवरी-मार्च, 2004, पृष्ठ 35) उन्होंने पुनः आगे लिखा, "जिसे सृजनात्मक आलोचना कहा जाता है यदि वस्तुतः वह आलोचना है, तो उसमें तथाकथित अकादमिक आलोचना का कुछ-न-कुछ अनुशासन होना चाहिए, अन्यथा वह आलोचना नहीं हो सकती।" (वही, पृष्ठ 36) पर इसके साथ-साथ वह यह भी मानते थे कि आलोचना को रचना की जमीन पर लाकर उसे रचना की तरह देखने-मानने का कोई मतलब नहीं।" (वही, पृष्ठ 36) वह यह भी कहते थे कि आलोचना को इस तरह कृत्रिम खाँचों में बाँटकर देखने की बजाय जरूरी है कि आलोचना के अपने बुनियादी धर्म पर बात हो और उस पर निर्णय या रायजनी इस आधार पर हो कि वह अपने बुनियादी धर्म का पालन करने में कहाँ तक सफल हुई।" (वही, पृष्ठ 38)

पर डॉ. शिवकुमार मिश्र को यह पता नहीं था कि आज अन्तरराष्ट्रीय या वैश्विक स्तर पर सर्जनात्मक आलोचना किसे कहते हैं और उसकी क्या स्थिति है। वस्तुतः विसंरचना (Deconstruction) में सर्जनात्मक आलोचना का अर्थ वैसी आलोचना है, जो अपने आलोचन-कर्म में भी रचना करती है, कुछ सर्जन करती है। इसके लिए सर्जनात्मक आलोचक बार-बार न केवल रचना से अपनी भावन-प्रक्रिया में टकराता है, अपितु रचना पर लिखी गयी आलोचना से भी टकराता है। वह आलोचना की भी आलोचना करता है, एक अधि-आलोचना या प्रत्यालोचना की स्थिति पैदा करता है। यहाँ रचना को पुनः सर्जित करने की दृष्टि उभरती है और पहले की गयी आलोचना की असंगत मान्यताओं, खामियों और भ्रान्तियों का निराकरण सम्भव हो पाता है। इस प्रकार यहाँ उद्देश्य दोनों ही प्रकार के पाठ को पुनः सर्जित करना ही होता है। यदि कृति फिर से सर्जित नहीं हो पाती है, इस क्रम में अर्थवत्ता और साभिप्रायता का ऐसा कोई प्रकाश उभर नहीं पाता है जो अँधकार को काट सके, तो आलोचना कभी सर्जनात्मक नहीं हो सकती है। विश्वविद्यालयों में रहते हुए भी पश्चिम के विद्वानों ने अभूतपूर्व सर्जनात्मक आलोचना लिखी है। हिन्दी में भी अकादमिक परिवेश में रहकर सर्जनात्मक समीक्षा लिखी गयी है। रामचन्द्र शुक्ल, नन्ददुलारे

वाजपेयी-जैसे लोग पाठ से, कृतियों से टकराने वाले रहे हैं, उसका भावन करने वाले रहे हैं। अतः इन्होंने सर्जनात्मक समीक्षा ही लिखी है। वस्तुतः हिन्दी में रचना या पाठ का भावन करने की दृष्टि से समीक्षा ही बहुत कम लिखी गयी है। हिन्दी की समीक्षा या तो प्रवृत्तिपरक है या वादपरक। वह रचना के अर्थ और उसकी मर्म-छवि को उजागर करने वाली बहुत कम है। वहाँ निहित युगीन प्रवृत्तियों या सम्बद्ध वादों या काव्यशास्त्रीय तत्त्वों को उजागर करने वाली स्थिति अधिक है। इसलिए किसी भी आलोचना का जो आधारभूत तत्त्व होता है, उसकी पहचान हिन्दी में बहुत कम हो पायी है।

विस्मयपरक यह है कि हिन्दी में बहस करने वाले, बेतुकी बातें करने वाले और चुटकुले छोड़ने वाले को ही सर्जनात्मक आलोचक मान लिया जाता है। यह भी गलत दृष्टि है कि रचयिता यदि आलोचना लिखे, तो वह सर्जनात्मक आलोचना है, पर अन्यों द्वारा लिखी आलोचना सर्जनात्मक नहीं है। हलकी-फुलकी गप्पबाजी और गोष्ठियों में लतीफे और शेरोशायरी से चुटकी लेने की कला से कोई आलोचना सर्जनात्मक नहीं हो जाती है।

शिवकुमार मिश्र का यह मानना भी असंगत है कि आलोचना को रचना नहीं माना जा सकता। वह रचना और आलोचना के पुराने द्वैतवाद को लेकर चल रहे हैं। विसंरचना में जब से सर्जनात्मक आलोचना का अस्तित्व सामने आया है तब से रचना और आलोचना का मूल्यांकन समान हो गया है। रचना काल, स्थल और जीवन के अर्थ को खोलती है, वह कालांकित और कालातीत अर्थच्छायाओं को उकेरती है, तो आलोचना रचना में निहित अर्थ, उसकी साभिप्रायता को लगातार रचती चलती है। इस दृष्टि से रचना और आलोचना का रिश्ता एक ऐसे अद्वैत को जन्म देता है, जहाँ द्वैतता की बात करना जितना अज्ञानबोध बनता है उतना ही अपराध-बोध भी बन जाता है।

विसंरचना (DE-CONSTRUCTION) में रचना और आलोचना के द्वैत पर जबरदस्त प्रहार किया गया है और वहाँ उसकी स्थिति समरूप कर दी गयी है। इसने रचना की श्रेष्ठता और आलोचना की द्वितीयकता/अवरकोटिकता की मान्यता को खण्डित कर दिया है, क्योंकि यह सर्जनात्मक आलोचना का पक्षधर है। उसकी दृष्टि में सर्जनात्मक आलोचना पाठ को निरन्तर प्रजनित करती है। जैसे कवि के पास एक संदृष्टि होती है वैसे ही सर्जनात्मक आलोचक के पास भी अपनी संदृष्टि होती है। बिना इस संदृष्टि के न तो रचना सम्भव है और न ही आलोचना।

मुक्तिबोध ने कविता की रचना-प्रक्रिया पर प्रकाश डालते हुए लिखा है कि अँधेरे में एक जलती हुई लालटेन की प्रकाश-परिधि में जितना उजाला है, पथिक

उतना ही देख पाता है। पर जैसे-जैसे वह लालटेन लेकर आगे बढ़ता है लालटेन के आगे-आगे उभर रहे प्रकाश-वृत्त से उसका पथ साफ होता जाता है। उसने कविता की रचना-प्रक्रिया में कवि की जो स्थिति बतायी है, यही स्थिति आलोचना की भी है। जैसे-जैसे आलोचक रचना को पढ़ता है, जैसे-जैसे वह रचनाकार की भाषाभिव्यक्ति से गुजरता है, उसे पहली बार कुछ अदृष्ट दिखता है। यही अब तक अप्रत्यक्ष रहे का प्रत्यक्ष होना ही सर्जना बनने लग जाता है। विसंरचनावाद इस सन्दर्भ में सर्जनात्मक आलोचना को कृति के विषय में पहले के आलोचनात्मक पाठों से भी अनिवार्य रूप से जोड़ता है। यहाँ केवल रचनात्मक पाठ ही नहीं खोले जाते, बल्कि पूर्व-विवेचित आलोचनात्मक पाठ भी खोले जाते हैं।

स्मरण रहे कि पश्चिमी विसंरचनावादियों ने सर्जनात्मक आलोचना जैसे पद का प्रयोग किसी प्रकार के विरोध या विभेदकता को दर्शाने हेतु नहीं किया है, बल्कि साथ रहने और सहयोग देने की भूमिका के सन्दर्भ में किया है। इसीलिए वहाँ अधिआलोचना बनाम सर्जनात्मक आलोचना (Meta-Criticism/Creative Criticism) जैसे समीक्षा-नाम देखने को मिलते हैं। सर्जनात्मक आलोचना के क्षेत्र में विसंरचनावाद की यह मान्यता महत्त्वपूर्ण रूप में सार्थक है। हिन्दी के समीक्षकों-आलोचकों का ध्यान इस ओर जाना चाहिए।

यदि अन्तरराष्ट्रीय बौद्धिक साहित्यिक संसार में बीसवीं शताब्दी को तीन भागों में विभक्त किया जाए, तो उसके दो भाग आलोचना के युग के रूप में स्मरणीय रहेंगे। यही नहीं, उसके उत्तरवर्ती भाग को विसंरचनात्मक आलोचना के विशेष रूप अधि-आलोचना (Meta-Criticism) या सर्जनात्मक आलोचना के युग के बतौर जाना जायेगा। यही वह युग है जहाँ साहित्यिक कृतियों की आलोचनात्मक संवीक्षा की जगह आलोचनात्मक पाठों की खोज-यात्रा और प्रवर्धन-यात्रा का साक्षात्कार सर्जनात्मक रूप में सम्भव हो पाया।

पाठीयता के क्षेत्र में सर्जनात्मक पाठ और आलोचनात्मक पाठ के दो अनुक्रमों के बीच किसी प्रकार का विभाजन नहीं किया जा सकता। इस दृष्टि से रामचन्द्र शुक्ल की 'तुलसीदास', नन्ददुलारे वाजपेयी की 'कवि निराला', हजारीप्रसाद द्विवेदी की 'कबीर' जैसी कृतियों का विश्लेषण-विवेचन 'कामायनी', 'राम की शक्तिपूजा' और 'गोदान' से कम महत्त्वपूर्ण नहीं है। दोनों की आलोचनात्मक-प्रक्रिया में अन्तर्वस्तु की तार्किक संसक्ति, काव्यरूप और शैली प्रतिभाजन्य पुनस्सर्जना पर एक समान विचार अपेक्षित है। अधिक महत्त्वपूर्ण तथ्य यह है कि यहाँ वाचन की प्रक्रिया से जुड़ी नयी समस्याएँ, अर्थ की मुक्त-क्रीड़ा की सार्थक सक्रियताएँ, अन्तर-पाठीयता की प्रभाव-छायाएँ और लेखन की प्रतिभापरकता समतुल्य रूप में प्रासंगिक बन जाती

हैं। चाहे वह रचना हो या आलोचना अथवा अधि-आलोचना बनाम सर्जनात्मक आलोचना--सभी भाषा के ही भाग हैं और सभी उसी स्रोत से साँझ रखते हैं।

वस्तुतः विसंरचना की एक संक्रियात्मक प्रेरणा ऐसे सर्जनात्मक–अधि-आलोचनात्मक व्यवहार के प्रति मिलती है। लेवी स्ट्रॉस के बारे में देरिदा द्वारा लिखी गयी उसकी आरम्भिक समीक्षा, जो एक अधिकाधिक प्रभावी उद्यम है, एक प्रतिमान के रूप में प्रस्तुत होती है। यही काम लेकाँ द्वारा कई कृतियों पर किये गये उसके प्रसिद्ध लेखन से भी सम्पन्न होता है। 'ब्लाइण्डनेस और इन्साइट' में डी. मान के द्वारा प्रमुख आलोचकों पर लिखे गये समीक्षालेख, विशेष तौर पर देरिदा की 'ग्रामेटोलॉजी' का उसके द्वारा किया गया आकलन आलोचना की उसी प्रवृत्ति को प्रदर्शित-उपस्थापित करता है, जो मूलतः सर्जनात्मक अधि-आलोचना है। मिलर की सर्वाधिक महत्त्वपूर्ण और सुविदित कृतियाँ (पाउलेट, रिड्डेल और ऐब्रांस पर लिखे उसके निबन्ध) इस आवेगपूर्ण अभिप्रेरण को सम्पुष्ट करती हैं। स्वयं रिड्डेल के द्वारा हाइडेगर, देरिदा और मिलर पर लिखी गयी आलोचना भी सर्जनात्मक अधि-आलोचना बन जाती है। एक जिज्ञासु मोड़ पर रोलाँ बार्थ की सर्जनात्मक अधि-आलोचनात्मक कृतियाँ कौतुक के बतौर उसके अपने पाठों और अतीत के आलोचनात्मक धागे की पुनर्परीक्षा करती हैं। 'द प्लेजर ॲव द टेक्स्ट' और रोलाँ बार्थ–दोनों सर्जनात्मक अधि-आलोचनात्मक उद्यम के विशेष प्रतिमानों को संघटित-निर्मित करते हैं। एक सीमा तक ऐसे पल-विशेष, जो आलोचनात्मक पाठों के पीछे छूट जाते हैं और आलोचनात्मक सिद्धान्त के विशेष मुद्दों को उठाते हैं, उन्हें सैद्धान्तिक सर्जनात्मक अधि-आलोचना के रूप में मान्यता दी जाती है।

इस उभरते क्षेत्र में समसामयिक प्रोक्ति के अन्तर्गत एक तीसरा रूप भी उभरता दीखता है, जो ऐतिहासिक सर्जनात्मक अधि-आलोचना का है। हेडेन (Hayden), ह्वाइट (White) की कृतियाँ 'मेटाहिस्ट्री' और 'ट्रोपिक्स ॲव डिस्कोर्स' के रूप में सामने आती हैं।

सर्जनात्मक अधि-आलोचना मुद्दों और विषयों की किसी भी संख्या पर प्रकाश डाल सकती है। उदाहरण के लिए इस प्रकार के अध्ययन-वाचन की तत्त्व-मीमांसा पाठकों के मनोविज्ञान, आलोचनात्मक भाषा की बनावट, आलोचनात्मक लेखन के विधाई रूपों के इतिहास, विशेष आलोचकों के मनोविश्लेषण और विशेष आलोचनात्मक अध्ययनों की विचारधारा पर विचार करती है। स्पष्ट तौर पर आलोचना के सभी पुराने विषय और प्ररूप सर्जनात्मक अधि-आलोचना की योजना में सम्मिलित हो उठते हैं। पर हमारे समय के सर्जनात्मक अधि-आलोचनात्मक आवेग बहुतेरी गैर-विसंरचनात्मक सक्रियताओं ओर क्षेत्रों में भी दिखायी पड़ते हैं। साहित्यिक अध्ययनों में जॉर्ज पाउलेट

के द्वारा संग्रह के रूप में संकलित 'फेनोमेनोलॉजी ॲव रीडिंग' (1969) को लिया जा सकता है। यह संकलन छह महत्त्वपूर्ण फ्रान्सीसी आलोचकों की आलोचना को प्रस्तुत करता है, जो मूलतः फेनोमेनोलॉजिकल सर्जनात्मक अधि-आलोचना के बयान को प्रस्तुत करने वाला है। यही नहीं, फ्रेडरिक जेम्सन की भी 1971 में लिखी 'मेटाकमेण्ट्री' नामक पुस्तक इस दृष्टि से विचारणीय है। इस पर उसे 'मॉडर्न लैंग्वेज एसोसिएशन' की ओर से 'पार्कर एवार्ड' प्राप्त हुआ था। इसमें सर्जनात्मक अधि-आलोचना की मार्क्सवादी धारा पर विचार किया गया है।

सर्जनात्मक अधि-आलोचना एक बृहत्तर सांस्कृतिक उद्यम के बतौर उपस्थित होती है। यह न तो इस प्रोक्ति की शुरूआत करती है, न ही इस प्रोक्ति को अपने में सम्मिलित करती है। यह प्रायः देरिदा, डी. मान, मिलर, रिड्डेल, बार्थ और दूसरों के द्वारा इस क्षेत्र में लिखी गयी दिलचस्प कृतियों को लेती है। वैसी कृति की अभिरुचि को सुझाने के लिए ज्यॉफ्री हार्टमैन की योजना को देखा जा सकता है, जो समकालीन सर्जनात्मक अधि-आलोचना की विविधताओं की वकालत करती है।

ज्यॉफ्री हार्टमैन की कुछ पुस्तकें पठनीय हैं—बियाण्ड फॉर्मेलिज्म (1970), द फेट ॲव रीडिंग (1975) और क्रिटिसिज्म इन द विल्डरनेस (1980)। हार्टमैन ने आधा दर्जन ऐसे सर्जनात्मक आलोचनात्मक पाठों की रचना की है। उसकी प्रमुख सर्जनात्मक आलोचनात्मक दिलचस्पी वाचन के बतौर आलोचना की स्थिति, उसके महत्त्व की है और लेखन के बतौर आलोचना के रूपों की महत्त्व-स्थिति की है। साभिप्राय तौर पर हार्टमैन के बहुत हाल के चिन्तन में 'ग्लास' अपना प्रभुत्व साबित करता है। यह एक अतिशयतावादी सीमा है, जो पाठ की एकमात्र स्थिति को प्राप्त करती है या उसके जेहन में घूमती रहती है और अंशतः उसके चिन्तन को निर्दिष्ट करती है और न्यूनीकृत नयी आलोचना के फेण्टम रूप, मरीचिका या छायाभासी रूप को भी उसके अपने सभी आलोचनात्मक सिद्धान्तीकरण को अलौकिकीकृत और सुग्राहीकृत करती है।

हार्टमैन आधुनिक आलोचना में दो अतिवादी प्रवृत्तियों का अनुभव करता है। एक ओर इस विद्वान् आलोचक की कृति विशेष पाठों की ईमानदार, कर्तव्यनिष्ठ व्याख्या के प्रति अपने को प्रतिबन्धित करने की रुझान दिखाती है। वह साहित्य को न्यूनीकृत औपचारिक पदों में परिभाषित करती है और अपने को विशेषीकरण के संकीर्ण क्षेत्रों तक सीमित कर देती है। वास्तव में यह एक व्यापार बन जाता है, जिसमें अभ्यासरत आलोचक तकनीकी समाज के संरक्षक के बतौर कार्यवाही करता है और प्रभाव डालता है। स्पष्ट तौर पर ऐसी आलोचना साहित्यिक कृति का अतिरेकी मूल्यांकन करती है, किसी शाश्वत सत्य के चमत्कार के बतौर।

दूसरी ओर दार्शनिक आलोचक की कृति साहित्यिक पाठ को उच्चतर ज्ञान या चरम चिन्तन के प्रति उन्मुख मार्ग पर बीत रहे क्षणों के रूप में मानती-समझती है। ज्ञान का प्रेमी, आरामविहीन, द्वन्द्वात्मक दार्शनिक आलोचक साहित्य का अवमूल्यन करता है। उसे अपनी फॉस्टीयन खोज के पीछे छोड़ देता है। स्मरणीय है कि मैथ्यू आर्नल्ड के दिनों से ही आंग्ल-अमेरिकी आलोचना लगातार अपने-आपको वैदुष्य के बतौर परिभाषित और परिष्कृत करती रही है। ऐसे अन्तिम दार्शनिक-आलोचक की परम्परा में कॉलरिज का नाम आता है। यूरोपीय निर्वचन-शास्त्र—विशेष रूप में फ्रान्सीसी और जर्मन झुकाव—आलोचना को एक दर्शन के बतौर विकसित करता और अंशतः उसे बनाये रखता है। हार्टमैन के यहाँ ये आलोचनात्मक परम्पराएँ या प्रविधियाँ संश्लिष्ट होती दीखती हैं। यहाँ सामान्य बुद्धि और स्काई-रायटिंग के बीच मिलर की तरह ब्लूम, डी. मान और येल आलोचकों के फेलो हार्टमैन—व्याख्यात्मक आलोचक के रूप में उभरते हैं, जिनका उद्देश्य पाठ को सदैव आलोचनात्मक सक्रियता के केन्द्र में रखना है। वे विद्वान् आलोचक की ठकुरसुहाती और बुजदिली पर खेद प्रकट करते हैं। हार्टमैन के लिए अमेरिकी वि-संरचना का उद्देश्य आलोचना में दो खतरनाक प्रवृत्तियों के ऐतिहासिक पुनर्मेल को पूरा करना और प्रभावित करना है।

ये दो भिन्न प्रकार के आलोचक भिन्न वाचन-प्रक्रियाओं का अभ्यास करते हैं। विद्वान् आलोचक प्रत्यक्ष अभिगम का व्यवहार करता हुआ अपनी अच्छी बुद्धि और स्वाभाविक वाक्-वैदग्ध्य को चरितार्थता देता है। विशेषतः साभिप्राय पाठों को स्पष्ट करने और उसकी व्याख्या करने के लिए। दूसरी ओर दार्शनिक पाठक एक मध्यवर्ती अभिगम का व्यवहार करता हुआ ऐतिहासिक अथवा अन्तर-पाठीय ज्ञान को काम में लाता है। इनमें जो पहला अभिगम है वह हार्टमैन को उत्तेजित करता है और वह प्रायः पाठक को अपना असली रूप दिखाता है। वह लेखक या कृति के विषय में टिप्पणी करने से रोकता है, जो पाठ की एकता के विषय में भावपूर्ण है। वह कला को कल्पना की संघटित शक्ति के पूरी तरह नियन्त्रित होने से उसके प्रदर्शन द्वारा उत्तेजित अनुभव करता है। आखिरकार कैसा मनोभाव, कैसी वस्तुनिष्ठता? आखिरकार कैसी दूरी, कैसी पहुँच और कैसी एकता? अन्तर्वस्तु और शैली की कैसी सुसंगतता?

दूसरा अभिगम हार्टमैन को चिन्तित करता है और वह कभी-कभी अतिशयतावादी, समसामयिक दार्शनिक अर्थव्याख्याता के दोषों का रेखांकन करता है। वह जहाँ गैर-ऐतिहासिकतावाद की अपने शब्दों से धज्जियाँ उड़ाने का काम (Lambast) बार-बार करता है उसी तरह पहली प्रविधि की दीनता पर भी प्रहार करता है। हार्टमैन कभी-कभी अपाठीयतावाद और दूसरे प्रकार की मुक्त अर्थ-क्रीड़ा पर भी विलाप करता

है। वह एक परम द्वन्द्वात्मकता के लिए अपनी तलाश छोड़ देता है, जिसका लक्ष्य विद्रूपिका और अपखण्ड के निषेधात्मक निर्वचन-शास्त्र के हित में होता है। यहाँ यदि एक आलोचना सरलीकृत करती है, तो वहीं दूसरी आलोचना अनिश्चयीकृत भी करती है।

पर हार्टमैन के आलोचनात्मक लेखन से कुछ अमेरिकी विसंरचनावादी सरोकार रखते नहीं दीखते हैं। उसके अलोचकों का मुख्य लक्ष्य आर्नोल्डी या आंग्ल-अमेरिकी आलोचना की सरल शैली की जड़ खोदना है। मूलतः हार्टमैन सर्जनात्मक और आलोचनात्मक लेखन के बीच पैदा की गयी दूरी और अलगाव की भर्त्सना करता है। होता यह रहा है कि सर्जनात्मक लेखन को अधिक प्रतिष्ठित और महत्त्वपूर्ण माना जाता रहा है और आलोचनात्मक लेखन को उससे हीन, भ्रष्ट अथवा खोटा समझा जाता रहा है। माना सर्जना एक नम्बर का माल है और आलोचना दो नम्बर का। इन दोनों के बीच किया गया ऐसा विभाजन आलोचना के लिए साहित्यिक परम्परा के सम्पूर्ण संसाधन को नकार देता है। एक सर्जनात्मक आलोचक विचारातीत या कल्पनातीत लगता है। आलोचक को सर्वाधिक महत्त्वपूर्ण सर्जनात्मक पाठ को केन्द्र में रखकर उसकी सर्जनात्मक आलोचना करनी चाहिए। ऐसी आलोचना को नीचा दिखाते हुए प्रायः आलोचक उसके लेखक को कलाकर्म के बजाय टिप्पणी या भाष्य के रूप में ग्रहण करने का दावा करता है, वैसा मानता है जो गलत है। हार्टमैन चाहता है कि आलोचक सर्जनात्मक लेखन की सर्वोत्तमता को प्रतिस्थापित करे अथवा पारस्परिक प्रधानता को प्रभावी रूप में सक्रिय करे। विशेष तौर पर ऐसी शान्त और साहित्यिक शैली, जो स्वैर-कल्पना और कल्पना से मुक्त है, उसे चला जाना चाहिए और इसके साथ-साथ साहित्य और आलोचना के बीच लालफीताशाही वाला यह यादृच्छिक भेदभाव करने वाला प्रकार्य भी समाप्त हो जाना चाहिए।

हार्टमैन आलोचनात्मक निबन्ध को एक विशिष्ट विधा के रूप में आदर देता है, जो गद्य के इतिहास का भाग है। वह ऐसी आर्नोल्डी प्रवृत्ति के विरुद्ध है, जो सर्जनात्मक पहल को नष्ट करती है और रूप के प्रकार्यों को फैलाती है। वह समकालीन आलोचकों, विशेष रूप में देरिदा द्वारा इस क्षेत्र में किये गये शक्तिपूर्ण प्रगामी कार्यों को विज्ञापित करता है। हार्टमैन 'Crossing over Literary Comentary as Literature' नामक अपने बीज-गर्भित निबन्ध में अपने इस उद्देश्य को इस प्रकार स्पष्ट करता है—"...साहित्यिक भाष्य या निर्वचन अपनी सीमा-रेखा के पार जा सकता है और इतना माँग-प्रधान अथवा अपेक्षित हो सकता है जितना साहित्य स्वयं है। यह अपने-आप में एक ऐसी अस्थिर और अननुमेय रूप-विधा है, जिसे इसके सान्दर्भिक और साभिप्राय और निर्वचनात्मक प्रकार्य के

कारण गौण नहीं समझा जा सकता। टिप्पणी अथवा साभिप्राय निर्वचन करने का प्रकार्य निश्चित तौर पर इसे परिभाषित करने वाले अभिलक्षणों में एक रहेगा। लेकिन आलोचना की परिप्रेक्ष्यीय शक्ति इस रूप में होनी चाहिए कि किसी भी आलोचनात्मक निबन्ध को किसी दूसरे के पूरक के बतौर नहीं माना जाए। यहाँ उस विलोम को भी सम्भव कर देना चाहिए, जहाँ आलोचना जैसे द्वितीय लेखन को प्राथमिक लेखन का महत्त्व प्राप्त हो जाए।

आज साहित्यिक आलोचना अपना साहित्य स्वयं रच रही है और वह भी कथा-साहित्य, काव्य-साहित्य और नाट्य-साहित्य को बिना जोखिम में डाले हुए। आलोचनात्मक लेखन की सम्भाव्य शक्ति को दमनकारी ऐतिहासिक न्यूनीकरण की आत्मचेतन प्रतिक्रिया में एक सर्जनात्मक पुनरुत्थान के रूप में माना जाना चाहिए, जिससे कि अन्तःआलोचनात्मक कृति साहित्य के इतिहास में उतनी अधिक महत्त्वपूर्ण हो जाए, जितनी महत्त्वपूर्ण कोई कलाकृति आलोचना के इतिहास में होती है।

हार्टमैन आलोचनात्मक वाचन के परम्परागत अभ्यासों को उलट देता है। वह साहित्य की आलोचना के लिए अधिक सर्जनात्मक अभ्यासों और क्रीड़ापरकता की अनुशंसा करता है। मनोविश्लेषण के द्वारा सम्मोहित हार्टमैन आत्म-विश्लेषण और सावधान परीक्षण को सुविज्ञ आलोचक पर लागू करने के लिए प्रेरित करता है। ऐसा करते हुए वह निर्वचन की फेनोमेनोलॉजी वाली परम्परा के साथ अपने पुराने गठबन्धन को बनाये रखता है। वह विषय और अपनी प्रयोजनपरकता को उत्सर्ग करने से अस्वीकार करता है। वह गोनगोरियन पाठ और उसकी असीम मुक्त क्रीड़ा को स्वीकार करता है, जिससे इतिहास को खेलपूर्ण, गतिशील सन्दर्भ बनाया जा सके। वह क्रान्ति नहीं, पुनरीक्षण चाहता है।

हार्टमैन के लिए देरिदाई शब्द-केन्द्रीय परम्परा की विसंरचना प्राचीन ऊर्ध्वाधरता के लिए अनिर्धारणीय और इसकी प्रतिस्थापना अस्वीकार्य लगती है। प्राचीनतर आलोचना की प्रमुख उपलब्धि यह है कि यह ऊर्ध्वाधरता के अर्थ को हममें पुनरुज्जीवित करती है। यह अद्‌भुत प्रयत्न को अनुक्रम देती और आश्रित करती है, जिससे कि वह प्रयत्न (उसे सभ्यता कह लें) दबाव अथवा आत्मबाधक के प्रति उन्मुख होता है, बजाय उसके कि जो निर्धारित प्रसन्नता है। इस तरह यह हीरोइक बना रहता है। हार्टमैन जिसे सर्जनात्मक आलोचना कहता है वहाँ वह एक रेखा खींचता है—"मैं अप्रसन्न हूँ वैसे कुछ निश्चित प्रयोगों के साथ, जिसे आलोचनात्मक लेखन के क्षेत्र में एकयौन (UNISEX) कहा जाता है। वास्तव में यह निर्वचन के पाठ को कमजोर बनाता है।" अधि-कल्पनात्मक कौशलों के साथ इसे जोड़ते हुए

हार्टमैन अपने 'मेनिफेस्टो' या 'प्राक्कथन' में स्वीकार करता है कि ब्रूम की तरह वह भी केवल विसंरचनावादी है। पर कभी-कभी वह विसंरचना के विरोध में भी लिखता है। वह देरिदा के 'ग्लास' की प्रशंसा करता है तथा आशंका भी करता है। उसके लिए अवाचनीय आलोचनात्मक पाठ जहाँ अश्रुपूर्ण द्रष्टा को उभारता है वहीं ऊर्ध्वाधर, क्रमहीन सभ्यता को भी सुधारता है। फिर भी यह आलोचना के लिए नवीन और उत्पादनशील सर्जनात्मक लेखन और वाचन के प्रति लुभावनी प्रतिज्ञा को सुरक्षित रखता है।

हार्टमैन का सर्जनात्मक आलोचना-विषयक अनुमान एक विचित्र बोलने वाले दृश्य को उपस्थित करता है। यहाँ हम परम्परा के स्रोतों का साक्ष्य बनते हैं। यह परम्परा परम्परा के विरुद्ध भी मोड़ लेने वाली होती है। ठीक इसी समय परिणामों की आशंका और हठीला साहस—दोनों परम्परा को बनाये रखने और पुनरीक्षित करने की ओर हमें अग्रसर करते हैं। टूट की सम्भावना नये निर्वचन और नये लेखन में देखी और खोजी जाती है, जो प्रकटन के बतौर उपस्थित होती है, किन्तु दृष्टि चिन्ता और सन्तुलन (मॉडरेशन) को उपस्थित करती है। हार्टमैन का विखण्डित लेखन शब्द-केन्द्रीयता की पुरानी ऊर्ध्वाधरता की निन्दा करता है, जिससे कि गहरा विखण्डन वास्तव में कभी भी प्रभावित नहीं हो। हार्टमैन सीमान्त के दृश्य-रतिक के बतौर उभरता है, जो विरोध, 'क्रॉसओवर' और खतरे की चेतावनी की कल्पना करता और उसका अवलोकन करता है। फिर भी साहित्य और आलोचना के बीच के सीमान्त तथा सिद्धान्त और व्यवहार के बीच के सीमान्त ढह जाते हैं। काव्यशास्त्र और निर्वचनशास्त्र प्रायः एक-दूसरे से तालमेल करते हैं। ऊर्ध्वाधरता यदि प्रतिकूलित या विनष्ट नहीं होती है, तो स्तरीकृत हो जाती है। 'द प्लेजर ऑव द टेक्स्ट' नामक कृति में रोलाँ बार्थ यह आश्चर्य प्रकट करता है कि हम आलोचना कैसे पढ़ सकते हैं? पर इसका उत्तर यह है कि इसके लिए केवल एक मार्ग है (क्योंकि यहाँ वह द्वितीयकोटिक पाठक है), उसे अपनी स्थिति को अवश्य ही बदलना चाहिए अपेक्षाकृत इसके कि वह आलोचनात्मक आह्लाद का विश्वासपात्र अथवा अन्तरंग हो पाए।

हार्टमैन के अनुसार सर्जनात्मक आलोचना की दो गतिकी है। पहली गतिकी अधि-आलोचक को दृश्य-रतिक के बतौर उपस्थित करती है, जहाँ वह एक दूरी पर दूसरे आलोचक की सक्रियता को पर्यवेक्षित करती है। यह दूरी कुछ निश्चित विधाई सम्मोहन को उत्पन्न करती है। यहाँ सदैव यादृच्छिक असहयोग का प्रकार्य रहता है। दूसरे शब्दों में सर्जनात्मक आलोचना चाहे अन्ततः प्रीतिकर और रोषकर हो, शीतल अथवा उष्ण हो—वह एक विशेष आवेष्ठन (इनवॉल्वमेंट) पर निर्भर करती

है। वह एक संकोचपरक परिचिति है, एक निश्चित दृश्य-रतिक, द्वैधवृत्तिक अनासक्ति है।

दूसरी गतिकी में सर्जनात्मक आलोचना में प्राथमिक आलोचनात्मक कृति को अधि-आलोचना के द्वारा संघटित किया जाता है। यहाँ यह एक प्रवचन (Construct) के रूप में होती है। यह एक विखण्डित तात्त्विक इकाई होती है।

साहित्य में सर्जनात्मक आलोचना अपने दायित्व-निर्वाह और अपनी सक्रियता में, अपने उत्तरदायित्व और क्रियाशीलता में किसी भी रूप में भिन्न प्रतीत नहीं होती। सर्जनात्मक आलोचना की विवरणी आलोचक को एक साथ स्वरूपित करती है। कविता से आलोचना और आलोचना से सर्जनात्मक आलोचना की ओर जैसे-जैसे बढ़ना होता है हम एक प्रगतिपरक अपवाचन (Misreading) की खोज करते हैं। यह एक पद्धति-विशेष है। आलोचना पर कविता और आलोचना पर सर्जनात्मक अधि-आलोचना आरम्भिक विशेषाधिकार पर निर्भर करती है। हार्टमैन ने सवाल खड़ा किया है कि इन सबके क्षेत्र को समान रूप में योग्य और श्रेष्ठ क्यों नहीं घोषित किया जाता? उसके मत में सर्जनात्मक आलोचना को साहित्य और सामान्य आलोचना की अपेक्षा अधिक महत्त्वपूर्ण घोषित किया जाना चाहिए। आलोचना और साहित्य-विषयक समझ और उसकी परिशंसा किसी भी कविता या आलोचनात्मक पाठ की अपेक्षा सर्जनात्मक अधि-आलोचनात्मक कृति के द्वारा बहुत अच्छी तरह विकसित की जा सकती है। इस दृष्टि से यह ग्राह्य और सम्भाव्य है कि आर्नल्ड और डिकेन्स के निबन्धों और उपन्यासों की अपेक्षा देरिदा द्वारा लिखा गया एक पाठ अधिक आह्लादपरक, लाभपरक और गम्भीर हो।

कहना न होगा कि हिन्दी में सर्जनात्मक आलोचना को विकसित-स्थापित करने का दायित्व अभी शेष है।

3. सर्जनात्मक काव्यालोचन—सर्जनात्मक काव्यालोचन काव्यालोचन का वह आयाम और प्रकार है, जिसमें कविता की सार्थकता और साभिप्रायता का, उसके कथ्य-मर्म का सर्जनात्मक रूप में उद्‌घाटन-विवेचन किया जाता है। इस सर्जनात्मकता के मूल में यह मान्यता निहित है कि कविता के सजग-सावधान वाचन में भी सहृदय पाठक के द्वारा कुछ-न-कुछ अवश्य छूट जाता है। इसीलिए इसे 'मिसरीडिंग' कहा जाता है। सहृदय पाठक या आलोचक अपनी प्रत्येक 'रीडिंग' में कुछ-न-कुछ 'मिस' कर ही जाता है। साथ ही यह भी कि हम अपनी प्रत्येक 'रीडिंग' में पहले से इस छूटे हुए को पाने का, इसे फिर-फिर रचने का प्रयास करते होते हैं, पर हर बार कुछ-न-कुछ रह ही जाता है—'तिष्ठद्‌दशांगुलम्'।

सर्जनात्मक काव्यालोचन के अन्तर्गत इस दृष्टि से कविता की मूलभूत संवेदना से लेकर, उसके भाव-प्रतिपाद्य, चिन्तन और अभिव्यंजन तक का सूक्ष्मता और व्यापकता में विश्लेषण-विवेचन सम्भव हो पाता है। यहाँ सारी सर्जना मौलिक होती है और पाठाधारित होती है। यह एकायामिता से बहुआयामिता तक अस्तित्वमय रहती है। कविता के सामान्य वाचन में जो प्रायः अनुपस्थित रहता है, उसे ही यहाँ उपलब्ध करने के क्रम में उसकी पुनस्सर्जना की जाती है।

प्रस्तुत आलोचना-कृति–'सर्जनात्मक काव्यालोचन'–में आलोचना के इसी आयाम और प्रकार का अट्ठाईस (28) कविताओं के सन्दर्भ में विश्लेषण-विवेचन किया गया है। इसमें कई सर्जना केवल सहृदयत्व या साहित्य-विवेक सम्पन्न पाठकीयता के आधार पर की गयी है, तो कई सर्जना मनोविश्लेषणात्मक प्रतिमान के आधार पर, कई शैलीवैज्ञानिक (Stylistic) और विसंरचनात्मक (Deconstructive) प्रतिमानों के आधार पर, तो कुछ अर्थवैज्ञानिक (Semantic) प्रतिमान और कुछ मिथकीय कूट-विश्लेषण के आधार पर भी प्रस्तुत की गयी है। पर इन सबके मूल में वह पाठक की प्रातिभ भावन-क्षमता ही है, जो कविता के आभ्यन्तर में अन्तर्निहित साभिप्रायता का उद्‌घाटन काव्य-प्रोक्ति की संरचना में तलान्वेषी-तत्त्वान्वेषी अवगाहत के द्वारा कर पाती है।

हिन्दी में सर्जनात्मक काव्यालोचन-विषयक यह पहली पुस्तक है, जिसमें पहली बार हिन्दी की सत्ताईस कविताओं की सर्जनात्मक साभिप्रायता को उसके साकल्य में उजागर किया गया है। इनमें अधिकांश कविताओं की पुनस्सर्जना मूल एक साहित्य-विवेक सम्पन्न पाठक की अपनी 'रीडिंग', अपनी वाचन-प्रक्रिया की ही उपलब्धि है। अपवाद-स्वरूप ही अनेक पाठकों द्वारा भिन्न-भिन्न प्रकार से की गयी समर्थ सर्जना के दृष्टान्त दिये गये हैं तथा उनकी फिर से सर्जना की गयी है। ऐसे स्थलों पर यह अधि-आलोचनापरक सर्जनात्मक आलोचना के बतौर उपस्थित-स्वरूपित हुई है।

सर्जनात्मक काव्यालोचन सदैव 'स्पेस' माँगता और 'स्पेस' छोड़ता है। अतः वह यह मानता है कि किसी भी कविता की सार्थकता-साभिप्रायता को, उसकी अनेकार्थता को प्रतिष्ठापित करते हुए उसे अन्तिम सर्जना नहीं माना जा सकता है, क्योंकि सर्जनात्मक काव्यालोचन कभी बद्ध अन्त वाला नहीं होता है, वह 'closed ended criticism' नहीं है। इसके विपरीत यह मुक्त अन्त वाली आलोचना है, जिसकी सर्जनात्मकता का क्षेत्र सदैव उर्वर बना रहता है। बर्टेड रसेल जिसे आन्तरिक मूल्य (Intrisic Value) कहता है, यहाँ विभिन्न रूपों में उसकी तलाश और स्थापना की जाती है।

इस आलोचना-कृति के सारे सर्जनात्मक काव्य-विश्लेषण पहले से ही पत्र-पत्रिकाओं में प्रकाशित हैं। इनका लेखन और प्रकाशन-काल 1966 से 2012 तक फैला हुआ है। यह काल लगभग पाँच दशकों का काल है। हिन्दी में इस पुस्तक को प्रकाशित करने के मेरे दो उद्देश्य रहे हैं। पहला यह कि इन कविताओं में कितनी गहराई और अनेकार्थता है, ये कविताएँ सर्जनात्मक सम्भावनाओं से कितनी भरी-पूरी हैं, यह साहित्य के प्रबुद्ध पाठकों को ज्ञात हो सके। दूसरे, काव्यालोचन की एक महत्त्वपूर्ण दिशा सर्जनात्मक काव्यालोचन की है, जिस ओर अब तक नगण्य ध्यान ही दिया गया है। अतः इस दिशा में साहित्य-विवेक से सम्पन्न पाठक आगे आ सकें और इस प्रकार के काव्यालोचन को विकसित करने में अपना योगदान कर सकें। इसके प्रकाशन से कविताओं की समझ-विषयक बहुत-सी भ्रान्तियाँ मिटेंगी और हिन्दी में कविता के भावन और बोध की वर्तमान स्थिति बदलेगी, इसका मुझे विश्वास है। इसको सुरुचिपूर्ण रूप में समय से प्रकाशित करने के लिए मैं लोकभारती प्रकाशन के निदेशक श्री आमोद महेश्वरी और उसके व्यवस्थापक श्री रमेश चन्द्र ग्रोवर के प्रति अपना आभार व्यक्त करता हूँ। विदा पुनर्मिलनाय—

दीपावली, 2013 **पाण्डेय शशिभूषण 'शीतांशु'**

सर्जनात्मक काव्यालोचन : आभ्यन्तर का उद्घाटन

1
बीती विभावरी जाग री!

बीती विभावरी जाग री!
अम्बर-पनघट में डुबो रही—
तारा-घट ऊषा-नागरी।
खग-कुल कुल-कुल सा बोल रहा,
किसलय का अञ्चल डोल रहा,
लो यह लतिका भी भर लायी—
मधु मुकुल नवल रस-गागरी।
अधरों में राग अमन्द पिये,
अलकों में मलयज बन्द किये—
तू अब तक सोई है आली।
आँखों में भरे विहाग री!

प्रसाद की 'लहर' की 'बीती विभावरी जाग री' कविता जो सर्वप्रथम 'निराला' द्वारा सम्पादित, कलकत्ता से निकलनेवाले 'रंगीला' के प्रथमांक (4 जून, 1932) के मुखपृष्ठ पर प्रकाशित हुई थी, उनके सम्पूर्ण गीति-साहित्य में साभिप्रायता और अर्थवत्ता की दृष्टि से अत्यन्त समृद्ध, सर्वोच्च और श्रेष्ठ गीत है। अपने इस गीत में केवल सत्तावन शब्दों का प्रयोग कर उन्होंने अर्थ की जिस बहुस्तरीयता का सफल सन्निवेश किया है, उससे उनकी सिद्ध काव्य-साधना व्यक्त होती है। प्रसाद जी प्रायः काव्य की चर्चा-परिचर्चा में शब्द की सुष्ठुता और अर्थवत्ता की विच्छित्तियों पर अवधानपूर्ण मीमांसा किया करते थे। अतः चेतन और अचेतन—दोनों रूपों में यह अर्थ-गरिमा उनकी निजी अभिव्यक्ति को भी मण्डित कर उठी है।

'बीती विभावरी जाग री' में अर्थ की त्रिधारा का अनूठा संगम हुआ है। इसकी सामान्य अर्थ-धारा प्राकृतिक-शृंगारिक है और विशेष अर्थ-धारा क्रमशः राष्ट्रीय तथा आध्यात्मिक।

अपने प्राकृतिक-शृंगारिक अर्थ में 'बीती विभावरी जाग री' एक प्रभाती है, जिसमें नायिका की सहेली निसर्ग के कण-कण के जागरित होने की मनोरम भावना को लयबद्ध कर नायिका को सुनाती और उससे जगने का हार्दिक आग्रह करती है। विभावरी—सितारों से जगर-मगर करती रात—निश्शेष हो गयी है। वह बीत गयी है।

'बीती' और 'जाग री' में आसन्नता का भाव है। सहेली नायिका से कहती है कि अरी! अब तो तू जग जा, क्योंकि संसार के जग उठने के लिए प्रथमतः इस विभावरी के बीतने की ही तो प्रतीक्षा थी। सो वह गयी। द्वितीयतः इस विभावरी ने ही अपना विपुल व्यापक प्रसार ('अन्तहीन विभावरी है'—महादेवी) कर सबको सुषुप्ति के सम्मोह में डाल रखा था। वह भी बीतकर अस्तित्वहीन हो गयी। तृतीयतः वह सुदीर्घ प्रहरों तक स्थिर और व्याप्त रहनेवाली विभावरी चली गयी। तू यह परितोष-भाव प्राप्त कर। चतुर्थतः प्रिय-प्रतीक्षा से भरी वह विभावरी समाप्त हो गयी, जिसमें तूने अधरों में प्रगाढ़ लालिमा और केशों में मलयज का श्रृंगार किया था। विभावरी के तेरे उस श्रृंगार को इस प्रत्यूष में कहीं कोई देख न पाये। अतः तू जाग! देख, ऊषा उठ कर आ गयी है। वह नागरी आकाश-रूपी पनघट में तारों के घड़ों को डुबोती जा रही है। 'अम्बर-पनघट में डुबो रही तारा-घट-ऊषा-नागरी' में कलित-ललित कल्पना की मोहक गत्यात्मक चित्रात्मकता है, जो परम्परित रूपक और मानवीकरण की चमत्कृति से युक्त है। 'पनघट' और 'ताराघट' के 'घट' में यमक की कला है। पहले 'घट' का अर्थ 'घाट' है और दूसरे 'घट' का अर्थ 'घड़ा'। इन पंक्तियों में पण्डित रामदहिन मिश्र ने अगूढ़ व्यंग्य की स्थिति स्पष्ट की है। इस सम्बन्ध में तीन बातें ध्यातव्य हैं। पहली बात तो यह कि यहाँ उपमानोपमेय-सम्बन्ध परम्परित नहीं है, वह कवि-प्रतिभाजन्य है। दूसरे, इन पंक्तियों में अर्थ का बाध नहीं होने के कारण लक्षणा भी नहीं है और तीसरे, 'बीती विभावरी' का पूर्व-कथन होने से परवर्त्ती पंक्तियों का अर्थ पहले ही स्पष्ट हो गया है। अतः यहाँ अगूढ़ व्यंग्य की स्थिति सम्भव नहीं है। इन पंक्तियों की शब्द-योजना पर आचार्य जानकी वल्लभ शास्त्री का आरोप है कि 'विभावरी' अम्बर आदि शब्द सार्थक नहीं, केवल उच्चारण संगीत की संगति के लिए आये हुए हैं।' शास्त्री जी का वह आरोप पूर्वग्रह-पूर्ण है। वस्तुतः 'विभावरी' 'जाग री' से उच्चारण-संगीत की संगति बैठाने-भर के लिए प्रयुक्त शब्द नहीं है, प्रत्युत उससे तारक-जटित रात्रि का बिम्ब स्पष्ट होता है, जो निशा, निशीथ, रजनी, शर्वरी आदि शब्दों से कभी नहीं हो पाता। ऐसा ही अर्थवाहक शब्द 'खग' भी है, जिसमें आकाश में गमन करने वाले का भाव निहित-पिहित है तथा जो 'पक्षी' आदि पर्यायों से विशिष्ट है।

अब पौ फट रही है। विहग-वृन्द जग गये हैं। उनके कण्ठों से कुलकुल स्वर—उल्लास के पुलकाकुल बोल—निकल रहे हैं। पन्त जी ने आरोप किया है कि "खग-कुल कुल-कुल सा बोल रहा" कोई प्रसन्न स्वर-चित्र उपस्थित नहीं करता। पर यह आरोप भ्रान्तिपूर्ण है। 'खग-कुल' विविध प्रकार के विहग-वृन्द का अर्थ देता है तथा 'कुल-कुल' शब्द निश्चित रूप में कुतूहल, उल्लास और जीवन्तता का पूर्ण प्रसन्न चित्र खड़ा कर देता है। 'कुल-कुल' में न केवल 'सुखद पदों का कोमल

कलरव' है, प्रत्युत 'बाल झंकारों का छेकानुप्रास' भी है। यमक और वीप्सा ने एकसाथ इस पंक्ति की चारुता को उत्कृष्ट बना दिया है। 'किसलय का अंचल डोल रहा' से पता चलता है कि आरात्रिक विश्राम कर सुप्त पवन भी जग गया है। तभी तो वृक्षों के किसलयों में जागरण आ गया है। इनका आंचल लहर उठा है–दूर-दूर तक दृष्टिगत होनेवाली कोंपलें मस्ती से भरी झुक-झूम रही हैं। पवन और किसलय की पारस्परिक क्रीड़ा चल रही है। 'खग-कुल कुल-कुल-सा बोल रहा' में श्रौत बिम्ब तथा 'किसलय का अंचल डोल रहा' में चाक्षुषू बिम्ब का विधान किया गया है। पर परवर्त्ती पंक्ति में श्रौत बिम्ब की भी स्थिति है। पाठ या गान में इस पंक्ति की आवृत्ति होने पर यह विशेष रूप सहसा कौंध जाता है। 'किसलय' का एक अर्थ 'कोंपल' और दूसरा अर्थ 'किस-लय'–'कौन-सी लय' है। विहग-वृन्द के जो उल्लासमय बोल दिग-दिगन्त में छा गये हैं, उनमें अपूर्व लयमयता का स्पन्दित विस्तार है। कथ्य है, पता नहीं धरती से व्योम तक कौन-सी अपूर्व लय तरंगित होने लगी है?

'लो, यह लतिका...' के 'लो' का लोक-कण्ठी लालित्य अद्भुत है। इसमें 'देखो' या 'ग्रहण करो' के अध्यवसित अर्थ के साथ-साथ एक त्वरितता भी है। जीवन्त हो गयी लता मधु मकरन्द से पूर्ण नयी-नयी कलिका की रस-भरी गागर ले आयी है। लता से मुकुल और मधु मकरन्द तक जागरण का संचार हो गया है। सम्पूर्ण नरेतर क्षेत्र में–आकाश से भूमि तक–जागृति व्याप गयी है। यहाँ प्राकृतिक तत्त्वों में क्षिति और गगन के जागरण का प्रत्यक्ष कथन तथा जल और समीर के जागरण का क्रमशः आरोपित और परोक्ष कथन हुआ है। द्रष्टव्य है कि एक ओर आकाशीय पनघट में ऊषा-नागरी तारा-रूपी घड़ों को डुबो-डुबो कर विलीन कर चुकी है, दूसरी ओर तन्वंगी लता मधुरस-पूरित अपने मुकुल-घट भर-भर लायी है।

'अधरों में राग अमन्द पिये' से स्पष्ट है कि नायिका के अधरों की गाढ़ी ललाई अब तक यथावत् है। 'पिये' से एक प्रकार के नशीलेपन और लालिमा के अन्तर्भुक्त होने का अवबोध होता है। उसने केश-राशि में मलयज को अब तक बन्द कर रखा है। मलयज का सामान्य अर्थ मलयगिरि का चन्दन अथवा सुरभित समीर है। इसका दूसरा अर्थ गन्धपूर्ण कस्तूरी है और तीसरा अर्थ मलयगिरि में उत्पन्न होने वाला गन्ध-मोही सर्प है। सहेली नायिका से कहती है कि हे आली! तू अब तक रात्रि-शृंगार में ही भूली हुई है। तेरे होंठों में लगी ललाई वैसी ही है। तेरे केशों में सेचित मलय-सुगन्ध अथवा गन्ध-भरी कस्तूरी का छिड़काव उसी रूप में व्याप्त है अथवा तूने अपनी केश-राशि का शृंगार करते समय वेणी में जो सर्पिणी को बन्दिनी कर लिया था वह वेणी अब तक उसी रूप-रेखा में सज्जित है।

'तू अब तक सोयी है आली' में 'अबतक' से आश्यर्च, खेद, भूल आदि मिश्रित भाव की एक साथ विवृति होती है। आकाश, तारे, ऊषा, पक्षी, पवन, किसलय, लतिका, मुकुल ये सब तेरे पहले जग गये हैं और तू अबतक सोयी पड़ी है। 'आँखों में भरे विहाग री' से स्पष्ट होता है कि प्रिय-प्रतीक्षा में थक-हार कर सो गयी नायिका के नेत्र निमीलित न होकर उन्मीलित ही हैं। तभी तो उसमें भरा प्रतीक्षा का करुण विहाग (टूटे तारों का करुण विहाग) स्पष्ट परिलक्षित हो उठा है। निमीलित नयनों में भरी वस्तु भला कैसे देखी जा सकती है? 'विहाग' 'हिन्दोल' राग का पुत्र माना गया है। यह निशीथ—अर्द्धरात्रि का करुण राग है। प्रसाद के 'स्कन्दगुप्त' की देवसेना के गीत में भी इस शब्द का प्रयोग हुआ है—

पथिक! उनींदी श्रुति में किसने
यह विहाग की तान उठायी?

पण्डित सुधाकर पाण्डेय ने 'विहाग' का अर्थ 'काजल' किया है, जो नितान्त भ्रष्ट और अशुद्ध अर्थ है। 'विहाग' का 'काजल' अर्थ न तो कोश-सिद्ध है, न ही प्रयोग-सिद्ध और न ही यह अर्थ सन्दर्भतः कवि का अभीष्ट है।

'बीती विभावरी जाग री' 'प्रकृति के रमणीय पक्ष को लेकर रचित सुन्दर और मधुर रूपकमय गान' है। यह माघ के 'शिशुपाल-वध' के प्रभात-वर्णन से प्रभावित गीत है। इसकी चित्रात्मकता में कवि-दृष्टि आद्यन्त ऊपर से नीचे की ओर है। पहले अम्बर, फिर तारा, फिर ऊषा, फिर खग, फिर किसलय, फिर लतिका और अन्त में नायिका! इस गीत में कुल सत्तावन शब्दों में बारह 'ल' के लालित्य में लिपटे हैं। पहली पंक्ति की लयवत्ता का आरोह-अवरोह आकर्षक है। 'विभावरी' की संगिनी 'री' की टेक में वृत्त्यनुप्रास के साथ-साथ नायिका से उसकी सहेली की अतिशय सन्निधि का भाव भी व्यंजित है। 'प्रभाती' की शैली सम्बोधन-शैली होती है तथा उसमें पक्षियों के चहचहा उठने का निश्चयात्मक रूप में वर्णन होता है,—'जागिये रघुनाथ कुँवर, पंछी वन बोले।' (तुलसी) इस गीत की भी शैली सम्बोधन की है, पर इसमें पक्षियों के चहचहा उठने और प्रकृति के जग जाने के परम्परित वर्णन का सर्वथा मौलिक और हृदयग्राही संस्कार हुआ है। साथ ही अन्तिम चरण में नायिका के प्रति वैयक्तिक कथन प्रकट कर इस प्रभाती को सामान्य से विशेष रूप प्रदान कर दिया गया है। पन्त जी के अनुसार "यह गीत एक विचित्र आशा-जागरण का मन्त्र लेकर मन को लुभाता है।"

'बीती विभावरी जाग री' की दूसरी अर्थवत्ता राष्ट्रीयता की है। अर्थवत्ता पर विचार करते हुए ड्वाइट एल. बोलिंगर ने 'शब्दों का जीवन और मरण' शीर्षक लेख में शब्द-परिधि के चारों ओर मुख्यार्थ को एक ज्योतिष्क पिण्ड की तरह परिक्रमा करने

वाला तथा अन्यार्थ को वातीय उपग्रह की तरह चक्कर काटने वाला बताया है। प्रस्तुत गीत की राष्ट्रीय अर्थवत्ता उक्त परवर्त्ती कोटि का प्रतीयमान अर्थ प्रकट करने वाली है। आचार्य नन्ददुलारे वाजपेयी ने इसे प्रसाद की 'युग-चेतना का परिचायक प्रतिनिधि गीत' की संज्ञा देकर छोड़ दिया है। परन्तु इस गीत के प्रच्छन्न स्वर में छायावादोत्तर राष्ट्रीय भाव की अपेक्षा कहीं गहरी राष्ट्रीयता विद्यमान है। 'दिनकर' की 'प्रभाती' का प्रथम चरण तो 'बीती विभावरी जाग री' से ही प्रभावित दीखता है। इस गीत की पूर्ववर्त्ती पंक्तियों का भाव-साम्य कितना स्पष्ट है—

'भेदमय सन्देश सुन पुलकित खगों ने चंचु खोली;
प्रेम से झुक-झुक प्रणति में पादपों की पंक्ति डोली;''

'विभावरी' सामन्तशाही विलासिता से आच्छन्न युग का संकेतक है। विलासिता का यह घनीभूत तम-तोम, जिसमें आकर्षण-आवर्जन के असंख्य सलमे-सितारे जड़े थे, अब छँट गया है। नव जागरण का युग आया है। कवि देश की सुप्त अलसित जनता को सम्बोधित कर कहता है कि हे सुषुप्त जनते! तुम जगो। यहाँ 'अम्बर' इतिहास का बोधक है, 'तारा' शृंगारिकता-विलासिता के उपकरण का और 'ऊषा' नव्य चेतना या जागृति का। कथ्य यह है कि युगीन जागृति इतिहास के गर्भ (पनघट) में शृंगारिकता और विलासिता के घट-कुम्भों को डुबा-मिटा रही है। अब विलासिता को इतिहास की वस्तु ही रहने देना चाहिए, क्योंकि जागृति का अभिनव आरम्भ होने लगा है।

दूसरे चरण की अर्थवत्ता चर्चित राष्ट्रीय सन्दर्भ में दुहरी हो जाती है। एक ओर इसका सामान्यार्थ राष्ट्रीय अर्थ को पुष्ट करता, तो दूसरी ओर विशेषार्थ राष्ट्रीय परिप्रेक्ष्य को एक नैरन्तर्य में बाँधता है। सामान्य अर्थ में जन-जन को, जनता को, प्रकृति भी जागरण का सन्देश दे रही है। विहग-वृन्द के उल्लास-भरे कूजन, किसलयों के पुलक-भरे स्पन्दन, लता-वल्लरी का रस-गागर रूपी मधु मुकुल से आपूरण—ये सब जागरण के चिह्न हैं। कवि का अभीष्ट है कि प्रकृति जग गयी है। अतः ओ जनते! तुम भी इनसे सीख ग्रहण कर जाग्रत् होओ। यहाँ प्रकृति का चित्रण तथ्य-निरूपण पद्धति में हुआ है। विशेषार्थ में 'खग' शब्द कवि का प्रत्यक्ष कराता है। 'ख' का अर्थ आकाश है और 'ग' का अर्थ गमन करने वाला। आकाश में जो गमन करे वह 'खग' है। कवि भी कल्पना-प्रमुख होने के कारण आकाशगामी होता है। 'किसलय' नव वय के तरुण का अर्थ देता है, 'अंचल' हृदय का, 'लतिका' तरुणी का और 'मुकुल' विश्वास का। 'किसलय' और 'लतिका' का लिंग-प्रयोग अत्यन्त साभिप्राय और सार्थक है। कविगण आशावादी स्वर में काव्योच्चार कर रहे हैं। उत्साह और चेतना का जैसे पवन प्रवाहित हो चला है। तरुणों का हृदय पुलकाकुल हो उठा है। लीजिए,

आशातीत रूप में यह तरुणी भी मधु विश्वास की गागरी भर लायी है अर्थात् वह भी विश्वासमयी हो उठी है। यह मधुविश्वास आत्मविश्वास है, जिसके सहारे स्वतन्त्रता प्राप्त करने का प्रयास सफल हो पायेगा। ध्यातव्य है कि प्रसाद के 'चन्द्रगुप्त' की 'अलका' में ऐसी ही तरुणी का अंकन मूर्त हुआ है।

तीसरे चरण में सुषुप्त जनता को अँगरेज़-परस्त और विलासिता-प्रिय बताया गया है। जागृति की लहर से सर्वथा अयानी जनता अपने अधरोष्ठ में अँगरेज़ियत का राग भरे हुई है। व्यामोहवश अँगरेज़ी अलापनेवाली जनता का यह वर्ग देश की प्रबुद्ध चेतना से सर्वथा कटा हुआ है। यह जनता अपने केश-विन्यास—शृंगार में मलयज को बन्दी बनाये हुई है अर्थात् यह भाषा और भूषा दोनों ही से अँगरेज़-परस्त और विलासिनी है। फलतः विलासिता की विभावरी का युग बीत जाने के बाद भी इसके दृष्टि-पथ में विहाग-ही-विहाग छाया है, कहीं भी भैरवी की छवि तरलायित नहीं है। कवि ऐसी ही जनता को 'बीती विभावरी जाग री' का प्रबोध देता है।

राष्ट्रीय अर्थ की तरह ही इस लघुगीत में आध्यात्मिक अर्थ की भी नियोजना हुई है। पर इस अर्थ-भूमि की यात्रा भी अब तक किसी पाठक या आलोचक द्वारा तय नहीं की गयी है। सच पूछिए तो भावक-आलोचक को अर्थवत्ता के सन्दर्भ में अपने व्यापक, विवेकपूर्ण अवबोध का परिचय देना चाहिए; क्योंकि कवि कीट्स के अनुसार, "कविता में जब ध्वनि की किरणें अनेक दिशाओं में छिटकने लगें तब किसी एक अर्थ पर अड़ने का आग्रह करने वाला पाठक सही नहीं होता।"

अपनी आध्यात्मिक अर्थवत्ता में 'बीती विभावरी जाग री' आत्मा का उद्‌बोध-गीत है। सद्‌गुरु मोहान्ध, सुषुप्त आत्मा को चिन्मय, उद्‌बुद्ध आत्मा का दृष्टान्त देकर जगा रहे हैं। पहले चरण में ब्रह्म मुहूर्त्त की दिव्य चेतना का प्रत्यक्ष कराया गया है। 'विभावरी' से मोहरात्रि, 'अम्बर' से यौगिक प्रबुद्धता का, आकाश और 'तारा' से माया-मोहमय लौकिक भाव का चाकचिक्य और 'ऊषा' से दिव्य, अलौकिक चेतना के अर्थ स्पष्ट होते हैं। कथ्य है कि मोह-रात्रि बीत चुकी है। दिव्य चेतना लौकिक-मायिक भाव के कुम्भों को प्रबुद्धता के आकाश-गर्भ में तिरोहित करती जा रही है, जिससे कहीं भी इसका लेश न रह जाय।

द्वितीय चरण में उद्‌बुद्ध आत्मा का दृष्टान्त प्रस्तुत है। 'खग' साधक का अर्थ-वाहक है। प्रसाद-काव्य में विहग, पक्षी आदि शब्दों का प्रयोग साधक के अर्थ में हुआ है। साधक-समूह आनन्दोल्लास में मन्त्रोच्चार कर रहा है। परितः परिवेश में दिव्य उल्लास की लय पुलकाकुल हो व्याप रही है। इस दिव्य लय को सुनकर मर्कट न्यायाधीन आत्मा स्वयं उद्‌बुद्ध हो रही है। वह दिव्य अनुपम प्रेम-रस से अपने हृदय की गागरी भर लायी है। वस्तुतः यह किसी अलौकिक लय-लहरी की अद्‌भुत और

अनुपम गूँज है। यहाँ 'किसलय' में चाक्षुष् बिम्ब की स्थिति न होकर श्रौत बिम्ब की ही स्थिति है तथा 'अंचल' में विस्तार-भाव की लक्षणा। साथ ही लतिका से आत्मा—आध्यात्मिक प्रेमिका, 'मधु' में प्रेम-रस और 'मुकुल' से हृदय के अर्थ अभीष्ट हैं।

तृतीय चरण में सुप्त जीवात्मा का चित्र है। यह जीवात्मा रजोगुण और तमोगुण से आवृत्त है। इसकी वाणी में जागतिक आसक्ति है और इसके शृंगार में लौकिक आकर्षण की तीव्रता! उसके अधरों में गहरे लौकिक राग बसे हैं, केशों में लौकिक कामनाओं की तीव्र गन्ध छायी है और नयनों में माया-मोह की प्रतीक्षा का विहाग भरा है। वह इस चैतन्य वेला में भी मनसा, वाचा, कर्मणा सुषुप्त है। सद्गुरु इस जीवात्मा को जागृति का सन्देश देते हैं।

इस प्रकार अर्थ का यह मधुत्रय 'बीती विभावरी जाग री' की अनुपम विशेषता है। इसकी अर्थवत्ता का विस्तार जागरण के अनामुष्मिक और आमुष्मिक दोनों ही स्तरों तक है। लौकिक स्तर में तो व्यष्टि और समष्टि दोनों ही का सम्प्रेष्य-भाव है। प्रसाद जी की 'लहर' में प्राकृतिक-शृंगारिक, रहस्यात्मक-आध्यात्मिक और राष्ट्रीय तीन कोटियों की कविताएँ हैं। इस लघुगीत में ये तीनों अर्थच्छायाएँ प्रत्यक्ष हो उठती हैं।

प्रसाद जी के इस गीत की अर्थवत्ता का रहस्य उनके कुशल क्रिया-प्रयोग में निहित है, जो सिद्ध कवियों के शब्द-प्रयोग का सर्वोपरि वैशिष्ट्य है। प्रायः पूर्ण पटु कवि क्रियाओं का समर्थ पारखी प्रयोक्ता होता है, पर कच्चा कवि विशेषण की छवि-छटा का आग्रही भर! ग्यारह पंक्तियों के इस लघुगीत में कवि ने ग्यारह क्रियाओं के प्रयोग किये हैं, विशेषण केवल तीन हैं : मधु, नवल और अमन्द! शेष शब्द अर्थ की व्यापकता के अन्तर्गत अनेक रूपों में सूत्रबद्ध हैं।

(2)

इस कविता की पहली पंक्ति में दो कथन हैं, एक कथन है कि विभावरी बीत गयी है और दूसरा सम्बोधनात्मक कथन है कि अरी ओ, तू जग जा। इन दो अलग-अलग गहन संरचनाओं—'(ओ) री, विभावरी बीती। (तू) जाग (जा) !' को कवि ने एक ही बहिःस्तरीय संरचना के सहारे व्यक्त कर दिया है। यह रूपान्तरण अध्याहृत और विपर्यस्त—दोनों प्रकार का है।

कवि का शब्द-चयन यहाँ प्रकृति-विषयक एक पूरे प्राचल (पाराडाइम) को लेकर हुआ है। इस 'पाराडाइम' में 'अम्बर', 'तारा', 'ऊषा', 'किसलय', 'लतिका', 'मुकुल', 'खग', 'विभावरी', 'तारा' और 'मलयज' जैसे संज्ञामूलक शब्द आये हैं। 'अम्बर', 'विभावरी', 'तारा' और 'ऊषा'—इनमें उच्चावच (हिपोनिम) कोटि की अर्थवत्ता भी

है। इस अर्थवत्ता के सम्बन्ध को इस प्रकार स्पष्ट किया जा सकता है अम्बर → विभावरी → तारा। इसी प्रकार अम्बर → ऊषा और पुनः लतिका → मुकुल के बीच भी उच्चावचक्रम की अर्थवत्ता है। यह अर्थवत्ता अंशी में अंश की समाहिति-संहति से हमें परिचित कराती है।

दूसरे प्रकार का शब्द-चयन मानव-जगत् से सम्बद्ध है। 'नागरी', 'अधर', 'अलक', 'आँख', 'आली'—ऐसे शब्द दूसरे प्रकार का 'पाराडाइम' सिरजते हैं। इन दोनों के बीच एक तीसरे प्रकार का 'पाराडाइम' भी इस कविता में उपस्थित दीखता है। इसमें 'पनघट', 'घट', 'गागरी' जैसे शब्द आते हैं। इस कविता में संगीत-क्षेत्र का एकमात्र शब्द 'विहाग' प्रयुक्त हुआ है, जो अत्यन्त साभिप्राय है। कविता की पहली पंक्ति वाक्य-स्तर पर विचलित है। यहाँ संयोजन की दृष्टि से कर्त्ता और क्रिया का संयोजन हुआ है, पर पहले वाक्यांश में जहाँ कर्ता और क्रिया दोनों ही उपस्थित हैं, वहाँ दूसरे वाक्यांश में कर्त्ता (तू) का अध्याहार कर दिया गया है। यहाँ विचलन का आधार यही अध्याहार (लोप) है। पहले वाक्यांश में क्रम-नियोजन के विपर्यस्त होने के कारण भी विचलन है। इसके बाद की पंक्तियों में अर्थ-स्तर पर अस्वीकार्यता से उत्पन्न विचलन भी क्रियाशील है। इसे दो-दो संज्ञा शब्दों के असंसक्त (नॉन-कोहिसिव) संयोजन के रूप में देखा जा सकता है। ऐसे युग्म 'अम्बर-पनघट', 'तारा-घट' और 'ऊषा-नागरी' के युग्म हैं। यहाँ विचलन अपनी विशेष साभिप्रायता को उजागर करता हुआ अर्थ के धरातल पर प्रतिमा-शृंखला (आइकोनिक लिंकेज) को व्यक्त करने लगता है। यहाँ विचलन ही रूपक अलंकार को जन्म देता है। इससे बिम्ब की उद्भूति सम्भव हो पाती है। इस वाक्य के क्रिया-प्रयोग में कवि मानवीय व्यापार का विधान कर उठता है। अर्थ के धरातल पर यह पहले वाक्य के आधे अंश की ही प्रतिमा-शृंखलामूलक व्याख्या है।

'बीती विभावरी' में अग्रप्रस्तुति का समान्तरतामूलक अभिकरण भी क्रियाशील है। यहाँ 'खग-कुल कुल-कुल सा बोल रहा' में 'कुल' की आवृत्ति से समान्तरता की सृष्टि होती है। 'कुल-कुल' सा के 'कुल' में यदि समतामूलक समान्तरता है, तो 'खग-कुल' और 'कुल-कुल' के 'कुल' में अर्थ-स्तर की विरोधमूलक समान्तरता विद्यमान है। यही समान्तरता यहाँ 'यमक' अलंकार को जन्म देती है। इसके बाद का शब्द 'किसलय' विकल्पक्रमी (पाराडिग्मेटिक) और विन्यासक्रमी (सिण्टैग्मेटिक) दोनों ही अक्षों पर अपना प्रयोग-औचित्य सिद्ध करता है। विकल्पक्रमी अक्ष पर यह ऐसा चयन है जो, 'कोपल' का अर्थ देता है, पर विन्यासक्रमी अक्ष पर यह 'कौन-सी लय' के अर्थ में उद्भासित हो उठता है। विकल्पक्रमी और विन्यासक्रमी अक्षों के सहारे

प्राप्त अर्थ की इसी भिन्नता को भारतीय परम्परा में सभंग श्लेष से स्पष्ट किया गया है। अर्थस्तरीय विचलित अग्रप्रस्तुति का एक और उदाहरण–'किसलय का अञ्चल' में प्राप्त होता है। अञ्चल तो नारी का होता है। उसके परिधान का होता है। पर यहाँ इस प्रयोग की साभिप्रायता उसके विस्तार को निरूपित करने की है। अस्वीकार्यता की दृष्टि से अर्थस्तरीय विचलन लतिका के द्वारा 'मधु मुकुल नवल रस-गागरी' भरने के कथन में भी है। लता में मानवीय व्यापारात्मक शक्ति नहीं होती, जिसका कवि ने यहाँ उल्लेख किया है। 'मधु मुकुल नवल रस-गागरी' का प्रयोग भी इस दृष्टि से विचलित है। 'मुकुल' की गागरी नहीं हो सकती, यहाँ भी प्रतिमामूलक शृंखला' बन रही है, जो बिम्ब उद्भूत कर रही है। इसके बाद की पंक्तियों में 'आँखों में भरे विहाग री' की उक्ति में पुनः इस प्रकार की विचलित अग्रप्रस्तुति उपस्थित होती है। 'विहाग' एक राग है। अपने ऐतिहासिक अर्थ-विकास में यह 'दीपक' राग का पुत्र है। आधी रात में प्रिय-प्रतीक्षा के विफल होने पर यह राग कारुणिक स्वर में गाया जाता है। इसका सह-संयोजन (कालोकेशन) 'अधर' या 'स्वर' से बैठता है, 'आँख से नहीं। परन्तु कवि ने बड़े साभिप्राय रूप में इसे विचलित रूप में यहाँ सहभावित किया है। यहाँ विहाग की करुणा को जैसे आँखों में मूर्तिमान् कर देने का प्रयत्न किया गया है।

पूरी कविता में कुछ विशेष ध्वनियों के प्रयोग हुए हैं। स्वर ध्वनियों में 'ई' और 'आ' के विशिष्ट प्रयोग हुए हैं। 'ई' के कुल प्रयोग बारह बार हुए हैं, तो 'आ' के सोलह बार। व्यंजन ध्वनियों में 'र' और 'ल' ध्वनि की प्रयुक्ति-संख्या अधिक है। पन्द्रह बार 'र' ध्वनि के प्रयोग हुए हैं और चौदह बार 'ल' ध्वनि के प्रयोग। महाप्राण ध्वनियों में 'भ', 'ध', 'श', 'ह', 'भ', 'ध' जैसे ध्वनि-प्रयोग भी साभिप्राय हैं। अल्पप्राण ध्वनियों में 'त', 'द', 'र', 'ल', 'ट', 'द', 'न', 'व', 'ब', 'च', 'ग', 'म', 'द', 'प', 'ज', 'ग' जैसी ध्वनियाँ व्यवहृत हुई हैं। लय की सृष्टि की दृष्टि से पहली पंक्ति में 'ई' ध्वनि की आवृत्ति से समतामूलक समान्तरित अग्रप्रस्तुति की सार्थकता सिद्ध होती है। आक्षरिक दृष्टि से पहली पंक्ति में छह अक्षरों के प्रयोग हुए हैं। इनमें लयात्मक पद्धति पर 'विभावरी' और 'जागरी' के समान्तरित आक्षरिक प्रयोग उभरते हैं। हर पंक्ति का अन्तिम अक्षर मुक्त अक्षर (ओपेन सिलेबुल) है। दूसरी और तीसरी पंक्ति में सात-सात अक्षरों के प्रयोग हुए हैं। चौथी और पाँचवीं पंक्ति में भी सात-सात अक्षरों के प्रयोग हैं। छठी और सातवीं पंक्ति में क्रमशः आठ एवं छह अक्षरों के प्रयोग हुए हैं। आठवीं और नवीं पंक्ति में क्रमशः सात-सात अक्षरों के प्रयोग हुए हैं। दसवीं और ग्यारहवीं पंक्तियों में क्रमशः आठ एवं पुनः सात अक्षरों के प्रयोग हुए हैं। इस

प्रकार इसकी आक्षरित पद्धति में समान्तरता के तत्त्व प्राप्त होते हैं। अल्पप्राण ध्वनियों के प्रयोग से जहाँ कविता का स्वनिम-संसार कोमलता को उजागर करता है, वहीं महाप्राण ध्वनियों के प्रयोग से इसमें रागात्मकता उभर कर आती है। 'विभावरी' के ऐसे ध्वनि-प्रयोग इसका साक्ष्य प्रस्तुत करते हैं। अर्थ के धरातल पर विरोधी समान्तरता के अभिलक्षण महत्त्वपूर्ण हैं। ध्यान देने योग्य है कि 'अम्बर-पनघट' से लेकर 'नवल रस-गागरी' तक का कथन प्रकृति के जागरण की कहानी कहता है, किन्तु 'अधरों में राग' से लेकर अन्तिम 'विभावरी' तक का कथन नायिका के शयन की सूचना देता है। जागरण और शयन में, तथा प्रकृति और नारी में, अर्थ के धरातल पर विरोधी समान्तरता है। इसी विरोधी समान्तरता की पृष्ठभूमि में कविता की पहली पंक्ति सार्थक होती है–'तारों से जगमगाती रात बीत गयी है, अरी ओ! तू जाग जा!'

पूरी कविता में सिर्फ एक बार प्रयुक्त 'विहाग' उन्मीलक शब्द (Key word) के रूप में व्यवहृत हुआ है। 'विहाग' का अर्थ होता है अर्द्ध रात्रि में प्रतीक्षा की विफलता में करुण स्वर में गाया जानेवाला राग। यहाँ 'विहाग' कई संकेत उभारता है। निश्चय ही नायिका ने अर्द्ध रात्रि तक प्रिय की जो प्रतीक्षा की है वह विफल हो गयी है। यहाँ करुण पुकार का श्रौत बिम्ब उजागर करनेवाला 'विहाग' राग अब उसकी आँखों में चाक्षुषू रूप में प्रत्यक्ष हो उठा है। यहीं यह स्पष्ट होता है कि वासकसज्जा नायिका ने प्रिय से मिलने के लिए अधरों और अलकों का शृंगार किया था। अब जबकि विभावरी बीत चली है, प्रिय से मिलन नहीं होने के कारण उसके सारे शृंगार यथावत् दीख रहे हैं। 'राग' होंठों पर लगायी जानेवाली ललायी है, 'मलयज' अलकों में छिड़की जानेवाली सुरभि है अथवा यह वह नागिन या सर्पिणी है, जिसको वेणी में कैद कर लिया गया है। संरचना की दृष्टि से पहली पंक्ति के दोनों कथन दो-दो पंक्तियों के पहले तीन चरणों में 'बीती विभावरी' की व्याख्या करते हैं, जबकि अन्तिम दो-दो पंक्तियों में 'जाग री' की व्याख्या की जाती है। संरचनात्मक समान्तरता की दृष्टि से 'अम्बर-पनघट', 'तारा-घट' और 'ऊषा-नागरी' में संयोजन की संरचनात्मक समान्तरता है। 'खग-कुल कुल-कुल सा बोल रहा, किसलय का अञ्चल डोल रहा' में 'क', 'ल' और 'ह' ध्वनि की समतामूलक समान्तरता शब्द-लय की सृष्टि करती है।

अर्थ के धरातल पर 'अम्बर-पनघट', 'तारा-घट' और 'ऊषा-नागरी' अपनी कोशीय अर्थ-सीमा को तोड़कर बृहत्तर अर्थ को ग्रहण करने लगते हैं। अम्बर इतिहास और यौगिक चेतना के विस्तार को, तारा जगमगाहट और विलासिता तथा माया-मोह

के चाकचिक्य को तथा ऊषा नव्य और दिव्य दीप्त चेतना को संकेतित करनेवाले शब्द बन जाते हैं। ऊषा प्रकर्तृत्व (एजेण्टिव) शक्ति का, 'अम्बर' आधार-मूलकता का और 'तारा' आधेयपरकता का द्योतन करने लगते हैं। कविता का सन्दर्भ व्यापक हो उठता है। सामान्य अर्थ से अलग प्रतीयमान अर्थ उजागर होने लगते हैं। एक ओर इतिहास के पनघट में विलासिता के घड़ों को कवि की चेतना-रूपी नागरी डुबो रही है। यह महत्त्वपूर्ण अर्थ प्रकट होने लग जाता है, तो दूसरी ओर यौगिक चेतना के आकाश-रूपी पनघट में सद्गुरु की जाग्रत् दिव्य चेतना माया-मोह के चाकचिक्य से भरे घड़ों को डुबो रही है। ज्योफ्री एन. लीच. ने एक सूत्र दिया है—''यदि प्रतीयमान अभिप्राय 'प्र' वाच्यार्थ 'वा' से किसी विशेष प्रकार से सम्बद्ध हो, तो वहाँ 'प्र', 'वा' को स्थानान्तरित कर सकता है।''[1] इसके अनुरूप यहाँ अम्बर, तारा और ऊषा में वाच्यार्थ के अतिरिक्त प्रतीयमान अर्थ की भी सम्भावनाएँ हैं। आगे के प्रयुक्त शब्द भी इस प्रतीयमानता को स्पष्ट करने में सहायक सिद्ध होते हैं। 'खग' शब्द केवल पक्षी का अर्थ नहीं देता, बल्कि आकाश में जानेवाले का अर्थ देता है। अपनी व्युत्पत्ति के आधार पर यह कवि और योगी का अर्थ निष्पन्न करने लगता है। 'किसलय का अञ्चल' नवयुवक-समूह का राष्ट्रीयता के लय-विस्तार तथा आध्यात्मिकता के लय-प्रसार का अर्थ देने लगता है और लतिका एक ओर नवयुवती का और दूसरी ओर शारीरिक नाड़ी (सुषुम्ना, इड़ा और पिंगल) का अर्थ देने लगती है। कवि स्वयं इस कविता में अभिप्रेरक बन जाता है और वह जनता को जाग्रत् करने के लिए सम्बोधित करने लगता है। अपनी वाणी में 'अंग्रेजों के गुणगान का अमन्द राग पिये, अपनी वेशभूषा में उन्हीं का अनुकरण किये यह जनता विलासिता में डूबी हुई है। फलतः विलासिता की विभावरी के बीतने की वेला में भी मध्यवर्गीय जनता की दृष्टि में पुरस्कार, अलंकरण आदि नहीं मिल पाने की विफलतावश विहाग-ही-विहाग की करुण छाया है, कहीं भी भैरवी की छवि नहीं उभरती है। कवि ऐसी जनता को 'बीती विभावरी जाग री' का प्रबोध देता है। इसी तरह अभीप्सित कंचन, कामिनी के उपलब्ध नहीं हो पाने की विफलता का विहाग उस सुषुप्त आत्मा वाली शरीरी आँखों में छाया है, जिसे जाग्रत् आत्मा (सद्गुरु) प्रबोध दे रही है। इस प्रकार शब्द-स्तर पर इस कविता में 'विहाग' और 'विभावरी' दो ऐसे अग्रप्रस्तुत शब्द के रूप में प्रस्तुत होते हैं, जो कविता के कथ्य को उजागर करने में महत्त्वपूर्ण भूमिका अदा करते हैं। प्रकृति में जागरण के दृश्य का प्रत्यक्ष कराकर कवि एक ओर शृंगार की प्रतीक्षिता नायिका को जगाना चाहता है, दूसरी ओर जनता को उद्बुद्ध करना चाहता है, तीसरी ओर वह जाग्रत् सद्गुरु की दिव्य चेतना के द्वारा सुषुप्त मोहान्ध आत्मा को जगाने का

प्रयास करता है। इस वाच्यार्थ-व्यंग्यार्थ सम्बन्ध को सारिणी में अच्छी तरह देखा जा सकता है—

संख्या	त्रिस्तरीय अर्थ वाले शब्द	प्राकृतिक-शृंगारिक अर्थ (वाच्यार्थ)	राष्ट्रीय अर्थ (व्यंग्यार्थ)	आध्यात्मिक अर्थ व्यंग्यार्थ
	बीती विभावरी जाग री	सहेली का नायिका के प्रति कथन	कवि का जनता के प्रति कथन	सद्गुरु का मोहांध-आत्मा के प्रति कथन
1.	विभावरी	तारों से जगर-मगर करती रात	आकर्षण के सितारों से युक्त सामन्तशाही	मोह-रात्रि
2.	अम्बर	आकाश	इतिहास	विलासिता का घनीभूत तमतोम यौगिक चेतना का आकाश
3.	तारा	नक्षत्र	शृंगारिकता-विलासिता का उपकरण	ज्ञान माया-मोह का चाकचिक्य
4.	ऊषा	पौ फटने की वेला	नव्यं चेतना या जागृति	दिव्य चेतना
5.	खग	चिड़िया	कवि	साधक की कुण्डलिनी शक्ति
6.	किसलय	1. कोंपल 2. कौन-सी लय	अल्पवय तरुण	कौन-सी लय
7.	अञ्चल	प्रसार का बोध	हृदय	प्रसार
8.	लतिका	लता	तरुणी	सुषुम्ना नाड़ी
9.	मधु मुकुल	मधु-पूरित कलिका	मधु विश्वास	सहस्रार चक्र का कमल
10.	राग	ललायी लालिमा	स्वर/भाषा	लौकिक मोह के स्वर
11.	मलयज	1. मलय का चन्दन/या मलय की सुरभि 2. गन्धयुक्त कस्तूरी 3. गन्धमोही सर्प	प्रसाधन/भूषा	तमोगुणी सर्पिलता
12.	विहाग	आधी रात में गाया जानेवाला राग, जो हिन्दोल पुत्र है	निष्क्रियता का करुण निद्रालस राग	माया-मोह का करुण निद्रात्मक राग

वाक्य-रचना के धरातल पर 'बीती विभावरी' की वाक्य-रचना संयोजित वाक्य-रचना (कान्ज्वायनिंग) का उदाहरण है। केवल दो स्थलों पर सामान्य सन्निहित वाक्य-रचना (एम्बेडिंग) के दृष्टान्त प्राप्त होते हैं। खग-कुल के बाद प्रयुक्त 'कुल-कुल सा'

सन्निहित वाक्य-रचना का उदाहरण है और 'लो यह लतिका भी भर लायी' के बाद 'मधु मुकुल नवल रस' भी सन्निहित वाक्यांश का उदाहरण है। इसके अतिरिक्त शेष सारी वाक्य-रचनाएँ संयोजित पद्धति पर ही हुई हैं। कविता की अन्तिम पंक्तियाँ स्थिति-सूचक हैं। कवि कविता की पहली पंक्ति की आवृत्ति नहीं करता, लेकिन बिना आवृत्ति के भी जागरण का स्वर सर्वत्र मुखर होता जाता है। यहाँ जागरण के जिन व्यापारों का निरूपण हुआ है, वे सारे सातत्यमूलक क्रिया के रूप में उपस्थित हुए हैं, जैसे :-'डुबो रही', 'बोल रहा', 'डोल रहा'; दूसरी ओर संयुक्त भूतकालिक, सामान्य भूतकालिक और आसन्न भूतकालिक क्रिया के प्रयोग हुए हैं—'भर लायी', 'बीती', 'सोयी है'; तीसरी ओर निर्देश-परक क्रिया का प्रयोग भी है—'जाग री'; चौथी ओर कृदन्तीय विशेषण के रूप में 'पिये' और 'किये' का भी व्यवहार हुआ है, जो वस्तुतः 'पिये हुए' और 'किये हुई' के लिए प्रयुक्त शब्द हैं। कविता में 'लो' का प्रयोग, जो क्रियामूलक नहीं रह कर निपात की तरह हो गया है, एक आत्मीयता का परिवेश उपस्थित करता है। यूँ 'लो' भी निर्देशपरक क्रिया है।

स्टीफेन उलमान ने लिखा है कि चयन के क्षेत्र में सर्वाधिक मुक्तता या छूट कवि को बिम्बात्मक चयन में प्राप्त होती है।[2] इस दृष्टि से विचार करें तो इस कविता में ऊषा-नागरी द्वारा अम्बर-पनघट में तारा-घट के डुबोने में गत्यात्मक बिम्ब का चयन प्रत्यक्ष होता है। खग-कुल के बोलने, किसलय के अञ्चल के डोलने, और लतिका द्वारा नवल रस-गागरी को भर लाने में गत्यात्मक बिम्ब का ही चयन हुआ है। पर बाद की पंक्तियों में सोयी हुई नारी का अथवा विलास या माया-मोह से जकड़ी जनता का जो बिम्ब प्रत्यक्ष होता है, वह गत्यात्मक नहीं होकर स्थावर है। गत्यात्मक से स्थावर का यह विपथन इस अंश को सर्वाधिक अग्रप्रस्तुत कर देता है। कविता का मूल सन्देश इन्हीं विपथित अग्रप्रस्तुत पंक्तियों में निहित है। कवि ने बिम्ब-चयन में आकाश के सबसे ऊपरी भाग से लेकर सर्वाधिक निचले भाग तक का बिम्ब-विधान किया है। सबसे पहले आकाश, फिर तारे, फिर ऊषा, फिर पक्षी, फिर पवन, फिर किसलय, फिर लतिका, फिर मुकुल! पर्यायचयन की दृष्टि से 'विभावरी' शब्द अत्यन्त सार्थक है। यूँ रात्रि-बोधक अनेक शब्द कोश में हैं, लेकिन कवि ने किसी दूसरे पर्याय को ग्रहण नहीं किया है। इसकी सार्थकता इस तथ्य में निहित है कि इससे तारक-जटित रात्रि का महत्त्वपूर्ण और साभिप्राय बिम्ब स्पष्ट होता है। इसी प्रकार एक और पर्यायचयन 'खग' का है, क्योंकि इसमें आकाश में गमन करने का भाव निहित है। 'किसलय' शब्द भी इस दृष्टि से महत्त्वपूर्ण है। इसकी जगह 'कोंपल' या 'पल्लव' जैसे शब्द इसके महत्त्व को स्पष्ट नहीं कर पाते। कवि ने इस दृष्टि से

पर्याय का महत्त्वपूर्ण और सफल चयन किया है। विशेषण-विशेष्य की दृष्टि से 'गागरी' के साथ 'मधु मुकुल नवल रस' का संयोजन, 'राग' के साथ 'अमन्द' का संयोजन और 'बोल रहा' के साथ 'कुल-कुल सा' का संयोजन हुआ है। पूरी गीतिका में कर्ता-क्रिया 'संयोजन' ही प्रमुख है। विशेषण-विशेष्य अथवा क्रिया-विशेषण और विशेष्य का संयोजन गौण अथवा अत्यल्प है। कविता में कुल सत्तावन शब्दों से बनी यह कविता कथ्य के सार्थक आयाम की दृष्टि से अत्यन्त महत्त्वपूर्ण है। इस गीत में प्रोक्ति के स्तर पर पहले चरण से दूसरा चरण विपथित रूप में अग्रप्रस्तुत होता है। विपथन का एक आधार प्रकृतिपरक चित्रण के निजी मानक से हटकर मानवीय चित्रण करने में है, तो दूसरा आधार जागरण के वर्णन से हटकर शयन का वर्णन करने में या गत्यात्मकता से हटकर स्थिरता का निरूपण करने में परिलक्षित होता है। यहाँ विपथन प्रोक्ति के स्तर पर उपस्थित होता है, जो यथास्थिति से मुक्ति का सन्देश देनेवाला, काम्य जागरण का आह्वान करनेवाला है।

---

1. ज्योफ्री एन. लीच., अ लिंग्विस्टिक गाइड टु इंग्लिश पोयट्री (लन्दन : लौंगमैन, 1969), पृष्ठ 148
2. स्टीफेन उलमान, 'स्टायलिस्टिक्स एण्ड सिमेण्टिक्स', लिटरेरी स्टाइल : ए सिम्पोजियम (लन्दन : ऑक्सफोर्ड, 1971), पृष्ठ 137।

2
(प्रिय) यामिनी जागी[1]

'निराला' ने 'वर्ण-चमत्कार' में लिखा है—'खुली मुक्ति बन्धन से बँधी फिर अपार।' अर्थात् भावों की जो मुक्ति हुई वह पूर्ण मुक्ति हो कहाँ सकी? वह तो फिर शब्द, स्वर, राग, रागिनी, लय, ताल आदि के अपार बन्धन में बँध उठी। 'वर्ण-चमत्कार' में उन्होंने जैसे अपनी रचना-प्रक्रिया ही स्पष्ट कर दी है। मुक्त अभिव्यक्ति का बन्धनमय हो जाना ही फूलते-फैलते भावों और गहरे चिन्तनात्मक अर्थों का शब्दों की निश्चित सीमा में कैद हो जाना है। 'निराला'-काव्य की शब्द-सीमा संकुचित है और अर्थ-सीमा विस्तृत। उनकी रचना-प्रक्रिया के इसी वैशिष्ट्यवश उनके काव्य का अवबोध करने के लिए कवि की संवेदना से एकात्म होने और उनके समानधर्मा बनने की अपेक्षा होती है।

'गीतिका' का एक प्रसिद्ध गीत 'प्रिय यामिनी जागी' है—

(प्रिय) यामिनी जागी।
अलस पंकज-दृग अरुण-मुख
तरुण-अनुरागी।

खुले केश अशेष शोभा भर रहे
पृष्ठ-ग्रीवा-बाहु-उर पर तर रहे;
बादलों में घिर अपर दिनकर रहे,
ज्योति की तन्वी, तड़ित्-
द्युति ने क्षमा माँगी।

हेर उर-पट फेर मुख के बाल,
लख चतुर्दिक् चली मन्द मराल,
गेह में प्रिय-स्नेह की जय-माल,
वासना की मुक्ति, मुक्ता
त्याग में तागी।

इस गीत की कवि-संवेदना से एकात्म नहीं हो पाने के कारण एकाधिक आलोचकों को इसकी सही सन्दर्भ-परिचिति नहीं हो पायी है। डॉ. धनंजय वर्मा ने इस नायिका को 'सद्यः जाग्रत्'[2] कहा है, तो आचार्य जानकीवल्लभ शास्त्री ने लिखा है कि 'प्रेयसी को वह रात जग कर बितानी पड़ी है, जिसके प्रहर-प्रहर पहाड़ हो रहे

थे।'[3] शास्त्री जी ने नायिका के रात भर जगने का अर्थ लिया है तो वर्मा जी ने उसके तुरत-तुरत जग उठने का। इतना ही नहीं, विश्वम्भरनाथ उपाध्याय जी ने इसे स्वतः रात्रि के ही जागरण का चित्र मान लिया है–"रात्रि जग गयी है, उसके अलसाये हुए कमल-नेत्र सूर्य के समान मुख वाले प्रिय को देखकर खिलने को हैं। उस तरुण को देखकर प्रिया के कमल-नेत्र अनुरागी हो रहे हैं।... निशा हृदय के वस्त्र को देख कर मुख के ऊपर के बालों को फेर कर चारों ओर देख कर मन्द गति से चल पड़ी है। प्रिया का स्नेह बढ़ा हुआ है।"[4] उपाध्याय जी के अनुसार यदि इसे यामिनी-जागरण का चित्र मान लिया जाय, तो रात्रि के हृदय का वस्त्र क्या है? मुख के ऊपर के बाल क्या हैं? 'प्रिया का स्नेह बढ़ा हुआ है'–'आखिर किसका अर्थ है?' 'गेह में प्रिय स्नेह की जयमाल' का तो सीधा अर्थ है कि घर में प्रेमी के प्रेम की जयमाला है वह! तब क्या प्रकृति के पक्ष में इसे नैश जागरण का 'प्रभात-कालीन चित्र' माना जा सकता है? पूरे गीत की संघटना को देखते हुए प्रस्तुत भ्रान्त अर्थ की चरितार्थता किसी प्रकार सम्भव नहीं है।

इस प्रकार ऊपर विवेचित तीनों ही अर्थ-सन्दर्भ असंगत हैं। सही सन्दर्भ तो नायिका के रात भर पति के शयन-कक्ष में जगी रहने और प्रात होते ही कक्ष से लौट चलने का है? यह समग्र सौन्दर्य उसी नारी का है। रात भर जगे रहने के कारण उसके कमल-रूप नेत्र अलसित हैं। पर वे सूर्य-रूप मुख-मण्डल वाले तरुण प्रिय के अनुरागी हैं। 'अनुरागी' का प्रयोग सार्थक है। कमल का सूर्य के प्रति अनुगामी राग ही होता है। जानकीवल्लभ जी ने 'अलस पंकज-दृग अरुण' का भी भ्रान्त अर्थ किया है। उन्होंने 'अलस' और 'अरुण' दोनों को ही 'पंकज-दृग' का विशेषण बना दिया है।[5] यहाँ नेत्र के सन्दर्भ में अर्थ की तो बाधा नहीं है, क्योंकि अलसित नेत्र अरुण होते हैं, पर विशेषणों के पूर्व और पर-स्थान दोनों ही में अलग-अलग नियोजित होने की अनौचिती अवश्य है। ऐसा करने के बजाय 'अरुण-मुख-तरुण अनुरागी' का अन्वय अधिक सटीक है। इससे अनुरागी भाव का उत्कर्ष बढ़ता है। पर 'अलस' के साथ 'अरुण' की अन्विति से जितना सौन्दर्य 'पंकज-दृग' का बढ़ता नहीं, उससे कहीं अधिक 'मुख' का अर्थ-ग्रहण श्री-हीन, मलिन हो जाता है। फिर 'पंकज' और 'अरुण' का भी परस्पर प्रभावित-प्रभावक सम्बन्ध नहीं टिक पाता है। रात भर तो नायिका के नेत्र प्रिय-अनुरागी रहे हैं। प्रातः होने पर ये कमल की तरह और-और अनुरागी हो उठे हैं, क्योंकि प्रिय-मुख सूर्य की तरह है। 'अरुण-मुख-तरुण' में योजकों का भी प्रयोग है। स्पष्ट है कि 'अरुण' 'तरुण' से संयुक्त है, 'दृग' से नहीं। शास्त्री जी ने अर्थ को मोड़ने के लिए स्वतः उद्धृत पंक्तियों में 'अरुण' के बाद अल्पविराम का प्रयोग कर दिया है, जो अनुचित है। जानकीवल्लभ जी ने 'पंकज' शब्द का

अर्थ-गाम्भीर्य उद्घाटित करते हुए लिखा है कि 'इस समय उसकी आँखें अरविन्द या इन्दीवर नहीं, पंकज हो रही हैं। वह वाष्प-कलुषित या अश्रु-पंकिल होने के कारण कमल की नहीं, पंकज की प्रभावाली दीख रही है।'[6] खेद है कि हिन्दी आलोचना में उक्त पंक्तियों का अब तक यही अर्थ लिया जा रहा है। यह एक कटु सत्य है कि हिन्दी की व्यावहारिक आलोचना चिन्त्य रूप में गतानुगतिक है, जहाँ शोधकर्त्ता भी काव्यास्वाद में सच्चे सहृदय की भूमिका नहीं निभा पाता। तभी डॉ. विजेन्द्र नारायण सिंह ने अपने शोध-प्रबन्ध, 'वक्रोक्ति सिद्धान्त और छायावाद' में पर्याय-वक्रता के उदाहरण-स्वरूप 'निराला' की उल्लिखित पंक्ति-विषयक शास्त्री जी की पूरी व्याख्या को युक्तियुक्तता और सटीकता के निकष पर बिना परीक्षित किये ही अपने समर्थन में तद्वत् उद्धृत कर दिया है।[7] सच तो यह है कि यहाँ शास्त्री जी को भ्रान्ति हुई है। उन्होंने स्वयं-कल्पित वियोग के सन्दर्भ में 'पंकज' का ऐसा अर्थ-दोहन किया है। पर सही सन्दर्भ तो संयोग का है, जिसमें वाष्प या अश्रु का कोई महत्त्व नहीं है। दूसरे, जागतिक दृष्टि से भी विचारें तो नेत्र भला एक साथ अलसित और अश्रुपूरित—दोनों ही कैसे हो सकते हैं? स्पष्टतः यहाँ 'अरुण' से प्रातः चित्रण के कारण बालारुण का टेस, गुलाबी, चिक्कण, स्वास्थ्यपूर्ण और सौन्दर्य-भरे मुखड़े का अर्थ प्रकट होता है। 'अरुण तरुण' के संयोग से 'निराला' ने प्रभात के अन्यान्य चित्र भी खड़े किये हैं।[8] यहाँ नायिका को नायक का आरात्रिक संग प्राप्त रहा है। इस सहवास में रात जगे-जगे ही बीत गयी है—'बीती रात सुखद बातों मे····।'[9] प्रभात होने पर नेत्र स्वभावतः अलसा गये हैं। 'अलस' का एक अर्थ 'लसहीन' भी है। आँखें, जो रात भर जगने के कारण 'लसहीन' हो गयी हैं, प्रिय के मुख-दर्शन के प्रति अब भी लसयुक्त हैं। कितना सुन्दर विरोधाभास है! फिर भी नेत्र प्रिय से विलग होना नहीं चाहते, मानो इनका मन न भरा हो। इसीलिए शारीरिकता थकी है, पर मानसिकता अनुरागिनी हो रही है।

रात्रि-जागरण और प्रिय-सहवास के कारण प्रभातकाल में जब वह गृह से निकली है, उसके केश बिखरे हुए हैं। वे पीठ, गर्दन, बाँह और छाती पर तिर उठे हैं। इनसे कभी समाप्त न होनेवाली, कभी नहीं चुकनेवाली अविच्छिन्न शोभा निखर उठी है। ऐसी शोभा, जिसे निरखकर दृष्टि की तारी लग जाय। यह अशेष शोभा अकृत्रिम और स्वाभाविक है—'इयमधिक मनोज्ञा वल्कलेनापि तन्वी' की वन्य शकुन्तला की तरह अनलंकृत शोभा! 'पृष्ठ ग्रीवा, बाहु, उर पर तर रहे' से यह व्यंजित होता है कि उसके शरीर की त्वचागत, चिक्कण कान्ति और पारदर्शिता अपरूप है। तभी तो उसके तरने की सार्थकता है, जैसे शरीर एक सरोवर हो। इस प्रकार सार्थ 'तर रहे' प्रयोग नायिका के पृष्ठ, ग्रीवा, बाहु और उर के आंगिक सौन्दर्य को स्पष्ट कर देता

है। 'खुले केश' के वर्णन में अन्यांगों का व्यंजित वर्णन कवि की कला का उत्कृष्ट निदर्शन है। गम्य उत्प्रेक्षा है कि मानो केश की घटा से नायिका का दिनकर-रूपी दीप्त मुखमण्डल घिर उठा है। 'दिनकर' उपमान के उल्लेख और उपमेय के अनुल्लेख से रूपकातिशयोक्ति भी पुष्ट हुई है। पर यह 'अपर दिनकर' है। एक दिनकर आकाश में उदित होता है और दूसरा दिनकर शरीर-सरोवर के क्षितिज पर। 'अपर' का अन्यार्थ पंखहीन, फलतः गतिहीन भी है। आकाशीय सूर्य बादलों के घेरे से निकल सकता है, पर इस दिनकर (अपर = पंखहीन) का निकलना असम्भव है। एवंविध 'घिरना' भी अत्यन्त सार्थक है, जहाँ बच निकलने की कोई गुंजाइश शेष नहीं है। नायिका का शरीर ज्योति-निर्मित है। 'ज्योति की तन्वी' नायिका से क्षणिक कान्ति ने क्षमा माँगी है। लक्ष्योपमा का सुन्दर दृष्टान्त है यह! डॉ. धनंजय वर्मा ने 'खुले केश अशेष शोभा भर रहे' का अर्थ स्पष्ट करते हुए लिखा है कि ''नायिका ने सिर को झटकार कर बालों को बिखेर दिया है और पीठ, गर्दन, भुजा पर वे बिखर गये है।''[10] पर क्या 'निराला' की इस नायिका को बाल झटकारने की सिनेमाई अदा सचमुच आती है? नायिका के केश तो पहले से ही खुले हैं और खुलकर स्वतः बिखरे हैं। यदि नायिका झटका देकर ही बाल बिखेरना चाहती है तो 'फेर मुख के बाल' का, उसके सँवारने का औचित्य क्या है? वर्मा जी ने 'फेर मुख के बाल' को 'झटकार कर बिखेरना' कैसे समझ लिया है? आश्चर्य तो तब होता है जब इस प्रकार डॉ. धनंजय वर्मा इसे एक ओर फिल्मी मुद्रावाली नायिका सिद्ध करना चाहते हैं और दूसरी ओर स्वयं आचार्य नन्ददुलारे वाजपेयी का यह अभिमत भी उद्धृत कर बैठते हैं कि ''इस जैसे पद में इसी युग के कवि द्वारा भक्तों की श्रीराधा की अवतारणा हुई है।''[11]

नायिका ने अपनी छाती पर के वस्त्रों को निहारा है कि लज्जा ठीक से ढँकी तो है, वस्त्र स्रस्त तो नहीं है! संकोचधर्मिता और गृहिणी-कर्त्तव्यशीलता के निर्वाह का स्थल है यह! मुखमण्डल पर बिखरे हुए अस्त-व्यस्त बालों को भी उसने फेर कर पीछे कर लिया है; जहाँ तक सम्भव है हाथों से विन्यस्त कर लिया है। 'निराला' के एक दूसरे गीत में भी ऐसा क्रिया-परक सादृश्य है—'उठी सँभाल बाल मुख लट, पट।'[12] उसने चारों ओर सजगता से देख लिया है कि किसी ने उसे देखा तो नहीं है। हंस की मन्दगामिता से जा रही है वह! घर में वह प्रिय के प्रेम की जय-माला थी—प्रिय-वक्ष पर मालाकार भुजा-गुम्फन में झूलती-विलसती! पर पति के शयन-गृह से निकल कर वही 'वासना की मुक्ति' और 'त्याग में तागी मुक्ता' हो उठी है! शयन-गृह में वह कुछ और थी, पर वहाँ से निकलते ही वह पूरी तरह दूसरी हो उठी है। यहाँ गृहिणी की द्विधर्मिता प्रत्यक्ष है। नायिका चतुर्दिक् देखती है कि किसी ने देखा तो नहीं। पर कवि की दृष्टि ने तो पकड़ ही लिया है। यही दृष्टि गेह-बाहर का अन्तर स्पष्ट कर

देती है। 'गेह में प्रिय स्नेह की जयमाल'—यदि कक्ष के भीतर नायक-नायिका के विलास का बिम्ब उजागर कर देता है, तो दोनों के पारस्परिक सम्बन्ध को मूल्यांकन की दृष्टि से अद्‌भुत भावोत्कर्ष भी देता है। 'मुक्ता त्याग में तागी' स्वकीया नायिका के गार्हस्थ्य जीवन की रीति-नीति का उत्कर्ष है। यह 'श्री-पावन गृहिणी' उदारता और त्याग दोनों का सन्तुलन बनाये रखती है। इस प्रकार यह गीत अपने अन्त में उदात्त हो जाता है। पर इसमें 'भक्तों की श्रीराधा की अवतारणा' देखना किसी भी प्रकार संगत नहीं है। यह सही है कि 'निराला' के कुछ गीतों का पर्यवसान आध्यात्मिकता में हुआ है, किन्तु प्रत्येक कविता में ऐसा हो यह आवश्यक नहीं; क्योंकि प्रत्येक कविता का अपना समग्र व्यक्तित्व और जीवन होता है। यही कारण है कि प्रत्येक कविता अलग-अलग आलोचित और मीमांसित होने की अनिवार्य अपेक्षा रखती है।[12] फिर उच्चता अलौकिकता में ही प्रकट हो, यह भी अपेक्षित नहीं है। वह लौकिक शृंगार में भी सम्भव है, जिस प्रकार वह इस गीत में है। इस प्रकार गीत की अन्तिम पंक्तियों से भक्त और श्री राधा का न तो कोई सम्बन्ध है और न ही इनमें श्रीराधा की अवतारणा का कोई व्यंजित कथ्य। कवि तो पाठक-आलोचक की तरह ही प्रथमतः एक मनुष्य होता है, जिसे भूख लगती है, प्यास मथती है, साथ ही उसे आवासीय सुविधा की आवश्यकता और घरेलू सुखों की अपेक्षा रहती है।[13] अतः लौकिक जीवन की नितान्त परिचित सूक्ष्म-से-सूक्ष्म बातों को भी वह कह सकता है। इसी में उसकी ईमानदारी भी निहित है।

'निराला' के काव्य में वर्ण-चमत्कार वर्णों के प्रति उनकी निजी रुचि और व्यवस्था का चमत्कार है इससे एक ओर यदि 'ध्वनि-कल-कल नाद' कढ़ा है तो दूसरी ओर अवधारणीय संश्लिष्ट अर्थवत्ता भी मुखर हुई है।[14] इसीलिए ध्वनि-स्तर पर 'यामिनी जागी' में एक शब्द जिस वर्ण से समाप्त होता है उसी वर्ण से दूसरा शब्द एक सम्मोही सन्निकर्षवश तुरन्त आरम्भ हो जाता है। एक ही वर्ण से कई-कई शब्दों का प्रारम्भ तो कविता के लिए पुरानी बात है, परन्तु 'निराला' ने अपनी इस कविता में एक शब्द जिस वर्ण-विशेष से समाप्त होता है उसी वर्ण से दूसरे शब्द से आरम्भ कर अपनी मौलिक विशेषता का परिचय प्रस्तुत किया है। 'शोभा भर', 'भर रहे', 'तर रहे', 'क्षमा माँगी' आदि में वर्ण-योजना ऐसी ही है। यहाँ क्रमशः 'भ', 'र' और 'म' से एक-एक शब्द की समाप्ति हो रही है और पुनः इन्हीं वर्णों से नये-नये शब्द का आरम्भ भी हो रहा है।

वर्ण-चमत्कार व्यंजना पर तो आश्रित होता ही है, स्वरों की लय-गति से भी प्रभावित-सर्जित होता है। व्यंजनों के ध्वन्यंकन का अनुशीलन अनुप्रास का विषय रहा है। 'निराला' ने व्यंजनों के प्रभाव के अतिरिक्त स्वरों की लय-गति का भी

संयोजन करते हुए वर्णों को भास्वर चमत्कृति दी है, जो अत्यन्त सार्थ है। 'यामिनी जागी' की 'खुले केश अशेष शोभा भर रहे' पंक्ति में 'ए' स्वर की विशेष लय-गति है। 'हेर उर-पट फेर मुख के बाल' में भी इसी स्वर-लय का प्रसार है। ऐसी पंक्तियों में यति-गति भी स्वर से प्रभावित हुई है। 'ज्योति की तन्वी तड़ित्-द्युति ने क्षमा माँगी' में इ, ई, ई, इ, इ, ई, स्वर की विशेष सर्जनात्मकता है। इस स्वर-प्रभाव को उत्पन्न करने के कारण 'निराला' की गणना श्रेष्ठतम कवि में की जानी चाहिए। इतना ही नहीं, 'यामिनी जागी' में दो-दो, तीन-तीन वर्णों की शब्द-योजना से एक विशेष गतिमन्दता उत्सर्जित की गयी है। 'खुले केश' और 'अशेष' जैसी पदसज्जा में मध्यम वर्ण यदि आरोही हैं तो पूर्व और पर अनवरोही और स्थिर। इससे क्षिप्रता की जगह वह स्थिरता उत्पन्न हुई है, जिससे सौन्दर्य-चित्र देर तक दृष्टि-पथ पर प्रत्यक्ष होता रह जाता है। वर्णों की ऐसी योजना से सबसे बड़ा लाभ यह है कि सौन्दर्य की घड़ियों को निर्निमेष निहारा जा सकता है। एक-एक कथ्य की क्रमिक और पुष्ट अभिव्यक्ति बिना किसी अधीरता के होती चलती है। यहाँ वर्णों की चाल भी 'मन्द मराल' चाल है। 'शक्तिपूजा' के वर्णों-सी क्षिप्र गज-गामिता नहीं है यहाँ। भाव और सन्दर्भ के अनुकूल वर्णों को मन्द-क्षिप्र करना, आरोह-अवरोह देना 'निराला' के 'बन्धन से बँधी फिर अपार' की विशेषता है।

---

1. निराला : 'गीतिका' (पं. सं.), गीत-सं.–2, पृष्ठ 4।
2. डॉ. धनंजय वर्मा : 'निराला : काव्य और व्यक्तित्व', पृष्ठ 119।
3. आचार्य जानकी वल्लभ शास्त्री : 'साहित्य दर्शन' (तृतीय संस्करण), पृष्ठ 164।
4. डॉ. विश्वम्भरनाथ उपाध्याय : 'निराला का साहित्य और साधना' (द्वितीय संस्करण), पृष्ठ 153।
5. आचार्य जानकीवल्लभ शास्त्री : 'साहित्य-दर्शन', पृष्ठ 164।
6. डॉ. विजेन्द्र नारायण सिंह : 'वक्रोक्ति सिद्धान्त और छायावाद' (परिमल प्रकाशन, 1971), पृष्ठ 320 पर उद्धृत।
7. सूर्यकान्त त्रिपाठी 'निराला' : 'अपरा' (तृतीय संस्करण), पृष्ठ 6।
8. सूर्यकान्त त्रिपाठी 'निराला' : 'गीतिका' (पंचम संस्करण), पृष्ठ 46।
9. डॉ. धनंजय वर्मा : 'निराला काव्य और व्यक्तित्व', पृष्ठ 116।
10. वही, पृष्ठ 119।
11. सूर्यकान्त त्रिपाठी 'निराला' : 'गीतिका' (पंचम संस्करण), पृष्ठ 46।
12. "एवरी पोयम हैज ए लाइफ ऑव इट्स ओन, डैट इज ह्वाय एवरी पोयम मस्ट बी क्रिटिसाइज्ड इनडिविडुअॅलि।"–जेम्स रीव्स : 'द क्रिटिकल सेन्स,' पृष्ठ 71।
13. "ए डेडिकेटेड पोयट इज ए मैन ऐज यू बी, हू नीड्स फूड, ड्रिंक, लॉजिंग एण्ड इवन डोमेस्टिक हैपिनेस......" –रॉबर्ट ग्रेव्स : 'ऑक्सफोर्ड ऐड्रेसेज ऑन पोयट्री', पृष्ठ 22।
14. "इट इज ऐन ऐरेंजमेण्ट एण्ड च्वाइस ऑव वर्ड्स, ह्विच हैज ए साउण्ड वैल्यू एण्ड एट द सेम टाइम ए कोहेरेन्ट कम्प्रिहेन्सिव मीनिंग।"–डेविड डैचेज : 'एप्रोचेज़ टु लिटॅरेचर', पृष्ठ 290।

3
कौन तुम शुभ्र-किरण-वसना?

'निराला' ने जो कहीं लिखा है : 'भाव जो छलके पदों पर, न हों हलके, न हों नश्वर!'—उसके ठीक अनुरूप ही उनके काव्य का बहुलांश न तो हलका है और न नश्वर ही, प्रत्युत वह अर्थगौरव की अद्भुत विशेषता से परिपूर्ण है। उनके काव्य में भाव से तराशे हुए शब्दों की संगमरमरी मीनार खड़ी हुई है। कभी उस मीनार के अन्दर से निकल कर साकार अर्थ की आर्य-सुन्दरी अपनी आलोकमयी छवि-छटा के अनेकशः बिम्ब फेंकती रही है, तो कभी वह एक कौतूहल जगाकर उस मीनार की सीढ़ियों के बीचोबीच—हृदयस्थली में अन्तःस्थ भी हो जाती रही है।

इसीलिए 'निराला' अर्थबोध की दृष्टि से कभी अधिकाधिक चकाचौंध पैदा करनेवाले और कभी अधिकाधिक खोज करानेवाले कवि के रूप में उपस्थित होते हैं। फलतः, पाठक को कहीं अपनी दृष्टि जमाने और कहीं गहराने की जरूरत पड़ जाती है। चूँकि, सामान्य पाठक ऐसा नहीं कर सकता, इसलिए वह निराला के काव्य को दुर्बोध कह बैठता है और चूँकि प्रबुद्ध पाठक भी सदैव बहुत जमकर साहित्य-विवेक से अनुशीलन करते हुए विचार नहीं कर पाता, इसलिए वह उसका भ्रान्त अर्थ कर देता है। यही वह बिन्दु है, जहाँ उनके काव्य में साभिप्राय अर्थ-निर्धारण का प्रश्न उठ खड़ा होता है।

'गिलबर्ट हाइएट' ने काव्य-शक्ति के विवेचन के क्रम में कविता की द्विकोटिकता को महत्त्वपूर्ण ढंग से अवरेखित किया है। उसने लिखा है कि "कुछ कविताएँ सहज होती हैं, जिनका तुरन्त भाव-ग्रहण करते हुए हम आनन्द ले सकते हैं, पर कुछ कविताएँ ऐसी होती हैं, जिनकी प्रेषणीयता और आह्लादकता के लिए हमें वैचारिक और भाविक स्वीकरण के महीनों, वर्षों और दशाब्द-पर-दशाब्द बिताने पड़ते हैं।"[1] 'निराला' की कविता इसी दूसरी कोटि की कविता है, जो दशाब्दियों से पाठकों के सूक्ष्मतापूर्ण विवेचन को आमन्त्रित कर रही है और अभी कई दशाब्दियों तक आमन्त्रित करती रहेगी। अर्थ की इस बहुरंगी चकाचौंध और अन्तरंगी अन्तःस्थता के कारण ही निराला-काव्य पर विचार करनेवाले प्रबुद्ध पाठकों और आलोचकों पर उनकी कविताओं के अर्थ-निर्धारण का महत्त्वपूर्ण दायित्व आ जाता है। पर, अब तक हुआ यह है कि अच्छे-से-अच्छे सुधी पाठक-आलोचक ने भी 'निराला' की पंक्ति से निकलने वाले सही अर्थ अथवा अर्थों को उद्भासित नहीं कर उसका भ्रान्त अर्थ कर दिया है। पाठक-आलोचक से ऐसी भूल कहीं प्रसंगगर्भता में पैठ नहीं होने के कारण,

तो कहीं कविता की दार्शनिक गहनता में न जा पाने के कारण, कहीं वाक्य-संरचना की वर्त्तुलता से अपरिचय के कारण, तो कहीं पद-सज़्ज़ा की बुनावट (टेक्सचर) के अज्ञान के कारण, कहीं उनकी प्रतीक-प्रवृत्ति को नहीं समझने के कारण, तो कहीं व्यंजना के लोक से उतरकर आनेवाली अपूर्व अर्थ-सुन्दरी का प्रत्यक्ष न कर पाने के कारण हुई है। फलतः, विचारकों ने सन्दर्भार्थ, कविता के आलम्बन के अभिज्ञान, कविता की पंक्ति, पद तथा शब्द तक का अनर्थ कर डाला है। विचारणीय बात यह है कि कवि जब गहन मनःस्थिति में आकर अथवा ऊँची मनीषा में रत होकर कविता का प्रणयन करता है, तब भावक के समक्ष जो मूल समस्या उभरती है, वह पूरी कविता के सही सन्दर्भ में सही शब्दों के सही अर्थों की व्याख्या की समस्या होती है।[2] निस्सन्देह, किसी भी आलोचक के साथ इसकी बहुत बड़ी ईमानदारी जुड़ी हुई है।

'निराला' की कविता की प्रसंग-गर्भता में आलोचकों की पैठ नहीं होने का एक जबरदस्त उदाहरण 'गीतिका' का उन्नीसवाँ गीत 'कौन तुम शुभ्र-किरण-वसना' है। पूरा गीत इस प्रकार है—

कौन तुम शुभ्र-किरण-वसना?
सीखा केवल हँसना—केवल हँसना—
शुभ्र-किरण-वसना!

मन्द मलय भर अंग-गन्ध मृदु
बादल अलकावलि कुञ्चित-ऋजु
तारक हार, चन्द्र मुख, मधु ऋतु,
सुकृत-पुञ्ज-अशना।

नहीं लाज, भय, अनृत, अनय, दुख
लहराता उर मधुर प्रणय-सुख,
अनायास ही ज्योतिर्मय-मुख
स्नेह-पाश-कसना।

चञ्चल कैसे रूप-गर्व-बल
तरल सदा बहतीं कल-कल-कल,
रूप-राशि में टलमल-टलमल,
कुन्द-धवल-दशना।

इस गीत के आलम्बन की सही-सही पहचान एकाधिक आलोचकों को नहीं हो सकी है। चूँकि इस गीत में किरण-वसना के ओठों से फूटती रहनेवाली हँसी की निरन्तरता से प्रेरित विस्मय, विह्वलता और कौतूहल की अनुत्तरा अभिव्यक्ति हुई है,

इसलिए प्रसंग-गर्भत्व स्वभावतः आ गया है। फलतः किरण-वसना से परिचित होने में विपर्यय की सम्भावना बनी रह जाती है। एक आलोचक[4] ने 'किरण-वसना' को ऊषा माना है, तो दूसरे[5] ने इस मान्यता को ऋग्वेद के सूक्त से सम्पुष्ट भी कर दिया है, तीसरे[6] ने इसे भारतीय नारी के साँचे में विलोका है और कवि के चित्रण में सांस्कृतिक नजरिये से भारतीयता के स्खलन की चर्चा की है, तो चौथे[7]-पाँचवें[8] ने उसे गौरांग नारी का रूपांकन मानकर ऊपरी आरोप का खण्डन भी कर दिया है। पर इसे गौरांग नारी माननेवालों ने तो सीमान्त ही कर दिया है। 'बादल अलकावलि कुञ्चित-ऋजु' से किरण-वसना का आंग्ल होना कहाँ सिद्ध होता है? 'बादल' शब्द वर्ण-दृष्टि से या तो उजले-मटमैले बादल का चित्र उपस्थित करता है, अथवा काले-कजरारे बादल का बिम्ब! इसमें भी सामान्यतः अधिकता कृष्णमयता की रहती है। फिर, गौरांगी नारियों के बाल तो सुनहले होते हैं, जिसकी विशेषता 'अंस-अवलम्बित मुख के पास' होना (बॉब्ड) है, न कि केवल 'ऋजु-कुञ्चित', घुँघराला होना। ध्यान देने योग्य है कि 'सीखा केवल हँसना' का अर्थ-विस्तार भी जाति-विशेष, देश-विशेष तक न जाकर व्यक्ति-विशेष या 'वस्तु-विशेष' का ही अवबोधक है। इस प्रकार 'किरण-वसना' को कहीं अमूर्त्त ऊषा के रूप में, तो कहीं मूर्त्त नारी के रूप में देखा गया है। पर सच यह है कि ऐसे बोध-वृत्त में 'किरण-वसना' को घेरते समय कुछ अहम् सवालों पर इन आलोचकों ने एकदम ध्यान नहीं दिया है, जो अर्थ-निर्धारण की दिशा में बहुत उपयुक्त और महत्त्वपूर्ण हैं।

किरण-वसना को ऊषा मानते समय तीन प्रश्न उभरते हैं। पहला प्रश्न उठता है कि क्या ऊषा की वेला में तारकों की अमन्द शोभा रहती है? दूसरा प्रश्न उठता है कि क्या ऊषाकाल में प्रसन्न चन्द्रमा की स्थिति सम्भव है? और, तीसरा प्रश्न उठता है कि क्या ऊषा की मुखच्छवि ज्योतिर्मय मानी जा सकती है? द्रष्टव्य है कि 'निराला' ने इस गीत में 'तारक हार', 'चन्द्रमुख' और 'ज्योतिर्मय मुख' इन तीनों का ही प्रयोग किया है। इन प्रश्नों के उत्तर में कहीं कोई कठिनाई नहीं है, केवल पलभर रुककर विचार कर लेने की अपेक्षा है। जैसा जगत् में अब-तक देखा जाता है, ऊषा-काल में तारे विलीन हो चुके रहते हैं। अधिक-से-अधिक एकाध नक्षत्र आकाश के किसी खण्ड में परिलक्षित होता रहता है। चन्द्रमा प्रायः अस्त हो जाता है, अथवा रहकर भी निस्तेज, मलिन पड़ जाता है। फिर ज्योतिर्मय मुख तो प्रभात का होता है, ऊषा की आभा धूमिल होती है, द्वाभा-भर। यहाँ स्मरणीय है कि 'निराला' ने कहीं-कहीं ऊषा का प्रयोग प्रभात के लिए भी किया है।[9] पर, प्रस्तुत प्रसंग में वह अर्थ लेने पर 'तारक हार' और 'चन्द्रमुख' की स्थिति-संगति किसी भी प्रकार बैठ नहीं पाती है। ऐसे में अनेक तारों की गुम्फित माला, चन्द्रमा की उद्भासित, कान्त मुखच्छवि और गाढ

ज्योति ऊषा-काल में तो अप्राप्य ही हैं। अतः इसे निश्चित रूप से ऊषा का चित्र नहीं माना जा सकता। 'किरण-वसना' का मानवीकरण अवश्य हुआ है, पर 'किरण-वसना' ऊषा नहीं है।

इसी प्रकार 'किरण-वसना' को नारी मानते समय भी तीन प्रश्न उठ खड़े होते हैं। पहला प्रश्न 'मन्द मलय भर अंग गन्ध-मृदु' की अर्थवत्ता से उभरता है। इस पंक्ति से अंगों में मन्द मलय द्वारा गन्ध के भरे जाने का अवबोध होता है। यहाँ विचार्य है कि नारी का रूप-चित्र खींचते समय यदि कवि उसके उस शारीरिक सुवास का वर्णन करता है, जो उसकी देह से अपने-आप फूटता है अथवा अंगराग-रूप में अवलेपित है, तो वह वर्णन प्रकृत कहा जायगा, पर यदि कवि बाह्य मलय-वायु के सहारे अंगों में गन्ध भरने की बात करता है, तो यह नितान्त अप्रकृत हो उठेगा; क्योंकि मन्द मलय की गन्ध नासिका-पुट में भरी जा सकती है या मलयवायु नारी-शरीर को पुलकाकुल कर दे सकती है ('मरुत-पुलक भर अंग प्रकम्पित'—'निराला'), पर नारी-देह में वह भर नहीं सकती। स्पष्ट है कि भरने की स्थूलता आलम्बन के प्राकृतिक उपादान होने का पता देती है, नारी का नहीं। अतः 'किरण-वसना' को नारी नहीं माना जा सकता। दूसरा प्रश्न 'बादल अलकावलि', 'तारक हार' और 'मुख चन्द्र' जैसे शब्दों द्वारा उपस्थित होता है। इन शब्दों में कवि ने न तो नारी के पक्ष में पड़नेवाले रूपक का विधान किया है और न उपमा का ही। यदि यह नारी का रूप-चित्र होता, तो रूपक-विधान करने पर 'अलक-बादल', 'हार-तारक' और 'मुख-चन्द्र' की स्थिति होनी चाहिए थी। उपमेय को पूर्ववर्ती और उपमान को परवर्ती शब्द होना चाहिए था, पर ऐसा यहाँ है नहीं। ध्यान देने योग्य है कि 'निराला' समास-योजना करते समय कभी-कभी पूर्व-उत्तर-पद-सम्बन्ध को विपर्यस्त भी कर देते हैं। पर, ऐसा वे वहीं करते हैं, जहाँ प्रसंग पूर्णतः स्पष्ट और निर्णीत रहता है। यहाँ उक्त स्थिति भी आरोपित नहीं हो पाती। इसी प्रकार, नारी के लिए औपम्य-विधान की स्थिति में 'बादल अलकावलि', 'तारक हार' और 'चन्द्र मुख' को समस्त पद होना चाहिए था। तभी वाचक-साधर्म्य लुप्ता उपमा की स्थिति हो सकती थी। पर, उक्त कोई भी द्विपद कविता में मिलित रूप में नहीं लिखा गया है। जायज बात यह है कि कवि का वर्णन यहाँ प्रकृति-परक है, जो मानवीकृत हो गया है। बादल उसकी अलकावली है, जो कहीं घुँघराली और सपाट रूपरेखा में फैली है, तारों का हार है उसका और चन्द्रमा ही उसका मुख है। इस प्रकार नारी के पक्ष में रूपक-विधान और औपम्य-विधान नहीं होने पर इन शब्दों के आधार पर भी 'किरण-वसना' को किसी प्रकार नारी नहीं माना जा सकता। तीसरा प्रश्न अन्तिम चरण की 'तरल सदा बहती कल-कल-कल' पंक्ति उठाती है। इस पंक्ति से उभरनेवाला बिम्ब और सम्प्रेषित अर्थ ध्यान देने योग्य है।

भला किसी नारी के लिए 'बहती' क्रिया का प्रयोग कैसे किया जा सकता है? चाहे वह 'शुभ्र-किरण-वसना' हो या अपूर्व सुन्दरी! इससे भी जाहिर होता है कि 'शुभ्र-किरण-वसना' कुछ और है, नारी नहीं। एवंविध इन तीन प्रश्नों पर विचार कर लेने पर 'किरण-वसना' को नारी मानने का न तो कोई औचित्य रह जाता है और न आधार। फिर तो उसके भारतीय और आंग्ल होने का प्रश्न ही व्यर्थ हो ज़ाता है।

जिज्ञासा की इन सीढ़ियों को पार कर लेने पर यह स्वतः स्पष्ट हो जाता है कि 'निराला' की 'शुभ्र-किरण-वसना' नभ से सद्यः उतरी निर्मल राका है। कवि ने कहीं लिखा है कि तुमने जब पहले-पहल हँसकर ताका, तो आकाश से झलमलाती पूनों की चाँदनी ही उतर आयी :

उतरी नभ से निर्मल राका,
तुमने जब पहले हँस ताका।

'सीखा केवल हँसना, केवल हँसना' में चाँदनी का वही सम्मोहक रूप-बिम्ब उजागर हो उठा है। आरात्रिक दुग्ध-धवल हँसी लुटानेवाली इस चन्द्रिका ने तो केवल हँसना सीखा है। इस प्रपंचमय संसार में सीखने को बहुत-कुछ है। पर वह इन व्यापारों से नितान्त अपरिचिता, किसी अपूर्व लोक से केवल हँसने का मनो-मुग्धकर क्रिया-कलाप सीख आयी है। वह अपनी इसी विशेषता के कारण, इसी अव्याहत क्रिया के कारण कवि के मन में विस्मयपूर्ण कौतूहल जाग्रत् करती है, जिसका परिणाम गीत की प्रारम्भिक पंक्ति है। पहली पंक्ति में यदि पिपृच्छा-जिज्ञासा है, तो दूसरी पंक्ति में उसके कारण का स्पष्टोल्लेख। यह चाँदनी शुभ्र किरणों का वस्त्र पहने हुई है। 'शुभ्र' विशेषण से श्वेतिमा, सात्त्विकता, पवित्रता और दिव्यता का अर्थ सूचित होता है। 'किरण' से वस्त्र की चिक्कणता-पिच्छिलता, सूक्ष्मता-तनुता और पारदर्शिता स्पष्ट होती है। कवि ने अलौकिक अपूर्व भूषा के द्योतन के लिए ही जैसे 'शुभ्र' की जगह 'कनक-किरण' का प्रयोग नहीं किया है; क्योंकि कनक-किरण का सौन्दर्य तो नितान्त लौकिक है—'तुम कनक-किरण के अन्तराल में लुक-छिपकर चलते हो क्यों?' (—प्रसाद) पर यह तो मन, तन, वसन-अलंकरण सब-कुछ से आमूल-चूल ज्योतिर्मयी है। 'सीखा केवल हँसना—केवल हँसना' एक ओर उसकी मानसिक उज्ज्वलता का परिचायक है, दूसरी ओर कोमल-मधुर आकर्षण का संवाहक! यह बिम्ब नितान्त अभिनव और मौलिक है। सचमुच किरण-वसना के रूपक में चाँदनी की छवि अत्यन्त प्रभविष्णु हो उठी है।

दूसरे चरण की पहली पंक्ति में गन्ध-मादिता चाँदनी के रूप-दर्शन होते हैं। चाँदनी का सुन्दर अंग-प्रत्यंग सुवासित है, मानो मन्द मलय का सुवास ही उसमें भरा

हो। सम्पूर्ण प्राकृतिक परिवेश में मलय की खुशबू व्याप्त है। चाँदनी के फूल-रूपी अंगों में भी सुरभि भरी है। 'मन्द' विशेषण अत्यन्त सार्थक है। इससे एक ओर परम्परित मन्द-सुगन्ध समीर की धारणा पुष्ट होती है, दूसरी ओर मलय द्वारा सुगन्धित पुष्पांगों में अपनी गन्ध भरने की मन्दक्रियता भी स्पष्ट होती है। यहाँ त्रिविध समीर के एक गुण शैत्य का कवि ने जान-बूझकर अनुल्लेख किया है। चन्द्रिका तो स्वयंशंसित हिमानी है, इसे शीतलता की क्या अपेक्षा?

आकाश में उदित पूर्ण कलाधर चाँदनी का मुख-प्रदेश है। उसके ऊपर बादल की आड़ी-तिरछी लकीरें बिखरी हैं, जो कहीं घुँघराली और कहीं सपाट अलकावली-सी लगती हैं। 'कुञ्चित-ऋजु' से घुँघराले बालों की प्रकृत लहर को अधिकाधिक स्पष्ट किया गया है। इसमें बालों की लहर का बाँकपन-सीधापन, आरोह-अवरोह दोनों ही बिम्बित हैं। घुंघराले बालों का अत्यन्त सूक्ष्म कलात्मक अंकन है यह! तारों की कई लड़ियों में गुँथा जगमग उज्ज्वल हार है उसका! मधु ऋतु है! स्पष्ट है कि यह चैत की चटकीली चाँदनी है। मलय पवन—दक्षिणी वायु का उल्लेख पहले हो चुका है। कोमल चर्म, कोमल वर्म (आवरण), कोमल धर्म और कोमल मर्मवाली यह चन्द्रिका पूर्ण कोमलकर्मा है। इसके दान और ग्रहण—दोनों ही कर्मों में कोमलता व्याप्त है। स्निग्ध हँसी के दान में जो कोमलता है, वही पुण्य-समूह के अशन-ग्रहण (भोग) में भी है।

तीसरे चरण में चाँदनी का भावचित्र उपस्थित किया गया है। इहलोक के भाव उसका संस्पर्श नहीं कर पाते। उसे न व्रीडा सालती है, न भीति मथती है, न मृषा आसक्त करती है, न अनीति प्रेरित करती है और न दुःख ही कातर करता है। चाँदनी का सौन्दर्य प्रसाद जी का लौकिक लज्जामय सौन्दर्य नहीं है, जिसकी अभिव्यक्ति 'हे लाज-भरे सौन्दर्य! बता दो मौन बने रहते हो क्यों?' में हुई है। इसका हृदय तो मधुपूरित अनिर्वचनीय प्रणय-सुख से उल्लसित लहराता रहता है। कितनी हार्दिक भावमयता है यहाँ! बिना किसी साज-शृंगार के अप्रयास ही अपने प्रकृत-नैसर्गिक रूप में इसका मुख अत्यन्त ज्योतिर्मय दीखता है। वस्तुतः यह 'किरण-वसना' स्नेह के पाश में अगजग को कसनेवाली, बाँध लेने वाली है। प्रणय-सुख से जिसका हृदय लहरायेगा, उसके मुख पर आलोक का वैभव भी अवस्थित होगा। और, प्रणयमयी प्रणय-पाश में कसनेवाली तो होगी ही, प्रेमभाव-भरा मन और आलोक-धवल वदन दोनों ही के प्रभाव से, एक साथ!

अन्तिम चरण में चाँदनी के चांचल्य का चित्रण है, जिसका मूल है 'रूप-गर्व-बल'। उसकी रूप-गरिमा ही उसे पल-पल अनुपम बनाये दे रही है। उसकी चंचलता पल-पल की नूतनता-अभिनवता में सन्निहित है। चाँदनी अनुक्षण चटख होती जा

रही है और उसी अनुपात में और-और उजास झहर रहा है; जैसे कुमुदिनी की मुँदी पाँखुड़ियाँ फक्-फक् खुलती चली जायँ! रूप-वर्णन की पराकाष्ठा है यह! चाँदनी तरल भी है, रसपूर्ण है, स्निग्ध है। यह चन्द्र-प्रभा समस्त संसार को स्नात किया करती है। इसकी धारा में एक अश्रुत कलनाद गूँजता होता है, निश्छल, कर्णप्रिय, संगीतमय, सुखद। चांचल्य यदि 'किरण-वसना' के नावीन्य का संकेतक है, तो तारल्य उसके अप्रतिम लावण्य का। 'टलमल' शब्द क्रियाविशेषण-परक और ध्वन्यर्थ-समन्वित है। इससे एक साथ चांचल्य और लावण्य प्रकट होते हैं। चन्द्रिका जब हँसती है तब कुन्द के फूलों जैसी उसकी दन्तावलियाँ निखर उठती हैं। यह 'कुन्द-धवल-दशना' पूर्ण स्वच्छन्द हँसी हँसती है—निस्संकोच, निर्भीक, निरावरण, निर्द्वन्द्व, सर्वथा विचिकित्साहीन।

इस प्रकार, पूरे गीत पर विचार करने पर प्रसंग-गर्भत्व के कारण इस गीत की अर्थवत्ता का जो भ्रान्त प्रत्यक्ष किया गया है वह अनस्तित्व हो जाता है। ऐसी कविताओं के ग्रहण और उपपत्ति-निर्णय के लिए यह परमावश्यक है कि कवि ने जो कुछ कहा है, या पाठ जो-कुछ कह रहा है उसका ठीक और सटीक पता लगाया जाय। इसके लिए पाठक को पढ़ते समय और पढ़ने के बाद कविता की भाषिक संरचना के विषय में सोचना और समझना आवश्यक है। 'निराला' शब्दों को नये आसंग में रखकर वाक्यों को सर्वथा नवीन रूप में सिरजते हैं। जिस प्रकार मलार्मे सद्यः नयी वाक्य-संरचना द्वारा काव्य-भाषा उपलब्ध करते हैं, उसी प्रकार 'निराला' भी। मलार्मे की शब्द-योजना फ्रांसीसी वाक्यों के रचनागत सम्बन्धों को तोड़ती है, साथ ही फ्रांसीसी शब्द-भेद के प्रकारों और पहले से चल रहे निष्ठित-मार्जित प्रयोगों से विद्रोह करती है।[10] 'निराला' की काव्य-भाषा भी हिन्दी वाक्यों की व्याकरणिक शास्ति का सन्नाटा भंग करती है, जिसके मूल में उनके शब्द-चमत्कार का कौशल निहित है। 'गीतिका' के ढेर-सारे गीत इस तथ्य के उदाहरण हैं। इन्हीं कारणों से उनकी रचनागत और शिल्पगत विशिष्टताएँ अस्पष्ट हो गयी हैं तथा उनके वर्ण-चमत्कार और शब्द-कौशल से अपरिचित एवं उनकी कला से अनभिज्ञ भावक उनकी कविताओं का समुचित अवबोध नहीं कर सके हैं।

---

1. गिलबर्ट हाइएट : 'पावर्स ऑव पोयट्री', पृष्ठ 7-28।
2. "द प्रॉब्लेम इज़ टु कन्स्ट्रू द राइट मीनिंग्स ऑव द राइट वर्ड्स इन द राइट रेफ्रेंसेज।"—आर. पी. ब्लैकमर, 'लैंगुएज ऐज़ जेस्चर', पृष्ठ 313।
3. 'निराला' : 'गीतिका' (तृतीय संस्करण), पृष्ठ 34।
4. " 'गीतिका' के उन्नीसवें गीत में 'ऊषा सुन्दरी' का चित्रण किया है, जो हमें वैदिक ऊषासूक्तों का स्मरण दिलाता है।"—'निराला : जीवन और साहित्य' में प्रकाशित सुश्री निकुंज नीलिमा का 'निराला के काव्य में मानवीकरण' शीर्षक लेख , पृष्ठ 206।

5. द्रष्टव्य : डॉ. धर्मप्रियलाल, डी. लिट्. का बिहार-विश्वविद्यालय में डी. लिट्. की उपाधि के लिए स्वीकृत टंकित शोध-प्रबन्ध—'आधुनिक हिन्दी-कविता पर वैदिक प्रभाव।'
6. बच्चन सिंह के 'क्रान्तिकारी कवि निराला' में उद्धृत आचार्य जानकीवल्लभ शास्त्री का अभिमत, पृष्ठ 91।
7. ''यह गौरांग नारी का चित्र है।....'सीखा केवल हँसना—केवल हँसना'—पहले ही प्रकट हो जाता है कि कवि की दृष्टि गौरांग नारी पर केन्द्रित है। 'बादल अलकावलि कुञ्चित-ऋजु' से कवि इसे और स्पष्ट कर देता है।''—बच्चन सिंह : 'क्रान्तिकारी कवि निराला', पृष्ठ 91।
8. 'शुभ्र-किरण-वसना' नामक गीत में कवि ने गौरांगी का रूप चित्रित किया है, जिसे केवल हँसना ही आता है।'—गिरीशचन्द्र तिवारी : 'कवि निराला और उनका काव्य-साहित्य', (प्रथम संस्करण), पृष्ठ 132।
9. जीवन-प्रसून वह वृन्त-हीन
खुल गया, ऊषा-नभ में नवीन,
धाराएँ ज्योति-सुरभि उर भर
बह चलीं, चतुर्दिक् कर्म-लीन,
तुम भी निज तरुण-तरंग खोल
नव अरुण-संग, हो लो—
साभिप्राय अर्थ-मुद्रित दृग खोलो!
—'निराला' : 'अपरा' ('प्रभाती' शीर्षक गीत), पृष्ठ 18।
10. रेने बेलेक : 'ए हिस्ट्री ऑव मॉडर्न क्रिटिसिज़्म', वाल्यूम—4, (जोनाथन केप, थर्टी बेडफोर्ड स्क्वायर, लन्दन), पृष्ठ 456।

4
प्रार्थना[1]

निराला के 'परिमल' की 'प्रार्थना' उनके मित शब्द-प्रयोग का एक गूढ़ दृष्टान्त है–

जीवन प्रात-समीरण-सा लघु
विचरण-निरत करो।
तरु-तोरण-तृण-तृण की कविता
छवि-मधु-सुरभि भरो।
अञ्चल-सा न करो चञ्चल,
क्षण-भंगुर,
नत नयनों में स्थिर दो बल,
अविचल उर;
स्वर-सा कर दो अविनश्वर,
ईश्वर-मज्जित
शुचि चन्दन-वन्दन-सुन्दर,
मन्दर-सज्जित;
मेरे गगन-मगन मन में अयि
किरणमयी, विचरो–
तरु-तोरण-तृण-तृण की कविता
छवि-मधु-सुरभि भरो।

'प्रार्थना' गहन-संरचना की कविता है। इसकी सही समझ के लिए गोताखोरी अपेक्षित है। पूरी कविता को अवधानपूर्वक पढ़ने से यहाँ 'निराला' की मितव्ययी शब्द-कला स्पष्ट हो जाती है। हरबर्ट रीड का अभिमत है कि "उत्कृष्ट बिम्ब सदैव शब्द-स्पर्द्धा से ही उत्पन्न होता है तथा अपनी अत्यन्त शक्त और प्रभावोत्पादक विशेषता में अल्प शब्द-संघटना के जरिये पाठक तक सम्प्रेषित हो पाता है।[2] पर इस कविता के विषय में काव्य भाषा के आलोचक डॉ. देवराज ने चार आरोप किये हैं[3]–(1) दूसरी पंक्ति घण्टों सिर खरोंचने पर भी समझ में नहीं आती। (2) वह किरणमयी कौन है, जो जीवन को प्रात-समीरण-सा लघु आदि करने की क्षमता रखती है–यह बिलकुल स्पष्ट नहीं है। (3) 'क्षणभंगुर' विशेषण की क्या सार्थकता है? 'अञ्चल' में 'क्षणभंगुरता' की प्रतीति विशेष रूप में नहीं होती। (4) नयनों के

'नत' विशेषण की सार्थकता स्पष्ट नहीं है। इन आरोपों से पता चलता है कि डॉ. देवराज ने इस कविता में तैराकी वृत्ति को ही अपनाया है। वे गोताखोरी में नहीं गये हैं।

'तरु-तोरण तृण-तृण की कविता' 'प्रार्थना' की दूसरी प्रोक्ति है। यह अभिव्यक्ति उस ईश्वरी शक्ति के प्रति है, जिसका प्रेम और कीर्ति-काव्य तरु, तोरण और तृण-तृण पर अंकित है। कभी पं. रामनरेश त्रिपाठी ने भी ईश्वर की लिखी 'विश्व-विमोहनकारी कहानी' को प्रकृति के एक-एक उपादन पर अंकित पाया था।[4] स्पष्ट है कि तरु-तोरण तृण-तृण की कविता ही 'किरणमयी' है। यह कविता रूपतः शोभा से भरी है और गुणतः मधु तथा सुरभि से। अर्थात् कवि रूप-गुण की निधि 'किरणमयी' से जीवन में रूपतः छवि, गुणतः कटुता-तिक्तता से परे मिठास तथा संकुचन से परे सुरभि की प्रसरणशीलता प्रदान करने के लिए प्रार्थना करता है। यही कारण है कि कविता की यह दूसरी पंक्ति, किरणमयी को सम्बोधित करने के तत्काल बाद अन्त में भी आवर्तित हुई है। यहाँ यह उक्ति पूरी तरह समंजस हो उठती है। यह जीवन तो प्रभातकालीन वायु की तरह लघु और क्षणिक है, जिसे कवि विशेष संचरण में लीन करने की बात करता है। प्रात-समीरण अपनी क्षणिकता में ही विचरण-निरत होकर मिटता और धन्य हो जाता है। इस प्रकार कवि की संवेदना से तदाकार होते ही दूसरी प्रोक्ति स्वतः अर्थ स्फुर कर जाती है।

यहाँ आलोचक को यह स्पष्ट नहीं हैं कि 'किरणमयी' कौन है। यह 'किरणमयी' शक्तिरूपिणी परा सत्ता है, जो विद्या, बल-वैभव सबकी अधिष्ठात्री है। 'निराला' ने अपनी एकाधिक कविताओं में 'माँ' और 'जननी' सम्बोधन से भी उसे सम्बोधित किया है। 'किरणमयी' जैसा विशेष सम्बोधन उस शक्ति की आलोक-भास्वरता को अभिव्यक्त करता है। इस तरह 'किरणमयी' के अता-पता की शंका भी मिट जाती है। आलोचक ने इस 'किरणमयी' के जीवन को प्रात-समीरण जैसा लघु कर देने की क्षमता रखनेवाली कहा है, जो असंगत है, जीवन तो अपनी जागतिक सत्यता में ही प्रातः समीरण-सा लघु है। 'किरणमयी' तो 'विचरण-निरत' करने 'छवि-मधु-सुरभि' भरने, 'स्थिर बल' देने, 'अविचल उर' करने, 'स्वर-सा अविनश्वर' करने और 'गगन-मगन-मन' में विचरण करने की क्षमता रखनेवाली है।

डॉ. देवराज ने 'क्षणभंगुर' विशेषण की सार्थकता पर भी प्रश्नचिह्न लगाया है। वस्तुतः 'क्षणभंगुर' यहाँ प्रात-समीरण जैसी जीवन की लघुता से सम्बद्ध है। कवि का कथ्य है कि एक तो जीवन अपने-आप में क्षणभंगुर है ही। उस पर फहरते हुए स्रस्त-त्रस्त अञ्चल की तरह चञ्चल होने से यह और शीघ्र विनष्ट हो जायगा। फिर तो जीवन सिद्धि नहीं पा सकेगा। इसीलिए क्षणभंगुर जीवन को चञ्चल नहीं कर स्थिर

करने की आवश्यकता है। इस प्रकार 'क्षणभंगुर' ऊपर कथित विशेष्य 'जीवन' से सम्बद्ध है, 'अञ्चल' से नहीं।

चतुर्थतः यह आरोप किया गया है कि नयनों का 'नत' विशेषण सार्थक नहीं है। पर प्रार्थना के समय जैसे मन को 'अञ्चल-सा चञ्चल' नहीं होने देने की आवश्यकता होती है, वैसे ही नयनों को नत रखने की भी अपेक्षा रहती है। प्रार्थना करनेवाले ने अपने नेत्र को नत कर लिया है। मन की अचञ्चल साधना उसके लिए दुष्कर थी। इसके लिए ही तो वह 'किरणमयी' से शक्ति माँगता है, पर आनत नयन तो उसके हैं ही। आवश्यकता केवल इनके स्थिर होने और बल प्राप्त करने की है कि ये नयन नत ही रहें। पलकें कहीं अस्थिर होकर ऊपर न उठ जायँ! बल इसीलिए चाहिए। इस प्रकार डॉ. देवराज के सारे आरोप खण्डित हो जाते हैं। विचारने से यह पता चलता है कि इस कविता के प्रति उक्त सारे आरोप कवि की अध्याहृत शब्द-प्रयुक्ति के रहस्य को नहीं समझने के कारण ही लगाये गये हैं। पर भावक-पाठक के द्वारा कविता की गहन संरचना के धरातल पर जाते ही, उससे एकतान होते ही ये सारे आरोप निरस्त हो जाते हैं।

इसी प्रकार डॉ. दिवाकर प्रसाद विद्यार्थी (अँगरेज़ी के प्रोफेसर) ने भी इस कविता की व्यावहारिक आलोचना करते समय इस पर चार आक्षेप किये हैं। पहला तो यह कि "अञ्चल-सा न करो चञ्चल क्षणभंगुर' में अनुनासिक वर्णों का प्राधान्य निरर्थक है, अनुनासिक स्वर या तो क्रन्दन के निकट पड़ते हैं या फिर वे हास्यास्पद उपयोग में आ सकते हैं। क्षण-भंगुर की कातरता से इन अनुनासिकों का सामञ्जस्य भले ही हो, चपलता के जिस भाव को कवि व्यक्त करना चाहता है, वह इन अनुनासिकों के दलदल में चिपट कर असमर्थ, अशक्त बन जाता है।"[5] दूसरे, "यहाँ अञ्चल और चञ्चल का अनुप्रास-मोह कविता के लिए बाधक ही सिद्ध होता है।"[6] तीसरे, "शुचि चन्दन-वन्दन-सज्जित' में दार्शनिकता के गह्वर से काव्य का उद्धार कर उसे रसबोध के धरातल पर खड़ा करने की चेष्टा तो की गयी, पर उन चारों पंक्तियों में 'निराला' की यह प्रार्थना लड़खड़ाती प्रतीत होती है। 'प्रार्थना' में दार्शनिकता का यह पुट एक सीमा तक ही फबता है।"[7] चौथे, "गगन-मगन में' अनुप्रास-बाहुल्य तो है, किन्तु उसके पीछे भावों का केन्द्र बिन्दु क्या है? कवि यदि अपने भाव-गगन के विस्तार का उल्लेख कर रहा है तो यह प्रार्थना की विनयशीलता के प्रतिकूल पड़ता है। कहा जा सकता है, यदि कवि का मन गगन-मगन है, तो किरणमयी के विचरण से उसे आलोक-प्राप्ति की भीख माँगने की सम्भवतः आवश्यकता नहीं थी। किन्तु हो सकता है 'गगन' यहाँ 'निराला' ने शून्यता के अर्थ में लिया हो, पर तब 'मगन'

शब्द की सार्थकता क्या? 'मगन' में तो आनन्द है, उल्लास है। उसमें तो कोई रिक्तता प्रतिध्वनित नहीं होती।"[8]

उक्त आरोपों पर एक-एक कर विचार करें, तो पता लगेगा कि 'अञ्चल-सा न करो चञ्चल क्षणभंगुर' में अनुनासिक वर्णों की प्रमुखता अकारण और निरर्थक नहीं है। हिन्दी कविता में अनुनासिक वर्ण क्रन्दन और हास्यास्पदता के लिए प्रयुक्त नहीं होते। तुलसीदास के प्रसिद्ध भक्ति-गीत—'श्री रामचन्द्र कृपालु भजु मन हरण भव भय दारुणम्' में भी प्रार्थना-परकता है, जिसमें अनुनासिक व्यंजनों की प्रमुखता है। पर इसमें कहीं करुणा, क्रन्दन और हास्यास्पदता का लेश भी नहीं है। वस्तुतः संस्कृत-हिन्दी में ऐसे व्यंजनों के आधिक्य से माधुर्य गुण की सृष्टि होती है। इसीलिए 'क्षणभंगुर की कातरता से इन व्यंजनों का सामञ्जस्य बैठाने' का कोई प्रश्न ही नहीं उठता। द्रष्टव्य है कि यहाँ 'चपलता' के भाव का सम्बन्ध भी इन अनुनासिक वर्णों से न होकर 'अञ्चल' से है, क्योंकि चांचल्य के लिए कवि ने अञ्चल का बिम्ब ही उपस्थित किया है। अतः अनुनासिकता के दलदल में उसके चिपटने का कहीं कोई औचित्य नहीं है।

दूसरे आरोप के सन्दर्भ में दर्श्य यह है कि अञ्चल थोड़े-से विक्षेप से भी चञ्चल हो उठता है। उसमें प्रसार होता है, चाहे वह वस्त्र का हो या फसलों-भरे श्यामल खेत का, प्रकृति का। यहाँ मन के प्रसार के लिए 'अञ्चल' उपमान की महत्ता है। अतः यह नहीं कहा जाना चाहिए कि 'अञ्चल' और 'चञ्चल' में अनुप्रास-मोह भर है, जिससे कवित्व बाधित होता है। प्रतीपतः यहाँ मन की चंचलता सामने आती है।

तीसरे, पूरी 'प्रार्थना' में आस्था-प्रेरित भक्ति-भावना और हार्दिकता विद्यमान है। यहाँ दार्शनिकता का बौद्धिक आग्रह नहीं है। फिर केवल दार्शनिक शब्दों के प्रयोग से कोई कविता बौद्धिक नहीं हो जाती, खासकर जब तक उसे दार्शनिक कोणवाली विशेष दिशा में नियोजित न किया जाय। पूरी 'प्रार्थना' में केवल 'क्षण-भंगुर' शब्द दार्शनिक है, किन्तु कविता में उसका दार्शनिक महत्त्व नहीं है। कविता का केन्द्रीय भाव भक्ति-परक है। अतः दार्शनिकता के गह्वर से काव्योद्धार की न तो कोई समस्या है, न ही कोई चेष्टा। 'निराला' की यह प्रार्थना 'शुचि चन्दन वन्दन सज्जित' जैसी पंक्तियों में लड़खड़ाती भी नहीं है। कवि तो सहज भाव से यही कहना चाहता है कि इस जीवन को ईश्वरीय भाव-सुरभि से पवित्र चन्दन, सुन्दर अर्चन और मन्दिर में सज्जित स्वर की तरह अविनश्वर कर दो। कवि पार्थिव काया के नष्ट होने पर भी उसके बल पर उपलब्ध भक्ति के सहारे सदैव गूँजते रहनेवाले स्वर की तरह भक्त के जीवन को अमर कर जाना चाहता है।

चौथे, 'गगन-मगन मन' में विद्यार्थी जी ने अनुप्रास-बाहुल्य को देखते हुए इसके केन्द्रीय भाव की खोज की है। लेकिन उनके भाव 'यदि', 'तो', 'किन्तु', 'पर' जैसे शंकित द्वन्द्वों में उलझे रह गये हैं और वे इन पंक्तियों के सही अर्थ को उद्रिक्त करने में असमर्थ रहे हैं। ध्यान देने योग्य है कि अन्तिम पंक्तियों में कवि न तो निजी भाव-गगन के विस्तार का अविनयशील होकर उल्लेख कर रहा है, और न ही 'गगन' को शून्यता के अर्थ में प्रयुक्त कर रहा है, जिससे 'मगन' की सार्थकता खतरे में पड़ जाय। विद्यार्थी जी का विचार है कि कवि के 'गगन-मगन मन' के होने पर किरणमयी से विचरण करने के लिए की जाने वाली प्रार्थना ही असंगत है। परन्तु कवि ने मगन-मन-रूपी गगन के लिए 'गगन-मगन मन' का प्रयोग किया है। उसका मन-रूपी गगन किरणमयी के प्रति मगन अर्थात् लीन हो रहा है। पर यह मन-गगन अभी अन्धकार से भरा है। तमस् से यह पूर्णतः मुक्त नहीं हो पा रहा है। कवि शक्तिरूपिणी देवी—'किरणमयी' से प्रार्थना करता है, जिससे वह कवि के मन-गगन में विचरण करती हुई आलोक की रश्मियाँ विकीर्ण करें। सीधा-सा अर्थ है कि कवि अपने हृदय में किरणमयी को सदैव स्थान देकर स्मरण रखना चाहता है, जिससे उसकी जागतिक आसक्तियाँ छूट जायँ और उसे भक्ति की परमार्थ-सिद्धि प्राप्त हो सके। इस प्रकार किरणमयी के विचरण के सन्दर्भ में कहीं कोई सन्देह नहीं रह जाता है। पाँचवीं पंक्ति में कवि ने मन के लिए ही 'अञ्चल-सा न करो चञ्चल' का प्रयोग किया है। स्पष्ट है कि यह मन जागतिक छलनाओं में रह-रहकर अस्थिर हो उठनेवाला है।

'निराला' की 'प्रार्थना' जैसी कविताओं की शब्द-साधना बहुत दूर तक अर्थ-गर्भित है। इसीलिए उनकी समकालिकता में भी उनका अनुकरण अन्यान्य कवियों के लिये सम्भव नहीं हो सका। अर्थ-गर्भित नहीं रहने के कारण पन्त की शब्द-योजना का समकालिकता में प्रचुर अनुकरण हुआ। अधिक रहस्योन्मुख होने के कारण महादेवी की नकल भी खूब हुई—डॉ. रामकुमार वर्मा से पं. जनार्दन प्रसाद झा 'द्विज' तक। पर अर्थगर्भत्ववश 'निराला' और एक सीमा तक 'प्रसाद' के अनुकरण की तब भी कोई सम्भावना दृष्टिगत नहीं हुई।

---

1. सूर्यकान्त त्रिपाठी 'निराला' : 'परिमल' (प्र. सं.), पृ. 89।
2. डॉ. देवराज : 'छायावाद का पतन', पृ. 47।
3. "ऐन इमेज इज ऑलवेज जीलस ऑव वर्ड्स, दैट इज टु से, इट इज मोस्ट इफेक्टिव ह्वेन कनवेड इन ए मिनिमम ऑव वर्ड्स"—'दि ड्रिफ्ट ऑव मॉडर्न पोयट्री', 'इनकाउण्टर', जनवरी, 1955, पृष्ठ 7।
4. पं. रामनरेश त्रिपाठी : 'पथिक' (तैंतीसवाँ संस्करण), पृ. 20।
5. डॉ. दिवाकर प्रसाद विद्यार्थी : 'प्रार्थना : एक व्यावहारिक आलोचना' : 'निराला : जीवन और साहित्य' (सम्पादकत्रय), पृष्ठ 241।
6. वही, पृष्ठ 241। 7. वही, पृष्ठ 241। 8. वही, पृष्ठ 242।

5
जुही की कली

हिन्दी में पाठकीय ग्रहणशीलता के बिन्दु पर 'निराला' की 'जुही की कली' कविता का सर्जनात्मक बोध-विकास द्रष्टव्य है, जिसके तीन बिन्दु हैं : (1) सामान्य शृंगारिक कविता, (2) वेदान्ती (अलौकिक प्रेम) कविता और (3) वैष्णवी (लौकिक प्रेम) कविता। जब यह कविता कवि के द्वारा 'सरस्वती' पत्रिका में प्रकाशनार्थ भेजी गयी थी तब इसे 'सरस्वती' के तत्कालीन सम्पादक आचार्य महावीर प्रसाद द्विवेदी ने इसलिए वापस कर दिया था कि यह घोर शृंगारिक कविता है। इसमें उन्हें मर्यादाहीनता और अश्लीलता की गन्ध तक लगी थी। यह पाठकीय ग्रहणशीलता का पहला चरण है। पर यही कविता 'सरस्वती' से लौटा दिये जाने के बाद बाबू महादेव प्रसाद सेठ के संरक्षण में निकलनेवाली 'मतवाला' पत्रिका में प्रकाशित हुई, जिसके सम्पादक स्वयं 'निराला' थे। 'जुही की कली' के आरम्भिक पाठकों ने पूरी कविता की संरचना में निहित समासोक्ति अलंकार को रेखांकित करते हुए इसे नर-नारी के प्रेम-व्यापार की कविता के रूप में ग्रहण किया। पर स्वयं 'निराला' ने 'मेरे गीत मेरी कला' में इसकी आध्यात्मिक व्याख्या की। वेदान्ती व्याख्या का यह सन्दर्भ इसकी पाठकीय ग्रहणशीलता का दूसरा चरण है। 'निराला' यहाँ केवल कवि-रूप में नहीं, बल्कि भावक के रूप में भी इसकी व्याख्या करते हैं। "कली की सुप्ति—आत्मविस्तृति—मन के अन्धकार के बाद है जागरण—आत्म-परिचय—प्रिय साक्षात्कार—मन का प्रकाश—खिलना। कली सोते से जगी हुई, प्रिय से मिली हुई। खिली हुई पूर्ण मुक्ति के रूप में, सर्वोच्च दार्शनिक व्याख्या-सी सामने आती है या नहीं, देखें। कोई आलोचक यदि इसका एक अंश उद्धृत करके सन्तुष्ट रहे और दूसरों को सन्तोष दे, तो इसके साथ न्याय होता है या अन्याय, यह भी समझें। मैं इसे ही परिणति कहता हूँ और उत्कृष्ट कला का एक उदाहरण 'तमसो मा ज्योतिर्गमय' की काव्य में उतारी हुई यह तस्वीर है या नहीं, परीक्षा करें। यहाँ 'सुप्ति' तम और 'प्रिय-परिचय' ज्योति है।" (प्रबन्ध-प्रतिमा, पृ. 215) यह आलेख पहले 'माधुरी' के वार्षिकांक में प्रकाशित हुआ, पुनः 'प्रबन्ध-प्रतिमा' में संकलित हुआ।

अब तक 'जुही की कली' में जिस प्राकृतिक, मानवीय और आध्यात्मिक शृंगार की व्याख्या की गयी, उसे सहसा इस शताब्दी के नवें दशक के आरम्भ में हिन्दी के श्रेष्ठ चिन्तक और ललित निबन्धकार कुबेरनाथ राय ने अपने पाठकीय अभिमत में नकार दिया और 'जुही की कली' की अन्तर्मुख व्याख्या उपस्थित की। उनके अभिमत

में यह सन्दर्भ वैष्णवी व्याख्या का है, जो इस कविता की पाठकीय ग्रहणशीलता का तीसरा चरण है। श्री राय के शब्दों में ''मुझे विशेष रूप में स्मरण आती है 'निराला' की रचना 'जुही की कली'। छायावाद के आमुखकाल में यह कविता लिखी गयी थी, परन्तु प्रत्यक्ष, सुन्दर अर्थ पर एक वेदान्ती, नीरस अर्थ कवि ने ही स्वयं आरोपित कर दिया था। सम्भवतः 'सरस्वती' के तत्कालीन आर्यसमाजी वेदान्ती पहरेदारों को फुसलाने के लिए। अन्यथा उनके 'स्थूल हवालेपन' से यह बेचारी जड़-समेत उखड़ जाती। पर जब मैं इस शुक्लाभिसारिका-जैसी, शुक्ला-प्रेमिका-जैसी, चन्द्र-ज्योत्स्ना के साथ एकान्त में बैठकर बात करता हूँ तो 'विजन-वन-वल्लरी पर' से प्रारम्भ होकर अन्तिम पंक्ति तक कविता का मधु-कोष दल-प्रति-दल, पाँखुरी-दर-पाँखुरी खुलने लगता है और तब मैं अनुभव करता हूँ कि अपने असल अर्थ में यह कविता मोक्ष-बोध की नहीं, काम-बोध की कविता है। बालिका-वधू का कामबोध। वह जुही की कली भीतर-ही-भीतर तरुण हो चली है, पर यौवन-बोध अभी वयःसंधि-द्वार को लाँघ ही पाया है। वह 'अमल-कोमल-तनु' है। 'दृग बन्द किये, शिथिल-पत्रांक में' सोयी है। सम्भवतः अपने विकसित हुए आन्तरिक व्यक्तित्व के प्रति स्वयं सचेत नहीं। चेहरे पर विमलता-अबोधता-पवित्रता के भाव अंकित हैं। और इसी समय 'मलयानिल' अर्थात् कामबोध उस सोयी हुई (अर्थात् अपने इस नये व्यक्तित्व के प्रति अचेत) जुही की कली को आकर झकझोर जाता है : यौवन का तीव्र, सचेत बोध दे जाता है भीतर के स्नायुमण्डल को जगाकर। 'निराला' भले ही कहें कि वह मलयानिल 'उपवन-सर-सरित गहन-गिरि-कानन कुञ्ज-लता-पुञ्जों को पार कर' दूर देश से आता है, परन्तु मैं तो ऐसा अर्थ प्राप्त करता हूँ कि सारी प्रक्रिया भीतर होती है, वह मलयानिल भीतर जाता है, वह 'उपवन-सर-सरित गहन-गिरि-कानन' सब-कुछ मन के अवचेतन और स्नायु-चक्रों में है, और वह अन्तर का मलयानिल अनेक स्नायु-चक्रों को निर्ममतापूर्वक जगा देता है, जो वयः सन्धि के बाद सक्रिय होते हैं। कविता की भाषा रूपक या 'एलेगरी' होती है। अतः जो व्यापार भीतर घटित होता है, उसको बाह्य नाट्य और यहाँ पर प्रतीकों के आधार पर प्रस्तुत किया जाता है। इसी से मलयानिल, जो भीतर की कामचेतना है, बाहर दूर देशों से आते मलयानिल का रूपक धारण कर प्रत्यक्ष होता है। वह 'जुही की कली' इस प्रकार भीतर-भीतर काम-चैतन्य का पूर्ण जागरण पाकर सृष्टि-व्यापी प्रकृति-पुरुष की काम-लीला का प्रतीक बन जाती है, न कि आत्मा-परमात्मा के मोक्षमार्गी महामिलन की। वह वेदान्ती नहीं, वैष्णवी कविता है।... मेरा विश्वास है कि सही अर्थ यही है। इस कविता को वेदान्ती मानना इसके काव्यत्व को हीन करना है। यह शुद्ध और स्वस्थ कामबोध की कविता है। यह स्वास्थ्य-दीप्त कामबोध है। वसन्त में इस बोध को उद्दीपन प्राप्त होता है और भीतर

के बोधचक्र, भीतर की रक्तशिरा और स्नायु-प्रवाह जग जाते हैं।.....'जुही की कली' रस से भावित कामबोध की कविता है।' (किरात नदी में चन्द्रमधु, पृष्ठ 19, 20 और 21)

पर मैं इस कविता में एक और साभिप्रायता की विच्छित्ति देखता हूँ। मुझे लगता है कि यह कविता एक पौराणिक-मिथकीय कथा की अन्तर्कथा है। 'जुही की कली' परित्यक्ता शकुन्तला है और पवन दुष्यन्त है। वह एक लम्बी विस्मृति के बाद सहसा स्मृति के आलोकित होने पर शकुन्तला से मिलने हेतु गत्वर हुआ है और बड़ी द्रुत गति से हिमालय की वन-उपत्यका में पहुँचा है। वहाँ चाँदनी रात है, ठीक वैसी ही, जैसी कण्व ऋषि के आश्रम में थी, जहाँ शकुन्तला से दुष्यन्त का प्रथम मिलन और गन्धर्व विवाह हुआ था। दुष्यन्त को उसी प्रथम मिलन की स्मृति ने झकझोरा है–

"आयी याद विरह से मिलन की वह मधुर रात,
आयी याद चाँदनी की धुली हुई आधी रात
आयी याद कान्ता की कम्पित कमनीय गत..."

शकुन्तला जहाँ सोयी है वह वन-उपत्यका ही है–'विजन-वन-वल्लरी।' शिथिल पत्तों की सेज है उसकी–'शिथिल पत्रांक में'। वह सुहागिनी है–'सोती थी सुहाग-भरी स्नेह-स्वप्न-मग्न'। वह 'तनुतरुणी' है। शकुन्तला भी 'इयमृधिक मनोज्ञा वल्कलेनापि तन्वी' है। कवि ने उसे 'पद्मिनी पद्म गंधा' या चित्रिणी 'तिल सुवासा' नायिका के रूप में नहीं देखा है, बल्कि उसने शकुन्तला के लिए एक नये प्रकार की नायिका की उद्भावना की है–'यूथिका यूथिगन्धाः।' शकुन्तला 'यूथिका' (जुही की सुरभि देने वाली) नायिका है।

दुष्यन्त स्मृति-विकल होकर शकुन्तला को पाने के लिए मिलनेच्छा से आकुल-व्याकुल भागता है–अश्वारोही होकर–

"पवन-उपवन-सर-सरित् गहन गिरि-कानन
कुंज-लता पुंजों को पारकर
पहुँचा जहाँ उसने की केलि, कली खिली साथ।"

शकुन्तला स्वप्न-मग्न सोयी हुई है। अचेतन में दबी इच्छा के अनुरूप दुष्यन्त से ही मिलन का स्वप्न देखती हुई। दुष्यन्त परहेज और मर्यादा को नहीं मानता। मिलन की आकुल प्रियता उससे निर्दयता कराती है, यदि यह निर्दयता है, तो। उसकी सुन्दर, सुकुमार देह झकझोर डाली जाती है। उसके गोल कपोल मसल दिये जाते हैं, और शकुन्तला चौंकती है। चारों ओर वह चकित चितवन से

देखती है—'चकित चितवन निज चारों ओर फेर'—कहीं पास में भरत तो नहीं है? फिर तो—

"हेर प्यारे की सेज पास
नम्रमुखी कली खिली
खेल रंग, प्यारे संग!"

कालिदास ने जो शकुन्तला से भरत-मिलना का सन्दर्भ बनाया है, निरूपित किया है, वहाँ भरत उपस्थित है और वह माँ से वार्त्तालाप करते हुए पुरुष के बारे में जब माँ से प्रश्न करता है कि माँ, यह कौन हैं? और माँ उत्तर देती है कि 'ते भागधेयानि पृच्छ'—कि तुम स्वयं अपने भाग्यविधाता से पूछ लो'—यह उसके पूर्व की अन्तःकथा है। यानी शकुन्तला से दुष्यन्त का मिलन इससे पूर्व रात्रि में ही हो चुका है। कविता केवल अन्तर्कथा को अन्वेषित-सर्जित करती है, रचती है, जो सर्जन अपने-आपमें बहुत-बहुत साभिप्राय बन पड़ा है।

इस प्रकार 'जुही की कली' कविता के ये चारों अर्थ उसमें गर्भित बह्वर्थता को निरूपित करते हैं। ध्यान देने योग्य तथ्य यह है कि यहाँ यह अनेकार्थता किसी एक भावक-आलोचक के द्वारा उद्घाटित नहीं की जा सकी है, अपितु कालक्रम में एकाधिक सहृदयों के द्वारा किये गये भावन के आधार पर इस सार्थकता-साभिप्रायता का उन्मीलन सम्भव हो सका है।

इस कविता की इन सारी अर्थवत्ताओं पर विचार करने से यह स्पष्ट होता है कि इसका प्रथम भावन तो प्रकृति के उपादानों के बीच ही विप्रलम्भ और संयोग शृंगार का वाचन है। यहाँ प्रकृति आलम्बन रूप में प्रस्तुत हुई है। उसे कवि ने मानवीकृत किया है या कि नरेतर प्रकृति पर नर-प्रकृति का आरोप कर दिया है। इसका दूसरा भावन समासोक्ति अलंकार के रूप में नर-प्रकृति के काम-व्यापार का भावन है। यहाँ कवि ने अपने यहाँ अब तक निरूपित नायिका-भेद के चारों प्रकार—पद्मिनी, चित्रिणी, हस्तिनी, शंखिनी—से अलग हटकर एक पाँचवें प्रकार की नायिका—यूथिका—नायिका की उद्भावना कर डाली है। यह इस कविता का लौकिक-शृंगारिक आयाम है। इसकी तीसरी सार्थकता-साभिप्रायता स्वयं इस कविता के रचयिता कवि के भाव-बोध पर आधारित है। यहाँ इसमें अलौकिक शृंगार का निरूपण है। यहाँ स्वयं परमात्मा आकर आत्मा से मिलन प्राप्त करता, उसे तादात्म्यीकृत कर लेता है। इस प्रकार यह कविता मायामुक्त आत्मा-परमात्मा के मिलन-व्यापार के निरूपणवश वेदान्ती कविता बन जाती है। इसका चौथा भावन कुबेरनाथ राय ने किया है। वह इसे मुक्ति की कविता न मानकर काम की कविता मानते हैं, वेदान्ती कविता नहीं मानकर वैष्णवी कविता मानते हैं। पर उनके अनुरूप यह कामक्रीड़ा व्यापार बाह्यतः

घटित नहीं होकर आन्तरिक है। यह वयःसन्धि की अवस्था से मुक्त हो रही युवती के आन्तरिक रासायनिक परिवर्तन की, भीतर-ही-भीतर जैविक रूप में काम के उद्वेलन-व्यापार की कविता है। पर यहाँ सुहागिनी यानी 'सुहाग-भरी' होने की सार्थकता स्पष्ट और सम्पुष्ट नहीं हो पाती है, जो कवि के द्वारा किये गये और मेरे द्वारा निरूपित पुनस्सर्जन में सार्थकता प्राप्त कर लेती है। इसके बाद इसकी सार्थकता-साभिप्रायता के एक नये आयाम का उद्घाटन स्वयं मैंने किया है, जहाँ यह बाहरी कामक्रीड़ा-व्यापार ही है, जो लौकिक विप्रलम्भ तथा संभोग शृंगार से अपनी सार्थकता उजागर करता है। सन्दर्भ शकुन्तला से दुष्यन्त के मिलन का है और यह इस कविता का पाँचवाँ भावन है।

कुबेरनाथ राय की कठिनाई यह है कि वह इसके वेदान्ती अर्थ को बिलकुल निरस्त कर देते हैं और अपनी साभिप्रायता को ही 'इदमित्थम्' मान लेते हैं, जो नहीं होना चाहिए। यहाँ तो 'नेति-नेति' की स्थिति ही बनी रहनी चाहिए, क्योंकि सर्जनात्मक आलोचना अनेकार्थता की स्थिति में किसी एक अर्थ पर ही केन्द्रित होकर अन्यार्थों को कभी निरस्त नहीं करती, यदि उसकी अपनी संगति-सार्थकता उसमें विद्यमान है। उसकी मान्यता है कि अर्थ का अन्तिम रूप में निर्धारण कभी सम्भव नहीं है, क्योंकि पाठ के शब्दों के बीच अर्थ की अन्तःक्रीड़ा लगातार जारी रहती है, जिसे प्रबुद्ध और साहित्य-विवेक सम्पन्न पाठक ही उद्घाटित कर पाता है।—सर्जनात्मक आलोचना की दृष्टि में हर पाठ अपने-आप में एक अपवाचन (Misreading) है। हर पाठ की वाचन-प्रक्रिया में कुछ-न-कुछ छूट जाता है, जिसे दूसरा पाठक प्राप्त करता है। पर उससे पुनः कुछ और छूट जाता है, भले ही वह पहले छूटे हुए को, Missed point को प्राप्त कर ले। अतः रचना की किसी एक साभिप्रायता-सार्थकता को लेकर अड़ने की स्थिति उचित नहीं है। सच तो यह है कि पाठ और पाठक की पारस्परिक गत्यात्मकता में उसकी सार्थकता-साभिप्रायता उद्घाटित होती चलती है और यही कविता की शक्ति-क्षमता का प्रमाण भी है।

6
मौन रही हार

मौन रही हार,
प्रिय-पथ पथ पर चलती,
सब कहते शृंगार!

कण-कण कर कंकण, प्रिय
किण-किण रव किंकिणी,
रणन-रणन नूपुर, उर लाज,
लौट रंकिणी;

और मुखर पायल स्वर करें बार-बार,
प्रिय पथ पर चलती, सब कहते शृंगार!

'शब्द सुना हो, तो अब
लौट कहाँ जाऊँ?
उन चरणों को छोड़, और
शरण कहाँ पाऊँ?'

बजे सजे उर के इस सुर के सब तार–
प्रिय-पथ पर चलती, सब कहते शृंगार!

पन्द्रह पंक्तियों की यह कविता प्रिय के पथ पर जानेवाली अभिसारिका नायिका को लक्ष्य कर लिखी गयी है। इसकी मर्म-सार्थकता अनेक स्थलों पर हुई भाषाभिव्यक्ति के अग्रप्रस्तुत कौशल में सुविन्यस्त है।

कवि ने शरीर के आभरणपरक कुछ विशेष शब्दों का विकल्पक्रमी अक्ष (Paradigmatic Axis) पर सुनिश्चित चयन किया है। इन अभिकरणों में कंकण, किंकिणी, नूपुर और पायल का चयन महत्त्वपूर्ण है। इन शब्दों में तीन शब्दों के द्वारा मुखर होनेवाली ध्वनियों का भी विन्यास-क्रमी अक्ष (Syntagmatic Axis) पर साभिप्राय संयोजन किया गया है। यह सहभावित या संसक्त कोटि का संयोजन है।

कंकण → कण-कण
किंकिणी → किण-किण
नूपुर → रणन-रणन

इन आभरणों के शरीर पर धारण करने से जिस सज्जा का द्योतन होता है, उस के लिए कवि ने 'शृंगार' शब्द का समीचीन चयन किया है। पर 'शृंगार' का संयोजन जहाँ क्रिया और सार्वनामिक विशेषण के साथ हुआ है, वहाँ क्रम-भंग के कारण विचलित अग्रप्रस्तुति उपस्थित हुई है।

इस गीत में ध्वनि-स्तर पर व्यंजनमूलक ध्वनियों में 'क', 'ण' के प्रयोग सर्वाधिक हुए हैं। सोलह बार 'क' ध्वनि के समान्तरित प्रयोग हुए हैं। चौबीस बार 'न', 'ण', 'म' जैसी अनुनासिक ध्वनियों के समांतरित प्रयोग हुए हैं। कविता के दूसरे चरण की चारों पंक्तियाँ ध्वनि-स्तर की दृष्टि से एक अर्थ में विपथित मानी जा सकती हैं, क्योंकि इन चारों पंक्तियों में कहीं भी एक भी महाप्राण ध्वनि का प्रयोग नहीं हुआ है। सारी-की-सारी ध्वनियाँ अल्प-प्राण ही हैं, जबकि इन पंक्तियों को छोड़कर कविता में कोई भी ऐसी पंक्ति नहीं है जिस में महाप्राण ध्वनि कम-से-कम एक बार प्रयुक्त नहीं हुई हो। प्रयोजन यह है कि आभरण के वाद्य की कोमलता को द्योतित करने के लिए बड़े सार्थक और साभिप्राय रूप में यहाँ महाप्राण ध्वनियों का निषेध किया गया है।

स्वर ध्वनियों में 'ए' और 'आ' ध्वनि के विशिष्ट प्रयोग इस कविता में द्रष्टव्य हैं। कुल आठ बार 'ए' ध्वनि के प्रयोग हुए हैं और कुल ग्यारह बार 'आ' के। केवल चौदहवीं, उपान्त पंक्ति में 'ए' ध्वनि के चार प्रयोग हुए हैं, जहाँ विशिष्ट ध्वनि-स्तरीय समान्तरता उत्पन्न कर यह ध्वनि अग्रप्रस्तुत बन जाती है। ध्वनि-स्तर पर दूसरे चरण की पंक्ति अनुनासिक ध्वनियों की आवर्तनमूलक विशिष्ट पद्धति के कारण पहले और बाद के चरणों की तुलना में स्पष्ट ही विपथित रूप में अग्रप्रस्तुत दीखती है। ऐसी आवर्तनमूला पद्धति इस गीत में और कहीं प्राप्त नहीं होती।

शब्द-स्तर पर सहभावित संयोजन के जिस प्रकार के उदाहरण 'कंकण' और 'कण-कण', 'किंकिणी' और 'किण-किण', 'नूपुर' और 'रणन' में प्राप्त होते हैं, उस प्रकार का सहभावित संयोजन 'पायल' और 'पायल की ध्वनि' के बीच प्राप्त नहीं होता। 'पायल' के बोल के लिए कवि ने किसी अनुरणनात्मक शब्द का व्यवहार नहीं कर सीधा ही 'मुखर' और 'स्वर करें' लिख दिया है। यदि कंकण, किंकिणी और नूपुर की विशिष्ट भाषा-पद्धतिवाले कवि द्वारा व्यवहृत मानक को देखें, तो पायल के सन्दर्भ में कवि की अभिव्यक्ति स्वतः इस मानक को तोड़ती है और सन्दर्भतः एक और विपथन की सृष्टि कर जाती है। शाब्दिक दृष्टि से यह पूरा चरण अनुरणनात्मक शब्दों के प्रयोग के कारण समान्तरित अग्रप्रस्तुति को उपस्थित करता है। एक तो कंकण, किंकिणी और नूपुर के बोल के लिए व्यवहृत 'कण-कण', 'किण-किण' और 'रणन-रणन' शब्दों में भी अनुरणनात्मकता होने के कारण समान्तरता है। यहाँ यदि

तीनों शब्दों का वजन एक है, तो तीनों शब्दों के प्रयोग का स्थल भी क्रमिक है। दूसरे, अपने-आप में ये शब्द स्वतः आवर्तन-परक हैं, क्योंकि कवि केवल 'कण' केवल 'किण' और केवल 'रणन' नहीं कहता। इस प्रकार दुहरी समान्तरता की दृष्टि से ये पंक्तियाँ अग्रप्रस्तुत हो जाती हैं। इस अग्रप्रस्तुति से नायिका के, आभरण-सज्जित नायिका के चलने का सुन्दर चाक्षुष् और श्रौत बिम्ब उपस्थित होता है।

वाक्य-स्तर पर इस दूसरे चरण का वाक्य पूरा नहीं हो पाता है। कवि एक बिम्ब उपस्थित करने की दृष्टि से 'कंकण', 'किंकिणी' और 'नूपुर' के ध्वनि-चित्र तो उरेहता है, लेकिन यहाँ वाक्य को वह पूर्णतः क्रिया-विहीन छोड़ देता है। इस प्रकार यहाँ क्रिया के अध्याहार से भी विचलन उपस्थित होता है, जो बड़े साभिप्राय रूप में लघु-लघु बिम्बों को सुश्रृंखल और गत्वर बना देता है। पहली बार कवि तीन पंक्तियों के बाद 'लौट' क्रिया का व्यवहार करता है, जो वस्तुतः 'रंकिणी' से जुड़ी क्रिया है। शरीर पर बजनेवाले आभरण-वाद्य और उर में उद्भूत होनेवाली व्रीड़ा तक किसी भी क्रिया का प्रयोग नहीं किया गया है। वाक्य-रचना की दृष्टि से 'कंकण', 'किंकिणी' और 'नूपुर' के साथ आद्यानुक्रम का तालमेल रखने के लिए आनुक्रमिक रूप में इसके साथ ही निरन्तरता में 'पायल' का उल्लेख किया जाना चाहिए था, पर कविता की वाक्य-रचना इसे बाधित कर जाती है और बीच में 'उर लाज, लौट रंकिणी' जैसा वाक्यांश ले आती है। वाक्य-रचना की दृष्टि से वस्तुतः यह संरचना संरोधी अथवा सन्निहित (Arrest) वाक्य-रचना का उदाहरण है। इस चरण की पाँचवीं पंक्ति में प्रयुक्त 'और' शब्द दो दृष्टियों से साभिप्राय है—(1) और पायल भी बार-बार स्वर मुखर करते हैं, दूसरे (2) पायल बार-बार स्वर को और मुखर करते हैं। पायल और मुखर है। ये मानते नहीं, बार-बार स्वर करते हैं।

वाक्य-रचना की दृष्टि से कविता की पहली पंक्ति भी विचार्य है, जो वस्तुतः अपने-आप में विचलित अग्रप्रस्तुति का उदाहरण है। कवि ने 'मौन रही हार' लिखा है। इसमें कर्ता, क्रिया, कर्म का अन्वय बहुत स्पष्ट नहीं है। यदि रूपान्तरण की दृष्टि से देखें तो 'मौन (हो) रही (वह) हार (कर)'—एक संरचना इस प्रकार की बनती है, जिसका अर्थ होगा कि 'वह नायिका हार कर मौन हो रही है'। दूसरे, 'मौन रही (है) हार'—यह रूपान्तरण स्पष्ट होता है, जिसका अभिप्राय है कि 'मौन हार रही है'। तीसरे, 'मौन (हो) रही (है) हार' का विपर्यस्त रूपान्तरण स्पष्ट होता है, जिसका अभिप्राय है कि 'हार मौन (हो) रही (है)'। ये तीनों ही रूपान्तरण उपर्युक्त वाक्य को अध्याहृत और विपर्यस्त विचलित अग्रप्रस्तुत रूप में उपस्थित करते हैं। यहाँ विचलन अध्याहार और विपर्यस्तता के सहारे उभर रहा है। कविता की दूसरी पंक्ति स्पष्ट है—'प्रिय-पथ पर चलती'—वह प्रिय के मिलन-पथ पर चल रही है, पर 'सब कहते

शृंगार' में पुनः विचलन उपस्थित होता है। यहाँ विचलन विपर्यस्तता या क्रमभंग के कारण उपस्थित हुआ है। वस्तुतः 'सब कहते शृंगार' का काम्य अर्थ है कि 'सभी शृंगार कह रहे हैं।' यह नहीं कि 'सभी उसे शृंगार कह रहे हैं,' जैसा डॉ. रामविलास शर्मा ने माना है। अतः 'सब' यहाँ शृंगार का सार्वनामिक विशेषण है, वह सर्वनाम नहीं है, इस प्रकार यहाँ 'मौन रही हार' और 'सब कहते शृंगार' के दोनों ही विचलन अव्याकरणिकता पर आधारित हैं। 'मौन रही हार' में 'मौन हार रही (है)' ऐसा अर्थ करने पर व्याकरणिक कोटि की दृष्टि से लिंगपरक विचलन भी उपस्थित होता है : पुल्लिंग 'मौन' (भाववाचक संज्ञा) के साथ स्त्रीलिंग क्रिया का संयोजन।

यदि कथ्य अथवा अर्थ-संरचना के धरातल को लें, तो इस स्तर पर भी पूरे गीत में विरोधी समान्तरता उपस्थित होती है। एक ओर शरीर के आभरण बजते हैं, दूसरी ओर उर की वीणा बजती है। आभरण बज-बजकर प्रिय के मिलन-पथ पर जाने का निषेध करते हैं। आभरण की इस ध्वनि को सभी सुनते हैं, इसी के कारण हृदय में व्रीड़ा, लज्जा, फलतः चिन्ता उत्पन्न होती है, किन्तु हृदय की वीणा बज-बजकर प्रिय के प्रति एकनिष्ठता की ध्वनि मुखर करती है और मिलन-मार्ग पर बढ़ चलने का साहस देती है। इस हृदय की वीणा के स्वर सभी नहीं सुन पाते, उसे केवल नायिका सुनती है। दूसरे और तीसरे चरण में जहाँ चिन्ता उपस्थित होती है, वहाँ चौथे और पाँचवें चरण में नायिका को निश्चिन्तता प्राप्त होती है। पहले में लौटने का आग्रह है तो दूसरे में लौटने का निषेध है। हृदय-वीणा की सारी झंकार उन चरणों को छोड़कर कहीं अन्यत्र शरण नहीं ढूँढ़ पाती। इस प्रकार यह सुर-लहरी उन चरणों के प्रति एकनिष्ठता और महत्तम अनुराग का द्योतन कर जाती है। यहीं अन्तिम चरण की ये पंक्तियाँ अर्थ के स्तर पर अग्रप्रस्तुत हो पड़ती हैं, क्योंकि कविता का वास्तविक मर्म इन्हीं में निहित है। इस गीत में चौथे चरण में लेखिम-स्तर पर हुए प्रश्नवाचकता के प्रयोग में भी विपथन है, क्योंकि इसके पहले कहीं भी प्रश्नवाचकता नहीं मिलती है। यहाँ प्रश्न ही उत्तर भी देते हैं।

विचलन के धरातल पर 'मौन रही हार' की तिहरी अर्थवत्ता गीत के पूर्ण होते ही खुलने लगती है। अर्थ की पहली साभिप्रायता यह है कि जब नायिका अपने आभरण-वाद्यों को मुखर होने से बरज नहीं पाती तब वह हार कर मौन रह जाती है। कवि ने इसके बाद पूरे दूसरे चरण में कंकण, किंकिणी, नूपुर और पायल के खनकने-बोलने, गूँजने-झमकने का उल्लेख किया है। पर वहाँ आते-आते 'मौन रही हार' पंक्ति मौन जैसी अमूर्त भाव-स्थिति के हार उठने का अर्थ देने लगती है, क्योंकि आभरण-वाद्यों के सहारे यहाँ वातारण का गुंजायमान रूप भावक-पाठक के सामने प्रत्यक्ष हो जाता है। किन्तु अन्तिम चरण में जब नायिका बाहरी आभरणों से परे अपने

हृदय में सजे सुर-तारों का वाद्य सुनने लगती है तब यहाँ उसकी पूर्व हार स्वतः ही मौन धारण कर लेती है। पराजय स्वतः हार जाती है और नायिका विजय-श्री का वरण कर प्रिय-पथ पर बढ़ चलती है। इस प्रकार इस वाक्य के विचलित रूपान्तरण की तीन स्थितियों के सहारे गीत की यह विशेष तिहरी साभिप्रायता हमारे सामने उपस्थित हो जाती है।

इस पूरी कविता का विधान विचलन, विपथन और समान्तरता—तीनों से उभर रही अग्रप्रस्तुति का है, जिसमें गीत का मर्म और कथ्य बसा हुआ है। अन्तिम पंक्ति में जो कविता की दूसरी-तीसरी पंक्ति का आवर्तन हुआ है, वह आवर्तन इस तथ्य का संकेत करता है कि अभिसारिका नायिका प्रिय के मिलन-पथ पर बढ़ चली है। बाहरी श्रृंगार इसका उद्घोष भी कर रहे हैं। किन्तु हृदय-वीणा के स्वर मुखर हो जाने के बाद अब नायिका को इनकी चिन्ता नहीं है। वह लक्ष्य के प्रति अभिमुख होती जा रही है। दूसरी, तीसरी पंक्तियों के रूप में जहाँ इसके अर्थ में 'सब कहते श्रृंगार'—सभी श्रृंगारों के कहने पर अधिक बल था, वहाँ अन्तिम पंक्ति के रूप में प्रस्तुत होकर यह बल 'प्रिय-पथ पर चलती' पर आ जाता है।

रूप के स्तर पर 'जाऊँ' और 'पाऊँ' जैसे प्रयोगों में विधि-रूप की समान्तरता है। ये वस्तुतः 'जा' और 'पा' जैसे क्रिया के मूल रूप में (जा + ऊँ) और (पा + ऊँ) प्रत्ययीकृत रूपों की समान्तरता है। 'कहाँ' शब्द की आवृत्ति में भी शब्द-स्तर की समान्तरता उभरती है, जिससे निषेधपरक अर्थ निकलता है कि अब कहीं और जाने की आवश्यकता भी नहीं है।

क्रिया की दृष्टि से 'रही', 'चलती', 'कहते', 'लौट', 'करें', 'सुना हो', 'जाऊँ', 'छोड़', 'पाऊँ', 'बजे' जैसे शब्द-प्रयोग इस पूरी कविता में छाये हुए हैं। 'रही' क्रिया स्थिति-सूचक है। 'कहते' भी स्थिति-द्योतक क्रिया ही है। 'लौट' में निर्देश, आदेश या आग्रह है। 'चलती' गतिपरक क्रिया है। 'स्वर करें' अभिव्यक्तिमूलक क्रिया है। 'लौट कहाँ जाऊँ' और 'शरण कहाँ पाऊँ' में निस्सहायता और निरुपायता की ध्वनि है। 'बजे' में जोर से ध्वनि के उत्पन्न होने और छाने का प्रभावी अर्थ विद्यमान है। यदि इस क्रिया पर ध्यान दें तो इसके पहले की क्रिया भी सामने आती है। जहाँ कवि ने लिखा है—'पायल स्वर करें', वहाँ 'पायल' के साथ 'स्वर करना' और यहाँ 'उर के तार' का 'बजना' दोनों साभिप्राय हैं। पायल स्वर तो करते हैं, बार-बार करते हैं, लोग सुनते भी हैं, लेकिन स्वयं सुनकर भी अभिसारिका पर उसका कोई प्रभाव नहीं पड़ता, क्योंकि वे स्वर-मात्र हैं। वहाँ नायिका के लिए उसके अर्थ का मर्म-प्रवेश नहीं है, उसकी साभिप्रायता नहीं है। लेकिन हृदय के तार के 'बजने' में अर्थ का आन्तर सन्निवेश हुआ है। यह अर्थ अत्यन्त तार्किक, अनुरागपूर्ण और समीचीन है। तार

वस्तुतः झंकृत होते हैं और पायल बजते हैं। लेकिन यहाँ साभिप्राय विचलन करके कथ्य को गहराया गया है। 'शब्द सुना हो' पंक्ति भी जैसे इस बात का साक्ष्य देती है कि उन आभरण-ध्वनियों में केवल 'शब्द' थे, लेकिन हृदय-वीणा की ध्वनि में 'अर्थ' घनीभूत है। अभिसारिका नायिका इस अर्थ को, इस साभिप्रायता को ही ग्रहण करती है; जबकि दुनिया यह आन्तर अर्थ नहीं समझती, वह केवल शब्द-घोष पर ध्यान देती है। हृदय की वीणा के बजने में कवि ने एक और सार्थक शब्द-प्रयोग किया है–'सुर'। 'सुर' में वह संगीतमयता, लयलीनता है, जो 'स्वर' में नहीं होती। 'सुर' में आवर्तन और एकमेक करनेवाली लय भी सम्मिलित होती है। हृदय-वीणा के 'सुर' सारे तारों से उत्पन्न ध्वनियों को और भी लय-प्रभावी ढंग से सम्पुष्ट करते हैं।

7
उक्ति

जला है जीवन यह
आतप में दीर्घकाल;
सूखी भूमि, सूखे तरु,
सूखे सिक्त आलवाल;
बन्द हुआ गुंज, धूलि-
धूसर हो गये कुंज,
किन्तु पड़ी व्योम-उर
बन्धु, नील मेघ-माल!

किसी भी कविता का अर्थ-बोध उस कविता के विश्लेषण से सम्बद्ध है। कवि अपना भावबोध संश्लेष-पद्धति से प्रस्तुत करता है, पर श्रोता या पाठक उसका भावन विश्लेष-पद्धति से करता है। यह विश्लेषण जितना ही सूक्ष्म होता है, कविता के अर्थ-बोध की प्रामाणिकता और विशेषता उतने ही महत्त्वपूर्ण ढंग से उजागर होती है; क्योंकि विश्लेषण ही कविता के उत्कर्ष का सही उद्घाटक और उभीलक है। इसी विश्लेषण से कविता-विशेष में कवि का निहित कौशल भी स्पष्ट होता है। एक ओर काव्य-अध्ययन की भारतीय परम्परा में यदि भाष्य या टीका-पद्धति ने विश्लेषण का यह दायित्व एक सीमा में सम्पादित किया है, तो दूसरी ओर पाश्चात्य परम्परा में 'प्रैक्टिकल क्रिटिसिज़्म' की पद्धति ने बहुत दूर तक ऐसा विवेचन-विश्लेषण प्रस्तुत किया है। शैलिकीय विश्लेषण इस विश्लेषण के सन्दर्भ में तीसरा, पर बृहत्तर आयाम है। यह पद्धति अन्य विश्लेषण-पद्धतियों की अपेक्षा अधिक सूक्ष्म और वैज्ञानिक है। यह कविता के भीतर उसकी निर्मायिका भाषा की आवयविक संघटना पर ध्यान देती है। साथ ही यह हर कविता को अपने-आप में स्वायत्त मान कर वस्तुनिष्ठ ढंग से उसका विश्लेषण करती है।

यह सही है कि एक मायने में कविता के अर्थायित होने के पूर्व एक सीमा तक कविता की सम्प्रेषणीयता सम्भावित होती है, पर जब फ्रांसीसी भाषा में मलार्मे और हिन्दी में निराला या मुक्तिबोध जैसे कवि का आविर्भाव होता है और जब ये कवि अपनी अभिव्यक्ति के दौरान भाषा की प्रचलित संरचना को औचक बदल डालते हैं, तब वह प्रचलित मान्यता धुँधलाने लगती है और पाठक वैसी कविताओं पर दुरूहता का आरोप करने लगते हैं। ऐसे में शैलिकीय विश्लेषण कविता के सही अर्थोद्भावन

और काव्योत्कर्ष के प्रत्यक्ष का एकमात्र ज़रिया रह जाता है, एक ऐसा ज़रिया, जिससे कविता की ऊँचाई-गहराई की बख़ूबी माप हो जाती है।

यहाँ 'निराला' की 'उक्ति' कविता का विश्लेषण द्रष्टव्य है। 'निराला' ने 'उक्ति' शीर्षक दो कविताएँ लिखी हैं। ये दोनों ही कविताएँ उनकी 'अनामिका' में संकलित हैं। उनकी पहली 'उक्ति'—'कुछ न हुआ, न हो', जहाँ अत्यन्त प्रसिद्ध है, वहीं उनकी दूसरी 'उक्ति'—'जला है जीवन यह' अत्यन्त उपेक्षित। पर यह उपेक्षित कविता ध्वनि, वाक्य-संरचना, शब्द, अर्थ—सबकी गरिमा से श्री-मण्डित उनकी एक महत्त्वपूर्ण कविता है। शैलिकीय विश्लेषण के द्वारा इस कविता का महत्त्व स्पष्ट हो जाता है।

उक्ति

	1	2	3	4
1	जला	है	जीवन	यह
2	आतप	में	दीर्घ	काल
3	सूखी	भूमि	सूखे	तरु
4	सूखे	सिक्त		आलवाल
5	बन्द	हुआ	गुंज	धूलि-
6	धूसर	हो	गये	कुंज
7	किन्तु	पड़ी	व्योम	उर
8	बन्धु	नील	मेघ	माल

आठ पंक्तियों में लिखित एक वाक्य की इस कविता को पहली बार पढ़ते ही यह स्पष्ट हो जाता है कि पूरी कविता एक व्यवस्थित और क्रमबद्ध रूप (Linear order) में लिखी गयी है। हम अपनी सहज पाठ-विधि में इसे एक पूर्ण वाक्य की लय में पढ़ भी जाते हैं। कविता की पहली दो पंक्तियों में कवि द्वारा महसूस की गयी एक सच्चाई का अहसास है—'जला है जीवन यह। आतप में दीर्घ-काल!' बीच की पंक्तियों में इस उक्ति को लाज़िमी तौर पर तेजी दी गयी है। तीसरी और चौथी पंक्तियाँ इसी क्रम की हैं, जहाँ आतप का मिज़ाज़ और उसकी तल्ख़ी दिखाई पड़ती है। आतप ने सबको जलाया है, भूमि का कोना-कोना, खड़े लम्बे तरु, सींचे गये थाले और उनमें उठे पौधे! कहीं कुछ भी नहीं छोड़ा है इसने! पाँचवीं और छठी पंक्तियाँ इस आतप का असर जतानेवाली है। वस्तुतः गुंज का बन्द होना और कुंज का धूलि-धूसर हो जाना यहाँ फल-रूप कार्य हैं, जिसका कारण 'जलना' और 'सूखना' जैसी क्रियाएँ हैं। सातवीं और आठवीं पंक्तियों में चौंकानेवाली उक्ति है, जो पहली और दूसरी पंक्तियों की उक्ति के सन्दर्भ में विरोधी दीखती है। कुल मिलाकर पूरी कविता

में एक ही उक्ति है। यही उक्ति शुरू और आखिर की दो-दो पंक्तियों में दोरुखी होकर व्यक्त होती हैं। आरम्भ की दो पंक्तियाँ—'जला है जीवन यह/आतप में दीर्घकाल'—दृश्योद्घाटक वाक्य (Scene opening sentence) का कार्य कर रही हैं और अन्त की दो पंक्तियाँ—'किन्तु पड़ी व्योम-उर/बन्धु, नील मेघमाल' दृश्य-परिवर्तक वाक्य (Scene-changing sentence) का। पर पूरी कविता पढ़ जाने के बावजूद यह स्पष्ट नहीं हो पाता कि पहली पंक्ति का 'जीवन यह' कौन-सा जीवन है, किसका जीवन है, कहाँ-का जीवन है! और खूबी यह कि कविता का पूरा सन्दर्भ इसी 'जीवन यह' से बँधा है। सही माने में 'जीवन' शब्द इस कविता का उन्मीलक शब्द (key word) है। हम 'जीवन' शब्द पर विचार करते हैं। 'जीवन' का एक वाच्यार्थ 'जल' है। कवि ने हर कहीं प्रकृति में प्रकृति के जल-तत्त्व को जलते देखा है। पानी काफी अरसे तक जल चुका है। यही पानी प्रकृति की जिन्दगी भी है, जो जलकर जीवन का अस्ति-भाव शेष कर रहा है। इस प्रकार 'जीवन' जब शब्द के भीतर फिर एक शब्द (a word within a word) बन कर ज़िन्दगी अर्थ को सार्थकता देता है तब इस शब्द में कवि का प्रयोग-कौशल स्पष्ट हो जाता है। फिर तो पूरी कविता ही कवि द्वारा विशिष्ट रूप से चुनी गयी इस प्राकृतिक दुनिया को उजागर कर उठती है। सूर्य-किरणों में लम्बी अवधि तक अनवरत तपता जल! भूमि, तरु और नवजात सिक्त पौधों के सूख गये थाले! पक्षियों, भ्रमरों का बन्द हो गया गुंजन! कुंजों से हरियाली का ही नहीं मिटना, बल्कि वहाँ धूल तक उड़ने लग जाना। और फिर कवि की उक्ति कि नहीं बन्धु, देखो, ग्रीष्म के बाद पावस आसन्न है। आकाश के हृदय में नील मेघ-माला शोभने लगी है। इस तरह ऋतुओं की आवाजाही प्रत्यक्ष हो उठती है।

इस कविता में कुल इकतीस (31) शब्दों का प्रयोग हुआ है। इनमें उन्नीस (19) तत्सम हैं और बारह (12) तद्भव।

तत्सम शब्द	जीवन	आतप	दीर्घ	काल	भूमि	तरु	सिक्त	आल-बाल	गुंज	धूलि	धूसर	कुंज	1
	किन्तु	व्योम	उर	बन्धु	नील	मेघ	माल						2
तद्भव शब्द	जाना	है	यह	में	सूखी	सूखे	सूखे	बन्द	हुआ	हो	गये	पड़ी	1

तत्सम शब्द प्रायः मूर्त हैं, एक 'काल' अमूर्त है। तद्भव शब्द मूलतः वाक्य में कार्य कर रहे हैं। ये ही वस्तुस्थिति बतानेवाले तथा तत्सम शब्दों में अपनी गति से जान डालनेवाले शब्द हैं। बड़ी बात यह है कि सारे तत्सम या तो ह्रस्वान्त हैं या व्यंजनान्त—जीवन, काल तरु, धूलि आदि; किन्तु तद्भव प्रायः दीर्घान्त हैं। उनका अन्त आ (जला), ऐ (है), ओ (हो), ई (सूखी) से हुआ है। ऐसी ध्वनिवाले शब्द 'उक्ति' कविता का फैलाव सहेजते हैं। लगता है, तत्सम-तद्भव का यह आनुपातिक अन्तर

कहीं बहुत-बहुत साभिप्राय है, जो शायद आगे उद्‌घाटित हो। 'उक्ति' में प्रयुक्त तत्सम शब्दों की एक विशेषता युग्मीकरण (Coupling) भी है। यहाँ 8 विशेष शब्दों का 4 विशेष शब्दों के रूप में युग्मीकरण हुआ है–

1-दीर्घ + काल = दीर्घकाल

2-धूलि + धूसर = धूलिधूसर

3-व्योम + उर = व्योमउर

4-मेघ + माल = मेघमाल

इस युग्मीकरण से एक ओर कविता की बनावट (Structure) में संहिति (Compactness) आयी है, दूसरी ओर अभेद के आधार पर परम्परित रूपक की स्थिति सिद्ध होने से (व्योम-उर और मेघ-माल में) कविता की बुनावट (Texture) स्पष्ट हुई है; मानवीकरण की सजीवता से यह रंग और भी निखरा है।

'उक्ति' की शब्द-व्यवस्था में कवि ने कहीं सहभाव से विचलन (Deviation from collocation) का चमत्कार दिखाकर सम्प्रेष्य अर्थ का दायरा बढ़ाया है, तो कहीं सहभाव (Collocation) को स्वीकार कर अर्थ-अभिप्राय को पैनापन दिया है। कविता की पहली 2 पंक्तियों में आये तत्सम और तद्‌भव दोनों ही प्रकार के शब्द–"जला है जीवन यह/आतप में दीर्घकाल'–सामान्य भाषा के सहज सहभाव (Collocation) से विचलन (Deviation) दिखाते हैं। सामान्य भाषा में 'जला है' का सहभाव 'अग्नि' से सिद्‌ध होता है, जल से नहीं। पर कवि यहाँ ऐसी शब्दावली का प्रयोग कर विशिष्ट काव्य-भाषा की रचना कर रहा है। चौथी पंक्ति–'सूखे सिक्त आलवाल' में कवि आलवाल से सिक्तता का सहभाव (Collocation) (तत्सम + तत्सम) दिखाता है। 'सिक्त' के सहभाव (Collocation) के कारण ही यहाँ सूखने का अर्थ पहले के कथ्य की अपेक्षा कहीं अधिक तेजी और ताकत पा जाता है। 'सिक्त आलवाल' के सूखने में ज्वाला और सिक्तता का संघर्ष उभर पड़ता है, जिसमें सिक्तता हारती और आतप जीतता है।

विशिष्ट काव्यात्मक शब्दावली (Poetical registers) के नजरिये से 'उक्ति' में चार प्रकार की काव्य-शब्दावली प्राप्त होती है–1. परम्परागत काव्य-शब्दावली, 2. रीतिकालीन काव्य-शब्दावली, 3. छायावादी काव्य-शब्दावली और 4. कवि की निजी काव्य-शब्दावली। परम्परागत काव्यात्मक शब्दावली में गुंज, व्योम-उर, मेघ-माल जैसे शब्द हैं, तो रीतिकालीन विशिष्ट शब्दावली में गुंज और कुंज जैसे शब्द, छायावादी शब्दावली में आतप, दीर्घकाल, सिक्त, आलवाल, धूलि-धूसर, कुंज और नील जैसे शब्द हैं तो कवि की निजी शब्दावली में 'जीवन' जैसा शब्द। 'जीवन' शब्द में एक-साथ 'a word within a word' तथा श्लेष दोनों ही का सारगर्भी चमत्कार प्रस्तुत किया

गया है। कवि की अन्यान्य कविताओं में भी इस 'जीवन' शब्द के बहुप्रयोग, विशिष्ट प्रयोग और स्वीय प्रयोग दीख पड़ते हैं।

'उक्ति' में कवि द्वारा किया गया शब्दों का चयन (selection) और वितरण (arrangement) अत्यन्त उपयुक्त और युक्तियुक्त है। इससे 'उक्ति' को 'जेस्चर' का काव्योत्कर्ष प्राप्त हुआ है। आर. पी. ब्लैकमर एक विशेष 'जेस्चर' के बारे में कहते हैं कि "कोई भी शब्द या शब्दों का समूह सामान्य आवृत्ति अथवा आवृत्ति-संघात और उसके तरह-तरह से होनेवाले उपक्रमण के द्वारा 'जेस्चर' के रूप में पेश किया जा सकता है।"[1] इस कविता में 'सूखे' शब्द की जो तीन (३) बार आद्यावृत्ति (एनेफोरा) हुई है, उसमें 'जेस्चर' की खूबसूरती है। सामान्य तौर पर यह 'सूखे' आँखों को खींचता है। पर 'सूखी भूमि' में आँखों के अलावा स्पर्श-संवेदन भी अन्तर्भुक्त है, फावड़ों से कठिनता से टूटनेवाली भूमि तक का अहसास! 'सूखे तरु' और 'सूखे सिक्त आलवाल' में आँखों का ही संवेदन है। पर पेड़ों का सूखापन अपनी पत्रहीनता की, नंगी हालत की जानकारी कराता है और सींचे गये थाले का सूखापन झुलसे पौधे तथा दरक उठे थाले को जताता है।

'उक्ति' के शब्द-प्रयोग पूरी कविता को बिम्बमय बनाते हैं। 'जला है जीवन यह आतप में दीर्घकाल'—पंक्तियों में दोनों संज्ञा-पदबन्ध, क्रिया-पदबन्ध और क्रिया विशेषण-पदबन्ध के कारण चाक्षुष् बिम्ब उभरता है, जो एक दह्यमान बिम्ब है। तीसरी और चौथी पंक्तियों में क्रिया पदबन्ध की शब्दावली बिम्ब उरेहती है। पाँचवीं पंक्ति में 'बन्द हुआ गुंज' का श्रौत बिम्ब एक ओर क्रमागत प्रतीत होता है तो दूसरी ओर 'गुंज' शब्द के प्रयोग से पक्षियों और भ्रमरों दोनों के ही बिम्ब उदित होते हैं। पाँचवीं-छठी पंक्ति—'धूलि-धूसर हो गये कुंज' में बिम्ब गत्यात्मक हो उठता है। मानों तेज धूप में जोर की हवा बहती हो और कुंज धूलि-करारों से पटकर धूसर हो जाते हों। सातवीं-आठवीं पंक्ति का बिम्ब दाहक न होकर शान्त और शीतल बिम्ब है। पाँचवीं-छठी और आठवीं पंक्ति की बिम्ब-योजना में रंगों का भी महत्त्व है। बिम्बों में रंगों की यह मात्रा क्रमशः धूमिल से नील तक की है।

कथ्य की दृष्टि से इस कविता की शब्दावली स्पष्टतः तीन प्रकार की है। एक प्रकार की शब्दावली सीधे ताप से सम्बद्ध है, और दूसरे प्रकार की शब्दावली सीधे शीतलता से। तीसरे प्रकार की शब्दावली ऐसी है, जिनका सहजात सम्बन्ध है तो शीतलता से, पर यहाँ उनमें शीतलता का अभाव और ताप का भाव दिखाया गया है। पहले प्रकार की शब्दावली 'जला', 'आतप', 'सूखी', 'सूखे', 'बन्द हुआ', 'धूलि-धूसर' जैसे शब्दों से बनी है, तो दूसरे प्रकार की शब्दावली 'सिक्त', 'नील', 'व्योम-उर', 'मेघ-माल' जैसे शब्दों से और तीसरे प्रकार की शब्दावली 'जीवन', 'आलवाल', 'तरु',

'कुंज' आदि शब्दों से। ब्यौरे के मुताबिक शब्दों के बड़े करीने से किये गये ये प्रयोग कविता की संवेदना, कथ्यात्मकता और अभिव्यक्ति की स्पष्टता को बेबाक ढंग से उजागर करते हैं।

ध्वनि की दृष्टि से कविता की पहली पंक्ति 'जला है जीवन यह' में 'ज' और 'ह' ध्वनि की एक-एक बार आवृत्ति हुई है। क्रियापदबन्ध और संज्ञा पदबन्ध दोनों ही के आदि-अन्त–'ज-ह', 'ज-ह' वाले हैं। पर इससे आनुप्रासिकता-मात्र की उपलब्धि न होकर पंक्ति को एक ध्वनिगत सन्निकर्ष प्राप्त हुआ है। 'जला है' के बाद मानों एक खींच है, जो आगे व्यक्त होते भाव को 'ज' ध्वनि से शुरू कर 'ह' ध्वनि पर ला पटकती है। इस प्रकार ध्वनि की दृष्टि से 'जला है' की व्याप्ति 'जीवन यह' से समर्थित हो जाती है। फिर पहली पंक्ति और दूसरी पंक्ति दोनों मिलकर एक वाक्य बनाते हैं, जिनमें स्वरों की दृष्टि से वाक्य का आरम्भ 'अ-आ' (जला) से होता है और उसकी समाप्ति 'आ-अ' काल पर होती है। पर पहली पंक्ति–'जला है जीवन यह' को छोड़कर शेष सब पंक्तियों के आदि अन्त की स्वर-व्यवस्था एक-सी है, पूरी पद्धति (pattern) ही एक है। प्रत्येक पंक्ति के आरम्भ में गुरुता और अन्त में लघुता–

	आदि		अन्त
2	आ (आतप)	–	अ (काल)
3	ऊ (सूखी)	–	उ (तरु)
4	ऊ (सूखे)	–	अ (आलवाल)
5	अं (बन्द)	–	इ (धूलि)
6	ऊ (धूसरा)	–	अ (कुंज)
7	ई (किन्तु)	–	अ (उर)
8	अं (बन्धु)	–	अ (माल)

'आतप' के 'आ' में ऊपर से नीचे उतरनेवाले तपन के ताप का संकेत है। 'तप' की दन्त्य स्पर्शी और ओष्ठ्य स्पर्शी ध्वनि में उसका स्थिरीकरण है। ध्वनि की दृष्टि से 'तप' 'पत' की विपर्यस्त ध्वनि है, गिरकर स्थिर होनेवाली प्रकृति की ओर इशारा करनेवाली। 'आतप' के 'आ' में तपन की करालता का भी फैलाव है। 'दीर्घ-काल' की 'दीर्घिका' ध्वनि अवधि का विस्तार जताती है। अन्तिम 'ल' ध्वनि इस विस्तार को सहेजती-समेटती है। तीसरी पंक्ति में सूखने के सन्दर्भ में 'भूमि' और 'तरु' जैसे शब्दों की ह्रस्वान्त ध्वनि तेजी से कई वस्तुओं के बिम्ब झलमला देने में सहायता देती है। तीसरी, चौथी पंक्ति के सूखी, सूखे और सूखे की अन्तिम ई, ए और ए ध्वनियाँ

भी बड़ी साभिप्राय हैं। भूमि नीचे है, तरु भूमि पर उठा है, ऊपर है, थाले भूमि पर हैं, पर उसमें लगे पौधे ऊपर उठ रहे हैं। कवि 'ई' का प्रयोग नीचाई (सूखी भूमि) के लिए, 'ए' का प्रयोग ऊँचाई (सूखे तरु) के लिए और 'ए' तथा 'इ' का प्रयोग ऊँचाई तथा नीचाई दोनों के लिए (सूखे सिक्त आलवाल) कर रहा है। ध्वनि-विज्ञान की दृष्टि से 'इ' संवृत ध्वनि है। इसके उच्चारण में मुख-विवर कम फैलता है (अल्प व्यादान), पर 'ऐ' अर्द्ध-संवृत ध्वनि है। इसके उच्चारण में मुख विवर-अधिक फैलता है। अर्थात् 'ई' उठनेवाली ध्वनि नहीं है और 'ए' ऊपर उठनेवाली ध्वनि है। चौथी पंक्ति में अन्तिम सूखनेवाली वस्तु 'आलवाल' का उल्लेख है। 'आलवाल' में 'आ' की दो ध्वनियाँ विस्तार-प्रस्तार जतानेवाली हैं। पाँचवीं पंक्ति के 'बन्द हुआ गुंज' में 'बन्द' और 'गुंज' की अनुनासिकता और 'हुआ' की विस्तारक ध्वनि से ऐसा लगता है जैसे गुंज धीरे-धीरे बन्द हो रही है। यहाँ 'गुंज' की अनुनासिकता कम्पन (vibration) को प्रत्यक्ष कर देती है। कुंज की अनुनासिकता कुंज को मनोरमता देती है, जिसकी पृष्ठभूमि में धूलि-धूसर अपना तीखा अर्थ फेंकता है। सातवीं पंक्ति के 'व्योम' में 'ओ' स्वर आया है, जो अर्द्ध-संवृत है। यह ध्वनि 'व्योम' के नतोदर होने वाले अर्थ को व्यक्त करती है। व्योम की जगह नभ, गगन, क्षितिज जैसे शब्द इस अर्थच्छाया को व्यक्त नहीं कर सकते थे। 'पड़ी' की अन्त्य 'ई' ध्वनि पूर्णता का बोध कराती है तो 'नील' की आदि 'ई' ध्वनि गहनता का और अन्तिम शब्द 'माल' की 'आ' ध्वनि, जो विवृत स्वर-ध्वनि है विशालता-गम्भीरता का ज्ञान कराती है।

अक्षर-गणना की दृष्टि से कविता की प्रत्येक पंक्ति में छह (6) अक्षर हैं। प्रत्येक पंक्ति में तीन-तीन अक्षरों के बाद विवृति (Juncture) आयी है। इस प्रकार पूरी कविता में एक 'पैटर्न' बन रहा है–

1.	जला	। –	। है	॥ जी	। वन्	। यह्	–5
2.	आ	। तप्	। में	॥ दी र्घ	। –	। काल्	–5
3.	सू	। खी	। भूम्इ	॥ सू	। खे	। तर्उ	–6
4.	सू	। खे	। सिक्त्	॥ आल	। –	। वाल्	–5
5.	बन्द	। हुआ	। –	॥ गुंज	। –	। धूल्इ	–4
6.	धू	। सर्	। हो	॥ गये	। –	। कुंज्	–5
7.	किन्तु	। –	। पड़ी	॥ व्योम	। उर	। –	–4
8.	बन्ध्उ	। नील	। –	॥ मेघ	। –	। माल्	–4

व्याकरण की दृष्टि से भी पूरी कविता का पैटर्न (Pattern) कई मायने में एक है। हर वाक्य के आरम्भ में स्थिति-सूचक शब्दों (क्रिया) का प्रयोग हुआ है कवि ने व्याकरणिक वितरण (Grammatical Arrangement) से विचलन (Deviation)

किया है। इससे कवि की दृष्टि में विशेष स्थिति का महत्त्व स्पष्ट होता है। पूरे संयुक्त (compound) वाक्य की शुरूआत भी क्रिया से हुई है और समाप्ति संज्ञा से। इस कविता में 10 शब्दों में व्यक्त 7 क्रिया-पद हैं 8 मूल और 2 समस्त के अनुपात से व्यवहृत 10 संज्ञापद युग्मशब्दों में व्यक्त 2 क्रियाविशेषण हैं, 3 विशेषण हैं, 1 परसर्ग और 1 निपात है—

	1	2	3	4	5	6	7	8	9	10
क्रियापद-	जला है	सूखी है	सूखे हैं	सूखे हैं	बन्द हुआ	हो गये	पड़ी	×	×	×
संज्ञापद-	जीवन	आतप	भूमि	तरु	आलवाल	गुंज	कुंज	व्योम उर	बन्धु	मेघमाल
क्रिया-विशेषण-	दीर्घ काल	धूलि-धूसर	×	×	×	×	×	×	×	×
विशेषण-	यह	सिक्त	नील	×	×	×	×	×	×	×
परसर्ग-	में	×	×	×	×	×	×	×	×	×
निपात-	किन्तु	×	×	×	×	×	×	×	×	×

पहली पंक्ति में प्रयुक्त 'है' तिङन्त क्रिया है, किन्तु तीसरी और चौथी पंक्ति में 'सूखी', 'सूखे' के साथ इस तिङन्त को व्यवहृत नहीं कर इसका लोप कर दिया गया है। इससे एक ओर 'सूखी' और सूखे क्रियात्मक रूप में उभरते हैं और दूसरी ओर कृदन्त विशेषण बन जाते हैं। दूसरी पंक्ति के अन्त में 'तक' निपात का लोप है। तीसरी और पाँचवीं तथा पाँचवीं और छठी पंक्तियों के बीच 'और' का लोप किया गया है। यहाँ और का कार्य अल्पविराम से लिया गया है। पाँचवीं पंक्ति के आरम्भ में 'इसीलिए' या 'फलतः' का लोप है। सातवीं पंक्ति के अन्त में 'में' अधिकरण परसर्ग और आठवीं पंक्ति के आरम्भ में 'हे' सम्बोधन-चिह्न का भी लोप है। इस प्रकार हे, तक, और, इसीलिए आदि अनावश्यक घटकों का लोप कर विम्बोद्‌भावन में तेजी लायी गयी है तथा कई बिम्बों की सहायता से तत्काल एक बड़ा बिम्ब उभारा गया है। काव्योत्कर्ष के लिए इन अनावश्यक घटकों का लोप अत्यन्त स्वाभाविक लगता है। 'किन्तु' का प्रयोग अत्यन्त महत्त्वपूर्ण है। 'किन्तु' के पूर्व के सारे कथन को हम 'अ' मान लें और बाद के सारे कथन को 'ब', तो 'किन्तु' दोनों ही उक्तियों के विरोध को बलवान् बनाता हुआ 'अ' और 'ब' को बहुत अच्छी तरह संयोजित कर देता है। वह उक्ति का 'बैलेंसिंग एलिमेण्ट' भी है। 'बन्धु' सम्बोधन कविता के 'उक्ति' शीर्षक को औचित्य देता है, जिससे कविता की सम्बोधि-शैली स्पष्ट होती है। कविता का पूरा वाक्य आवर्तक वाक्य है, जो अपने अन्तिम पद में आकर ही पूर्णता प्राप्त करता है। सातवीं और आठवीं पंक्तियों के पूर्व अन्यान्य वाक्यों में इसकी साकांक्षता वर्तमान रहती है। कविता का प्रत्येक वाक्य उद्‌देश्य और विधेय के अपने-अपने दायरे में स्पष्ट है—

	उद्‌देश्य	विधेय
1	यह जीवन	आतप में दीर्घकाल (तक) जला है।
2	(यह) भूमि	सूखी है।
3	(ये) तरु	सूखे हैं।
4	(ये) सिक्त आलवाल	सूखे हैं।
5	गुंज	बन्द हुआ
6	कुंज	धूलि-धूसर हो गये
7	(किन्तु हे) बन्धु नील मेघ-माल	व्योम-उर (में) पड़ी।

इस प्रकार कविता का वाक्य पदबन्ध और वाक्य-प्रधान नहीं होकर लघु-वाक्य-प्रधान एक संयुक्त (Compound) वाक्य है। पाँचवीं और छठी पंक्ति में क्रिया अपने पूर्व रूप 'है' से परिवर्तित होकर 'हुआ' और 'हो गये' हो जाती है। अब वाक्य SCV नहीं रहकर SCV action के रूप में उपस्थित होता है, जिससे पूर्व क्रियाओं का यह सहज परिणाम बन जाता है।

'टायपोग्राफी की दृष्टि से कविता की आठों पंक्तियाँ एक के नीचे एक लिखी गयी हैं। हर पंक्ति समान दूरी घेरती है। कथ्य की एकरसता, तपन और जलन का अहसास इस दृष्टि से भी व्यक्त होता है। अन्तिम दो पंक्तियाँ कथ्य-दृष्टि से अपनी विशिष्टता में व्यक्त होती हैं, पर लिपि-पद्धति में ये भी अपनी पूर्व पद्धति का अनुगमन करती है। ये दोनों पंक्तियाँ अपनी प्रसारोन्मुखी पद्धति में लिखी जा सकती थीं। किन्तु कवि के द्‌वारा ऐसा नहीं करना उसकी निजी निस्संगता-तटस्थता का बोध कराता है।

हम इस कविता को दूसरी बार पढ़ते हैं और हमें लगता है कि इस कविता का वही अर्थ नहीं है, जो हमें पहली बार पढ़ने पर लगा था। हमारी पाठकीय संवेदना को कोई दूसरी ही विच्छित्ति मुग्ध कर उठती है, क्योंकि हमारी दृष्टि में कविता का 'जीवन यह' श्लिष्ट हो उठता है। 'जीवन यह' में कवि जैसे अपने जीवन को संकेतित कर रहा है। उसका जीवन लम्बी अवधि तक पारिवारिक, सामाजिक, साहित्यिक एवं प्राकृतिक दुःख-संघर्षों के आतप में जला है। उसका घर उजड़ गया है, परिवार के व्यक्तियों और प्रिया-पत्नी मनोरमा तक का निधन हो चुका है। उसे स्नेह-छाया और स्निग्ध आश्रय देनेवाली ससुराल से सम्बन्ध छिन्न हो गया है। उसकी पालित-पोषित और विवाहित पुत्री सरोज दिवंगत हो चुकी है। यहाँ 'भूमि' से आधार भाव के कारण घर का अर्थ, 'तरु' से छायाश्रय भाव के कारण स्नेहाश्रय देनेवाली ससुराल के अर्थ तथा आलवाल 'से' सेचन-पोषण-रोपण' भाव के कारण सरोज के, जिसका विवाह-संस्कार

तक निराला ने स्वयं पौरोहित्य कर सम्पन्न किया था, अर्थ प्रस्फुट होते हैं। आलवाल का बिम्ब इस सन्दर्भ में अत्यन्त साभिप्राय है। इसकी ध्वनि एक ओर ममत्व या पालन-पोषण भाव का अर्थ देती है, दूसरी ओर जैसे आलवाल में पौधा लगाया जाता है वैसे ही सरोज के वैवाहिक संस्कार की सम्पन्नता का अभिसूचन करती है। 'बन्द हुआ गुंज'—पंक्ति बताती है कि कवि के जीवन से चहक मिट गयी है। सांसारिक सुख-कुंज भी उखट गये हैं। पर यह जीवन बाह्यतः जितना ही दग्ध हुआ है, हृदयाकाश में सिसृक्षा की उतनी ही मेघ-मालाएँ उमड़ आयी हैं। इन दुःखों ने कवि की काव्य-क्षमता पुष्ट की है। निराला ने कहीं-कहीं परम्परागत समास-पद्धति के प्रतिकूल अपना पैटर्न प्रस्तुत किया है, जिसमें उन्होंने प्रायः शब्द-क्रम उलट दिये हैं। 'व्योम-उर' से हृदयाकाश अर्थ लेते समय शब्द-क्रम को इस रूप में देखा जा सकता है।

कविता का तीसरा पाठ करते समय अनायास हमारा ध्यान व्यष्टि से समष्टि की ओर चला जाता है। तब 'जीवन यह' हमारी दृष्टि में उन शोषकों और सर्वहाराओं का जीवन बन जाता है, जिनका जीवन एक लम्बे अरसे तक शोषण के आतप में जलता रहा है। उनका आधार छिन गया है, घर उजड़ गया है। उनको छाँह, आश्रय और अनुग्रह देनेवालों ने हर अवसर पर अपना हाथ खींच लिया है। ऐसे आश्रयदाता उनके लिए ठूँठ बनते रहे हैं। उनके दूवारा ममत्व-प्यार से किया जा रहा अपनी ऐसी सन्तानों का पोषण निरर्थ होता रहा है। कितनी ही बार उनकी सन्तानों ने अभाव में दम तोड़ा है। उनके होंठों से गीत-गुंज गायब हो गये हैं, हुलास-हँसी मिट गयी है और आशा-कुंज भी धूलि-धूसर हो गये हैं। वे अर्थहीन अभाव के मारे हैं। किन्तु दूसरी ओर इससे मुक्ति-प्रयास की मेघ-माला घिर आयी है।

इन तीनों अर्थों को और स्पष्टता देने के लिए 'उक्ति' में प्रयुक्त कुछ महत्त्वपूर्ण शब्दों को, जो विभिन्न सन्दर्भों में अलग-अलग अर्थ देते हैं, निम्नलिखित रूप में सारणी में प्रस्तुत किया जा सकता है—

संख्या	*कविता में प्रयुक्त शब्द*	*प्रकृति के सन्दर्भ में अर्थ*	*कवि के सन्दर्भ में अर्थ*	*समाज के शोषितों के सन्दर्भ में अर्थ*
1.	जीवन	जल	कवि का जीवन	शोषित-सर्वहारा का जीवन
2.	आतप	धूप	दुःख-संघर्ष	शोषण
3.	भूमि	जमीन	आधार-घर	आधार-घर
4.	तरु	वृक्ष	स्नेहाश्रय : ससुराल	आश्रय, अनुग्रह करनेवाले

5.	सिक्त आलवाल	सींचे गये थाले	ममत्व से पाली तथा कवि के अपने पौरोहित्य से ब्याही गयी पुत्री (सरोज)	ममत्व-पोषित सन्तान
6.	गुंज	चिड़ियों, भ्रमरों की ध्वनि	जीवन की चहक (बाह्य प्रसन्नता)	सुख की गीत-गुंज
7.	कुंज	गोलाकार लगे पौधे	सांसारिक सुख-कुंज	आशा-कुंज
8.	व्योम-उर	आकाश का हृदय	उर-व्योमः हृदयाकाश	हृदय-व्योम
9.	मेघ-माल	मेघ की माला	सिसृक्षा के मालाकार बादल	मुक्ति-प्रयास की मेघ-मालाएँ

निराला ने प्रकृति के विषय में, अपने विषय में और शोषितों के विषय में अपनी विभिन्न कविताओं में अलग-अलग विचार व्यक्त किये हैं। इस कविता की विशेषता यह है कि यहाँ तीनों अभिव्यक्तियाँ एक ही कविता के सहारे उभर रही हैं। एक महत्त्वपूर्ण अनेकार्थक अभिव्यक्ति अपनी सहज प्रकृति में अर्थ की बहु-स्तरीयता से भर गयी है और यहाँ अर्थ-विधान को बिना अस्पष्ट और दुरूह बनाये संकुलता में समृद्धि प्रस्तुत कर रही है।[2] यह कवि का कौशल है। पॉल वैलरी ने इसी दृष्टि से कहा है कि कवि को हर प्रकार की समर्थ शाब्दी मितव्ययिता, उसकी स्फूर्तिप्रदता, सूक्ष्मदर्शिता, सर्वव्यापकता और बहुप्रज्ञता अनायास ही सिद्ध होती है।[3] पर 'उक्ति' कविता के तीनों वाचन और उनके दौरान ग्रहण किये गये अर्थों के सन्दर्भ में जब हम विचार करते हैं तब हम कविता की सम्प्रेषणीयता के दो भिन्न तेवर पाते हैं। यदि स्पष्ट समझ के लिए हम सम्पूर्ण कविता को 'किन्तु' के पहले और बाद की दो कोटियों—क्रमशः 'अ' और 'ब' में विभक्त कर दें, तो पहले तेवर में कवि की या संवेद्य पाठक की सहानुभूति 'किन्तु' के बाद के 'ब' कथ्य के प्रति होती है और दूसरे तेवर में भी 'किन्तु' के बाद के 'ब' कथ्य के प्रति ही। पहले तेवर के अन्तर्गत प्रकृति-परक और कवि-परक अर्थ आते हैं तथा दूसरे तेवर के अन्तर्गत समाज के शोषकों की मुक्ति वाला अर्थ। गिलबर्ट हाइएट के अनुसार ऐसी कविताएँ उत्तम होती हैं; क्योंकि जब हम एक उत्तम कविता का विश्लेषण करते हैं तब पाते हैं कि इसमें केवल सामान्य कथन नहीं है, जैसा हमने सोचा था, बल्कि दो-तीन या इससे भी अधिक विरोधी उद्गार हैं कि कवि एक साथ कई भिन्न बातें कर रहा है।[4]

'उक्ति' कविता का यह विश्लेषण शैलीकीय विश्लेषण के सन्दर्भ में एक लघु प्रयास मात्र है। विश्लेषण के दौरान इसके कई अनुषंग और भी उजागर किये जा सकते हैं। गणितीय सूत्रों और रेखीय परिप्रेक्ष्य में इसे और भी उरेहा जा सकता है और कथ्य से अन्विति दिखाते हुए उन्हें सूक्ष्मता से विस्तार भी दिया जा सकता है। वैसे हम यह मानते हैं कि कोई भी विश्लेषण अपने-आप में सम्पूर्णता का दावा नहीं कर सकता।

---

1. आर. पी. ब्लैकमर : **लैंगुएज ऐज़ जेस्चर** (जार्ज एलेन ऐण्ड अनविन लि., लन्दन 1954) पृष्ठ 13।
2. विमसेट ऐण्ड बुक्स : **लिटरेरी क्रिटिसिज़्म : ए शॉर्ट हिस्ट्री** (रूटलेज ऐण्ड कीगेन पॉल, लन्दन, 1957) पृष्ठ 640।
3. पॉल वैलरी : **द आर्ट ऑव पोयट्री**, वाल्यूम 7 (रूटलेज ऐण्ड कीगेन पॉल, लन्दन 1958), पृष्ठ 6।
4. गिलबर्ट हाइएट : **द पावर्स ॲव पोयट्री** (ऑक्सफोर्ड यूनिवर्सिटी प्रेस, न्यूयार्क, 1960) पृष्ठ 236।

8

अट नहीं रही है

कवि-कर्म कारयित्री प्रतिभा का व्यापार है और पाठकीय भावन या अवबोध भावयित्री प्रतिभा का व्यापार! कवि काव्य-रचना के क्रम में संवेदन-भावन से शब्दार्थ-व्यापार तक आता है, पर पाठक शब्दार्थ-व्यापार के विश्लेषण से कवि के संवेदन के सम्भावित स्तर तक पहुँच पाता है। इसीलिए पाठक के पास कविता के भावन के लिए जो क्रम होता है वह कवि के ठीक विपरीत होता है—

कवि का रचना-क्रम → अनुभूत संवेदन → शब्दार्थ-व्यापार

पाठक का भावन-क्रम → शब्दार्थ-व्यापार → अनुभूत संवेदन

स्पष्ट है कि पाठक के पास कविता की समझ के लिए एकमात्र विश्लेषण का माध्यम रह जाता है। यह विश्लेषण दो प्रकारों से सम्भव है—1. सहज बुद्धिगत विश्लेषण और 2. विधिवत् विश्लेषण। सहज बुद्धिगत विश्लेषण जब तक कोई आधार नहीं ग्रहण करता तब तक उसके उपकरण बहुत स्पष्ट नहीं होते हैं तथा उलझावों के रह जाने की आशंका होती है। विधिवत् विश्लेषण काव्यालोचन और भाषाध्ययन की संदृष्टि पर आधारित होता है। सहज बुद्धि की पकड़ यहाँ सहायक होती है। उपकरणों की दीक्षागम्य सही पड़ताल भी इसी से सम्भव हो पाती है। अतः इस आधार पर जो विश्लेषण होता है वह अपेक्षया अधिक वस्तुनिष्ठ और विधिवत् प्रामाणिक होता है। पहले के कुछ निबन्धों में जहाँ काव्यालोचन की परम्परित भावकीय दृष्टि से 'निराला' की काव्यसम्पत्ति का उद्घाटन किया गया है, वहाँ प्रस्तुत निबन्ध में यह विश्लेषण भाषाध्ययन की नयी पद्धति पर आधारित है। वस्तुतः आधुनिक काव्यालोचन में शैलीविज्ञान की यह महत्त्वपूर्ण भूमिका है, जहाँ पाठक कविता-विशेष के अर्थ-मर्म (कर्नेल) का भाषाध्ययन के सोपान-क्रम के सहारे उद्घाटन करने में समर्थ हो पाता है। 'निराला' की कविताएँ ऐसे महत्त्वपूर्ण अर्थगत विश्लेषण की अपेक्षा रखती हैं।

शैलीविज्ञान के अध्येताओं ने भाषाविज्ञान से आधार-भूमि ग्रहण करते हुए कविता के विश्लेषण के लिए कई प्रकार के प्रतिमानों (मॉडल्स) का उल्लेख किया है; जिनसे किसी भी कविता के मर्म-संसार का सम्यक् उद्घाटन हो सके और उसकी रचना-प्रक्रिया में कवि के निहित कौशल की साभिप्रायता भी आंकी जा सके। ये प्रतिमान 1. उत्पादक व्याकरण (जेनेरेटिव ग्रामर), 2. रूपान्तरक व्याकरण

(ट्रान्सफारमेशनल ग्रामर), 3. स्तर-विन्यासमूलक व्याकरण (स्ट्राटिफिकेशनल ग्रामर), 4. व्यवस्थापक व्याकरण (सिस्टिमिक ग्रामर) या माप एवं श्रेणीमूलक व्याकरण (स्केल ऐण्ड केटेगॉरी ग्रामर), 5. सामान्य भाषाविज्ञान (जेनरल लिंग्विस्टिक्स), 6. संरचनात्मक भाषाविज्ञान (स्ट्रक्चरल लिंग्विस्टिक्स) जैसे भाषा-अध्ययन के भिन्न-भिन्न मानकों और उनकी अलग-अलग धारणाओं से सम्बद्ध हैं। इन सबके भाषा-विश्लेषण के अपने-अपने एकाधिक स्तर हैं। अमरीकी भाषाध्ययन-निकाय में ऐसे प्रतिमानों के दो स्तर से लेकर पाँच स्तर तक प्राप्त होते हैं। ध्यान देने योग्य है कि किसी भी प्रतिमान के अन्तर्गत भाषा-दृष्टि से कविता का विश्लेषण करने के लिए शैली-चिह्नकों (स्टाइल मार्कर) की भी महत्त्वपूर्ण भूमिका होती है। यद्यपि भाषा की स्वनिम, रूपिम, पदबन्ध, उपवाक्य, वाक्य जैसी सभी इकाइयों को शैली-चिह्नक के रूप में प्रयुक्त किया जा सकता है, तथापि केन्द्राभिसारी दृष्टि से शैली-चिह्नकों को और भी सटीकता के साथ अवरेखित करने की आवश्यकता है। अध्येताओं ने अपनी-अपनी दृष्टि से ऐसे शैली-चिह्नकों का उल्लेख किया है। तोदोरेव ने शब्दात्मकता (वर्बल), वाक्य-रचनात्मकता (सिण्टैक्टिक) और अर्थपरकता (सिमैण्टिक) को, पाल जुम्थार ने ध्वनि और संरचना की संयोगी कड़ी (फोनेटिक ऐण्ड सिण्टैक्टिक कनेक्टिंग लिंक्स इन द लैंगुएज)—शब्द-भण्डार (लेक्सिकन) और न्यूनतम वैषयिक संघटक वाले अभिप्राय (मोटिफ्स : मिनिमल थीमेटिक कन्स्टीच्युएण्ट्स) को, निल्स एरिक एंक्विस्ट ने प्रतिपाद्य (टॉपिक), शृंखला (लिंकेज) और उद्भास (फोकस) को, जे. एम. सिंक्लेयर ने संरोध (एरेस्ट) और मोचन (रिलीज) को, मुकारोएव्सकी ने अग्रप्रस्तुति (फोरग्राउण्डिंग) को, ज्योफ्री लीच ने विपथन (डिविएशन), संसक्ति (कोहिजन) और अग्रप्रस्तुति (फोरग्राउण्डिंग) को, रोमन याकोब्सन ने चयन (एक्सिस ऑव सेलेक्शन) और संयोजन (एक्सिस ऑव कम्बिनेशन) की धुरी को, सैमुअल लिविन ने समानार्थकता की द्विरूपी धारणा—1. स्थानिक समानार्थकता (पोज़ीशनल इक्विवेलन्स) एवं 2. प्राकृतिक समानार्थकता (नेचुरल इक्विवेलेन्स) को और ए. विलियम डी ग्रूट ने खण्डीकरण (फैक्टर्स ऑव सेगमेण्टेशन), प्रमुखता (फैक्टर्स ऑव डॉमिनेन्स), प्रतीपन (फैक्टर्स ऑव अल्टरेशन), पंक्तियों की समानुकूलता (फैक्टर्स ऑव करेसपॉण्डिग लाइन्स) तथा कथ्य और पंक्ति के सामंजस्य (हॉरमॅनी बिटविन थीम ऐण्ड लाइन्स) को अपनी-अपनी दृष्टि से शैली-चिह्नक के रूप में प्रस्तावित किया है।

'निराला' की एक लघु कविता के अर्थ-विश्लेषण के लिए यहाँ विशेष रूप में अर्थवैज्ञानिक धरातल पर आधारित एक प्रतिमान को प्रस्तुत किया गया है। यह 'माइ-मा-पैग' प्रतिमान है : 'माइ-मा' और 'पैग' का संयोग-फल! 'माइ-मा' संरचनात्मक

अर्थविज्ञान[1] का परिवर्णी शब्द (ऐब्रीविएशन) है, जिसमें उसके दो भिन्न प्रकारों—(1) गहन अर्थविज्ञान (माइक्रो-सिमेण्टिक्स) और (2) बृहत् अर्थविज्ञान (मैक्रो-सिमेण्टिक्स) का अभिप्राय सन्निविष्ट है। गहन अर्थविज्ञान की अध्ययन-दृष्टि प्रत्येक शब्द की इकाईनिष्ठ स्वतन्त्र संरचना की अध्ययन-दृष्टि है, जबकि बृहत् अर्थविज्ञान की अध्ययन-दृष्टि शब्दों की पारस्परिक सहनिर्भर संघटना की अध्ययन-दृष्टि! गहन अर्थविज्ञान की दो स्थितियाँ होती हैं—1. सहज अर्थकरी स्थितियाँ और 2. जटिल अर्थकरी स्थितियाँ। बृहत् अर्थविज्ञान में शब्दों के पारस्परिक सम्बन्ध द्विकोटिक होते हैं—1. पाराडिग्मेटिक और 2. सिण्टेग्मेटिक। पाराडिग्मेटिक सम्बन्ध शब्दों की अनुपस्थिति में बनते हैं और सिण्टेग्मेटिक सम्बन्ध शब्दों की उपस्थिति में। जब कोई इकाई उसी स्तर की अन्यान्य वैसी उपस्थित इकाइयों को प्रस्तुत करती है, जिनका उस सन्दर्भ के रचाव में योगदान होता है तब सिण्टेग्मेटिक सम्बन्ध बनता है, पर जब कोई इकाई ढेर-सारी वैकल्पिक इकाइयों को एक विशेष सन्दर्भ में उपस्थित करती है, जिनमें से किसी एक की उस सन्दर्भ में उपस्थित होने की सम्भावना है, तब पाराडिग्मेटिक सम्बन्ध बनता है।[2] 'पैग' (पी. ए. जी.) का प्रतिमान कविता की अस्पष्टता को दूर करने में बहुत दूर तक सहायक है। इस परिवर्णी शब्द के उद्भावक और प्रतिमान के रूप में इसके प्रस्तापक रिचर्ड गुण्टर हैं।[3] उन्होंने इसे एक स्वतन्त्र प्रतिमान के रूप में प्रस्तुत किया है। प्रस्तुत निबन्ध में 'पैग' का उपयोग कर 'माइ-मा' प्रतिमान की कोटि में उसे समाविष्ट कर किया गया है; क्योंकि यदि 'पैग' का उपयोग कर 'माइ-मा' प्रतिमान के सन्दर्भ में उपस्थित अस्पष्टता के लिए किया जाय तो उपयुक्त अर्थ-विश्लेषण के लिए एक सुन्दर माध्यम प्राप्त हो जाता है। 'पैग' अपने-आप में कविता की 'पॉलिटिक्स', 'ऐक्शन' और 'ज्योग्रॅफी' अर्थात् व्यक्ति, व्यापार और परिवेश का समाहारक है। इससे क्रमशः कविता में उपस्थित और सम्बोधित किसी भी प्रकार के व्यक्ति, घटित होते व्यापार और काल तथा भौगोलिक परिवेश का सम्यक् ज्ञान हो जाता है। ऊँची कविता में प्रायः 'पैग' के दो स्तर प्राप्त होते हैं—1. बाह्य स्तर और 2. आन्तर स्तर। 'पैग' का सारा उद्घाटन-व्यापार भाषा-व्यापार से ही आचरित और समर्थित होता है तथा 'पैग' विषयक निर्णय मूलतः कविता का अर्थ-निर्णय बनने लगता है। इस प्रकार 'माइ-मा' प्रतिमान में 'पैग' प्रतिमान का अन्तर्भाव कर लेने से एक प्रामाणिक अर्थोन्मीलक विश्लेषण की अधिक सम्भावना दृष्टिगत होती है। प्रस्तुत विश्लेषणात्मक निबन्ध के लिए प्रस्तावित इस 'माइ-मा-पैग प्रतिमान' के आवयविक संघटक को अगले पृष्ठ पर प्रस्तुत सारणी में अधिक स्पष्ट रूप में देखा जा सकता है।

सारणी-1

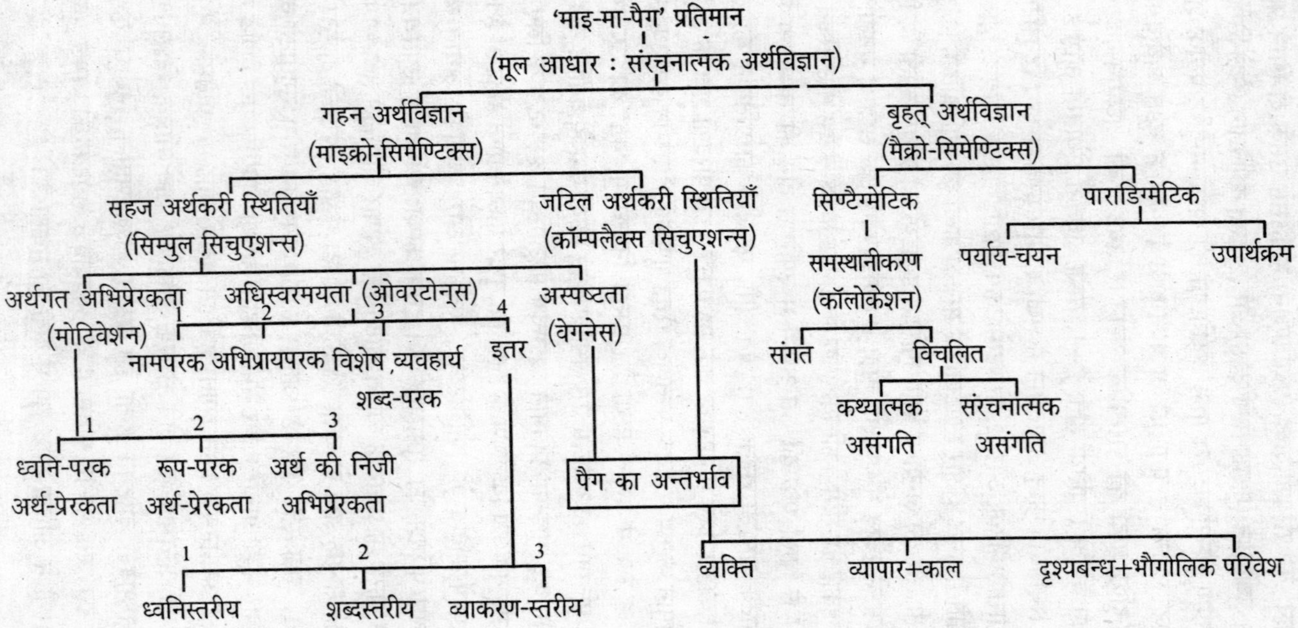
'माइ-मा-पैग' प्रतिमान
(मूल आधार : संरचनात्मक अर्थविज्ञान)
गहन अर्थविज्ञान
(माइक्रो-सिमेण्टिक्स)
बृहत् अर्थविज्ञान
(मैक्रो-सिमेण्टिक्स)
सहज अर्थकरी स्थितियाँ
(सिम्पुल सिचुएशन्स)
जटिल अर्थकरी स्थितियाँ
(कॉम्पलैक्स सिचुएशन्स)
सिण्टैग्मेटिक
पाराडिग्मेटिक
समस्थानीकरण
(कॉलोकेशन)
पर्याय-चयन
उपार्थक्रम
अर्थगत अभिप्रेरकता
(मोटिवेशन)
अधिस्वरमयता (ओवरटोनूस)
अस्पष्टता
(वेगनेस)
1
2
3
4
नामपरक अभिप्रायपरक विशेष ,व्यवहार्य
शब्द-परक
इतर
संगत
विचलित
कथ्यात्मक
असंगति
संरचनात्मक
असंगति
1
2
3
ध्वनि-परक
अर्थ-प्रेरकता
रूप-परक
अर्थ-प्रेरकता
अर्थ की निजी
अभिप्रेरकता
पैग का अन्तर्भाव
व्यक्ति
व्यापार+काल
दृश्यबन्ध+भौगोलिक परिवेश
1
2
3
ध्वनिस्तरीय
शब्दस्तरीय
व्याकरण-स्तरीय

'निराला' की एक लघुकविता है : 'अट नहीं रही है' अथवा 'शोभाश्री'। यह गीत अपने रचाव में जितना सीधा मालूम पड़ता है, अपने अर्थ-गौरव में उतना ही गहन है। इसका पूरा विश्लेषण इसकी अर्थवत्ता को सार्थक करता है।

अट नहीं रही है/शोभाश्री

अट नहीं रही है
आभा फागुन की तन
सट नहीं रही है।
कहीं साँस लेते हो,
घर-घर भर देते हो,
उड़ने को नभ में तुम
पर-पर कर देते हो,
आँख हटाता हूँ तो
हट नहीं रही है।
पत्तों से लदी डाल
कहीं हरी, कहीं लाल,
कहीं पड़ी है उर में
मन्द-गन्ध पुष्प-माल,
पाट-पाट शोभा-श्री
पट नहीं रही है।

('अर्चना' '62, निरुपमा, इलाहाबाद,
गीत-संख्या-64, पृष्ठ-80)

'अट नहीं रही है' 15 लघु पंक्तियों का गीत है। 64 शब्दों से रचा गया यह गीत 3 वाक्यों और 3 चरणों में पूरी अभिव्यक्ति पा सका है। पूरे गीत को एक बार पढ़ लेने से शोभा-वर्णन से परिचय होना आरम्भ होता है। इसके आदि और अन्त स्थिति-सूचक हैं। स्थापना है कि यह शोभा भर कर भी शेष रह जाती है। यह फागुनी शोभा है, जिसका वारापार नहीं है। यहाँ सौन्दर्य का प्रभावक-प्रभाव्य और क़ारण-कार्य सम्बन्ध निरूपित हुआ है। पर कविता क्या फागुनी आभा के वाच्यार्थ तक ही सीमित रह जाती है? क्या अशेष शोभा-श्री की कोई अन्य साभिप्रायता नहीं है? और यदि ऐसा है तो इसके लिए आधार क्या है? इन सारे प्रश्नों का निश्चित उत्तर हमें कविता के विश्लेषण से प्राप्त हो सकता है।

गहन अर्थवैज्ञानिक विश्लेषण : सहज अर्थकरी स्थितियाँ :

अर्थगत अभिप्रेरकता : ध्वनिपरक अर्थ-प्रेरकता :

ध्वनिग्राम की दृष्टि से विचार करने पर विवेच्य कविता की मुख्य स्थापना के साथ कविता की ध्वनिग्रामिक अर्थ-प्रेरकता भी जुड़ी दीख पड़ती है। इस दृष्टि से अट. में दीर्घ स्वर ध्वनिग्राम और महाप्राण व्यंजन ध्वनिग्राम–दोनों ही की उपस्थिति को साभिप्राय रूप में लक्षित किया जा सकता है। स्वर ध्वनिग्राम की दीर्घता से फागुनी सौन्दर्य का विस्तार और स्थैर्य सिद्ध होता है। वैसे ही व्यंजन ध्वनिग्राम की महाप्राणता से भी शोभा का सघन आच्छादन स्पष्ट होता है। 'अट.' में दीर्घ ध्वनिग्रामों में आ, ई, ऊ, ए, ऐ और ओ जैसे केवल छह स्वर ध्वनिग्राम के प्रयोग हुए हैं। अतः निम्नांकित सारणी में इनकी प्रयुक्ति-संख्या निर्दिष्ट की गयी है–

अट. के दीर्घ स्वर-ध्वनिग्राम (फोनीम)

प्रयुक्त दीर्घ स्वर ध्वनिग्राम	पंक्ति 1	पं. 2	पं. 3	पं. 4	पं. 5	पं. 6	पं. 7	पं. 8	पं. 9	पं. 10	पं. 11	पं. 12	पं. 13	पं. 14	पं. 15	कुल संख्या
आ	×	3	×	1	×	×	×	3	×	1	1	×	1	3	×	13
ई	2	1	2	1	×	×	×	×	2	1	3	2	×	1	2	17
ऊ	×	×	×	×	×	×	×	1	×	×	×	×	×	×	×	1
ए	×	×	×	2	2	2	2	×	×	1	×	×	×	×	×	9
ऐ	1	×	1	×	×	×	×	×	1	×	1	1	×	×	1	6
ओ	×	×	×	1	1	1	1	1	×	1	×	×	×	1	×	7

पूरी कविता में दीर्घ स्वर ध्वनिग्राम 'आ' के 13 बार, 'ई' के 17 बार, 'ऊ' का 1 बार, 'ए' के 9 बार, 'ऐ' के 6 बार तथा 'ओ' के 7 बार प्रयोग हुए हैं। भाषावैज्ञानिकों के अनुसार सभी हिन्दी स्वरग्रामों में 'आ' अधिक दीर्घ होता है : "स्पेक्टाग्राफ पर प्रयोग से पता चलता है कि दीर्घ स्वरों में मात्रा की दृष्टि से हिन्दी स्वरों में 'आ' सबसे बड़ा होता है, ए, ओ, ऐ, औ, ई, ऊ उससे कुछ छोटे होते हैं और आपस में समान होते हैं।"[4] यह विश्लेषण फागुनी सौन्दर्य की आभामूलक अर्थवत्ता को विस्तार और घनत्व दोनों ही दृष्टियों से सम्पुष्ट करता है। 'आ' के 13 प्रयोग उसके अधिकाधिक विस्तार और 'ई' के 17 प्रयोग उसकी घनता को सूचित करते हैं। 'ई' अग्रस्वर है और 'आ' पश्चस्वर! इसके सहारे सामने से पीछे की ओर, गहनता से विस्तार की ओर भरी जा रही श्री-शोभा की शोभा-यात्रा स्पष्ट होती है। ध्वनि-अभिप्रेरकता के दो स्तर होते हैं : 1. प्राथमिक और 2. द्वितीयक। प्राथमिक स्तर पर आनुप्रासिकता और नाद-सौन्दर्य मात्र होता है, पर द्वितीयक स्तर पर ध्वनिग्राम या ध्वनियाँ मूलार्थ या अभिप्राय को तीव्र रूप में सह-संकेतित करती हैं। स्पष्ट है कि 'अट.' में कवि का कौशल द्वितीयक ध्वनिग्रामिक संरचना में निहित है।

'अट.' में महाप्राण व्यंजन ध्वनिग्राम की भी साभिप्रायता दृष्टिगत होती है। यहाँ कोई ऐसी पंक्ति नहीं है, जिसमें महाप्राण व्यंजन ध्वनिग्राम का कम-से-कम एक बार व्यवहार नहीं हुआ हो। इनमें महाप्राणत्व की सर्वाधिक संख्या 'ह' के प्रयोग की है : कुल 24 बार। शेष महाप्राण व्यंजन ध्वनिग्राम संख्या में कुल 15 हैं। कविता में महाप्राण व्यंजन ध्वनिग्राम का विशेष महत्त्व होता है। भाषावैज्ञानिकों के अनुसार महाप्राण व्यंजन ध्वनिग्राम में रागात्मक तत्त्व (प्रोजोडिक फीचर) विद्यमान होते हैं।[5] 'अट.' में प्रयुक्त महाप्राणता निम्नांकित सारणी में द्रष्टव्य है—

अट. के महाप्राण व्यंजन-ध्वनिग्राम (फोनीम)

प्रयुक्त महा-प्राण व्यंजन ध्वनिग्राम	पंक्ति 1	पं. 2	पं. 3	पं. 4	पं. 5	पं. 6	पं. 7	पं. 8	पं. 9	पं. 10	पं. 11	पं. 12	पं. 13	पं. 14	पं. 15	कुल संख्या
अ	×	×	×	×	×	×	×	1	×	×	×	×	×	×	×	1
च	×	×	×	×	2	×	×	×	×	×	×	×	×	×	×	2
ध	×	×	×	×	×	×	×	×	×	×	×	×	1	×	×	1
फ	×	1	×	×	×	×	×	×	×	×	×	×	×	×	×	1
भ	×	1	×	×	1	1	×	×	×	×	×	×	×	1	×	4
श	×	×	×	×	×	×	×	×	×	×	×	×	×	1	×	1
ष	×	×	×	×	×	×	×	×	×	×	×	×	1	×	×	1
ह	3	×	3	2	1	×	1	2	4	×	3	2	×	×	3	24

यहाँ महाप्राण व्यंजन ध्वनिग्राम फागुनी शोभा की श्री-सम्पन्नता को उसकी सुस्थिरता, प्रभूति और अशेषता को अर्थ एवं अभिप्राय की दृष्टि से अभिप्रेरित करते हैं। सचमुच "भाषा एक ऐसी पद्धति है, जो अधिक-से-अधिक रूप में ध्वनि-संसार और अर्थ-संसार के बीच मध्यस्थता करती है।"[6] इसके सफल उद्‌घाटन से कविता का तलस्पर्शी मर्म उजागर हो जाता है।

रूपग्राम की अर्थप्रेरकता :

रूपग्राम अर्थ की मूल इकाई है। इसके अनेक प्रकार होते हैं। सूक्ष्म अर्थ-संरचना की दृष्टि से इनके अध्ययन का महत्त्व है। अट. में रूपग्राम के चार प्रकार व्यवहृत हुए हैं—(1) एकल (आइसोलेटिव या फ्री) (2) प्रातिपदिक युग्म (स्टेम कम्पाउण्ड) (3) प्रतिस्थापक (रिप्लेसिव) और (4) प्रत्ययीकृत (सफिक्सेटिव)। एकल रूपग्राम शोभा-सूक्ष्मता की कवि-वर्णित एक-एक झाँकी दिखलाने में सहायक सिद्ध हो रहा है तो प्रातिपदिक युग्म शोभा के गहन मूल्य को उजागर करने में सहयोग दे रहा है। प्रतिस्थापक रूपग्राम से शोभा की गत्वरता झलक मार रही है। इससे सौन्दर्य की चिन्मयता या शक्ति को भी बल प्राप्त हो रहा है; क्योंकि प्रतीति होती है, जैसे यह सौन्दर्य भी प्रतिस्थापक है, अन्यान्य रूपों को अपनी छवि-विभुता से अस्तित्वहीन कर

देनेवाला! इसका स्थान अन्य सौन्दर्य नहीं ले सकता! प्रत्ययीकृत रूपग्राम अपनी अर्थ-प्रेरकता में इस सौन्दर्य की प्रभावमयता और प्रेरकता को बिम्बित करनेवाला है! निम्नांकित सारणी अट. में प्रयुक्त रूपग्राम को स्पष्ट करती है–

अट. में प्रयुक्त रूपग्राम की सारणी

विविध रूपग्राम	पंक्ति 1	पं. 2	पं. 3	पं. 4	पं. 5	पं. 6	पं. 7	पं. 8	पं. 9	पं. 10	पं. 11	पं. 12	पं. 13	पं. 14	पं. 15	कुल संख्या
एकल	3	3	4	3	4	4	4	2	3	3	3	4	2	2	3	47
प्रातिपदिक युग्म	×	×	×	×	×	×	×	×	×	×	×	×	2	2	×	4
प्रतिस्थापक	2	×	2	2	2	×	2	2	2	2	2	2	×	×	2	22
प्रत्ययीकृत	×	×	×	×	×	2		5	2	×	×	×	×	×	×	9

अट. के एकल रूपग्राम में {अट}, {नहीं}, {है}, {आभा}, {फागुन}, {तन}, {सट}, {नहीं}, {है}, {साँस}, {घर}, {घर}, {भर}, {भर}, {को}, {नभ}, {मैं}, {तुम}, {पर}, {पर}, {कर}, {आँख}, {तो}, {हट}, {नहीं}, {है}, {से}, {डाल}, {लाल}, {है}, {उर}, {मैं}, {मन्द}, {गन्ध}, {पाट}, {पाट}, {तट}, {नहीं}, {है} जैसे 38 एकल रूपग्राम के प्रयोग हुए हैं। प्रातिपदिक युग्म में {पुष्प-माल}, {शोभा-श्री} के प्रयोग हुए हैं। प्रतिस्थापक में/ई ← आ/'आ' का 'ई' में परिवर्तनः {रहा}→{रही}, {लदा}→{लदी}, {कहाँ}→{कहीं}, {हरा}→{हरी}; ओं/←आ/'आ' का 'ओं' में परिवर्तन : {पत्ता}→ {पत्तों};/ ओं/ऊँ–ऐ/'ऐ' का 'ओ' तथा 'ऊँ' में परिवर्तन : {है}→{हो}, {है}→{हूँ} रूपग्राम के स्वरूप को स्पष्ट करते हैं। प्रत्ययीकृत में {हटा}+{आता} तथा {उड़}+{ना} जैसे रूपग्राम प्रयुक्त हुए हैं। अट. को साभिप्रायता और अर्थ-प्रेरकता देने में इन सभी रूपग्रामों की महत्त्वपूर्ण भूमिका है।

अर्थगत अभिप्रेरकता :

अर्थगत अभिप्रेरकता का मूलाधार बिम्ब है। बिम्ब अर्थ को गहरे रूप में अभिप्रेरित करता है। वुलमैन ने इसे (1) लक्षित-उपलक्षित नियोजन, (2) गहन सादृश्योद्घाटन और (3) मुक्त चयन की विशेषताओं से पूर्ण माना है।[7] 'अट.' में बिम्ब परवर्ती दोनों विशेषताओं से सम्पन्न हैं। यह गहन सादृश्योद्घाटन में समर्थ है, क्योंकि फागुन की आभा अन्यान्य शोभा को भी अर्थप्रेरित करती प्रतीत होती है। मुक्त चयन की दृष्टि से इसका विस्तार तीन प्रकार के ऐन्द्रिय बिम्बों तक है–(1) स्पर्श बिम्ब, (2) घ्राण बिम्ब और (3) चाक्षुष बिम्ब। चाक्षुष बिम्ब में वर्ण-बिम्ब और वर्ण-बिम्ब में भी हरित बिम्ब एवं लाल बिम्ब तक इसका फैलाव है। दूसरी दृष्टि से ये बिम्ब गत्यात्मक और स्थिर : द्विकोटिक हैं। कविता में अर्थ की अभि-प्रेरकता के आधार पर अन्य दिशाएँ भी उद्घाटित होती हैं। अट. पूर्ण सौन्दर्य की कविता है;

क्योंकि इसमें (1) दर्श्य परिपूर्णता, (2) गम्य परिपूर्णता, (3) शक्त परिपूर्णता और (4) आन्तर परिपूर्णता के तत्त्व उपस्थित हैं। दर्श्य-परिपूर्णता के तत्त्वों में 'नहीं अटना', 'घर-घर भर देना', 'लद जाना' एवं 'नहीं पटना; गम्य परिपूर्णता के तत्त्व में 'कल्पना के आकाश में उड़ने देने के लिए पंख-ही-पंख प्रदान कर बैठना', शक्त परिपूर्णता के तत्त्व में 'नहीं सटने देना' एवं 'नहीं हटने देना' तथा आन्तर परिपूर्णता के तत्त्व में 'हृदय में मन्द गन्ध पुष्प-माल' का होना द्रष्टव्य है। यहाँ दर्श्य, गम्य और शक्त परिपूर्णता की रचना में क्रिया का व्यापार सक्रिय है, तो आन्तर परिपूर्णता को उपस्थित करने में विशेषण का व्यापार प्रमुख!

अधिस्वर :

अर्थगत विश्लेषण का एक आधार अधिस्वर भी है। यह नाम, अभिप्राय और विशेष व्यवहार्य शब्दों (रजिस्टर्स) में प्राप्त होता है। इनके अतिरिक्त यह ध्वनि, शब्द और व्याकरण के स्तर पर भी मिलता है। 'अट.' में इन सभी स्तरों पर अधिस्वर प्राप्त होता है।

नाम : 'अट.' की दूसरी पंक्ति में 'फागुन' महीने का नाम है। पर यह संज्ञानात्मक नहीं है। इस नाम से मिठास और आह्लाद-भरी शोभाकरण ऋतुराज वसन्त का बोध होता है। यथार्थ से अधिस्वर के सहारे ही यह लक्ष्यार्थ प्राप्त होता है।

अभिप्राय : छठी पंक्ति में 'नभ' का अभिप्राय बाह्य आकाश न होकर आन्तर आकाश है। अधिस्वर के सहारे इसे कल्पना या सौन्दर्य के आकाश का रूप-रंग प्राप्त हो पाता है।

विशेष व्यवहार्य शब्द (रजिस्टर्स) : तेरहवीं पंक्ति—'मन्द-गन्ध-पुष्प-माल' के सभी शब्द काव्यात्मक सन्दर्भ के विशेष व्यवहार्य शब्द (पोयटिक रजिस्टर्स) हैं। यहाँ पंक्ति का अर्थ हलकी गन्धवाली फूलों की माला नहीं है, अपितु प्रेम-पुष्प की माला का अर्थ अधिस्वनित हो रहा है।

ध्वनि : 'अट.' की पाँचवीं पंक्ति में 'घर-घर भर' तथा सातवीं पंक्ति में 'पर-पर कर' के प्रयोग हुए हैं। इन दोनों ही पंक्तियों में 'र' ध्वनि की तिहरी आवृत्ति हुई है, जो साभिप्राय है। अधिस्वरित होता है कि ध्वनि-आवृत्ति की इसी त्वरा के अनुरूप अग-जग में परितः शोभा-श्री गत्वरता और बारम्बारता से भरती, पटती चली जा रही है।

शब्द : 'अट.' में संज्ञापरक और क्रियापरक शब्दों के अधिकाधिक प्रयोग हुए हैं। संज्ञामूलक शब्द मूर्त और अमूर्त दो प्रकार के हैं। ध्यान देने योग्य है कि यह शब्द-सम्पदा सौन्दर्य-निरूपण के सन्दर्भ में व्यवहृत हुई है। दोनों का अनुपात प्रायः

समान है, जिससे यह ध्वनित होता है कि सच्चा सौन्दर्य पूरी तरह स्पष्ट या अस्पष्ट नहीं होता, वह दोनों के बीच अर्द्धपथ की तरह स्थित होता है। अट. में 13 संज्ञा शब्दों में 6 अमूर्त और 7 मूर्त शब्द हैं। अट. में अधिस्वर की दृष्टि से क्रियापरक शब्द इससे भी अधिक महत्त्वपूर्ण हैं। ये दो प्रकार के हैं—(1) पूर्ण (परफेक्ट) और (2) सातत्यमूलक (प्रोग्रेसिव)। (1) पूर्ण—साँस लेते हो (चौथी पंक्ति), भर देते हो (पाँचवीं पंक्ति), कर देते हो (सातवीं पंक्ति) (2) सातत्यमूलक—अट नहीं रही है (पहली पंक्ति), सट नहीं रही है (तीसरी पंक्ति), हट नहीं रही है (नवीं पंक्ति), पट नहीं रही है (पन्द्रहवीं पंक्ति)। पूर्ण क्रिया के प्रयोग से ध्वनित होता है कि शोभा-कारक शोभा-सम्पूर्ति के अर्थ में पूर्ण है, समर्थ है। वैसे ही सातत्यमूलक क्रिया से यह अधिस्वरित होता है कि शोभा-आपूर्ति का कार्य निरन्तर चल रहा है (आन गोइंग), जारी है। यह शोभापूर्ति-व्यापार अव्यवहृत-अविच्छिन्न है, क्रियारूप की ही तरह! 'अट.' में क्रिया के संघटकों का अविच्छिन्न क्रम शोभा की अविच्छिन्न सृष्टि को उजागर करनेवाला है। क्रिया-शब्दों के अधिकाधिक प्रयोग से एक साथ शोभा की प्रभावकारी कारयित्री क्षमता और उसकी निरन्तर वर्तमानता का प्रभविष्णु अधिस्वर उभरता है।

व्याकरण : अट. में व्याकरणिक स्तर पर होनेवाले आवर्तन में भी अधिस्वर विद्यमान है। आवर्तन (रि-कर्सन) अनिश्चित रूप में व्याकरण के एक ही नियम को बारम्बार अनुप्रयुक्त करने की सम्भावना है, जिससे वाक्य को असीम विस्तार प्राप्त हो सके।[8] इसके दो प्रकार हैं—(1) सन्निहिति (इम्बेड्डिंग) और (2) संयोजना (कॉनज्वाइनिंग)। अट. में संयोजना का व्यवहार हुआ है। अट. के तीन वाक्यों में यह आवर्तन-भरी संयोजना द्रष्टव्य है। यहाँ आवर्तन रचना-पद्धति का है—

(1)	(2)	(3)
अट नहीं रही है	कही साँस लेते हो,	कहीं हरी, कहीं लाल,
आभा फागुन की तन	घर-घर भर देते हो,	कहीं पड़ी है उर में
सट नहीं रही है।	उड़ने को नभ में तुम	मन्द-गन्ध-पुष्प-माल,
	पर-पर कर देते हो,	

पहले उदाहरण में 'नहीं रही है' का, दूसरे उदाहरण में 'लेते/देते हो' का और तीसरे उदाहरण में 'कहीं' का पद्धतिमूलक आवर्तन हुआ है। तीनों अपने-आप में एक-एक वाक्य ही हैं, जो इस आवर्तित पद्धति-संयोजना के सहारे दीर्घ, दीर्घतर हो गये हैं! यह रचना-पद्धति अर्थ को अधिस्वर देती हैं। 'शोभा-श्री' का सौन्दर्य भी ऐसे ही आवर्तनकारी है, साथ ही वह भी दीर्घ, दीर्घतर होता जानेवाला है। यह ध्वनि 'अट.' के व्याकरणिक स्तर के अध्ययन से भी उभरती है!

अस्पष्टता :

अट. सरल भाषा में लिखा गया गीत है, फिर भी इसके अर्थ-निर्धारण में अस्पष्टता के तत्त्व टकराते हैं। सामान्यतः इस अस्पष्टता के दो कारण परिलक्षित होते हैं–(1) कवि ने विषय प्रवर्तित करते ही सन्दर्भ को खिसका दिया है, उसे स्थानान्तरित कर दिया है। फलतः बीच के सोपान छूट गये हैं। अन्तराल आ गया है। वह 'पूर्वम' (डेटम) को विवेचित करते-न-करते 'नवम' (नोवम) को प्रस्तुत कर बैठता है–

(1) पूर्वम (डेटम) :	अट नहीं रही है आभा फागुन की तन सट नहीं रही है।	(2) नवम (नोवम) :	कहीं साँस लेते हो, घर-घर भर देते हो, उड़ने को नभ में तुम पर-पर कर देते हो!

'पूर्वम' को 'थीम', 'गिवन', 'टॉपिक' आदि भी कहा जाता है तथा 'नवम' को 'रीम', 'कामेण्ट', 'न्यू' आदि।[9] (2) अट. में वर्ण्य के भिन्न-भिन्न बिन्दुओं की स्पष्ट सीमारेखा का भी अभाव है। इससे भी अस्पष्टता उद्‌भूत हुई है। इन दोनों ही कारणों के मूल में कवि की संक्षेपीकरण-प्रवृत्ति दृष्टिगत होती है। इस अस्पष्टता को दूर करने के क्रम में कुछ उभरते प्रश्नों का उत्तर देना समीचीन है। यह प्रश्न-पद्धति 'पैग-प्रतिमान' की है–(1) इस गीत में कौन-कौन व्यक्ति किस-किस भूमिका में हैं? (2) इसका घटना-व्यापार क्या है और कैसी समय-चेतना से यह परिचालित है? (3) इसका दृश्यबन्ध, परिप्रेक्ष्य और भौगोलिक परिवेश क्या है? सामान्यतः 'पैग' में एक वक्ता और एक श्रोता होता है। उसमें एक स्वतः-स्फूर्त सन्देश रहता है। सन्देश के सम्प्रेषण के लिए वक्ता या श्रोता द्वारा व्यापारित अन्यान्य घटनाएँ भी होती हैं। उपर्युक्त सभी तथ्यों में एकता होती है, जिसे अव्यवहित (इमीडिएसी) कहते हैं। पर ऊँची कविता में 'पैग' के दुहरे स्तर प्राप्त होते हैं। एक 'पैग' का बाहरी स्तर होता है, दूसरा भीतरी! एक मंजूषा के भीतर पुनः दूसरी मंजूषा दीख पड़ती है!

यहाँ वक्ता कवि है। उसके सन्देश का एक श्रोता भी है। स्वतः स्फूर्त सन्देश उसी को निवेदित हैं। पर वह श्रोता कौन है, यह स्पष्ट नहीं है। व्यक्ति ही अस्पष्ट है। फलतः सन्दर्भ ढका रह जाता है, वह विदित नहीं हो पाता। कविता का व्यापार अस्पष्ट है। 'अट.' में दो 'पैग' हैं। अपने बाहरी 'पैग' में कविता स्थित्यात्मक है और भीतरी 'पैग' में कारकीय। एक में शोभा-श्री की स्थिति और उससे उद्‌भूत प्रभविष्णुता का वर्णन है, दूसरे में उस शोभा-स्थिति के उद्‌भावक-कारक का निरूपण। पर

वासन्ती, फागुनी शोभा की अशेष निधि को देखकर कवि किसको सम्बोधित करता है? वह सीधे वर्णन से कथन पर आ जाता है। अधिक सटीक टिप्पणी यह होगी कि वह 'अभिव्यक्ति को भी अर्थवत्ता' दे बैठता है।[10]

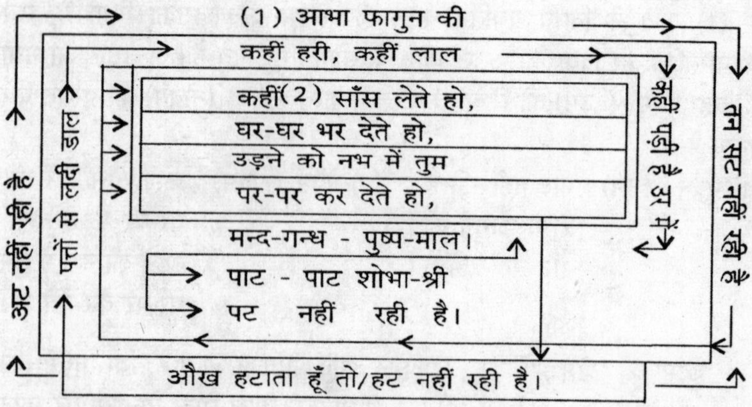

1 = बाहरी पेग, 2 = भीतरी पेग

कविता का दृश्यबन्ध प्रकृति का है। उसका परिप्रेक्ष्य या भौगोलिक परिवेश भी प्रकृति ही है। तब क्या श्रोता या 'सम्बोधित' ऋतुपति ही नहीं है? क्या वह फागुनी शोभा का कारक तत्त्व नहीं है? यहाँ भीतरी 'पैग' स्पष्ट होता है। पर गुत्थी यहीं नहीं सुलझती। शोभा का पान करनेवाला भावकीय मन शोभा के स्वरूप को भी सुनिश्चित क़रना चाहता है। 'आभा फागुन की' क्या है? इसके लिए हमें संरचनात्मक अर्थविज्ञान के दूसरे पहलू को ग्रहण करना पड़ता है। एकार्थता से हम अनेकार्थता की ओर बढ़ते हैं, सहज सम्भावना को तर्क और प्रामाणिक आधार पर परीक्षित करते हैं।

(2) जटिल अर्थकरी स्थितियाँ :

अट. में बह्वर्थता की अमित सम्भावनाएँ हैं : एक नाम में एकाधिक अभिप्राय या एक सूचक में एकाधिक सूचक की प्रबल सम्भावना! 'फागुन' शब्द ऐसा ही है। फागुनी आभा केवल फागुन के महीने में छायी आभा नहीं है। यहाँ अन्यार्थ भी उद्भासित हो रहे हैं। पर अर्थ की यह प्रतीयमानता स्पष्ट होकर सामने नहीं आ पा रही। इसीलिए हम इसे एक सूत्र के आधार पर परीक्षित करेंगे—"प्रतीयमान अभिप्राय वाच्यार्थ की जगह प्रतिस्थापित हो सकता है, यदि प्रतीयमान अभिप्राय वाच्यार्थ से किसी विशेष प्रकार से सम्बद्ध हो।"[11] ध्यान देने से अट. की स्थितिसूचक स्थापना

में फागुनी शोभा की चार विशेषताएँ उभरती हैं : (1) वह इतनी अधिक है कि भर कर भी चुक नहीं पाती, शेष रह जाती है, बच जाती है। (2) वह शरीर में सटती नहीं है, बल्कि मन में भी प्रवेश कर जाती है। अर्थात् वह एकरस शोभा नहीं है, 'तिले-तिले नूतन होय' है, आँखों में बसी रहनेवाली शोभा : 'आँख हटाता हूँ तो/हट नहीं रही है।' (3) यह विशेषता कविता की 'थीम' पर नहीं, 'रीम' पर आधारित है। इस शोभा के प्रभाव के मूल में कोई-न-कोई कारक-संवाहक भी है। कवि उसे दिखला देना चाहता है। उसे इस शोभा का श्रेय दे देना चाहता है। (4) समूची कविता के पाठ से स्पष्ट होता है कि यह बड़ी प्रभविष्णु शोभा है, बड़ी शक्ति है इसमें; क्योंकि कवि के शब्दों में : 'अट नहीं रही है', 'सट नहीं रही है', 'आँख हटाता हूँ तो हट नहीं रही है' और 'पाट-पाट शोभा-श्री/पट नहीं रही है!' इन विशेषताओं से उपेत शोभा की विशेष शक्ति ही इसे प्राकृतिक वाच्यार्थ से ऊपर उछाल देती है। 'फागुन' 'बिम्बात्मक अप्रस्तुत' बन जाता है। घनता, उभार, विस्तार और प्रभावमयता के आधार पर यह 'बिम्बात्मक अप्रस्तुत' नारी-सौन्दर्य और परम सौन्दर्य को भी बिम्बित करने लग जाता है। उक्त सूत्र के सहारे विशेष प्रकार का सम्बन्ध स्पष्ट हो जाता है। साथ ही 'फागुन' की व्यंजित अनेकार्थता सिद्ध होने लगती है। वस्तुतः 'थीम' और 'रीम' : दोनों ही प्रकार की अभिव्यक्तियों के आधार पर यह 'बिम्बात्मक अप्रस्तुत' इतना समर्थ हो जाता है कि किसी युवती और परासत्ता के सौन्दर्य को एक साथ उद्रिक्त कर दे सके। दिव्यता सौन्दर्य का वह पहलू है भी, जहाँ सौन्दर्य प्रकारहीन होकर एकमेक होने लगता है। अट. में इसी दिव्य स्तर पर अर्थ की त्रिविध अर्थ-निष्पत्ति हो रही है।

अट. की त्रिविध अर्थ-निष्पत्ति

(उद्भावक शब्द : 'फागुन की आभा')

प्रकृति का सौन्दर्य — युवती का सौन्दर्य — ईश्वर का सौन्दर्य

प्रकृति का सौन्दर्य :

फागुन की आभा अशेष है। यह समाप्त नहीं होती। इसकी प्रभविष्णुता केवल ऊपरी नहीं है। यह तन-मात्र से स्पृष्ट होकर नहीं रह जाती, अपितु इसका प्रवेश अन्तर्मन तक होता है। द्रष्टा मुग्धमन कहता है : "हे वासन्ती सौन्दर्य! तुम जीवन कहीं पाते हो और प्रभाव कहीं डालते हो। घर-घर इस सौन्दर्य-प्रभाव से परिपूर्ण हो जाता है। तुम सौन्दर्य के आकाश में उड़ान भरने के लिए पंख-ही-पंख लगा देते हो।" आँखें बलात् खींचने पर भी इस शोभा-दृश्य से हट नहीं पाती हैं। पत्तों से डालियाँ

गदरा कर झूम गयी हैं। कहीं हरी-हरी शोभा है और कहीं लाल-लाल! डालें पत्तियों से हरी हैं और फूलों से लाल! पत्तियाँ भी तो हरी और लाल हैं। नयी-नयी निकली कोपलें लाल-लाल हैं और पुष्ट हो रही पत्तियाँ हरी-हरी! मन्द गन्धवह का संचार हो रहा है। फूलों की तो माला ही प्रकृति के गले में पड़ी हुई है : अगणित फूल और मालाकार शृंगार! चारों ओर शोभा-श्री निखरी है। शोभा पट-पट कर भी पट नहीं पाती, इतनी प्रभूत है। इसीलिए वह निःशेष है।

युवती का सौन्दर्य :

तरुणी के यौवन का सौन्दर्य अशेष है। इतना प्रभूत और प्रभावी है कि यह रीतता नहीं है! आँखों में यह अट नहीं पाता है। आँखें ही छोटी पड़ जाती हैं! तन से स्पर्श कर यह सौन्दर्य रह नहीं जाता, प्रत्युत अन्तर्मन तक प्रभाव छोड़ता है। यह तन की अर्गला को तोड़कर आगे मन में स्थिर-स्थायी हो जाता है : आँखों की राह! द्रष्टा का मुग्ध मन पूछता है : "हे सौन्दर्य! तुम साँस तो कहीं लेते हो, जीवन तो कहीं जीते हो, पर अपने प्रेमियों का घर भर-भर देते हो। कल्पना और सौन्दर्य के आकाश में उड़ने के लिए जैसे पंख-ही-पंख मिल गये हों।" कल्पना को जाग्रत् कर देनेवाला सौन्दर्य! आँखें हटायी जाकर भी इस सौन्दर्य से हट नहीं पातीं। शरीर का प्रयास हटाता है, पर मन का प्रयास रोकता है। तरुणी का सौन्दर्य गदर-झूम सौन्दर्य है! अंग-अंग उभार और गदराहट से सजा! यौवन की हरीतिमा और स्वास्थ्य की लालिमा का सुन्दर समन्वय है। उसके हृदय में मन्द-गन्ध प्रेम-पुष्प की माला पड़ी है। बड़ी शालीनता है शील में! यह शोभा हृदय-प्रदेश को पाटती चली जाती है, फिर भी हृदय छोटा पड़ जाता है। सारी शोभा उसमें अट नहीं पाती है और शेष रह जाती है। आरम्भ में आँखों में अटकर भी नहीं अटनेवाली शोभा, शेष रह जानेवाली शोभा! अन्त में हृदय में भरकर भी शेष रह जानेवाली शोभा! दृष्टि की तारी लगा देती है, हृदय को मुग्ध कर लेती है।

ईश्वर का सौन्दर्य :

प्रकृति में प्रतिबिम्बित ईश्वर का यह सौन्दर्य अपरम्पार है। इतना अधिक प्रभावी है यह कि चुकता नहीं, अशेष है! इसीलिए पूरा-का-पूरा आँखों में भी समा नहीं पाता! यह सौन्दर्य इतना उज्ज्वल है कि इसकी लहर तन-मात्र को नहीं छूती, अपितु हृदय में प्रवेश कर जाती है। द्रष्टा मन कहता है कि "हे निरुपम सौन्दर्य! तुम जीवनद शक्ति का संचार नहीं करते हो, पर सृष्टि का घर-घर भर देते हो। यह शोभा-संसार सर्वत्र व्याप जाता है। इसे निरखते हुए इस सौन्दर्य के आकाश में उड़ने को पंख-ही-पंख मिल जाते हैं। तुम ही यह सामर्थ्य देते हो।" पत्तों से डालियाँ लद जाती

हैं। चिन्मय सत्ता का रूप सज उठता है। विस्तृत और गहन सौन्दर्य उजागर हो उठता है। यह सौन्दर्य प्रेम-विभूति से सम्पन्न हो उठता है। रूप-तत्त्व के साथ-साथ गुण-तत्त्व भी उपस्थित है। द्रष्टा के हृदय में भी इस सौन्दर्य के प्रति 'मन्द-गन्ध' प्रेम-पुष्प-माल पड़ जाता है। अविच्छिन्न है यह शोभा! सारी प्रकृति रूपाम्बरा हो गयी है। इसी के माध्यम चिरपुरुष का प्रेम आविर्भूत हुआ है। इसीलिए निःशेष नहीं हो पा रही यह शोभा-श्री! 'तिष्ठद्दशांगुलम्'!

बृहत् अर्थविज्ञान :

बृहत् अर्थवैज्ञानिक विश्लेषण के अन्तर्गत कविता की भाषा-रचना के नाभि-केन्द्र तक पहुँचने के लिए (1) सहचारक्रमी (सिण्टैग्मेटिक) एवं (2) विकल्पक्रमी (पाराडिग्मेटिक) सम्बन्ध का आधार ग्रहण किया जाता है। 'अट.' के सम्यक् अर्थोद्घाटन के क्रम में इन पर आधारित विश्लेषण हमारी सहायता करता है।

सिण्टैग्मेटिक सम्बन्ध :

समस्थानीकरण : अट. में समस्थानीकरण (कॉलोकेशनिंग) के प्रयोग हुए हैं। ये दो प्रकार के हैं। एक ओर संगत या यथावत् समस्थानीकरण के प्रयोग हुए हैं तो दूसरी ओर विचलित समस्थानीकरण के।

संगत :

संगत या यथावत् समस्थानीकरण में अट. के निम्नलिखित सहप्रयोग द्रष्टव्य हैं—

सौंस — लेना
घर-घर भर — देना
तन — सटना
डाल — लदना
आँख — हटाना
नभ — उड़ना

यहाँ ये सारे प्रयोग संगति की दृष्टि से उचित हैं।

विचलित :

विचलित समस्थानीकरण अट. में दो रूपों में व्यवहृत हैं—1. कथ्यात्मक संरचना की दृष्टि और 2. व्याकरणिक संरचना की दृष्टि। कथ्यात्मक दृष्टि से 'आँख हटाता हूँ तो/हट नहीं रही है' और 'पाट-पाट शोभा-श्री/पट नहीं रही है' विरोधाभासी कथ्य हैं। पर इनसे 'शोभा-श्री' की दो विशेषताएँ स्पष्ट होती हैं—1. सौन्दर्यविभूतिवश द्रष्टा दृश्य के वशीभूत है और 2. अवतरण-भूमि की अपेक्षा अवतरित हो रही शोभा कहीं

अधिक है। यहाँ विचलित समस्थानीकरण अग्रप्रस्तुति (फोरग्राउण्डिग) के रूप में उभर रहा है। व्याकरणिक संरचना की दृष्टि से 'पर-पर कर देते हो' विचलित वाक्य है। यहाँ 'पर-पर' के साथ 'कर' का समस्थानीकरण विपथित है। सामान्यतः 'पर-पर दे देते हो' जैसा कथन व्याकरणिक दृष्टि से सही होता। पर कथ्य की दृष्टि से इस 'कर' में कर्त्ता की सामर्थ्य निहित है, जो 'दे' में सम्भव नहीं है। 'देना' तो कहीं से लेकर भी हो सकता है। इस प्रकार अट. में समस्थानीकरण के रेखांकन के सहारे कवि की अग्रप्रस्तुति या पेशबन्दी की कला-सूक्ष्मताएँ उभरने लगती हैं!

पाराडिग्मेटिक सम्बन्ध :

इसके अन्तर्गत 1. पर्याय-चयन एवं 2. उपार्थ-क्रम का अध्ययन अभीष्ट है। पर्याय-चयन की दृष्टि से अट. में पूर्ण पर्याय (कम्प्लीट पर्याय) का व्यवहार हुआ है। कवि ने 'फागुन' का चयन साभिप्राय रूप में किया है। इसी के साथ डाल, पत्ते, हरी, लाल के भी अनुरूप प्रयोग हुए हैं। इन शब्दों में बिम्बन और अप्रस्तुतीकरण की क्षमता है। उदाहरण के लिये यदि कवि 'फागुन' के लिये 'ऋतुपति' प्रयोग कर बैठता तो यह बिम्बन अप्रस्तुतीकरण की समर्थ क्षमता से इस सन्दर्भ में नहीं उभर पाता! उसका वाच्यार्थ अत्यन्त निर्णीत और प्रमुख हो जाता। 'फागुन' एक पूर्ण पर्याय है, ऐसा पूर्ण पर्याय, जिसमें प्राथमिक अर्थ और विच्छित्तिमूलक साभिप्रायता का सन्तुलन है। इसी से कविता में तिहरी अर्थवत्ता सम्भव हो पायी है! यहीं यह तथ्य भी समर्थित हो जाता है कि कवि के पास पहले बिम्ब आते हैं फिर शब्द!

उपार्थक्रम (Hyponym) का रेखांकन

(प्रकृति)
↓
(पेड़)
↓
डाल
╱ ↓ ╲
पत्ते
हरी ↓ लाल
पुष्पमाल
↓
मन्दगन्ध

उपार्थक्रम की दृष्टि से कवि स्थूल से सूक्ष्म, सामान्य से विशेष की ओर आ रहा है। इस प्रकार सौन्दर्य केन्द्रित हो रहा है। कवि सौन्दर्य-विभूति के मूल में उसकी गुणात्मकता को दिखा रहा है। शोभा की यह विभूति रूप-गुण सम्पन्न है। इस

उपार्थक्रम (हाइपोनिम) के रेखांकन को पिछले पृष्ठ पर स्पष्ट किया गया है। यह रूप से गुण की प्रस्थान-यात्रा है, जिसकी साभिप्रायता एक साथ पूर्वोल्लिखित प्राकृतिक, मानवीय एवं ईश्वरीय सौन्दर्य पर घटित होती है। तीनों ही स्तर पर सौन्दर्य-विभूति की परिणति अन्ततः रूप → गुण में ही होती है, क्योंकि यह सौन्दर्य सतही न होकर पूर्ण और तलस्पर्शी सौन्दर्य है।

इस प्रकार विश्लेषण के एकाधिक सोपानों के आधार पर अट. के सौन्दर्य का, अर्थ का, काव्य-मर्म का सम्यक् और प्रामाणिक उद्घाटन हो जाता है। यह विश्लेषण स्पष्ट कर देता है कि अट. वस्तुतः सौन्दर्य के उस दीर्घ-व्यापी प्रसार को बिम्बित करने वाली कविता है, जहाँ सौन्दर्य का व्यापार चुक नहीं जाता, अपितु वह निरन्तर प्रस्फुट होता चलता है, साथ ही वह रूपात्मक-मात्र न रह कर गुणात्मक रूप में भी उभरता है। उत्तम कोटि के प्रभावी सौन्दर्य की यही विशेषता भी है। अट. का सौन्दर्य वह दिव्यरूप सौन्दर्य है, जो एक ही साथ प्रकृति, नारी और परमपुरुष के सौन्दर्य का, एक मधुत्रय का भावन करा देता है। अट. में 'निराला' का आलम्बन-चयन अत्यन्त समर्थ एवं अनेकार्थी है, इसे यह विश्लेषण स्पष्ट कर देता है।

सिद्ध है कि 'निराला' जैसे कवि की कविता के लिए मूल बात विश्लेषण के महत्त्व और उसकी अनिवार्यता की है। इसके बिना 'निराला' की कविता की सही समझ नहीं हो सकती और न ही उसके कवितापन या मूलमर्म का सम्यक् उद्घाटन हो सकता है।

---

1. द्रष्टव्य : ए.जे. ग्रीमा : सिमेण्टिक स्ट्रक्चरल (पेरिस, 1966)।
2. एफ. डी. सॅस्यूर : कोर्स द लिंग्विस्टिक जेनरल (पेरिस, चतुर्थ संस्करण, 1949), पृष्ठ 171।
3. आर. गुण्टर : 'द पॉलिटिक्स ऐक्शन ऐण्ड ज्योग्रॅफी ॲव द पोयम', द लैंगुएज ॲव पोयम्स (बुलेटिन, वाल्यूम 4, नं. 1, जनवरी अंक)।
4. डॉ. भोलानाथ तिवारी : 'हिन्दी ध्वनियाँ और उनका उच्चारण' (दिल्ली, 1973), पृष्ठ 37।
5. (क) डॉ. भोलानाथ तिवारी : 'हिन्दी ध्वनियाँ और उनका उच्चारण' (दिल्ली, 1973), पृष्ठ 88।
   (ख) एलेन : 'सम प्रोज़ोडिक आस्पेक्ट्स ॲव रेट्रोफ्लेक्शन एण्ड एस्पिरेशन इन संस्कृत : बी. एस. ओ. एस., खण्ड 13 (1951)।
   (ग) होयनिग्ज़वाल्ड : 'डिक्लेंशन एण्ड नेशनलाइज़ेशन इन हिन्दुस्तानी', जे. ए. ओ. एस. (1948)।
6. डब्ल्यू चेफ : 'मीनिंग एण्ड द स्ट्रक्चर ॲव लैंगुएज' (शिकागो, 1970)।
7. एस. वुलमैन : 'स्टाइलिस्टिक्स एण्ड सिमेण्टिक्स', लिटॅरेरी स्टाइल : ए सिम्पोजियम (ऑक्सफोर्ड यूनि. प्रेस, लन्दन, 1971), पृष्ठ 133-50।
8. जे. एचिसन : जेनरल लिंग्विस्टिक्स (सेण्ट पॉल्स हाउस, लन्दन, 1972), पृष्ठ 70।
9. एन. ई. एंक्विस्ट : लिंग्विस्टिक स्टायलिस्टिक्स (मूतन, द हेग-पेरिस, 1973), पृष्ठ 115।
10. जी. एन. लीच : ए लिंग्विस्टिक्स गाइड टु इंग्लिश पोयट्री (लौंगमैन ग्रुप लि., लन्दन, 1969), पृष्ठ 135।
11. जी. एन. लीच : ए लिंग्विस्टिक्स गाइड टु इंग्लिश पोयट्री (लौंगमैन ग्रुप लि., लन्दन, 1969), पृष्ठ 148।

9
'वह तोड़ती पत्थर'

'वह तोड़ती पत्थर' कविता की पहली पंक्ति में डिफरेन्स (Differance) का विशेष अर्थ-गौरव क्रियाशील है। यहाँ कवि ने अपना वाक्य पूरा नहीं किया है। व्याकरण की दृष्टि से यहाँ पंक्ति के अन्त में सहायिका क्रिया का अभाव है। मानक रूप में यहाँ सहायिका क्रिया का प्रयोग अभीष्ट था, पर यह अभाव यहाँ साभिप्राय है। यदि इस पंक्ति की गहन संरचना से परिचित होने का प्रयास करें, तो यह गहन संरचना निम्नलिखित रूप में स्पष्ट होगी—मूल पंक्ति : वह तोड़ती पत्थर।

गहन संरचना : 1. वह तोड़ती **(थी)** पत्थर
2. वह तोड़ती **(है)** पत्थर
3. वह तोड़ती **(होगी/रहेगी)** पत्थर

कवि के इस अध्याहार में देरिदा के 'विभेद' (Differance) को, उसके 'इरेजर' के कौशल को देखा जा सकता है। यहाँ तोड़ती 'तोड़ती थी' के रूप में उपस्थित है। पर वहीं उस पर 'क्रॉस' लग जाता है। अब वह 'तोड़ती है' के रूप में उपस्थित है। फिर इस पर भी क्रॉस लगता है। अब वह 'तोड़ती होगी/रहेगी' के रूप में सामने है। यही 'इरेजर' है। 'इरेजर' का अभिप्राय है कि वह 'है' भी और 'नहीं' भी है।

चॉम्स्की इसे अध्याहूत रूपान्तरण-प्रक्रिया कहता है। वास्तविकता यह है कि कवि ने इन तीनों सहायिका क्रियाओं में से किसी भी एक सहायिका क्रिया का व्यवहार करना उचित नहीं समझा है। पर क्यों? क्योंकि वह मजदूरनी द्वारा पत्थर तोड़े जाने की इस क्रिया को कालबद्ध नहीं कर कालातीत करना चाहता था। यहाँ किसी भी एक सहायिका क्रिया का प्रयोग कर देने से पत्थर तोड़ने का व्यापार कालांकित हो जाता। सहायिका क्रिया का यह निषेध इस कविता की अन्तर्वस्तु की माँग भी था। अब यह विसंरचना इस कविता की अन्तर्वस्तु को प्रकाशित करती है कि पत्थर तोड़ने वाली मजदूरनी की यह करुण स्थिति इस देश में एक प्रकार की शाश्वत स्थिति है। इस स्थिति से उसका भूत और वर्तमान तो ग्रस्त है ही, भविष्य भी देश की स्थितियों को देखते हुए अपरिवर्तनीय ही है। यहीं कविता का वह एक से अनेक में रूपान्तरित होने लगता है, बद्धकाल भी एक से अनेक में छिटकने लगता है, कालातीत होने लगता है और स्थल की रेखांकनीयता भी अनेक ऐसे स्थलों को संकेतित करने लगती है। इस प्रकार भूत, वर्तमान और भविष्य कभी भी और कहीं

भी इस देश में ऐसी विवश निरुपाय स्थिति से मुक्ति नहीं है। कविता की दूसरी पंक्ति है—'देखा उसे मैंने इलाहाबाद के पथ पर।' यहाँ इलाहाबाद का अर्थ है इलाही ने जिसे आबाद किया अर्थात् परमात्मा के नाम पर बना शहर। पर इस अर्थ के छिटकते ही अर्थ की एक दूसरी ट्रेसिंग भी सामने आती है, जिसमें यहाँ इस नगर की सांस्कृतिक-धार्मिक-विशेषता भी सुरक्षित है। अपने नाम की इस्लामी विशेषता के अतिरिक्त यह तीर्थराज प्रयाग की धार्मिक सांस्कृतिक विशेषता से मण्डित शहर भी है। पर इतना धार्मिक और सांस्कृतिक शहर होने के बावजूद यह न्यायविहीन नगर है। उत्तर प्रदेश का उच्च न्यायालय (हाईकोर्ट) भी यहीं है। प्रश्न है, यदि ऐसे नगर में मजदूरनी को यह दुर्विपाक झेलना पड़ रहा है, तो और नगर क्या इस दुर्विपाक से बचे हुए हैं? नहीं, कभी नहीं। अर्थ की यह व्यंजना ग्रहणीय है।

आगे एक उप-प्रोक्ति आती है—'नहीं छायादार पेड़ वह, जिसके तले बैठी हुई स्वीकार'। यहाँ पुनः देरिदा का 'इरेजर' चलने लगता है। यहाँ पेड़ है भी और नहीं भी है। कवि ने 'छायादार' विशेषण का प्रयोग कर और उसके पहले निषेधात्मक निपात नहीं को रख कर यह स्पष्ट कर दिया है कि यह दरख्त ठूँठ है। इसमें कोई छाया नहीं है। अब यहाँ 'पेड़' एक साथ अनेक अर्थ-संकेतों को उजागर करने लगता है। पेड़ में छाया देने के कारण मूलतः आश्रयदाता की भूमिका निभाने की क्षमता होती है। अतः यहाँ पेड़ प्रकृति-परिसर का पेड़-मात्र नहीं रह कर सामाजिक आश्रयदाता का भी अर्थ देने लगता है। साथ ही उस मजदूरनी के वैयक्तिक आश्रय देने वाले को भी निर्दिष्ट करने लगता है। देरिदा की अन्तर-पाठीयता यहाँ इस अर्थ को उजागर करने लगती है। कालिदास के अभिज्ञान शाकुन्तल में शकुन्तला अनसूया से कहती है—'णव कुसुम जोबण्ण बद्ध पल्लवदाहो उबहो अक्खमो सहआरो'। यहाँ आमवृक्ष पुरुष के लिए आया है और लता नारी के लिए। यह अन्तर-पाठ वृक्ष को पुरुष, प्रिय के रूप में उपस्थित करता है। प्रसाद के अन्तर-पाठ 'भुजलता फँसाकर नर-तरु से झूले-सी झोंके खाती हूँ'—में भी पुरुष की ऐसी आश्रयदाता प्रकृति का उल्लेख है। इस प्रकार अपने सामाजिक अर्थ में यदि यह अभिजात वर्ग, पूँजीपति वर्ग के आश्रयदाताओं को संकेतित करने लगता है, तो वैयक्तिक अर्थ में यह उसके पति को द्योतित करने लगता है। इस कविता में यह श्रमिका की नियति है कि प्राकृतिक छाया-विहीनता के अतिरिक्त न तो उसे अपने पति की संरक्षण-छाया प्राप्त है और न ही उसे सामाजिक संरक्षण-छाया ही मिल पाती है। फिर भी यह श्रमिका इस सब-कुछ को स्वीकार करती कर्मलीन रहती है। वह जहाँ अपने कर्म को स्वीकार कर रही है, वहीं समाज, पति और प्रकृति तीनों की निदारुणता को भी स्वीकार कर रही है। कविता

में 'स्वीकार' के साथ अपूर्ण वाक्य की स्थिति, खण्डित वाक्य की स्थिति अत्यन्त साभिप्राय है। यहाँ तक आते-आते पुनः 'डिफरेन्स'–'विभेद'–सक्रिय हो उठता है। अन्य वाक्यों से यह वाक्य 'विभेद' दिखाता है। यहाँ वाक्य-रचना टूट गयी है। वाक्य को अपूर्ण छोड़ दिया गया है। इस प्रकार यहाँ 'ट्रेस' फिर उपस्थित होता है। वाक्य पूरा नहीं होता, इरेजर चल जाता है। जैसे खण्डित वाक्य के द्वारा उसे स्वीकार-रूपा बना कर उसकी मनःस्थिति दर्शायी गयी है, वैसे ही वह खण्डित जीवन-स्थितियों में भी इस कर्म को स्वीकार कर रही है। विडम्बना तो यह है कि वह साँवली-सलोनी युवती, पीड़ा-बोध से भरी युवती यहाँ अपनी कर्म-चेतना में पुरुष का परुष कर्म सम्पन्न कर रही है। उसके हाथ में हथौड़ी की जगह हथौड़ा है, जिसकी पुल्लिंगता उसके वजन और भार को दर्शाती है, साथ ही विशेषण लगा है–'गुरु'। इस प्रकार गुरु हथौड़ा द्वारा बार-बार प्रहार करने की क्रिया-स्थितियों और श्रमिका की शारीरिकता के बीच की प्रतीपता (Reversal) पुनः एक और विडम्बनात्मक स्थिति को सामने ले आती है। यही नहीं, 'गुरु' संज्ञा भी है। हथौड़ा गुरु-रूप है। कर्मरूप गुरु है वह, परामर्शक और उपकरण दोनों भूमिकाओं में एक साथ। इस कविता में जो तत्सम शब्दावली की घनीभूत अभिव्यक्ति देखने को मिलती है, वह अर्थगर्भी है। यहाँ भी 'ट्रेस' क्रियाशील है। पूरी कविता की अधिकाधिक तद्भवता में तत्सम की यह संहनित अभिव्यक्ति तपती दोपहरी, छायाहीन वृक्ष और निर्जन सड़क के बीच मानों मजदूरनी के कोमल-कान्त सौन्दर्य को गहरा देती है। एक पावित्र्य और एक आत्मानुशासन इस यौवन की व्याख्या करता है–'श्याम तन, भर बँधा यौवन, नत नयन, प्रिय–कर्मरत मन'।

कर्म ही गुरु है और कर्म ही प्रिय है। यही श्रेयस् है, वही प्रेयस् है। मन इतना आत्म-नियन्त्रित कि इसी में डूबा है। कवि प्रतीपता के भाव को गहराने के लिए ही सामने अट्टालिका का चित्र खड़ा करता है। ऐसी अट्टालिका जो तरु-मालाओं से घिरी है। एक ओर तरु-मालिका और दूसरी ओर छायाहीन वृक्ष की प्रतीपता पूँजीपति और सर्वहारा की वर्गगत दूरी को गहराती अवश्य है, पर मजदूरनी का हथौड़ा अट्टालिका पर चोट नहीं करता है, क्योंकि इस कविता का मूलभाव 'स्वीकार' ही है, प्रहार नहीं।

यहाँ 'इरेजर' एक बार फिर 'तोड़ती' क्रिया पर चलता है। मानों यहाँ तक आते-आते मजदूरनी का तोड़ना तोड़ना नहीं रह जाता है। वह जोड़ना में परिवर्तित हो जाता है। यह मजदूरनी ही है, जो पत्थर, ईंट तोड़कर सड़क बनाती है, इतनी ऊँची-ऊँची इमारतें बनाती है। पर न तो ऐसी इमारत उसे कभी नसीब हो पाती है,

न ही क्षणिक रूप में ही सही, ऐसी इमारत का सुख-चैन उसे कभी मिल पाता है। यही नहीं, पत्थरों को, ईंटों को तोड़ते समय भी यानी उन्हें तोड़कर सड़कों, मकानों को जोड़ते समय भी उसे कहीं कोई छाया नहीं मिल पाती है। इस प्रकार अपनी प्रतीपता में 'तोड़ना' क्रिया यहाँ जोड़ना क्रिया का अर्थ व्यंजित करती है। पर जोड़नेवाली की यह स्थिति है कि वह कहीं जोड़ी नहीं जा पा रही है।

कविता में स्थल-निरूपण के बाद कवि काल का निरूपण करता है। काल की आरम्भिक माप सूर्य के आधार पर ही की जाती थी। कविता में सूर्य के आधार पर काल का निर्देश है। सूर्य आकाश में चढ़ने लगा था। मौसम गर्मी का था, पर एक मौसम में भी हर दिन एक जैसा नहीं होता। वह दिन तो कहीं ज्यादा उत्तप्त था। दिन का रूप तमतमाया हुआ था। यहाँ तमतमाया विशेषण प्राणिवाची संज्ञा का विशेषण है। मनुष्य के क्रोधावेश को व्यक्त करने वाला विशेषण है यह, पर कवि ने यहाँ इस विशेषण के आधार पर दिन की प्रचण्डता को, उसकी क्रुद्धता को प्रत्यक्ष करा देने में सफलता प्राप्त की है। वह दिन और उस दिन की दोपहरी अत्यन्त प्रचण्ड थी। उस समय ऐसी लू चल रही थी, जो सब-कुछ को झुलसाये जा रही थी। सारी पृथ्वी यूँ झुलस रही थी, जैसे लपट के बीच रूई झुलस जाय। आग के बगूले उठ रहे थे और गर्द चिनगियों की तरह उन बगूलों के माध्यम से वातावरण में छा-व्याप रही थी। प्रायः दोपहर का समय हो आया था। यहाँ 'डिफरेन्स' अपनी सक्रियता अर्थगामिता और 'ट्रेसिंग' में दिखा रहा है। ये पंक्तियाँ भी द्वितीयक अर्थ को झिलमिलाती दीखती हैं। प्रकृति ही नहीं, उस मजदूरनी की जीवन-परिस्थितियों की भी यही स्थिति है। उसके लिए उसके जीवनाकाश का यह दिन भी ऐसा ही तमतमाया हुआ है। प्रकृति के लिए गर्मी के दिन और उसके लिए कड़की के दिन! अनिवार्य आवश्यकताओं, अपेक्षाओं के अभाव की जैसे लूएँ चल रही हों। आवश्यकता ही अंगार बन रही हो और उस लू में मजदूरनी के अस्तित्व का सारा आधार ही झुलस रहा हो।

देरिदा साहित्य के भाषा-दर्शन में उसकी सर्जनात्मकता के सन्दर्भ में 'आवृत्ति' की भी बात करता है। उसके यहाँ उसका पारिभाषिक 'इटेरिबिलिटी' है। शैलीविज्ञान में इसको समान्तरता (Parallelism) कहा गया है। इस कविता में इस आवृत्ति की भी अपनी छटा है। 'देखना' क्रिया की आवृत्ति 5 बार हुई है। कुल प्रयोग 6 बार हुए हैं। वह भी 3 भिन्न-भिन्न व्याकरणिक रूपों में। पहली बार 'देखा' का सामान्य भूतकालिक प्रयोग है। यह देखना जहाँ वाचक द्वारा मजदूरनी को स्थल-विशेष और काल-विशेष में देखना है, वहीं देखने की यह क्रिया पूरी कविता के दृश्य पर भी चरितार्थ हो रही है। इस एक 'देखा' से स्थल, काल और पात्र—तीनों की स्थिति

उजागर हो जाती है। दूसरी बार 'देखते' क्रिया उसके द्वारा स्वयं देखते हुए मजदूरनी की ओर से देखा जाना और मेरे द्वारा उसे देखते हुए वाचक के द्वारा मजदूरनी को देखना—दोनों को ज्ञापित करने के लिए आयी है। तीसरी और चौथी बार 'देखा' क्रिया स्वयं मजदूरनी से जुड़ी है, पर इसके कर्म भिन्न-भिन्न हैं। क्रमशः 'वाचक' और 'भवन' दोनों ही। पाँचवीं बार इसका पूर्वकालिक प्रयोग है—'देखकर कोई नहीं'। यहाँ देखना अपने पूरे परिवेश को ही ध्यान से नहीं देखना है, यह सड़क और आसपास को ही ध्यान से नहीं देखना है, अपितु जिस पारिवारिक, सामाजिक परिवेश में वह रहती है, वहाँ तक कोई नहीं को देख लेना है, उसकी अनुभूति कर लेना है। अन्तिम और छठी बार 'देखा' का कर्म पुनः वाचक का है। यहाँ देखना एक विशेष दृष्टि से देखना है, जो अत्यन्त मार्मिक और कारुणिक है। इस देखने में स्थिति की सहृयता और स्वीकृति भी है, विवशता और निरुपायता भी। पर यह दृष्टि एक स्वाभाविक उपालम्भ की भी है। वाचक को पुरुष मानते हुए, सामाजिक मानते हुए दोनों वर्गों के प्रतिनिधि नहीं, तो उसे उसके अंगरूप में देखते हुए उसके हृदय को द्रवित कर देनेवाली दृष्टि! कवि ने देखना क्रिया के साथ 'सुनना' क्रिया का भी प्रयोग किया है। सर्जनात्मकता देखना की पृष्ठभूमि में 'सुनना' की साभिप्रायता उसकी अग्रप्रस्तुति से सार्थक हो पड़ी है—'सुनी मैंने वह नहीं जो थी सुनी झंकार।' कविता इसी अश्रुत झंकार से संवेदित-चित्त वाचक-कवि के द्वारा सुने जाने से सम्भव हो सकी है। उसी का परिणाम है यह। यहाँ भाषा-दर्शन आवृत्ति की साभिप्रायता के रूप में दर्शनीय है। इसी से अर्थ-गौरव सिरजता है। देखने पर सुनने की यह अधिमानता उत्तर-आधुनिकता की मान्य विशेषता है, जिसका अंग विसंरचनावाद है।

स्मरणीय है कि 'देखा मुझे उस दृष्टि से जो मार खा रोयी नहीं', की विवशता में गजब की सहनशीलता है। भारतीय संस्कृति में यही तितिक्षा है। यही सहनशीलता या तितिक्षा ठूँठ वृक्ष-तले मजदूरनी द्वारा पत्थर तोड़े जाने के समय भी दिखायी गयी है, जहाँ कवि ने उसे स्वीकार का बिम्ब बना दिया है—"कोई न छायादार/पेड़ वह जिसके तले बैठी हुई स्वीकार।" इस कविता में नत नयन भी है, दृष्टि भी है, देखते हुए भी है, देखकर भी है और देखा भी है। पर नत नयन किसी व्रीडा भाव से भरे हुए नहीं है, अपितु ये तो वे नतनयन हैं, जिनमें मार खाकर भी नहीं रोनेवाली दृष्टि बसी हुई है। वास्तविकता यह है कि यह मजदूरनी कर्मयोगिनी है। समाज, पुरुष और प्रकृति—तीनों से तिरस्कृत। यह जाय तो कहाँ जाय? यह तो सिर्फ कर्म की शरण में जा सकती है। इसको स्वीकार करना जहाँ मजदूरनी की विवशता है, वहीं उसके लिए जीवनाधार भी है। मजदूरनी इसी कारण इस कविता में 'स्वीकार' का बिम्ब या

कि उस का पर्याय बन गयी है। यह विरोध नहीं कर सकती। प्रताड़ित होने पर, मार खाकर रो पड़ने से उसका विरोध मुखर हो सकता था, पर यह मजदूरनी वह नहीं कर पाती है। इस तरह पूरी कविता में स्वीकृति की तथा इसी दृष्टि से देखे जाने और सुनने की अर्थ-छाया छायी हुई है। यहाँ देरिदा की विभिन्नता (डिफरेन्स) की विकीर्णता तो है ही, साथ ही उसकी 'स्पेसिंग' की युक्ति भी है। इसीलिए इस कविता में 'तोड़ना' क्रिया का अर्थ सहसा पूरी तरह स्पष्ट न होकर स्थगित और विलम्बित हो जाता है। ध्यान दें तो यह शब्द हर बार पहले से अलग अर्थ देने लगता है। इससे उसकी सान्दर्भिक अर्थगत भिन्नता स्पष्ट होती है। एक बार जहाँ तोड़ने से तोड़े जाने का स्पष्ट अर्थ प्रतीत होता है, दूसरी बार वहाँ तोड़ने की वैसी ही अर्थ-प्रतीति नहीं हो पाती है। देरिदा जिसको 'इरेजर' कहता है, उस 'इरेजर' की सक्रियता सामने आ जाती है। यहाँ 'तोड़ना' शब्द जो तोड़ने का अर्थ दे रहा है, वह है भी और नहीं भी है। अस्ति-नास्ति के इस द्वन्द्व में पूरी कविता की पृष्ठभूमि में उसका पूर्व अर्थ, तोड़ने का अर्थ मिटने लगता है और ठीक उसका विलोम अर्थ 'जोड़ने' का अर्थ तोड़ने से ही जाहिर होने लगता है। पुनः अन्त में मजदूरनी के द्वारा उसकी कर्म-स्वीकृति के रूप में जब 'मैं तोड़ती पत्थर' की उक्ति उभरती है तब वहाँ न तो पत्थर तोड़नेवाला अर्थ स्थिर रह पाता है और न ही टूटे पत्थरों से मार्ग या भवन को जोड़नेवाला अर्थ ही रह पाता है। इन दोनों ही अर्थों पर पुनः 'इरेजर' चल जाता है और अर्थ की गतिकी (Dynamics) पत्थर को 'पत्थर-हृदय' कर देती है। यहाँ इतनी करुणा है कि यदि द्रष्टा पत्थर-हृदय हो, तो भी इस दृश्य से उसका सीना चाक हो जाय।

कवि के हृदय में संवेदित कविता का सितार सजने लगता है। उस सितार से अभूतपूर्व झंकृति निकलने लगती है। ऐसी अभूतपूर्व झंकृति, जिसे स्वयं कवि ने अपनी कविता-रूपी सितार के सजने की प्रक्रिया में इससे पूर्व कभी नहीं सुना। कवि की यह स्वोक्ति यह संकेत करती है कि कवि ने इससे पूर्व जुही की कली, रेखा, प्रेयसी ज़ैसी जो भी शृंगारपरक कविताएँ लिखी हों या बादल राग, जागो फिर एक बार जैसी जो भी ओजस्वी कविताएँ रची हों, पर इन सारी रचना-प्रक्रियाओं में संवेदना की यह प्रकृति इस रूप में कभी नहीं उभरी। इसीलिए यह वह अभूतपूर्व प्रकृति है, जो अनन्वय है, स्वयं में अपने जैसी ही है। पर यह साभिप्राय है। वाचक-कवि ने एक क्षण के बाद उस सुघड़, तरुणी श्रमिका को काँपते हुए देखा है, पर उसका यह काँपना वह काँपना नहीं हैं, जो 'रति' नामक स्थायी भाव के प्रसंग में उदित होता है—'कँपते थे दोनों पाँव बन्धु', न ही यह काँपना किसी भय-वश काँपना है। फिर यह 'काँपना' कैसा है? वास्तव में यह काँपना श्रम की निरन्तरता, अबाधता के कारण, उसकी

शिखर-स्थिति आ जाने के कारण स्वाभाविक रूप में सांवेगिक कम्प का उभर आना है। इस काँपने के साथ ही उसके मस्तक पर छलछला आयें पसीने की बूँदें धरती पर गिरती हैं, पर उसे इतना भी अवकाश नहीं कि वह अपना यह पसीना पोंछ सके—'ढुलक माथे से गिरे सीकर।' सीकरों का यह ढलकना उसकी उस निरन्तर कर्मरतता का सूचक है, जो किसी के भी लिए सहज साध्य नहीं है। इसलिए वह अपने कर्म में लीन होती हुई मानों यह सन्देश देती है कि मैं पत्थर-हृदय को भी चूर कर देती हूँ—'मैं तोड़ती पत्थर (हृदय)'। यह कविता अन्य पुरुष शैली में आरम्भ होती है—'वह तोड़ती पत्थर।' पर इसका समापन उत्तम पुरुष शैली से होता है—मैं तोड़ती पत्थर (हृदय)। पूरी काव्य-प्रोक्ति के धरातल पर देखें, तो 'वह तोड़ती पत्थर' कविता अपराजेय भाव की कविता सिद्ध होती है। इसकी श्रमिका प्रतिकूल-से-प्रतिकूल परिस्थिति में भी हृदय से पराजय भाव स्वीकार करनेवाली नहीं है। उसमें यह अपराजेयता इतनी कूट-कूट कर भरी है कि इससे ही उसे जिजीविषा मिलती है। तभी वह इतनी दुःखात्मक स्थितियों, प्रतिकूलताओं और अप्रियताओं में भी टूटती नहीं है, हारती नहीं है। प्रतिकूल परिस्थितियों में भी उन परिस्थितियों का, अपनी जिजीविषा का और इसके लिए कर्म का स्वीकार इस श्रमिका की सबसे बड़ी विशेषता है। इस कविता में बड़ी कुशलता से साभिप्राय रूप में सुनियोजित 'स्वीकार' जैसा उद्भासक शब्द और 'जो मार खा रोयी नहीं' वाली प्रोक्ति—दोनों जहाँ उसकी इस अपराजेयता को स्पष्ट करते हैं, वहीं उसकी विपुल तितिक्षा का भी साक्ष्य बनते हैं। अपराजेयता और तितिक्षा (सहनशीलता)—भारतीय संस्कृति में क्रमशः पुरुष और नारी के गुणशील माने गये हैं। निराला ने इस मजदूरनी को इन दोनों शीलगुणों से संयुक्त दिखाया है। यहाँ तितिक्षा की प्रकृति को देखें, तो इस कविता में श्रमिका की तितिक्षा निरुपाय न होकर कर्मोन्मुख करनेवाली सक्रिय तितिक्षा है और कर्मोन्मुख सक्रियता कोई नयी गुणात्मकता नहीं, महाभारतकार व्यास की पाणिवादिता है, जो इस कविता में आदि से अन्त तक विद्यमान है—'वह तोड़ती पत्थर' से लेकर 'मैं तोड़ती पत्थर' तक। पाणिवादी होने के कारण ही इस श्रमिका को अपने हाथों का अवलम्ब और स्वाभिमान है, उस पर विश्वास है। वह हाथों के बल पर ही आजीविका प्राप्त करती है, चाहे वह दिहाड़ी ही क्यों न हो? इसी के बल पर वह अपनी कड़की के दिनों के ताप से अपने-आप मुक्त होने का सार्थक प्रयास करती भी दीखती है। महाभारतकार व्यास द्वारा रचित महाभारत का अन्तर-पाठ द्रष्टव्य है—'न पाणिलाभादधिको लाभः कश्यन विद्यते'।

पूरी काव्य-प्रोक्ति तीन उपप्रोक्तियों का संयोजन है। इनमें पहली उपप्रोक्ति दृश्य की है। यह शेष दोनों उपप्रोक्तियों में बड़ी उपप्रोक्ति है। दूसरी उपप्रोक्ति द्रष्टा की

है और तीसरी उपप्रोक्ति दृष्टि की है। यह तीसरी उपप्रोक्ति सबसे छोटी उपप्रोक्ति है, पर साभिप्रायता की दृष्टि से यही सर्वाधिक गहन और महत्त्वपूर्ण उपप्रोक्ति है। दृश्य की उपप्रोक्ति भी दो हैं। पहली उपप्रोक्ति 'वह तोड़ती पत्थर' से आरम्भ होकर 'गर्द-चिनगीं छा गयी प्रायः हुई दुपहर' तक लगातार चलती है, जबकि दसरी उपप्रोक्ति में द्रष्टा और दृष्टि की उपप्रोक्ति के बाद पुनः 'यह काँपी सुघड़' से 'मैं तोड़ती पत्थर' तक चलती है। दृश्य की पहली उपप्रोक्ति में पात्र (मजदूरनी) के साथ ही स्थल--इलाहाबाद का पथ और ठूँठ दरख्त तथा तरु-मालिका, अट्टालिका, प्राकार और स्थल के साथ ही काल (चढ़ती धूप, गर्मी का दिन, दोपहर का समय, दिवा का प्रचण्ड रूप, लू और गर्द चिनगीं का उड़ना-छाना) का निरूपण हुआ है, जबकि दृश्य की दूसरी उपप्रोक्ति में पात्र, पात्र के कर्म और उसके परिणामी प्रभाव में 'तोड़ती पत्थर (हृदय)' का निरूपण। द्रष्टा की उपप्रोक्ति में जहाँ श्रमिका और कविता का वाचक द्रष्टा (मैं) दोनों परस्पर एक-दूसरे को देखते हैं, वहीं श्रमिका उस भवन की ओर भी देखती है, जो अपनी गहन संरचना में केवल भवन नहीं है, बल्कि इलाहाबाद का प्रसिद्ध 'आनन्द भवन' है। यहाँ यह 'डिफरेन्स' कटवाँ शब्द-कौशल से आनन्द-भवन में केवल भवन के प्रयोग से उपस्थित किया गया है। सामने की पूर्व निरूपित तरु-मालिका, अट्टालिका और प्राकार—सब उसी भवन के हैं। यहाँ द्रष्टा-भाव में भोक्ता-भाव भी है, साक्षी-भाव भी। श्रमिकों के लिए उसका देखना भोक्ता-भाव से जुड़ा है। यहाँ यह भोक्ता-भाव उसके द्रष्टा को स्थितियों की सही समझ प्रदान करता है। इसीलिए वह जहाँ उस सड़क पर दिन की प्रचण्डता में किसी और को नहीं देख पाती है, वहीं अपने जीवन-पथ पर भी अर्थाभाव के अवलम्ब-रूप में किसी अपने-पराये को नहीं देख पाती है। कहना होगा कि 'देखकर कोई नहीं' के गहरे द्रष्टा-भाव में उसका यह 'भोक्ता-भाव' भी सम्मिलित है। दूसरी ओर कविता के वाचक द्रष्टा (मैं) का द्रष्टा-भाव साक्षी-भाव से जुड़ा है। वह इस पात्र का, इसके प्रत्यक्ष, अनुमेय और प्रतीत्य दुःख का, इसके कर्म का, इसके स्थल और काल का, इसकी अपराजेयता का, इसकी जिजीविषा का, इसकी 'मार खा रोयी नहीं' वाली तितिक्षा का—सबका साक्षी है।

इस कविता में तीसरी उपप्रोक्ति दृष्टि की है—'देखा मुझे उस दृष्टि से/जो मार खा रोयी नहीं/सजा सहज सितार/सुनी मैंने वह नहीं जो थी सुनी झंकार'। यहाँ भी एक दृष्टि श्रमिका की है और दूसरी दृष्टि वाचक-द्रष्टा (मैं) की। वाचक-द्रष्टा (मैं) की दृष्टि पर्यवेक्षण और अनुभावन दोनों की दृष्टि है। इस उपप्रोक्ति के पूर्वार्द्ध में पर्यवेक्षण है और उत्तरार्द्ध में अनुभावन। अनुभावन अत्यधिक साभिप्राय है। हृदय-वाद्य

के सजने और झंकृत होने के अनुभावन और उसकी आवर्तक झंकृति की उपप्रोक्ति से कवि की दृष्टि उन्मीलित होती है। कवि दृश्य और द्रष्टा के संक्रमण से उत्पन्न झंकृति को सुनता है। इसी झंकृति से कवि की दृष्टि का पता चल पाता है।

ध्यान से देखें तो कवि के लिए पूरी दृश्य-उपप्रोक्ति नृशंसता की उपप्रोक्ति है। कविता में आरम्भ से ही श्रमिका के प्रति नृशंसता का, क्रूरता, निर्दयता-निष्ठुरता का चित्र मिलता है। 'कोई न छायादार पेड़' से प्रकृति, समाज और पुरुष–तीनों के द्वारा तथा पुनः पुरुष से परिवार की पुरुष-संचालित व्यवस्था द्वारा दी जानेवाली नृशंसता सामने आती है। श्याम तन, भर बँधा यौवन भी अपनी स्वाभाविक कोमलता के कर्म-रूप में ली जानेवाली परुषता को उजागर करता है। 'चढ़ रही थी धूप' की तीव्र से तीव्रतर और तीव्रतम होती पूरी बिम्बमाला प्रकृति की नृशंसता के साथ-साथ पारिवारिक-सामाजिक नृशंसता के आर्थिक सन्दर्भ को उभार देती है। विसंरचनावादी आलोचना की 'ट्रेसिंग' और 'इरेजिंग' के द्वारा अर्थ की यह बहुमुखता उजागर हो पाती है। यहाँ दृश्य उपप्रोक्ति के साथ भोक्ता-द्रष्टावाली उपप्रोक्ति का संयोजन तो नृशंसता के प्रभाव को और अधिक गहरा देता है।

इस कविता मे एक महत्त्वपूर्ण शब्द-युग्म आया है–'छिन्नतार'। यहाँ यह विशेषण-विशेष्य पद ध्यान देने योग्य है। इस पद में आये 'तार' शब्द का किसी भी प्रकार का कोई सम्बन्ध श्रमिका के शरीर पर पहने गये वस्त्र से नहीं है, जैसा रमेश कुन्तल मेघ को भ्रम हुआ है। यहाँ तार न तो मजदूरनी के वस्त्र का ऊपरी तार है, और न ही यह किसी भी प्रकार उसके हृदय-तार से ही जुड़नेवाला तार है, बल्कि यह तो कवि का बहुत कीमती, और भीतरी हृदयवाद्य का तार है। यह कवि की हृत्तन्त्री का तार है। इस तार के अब तक सजे होने के कारण ही कवि श्रमिका की स्थिति का यथार्थ चित्रण कर पा रहा था। पर यह तार अब अचानक खण्डित हो उठा है, छिन्न हो पड़ा है, टूट गया है। आनन्द भवन में रहनेवाले लोग और ठूँठ वृक्ष के नीचे पत्थर तोड़ती श्रमिका! अपनी स्थिति का जो वैषम्य श्रमिका ने भवन पर एक नजर डालकर कवि को दिखा दिया है, इसके अनुभावन-मात्र से अब तक यथार्थ स्तर पर चित्रण करनेवाले कवि के हृदय-रूपी सितार का तार छिन्न हो पड़ा है। पर इसके तुरन्त बाद नृशंसता का आखेट बनी श्रमिका जैसे ही वाचक-द्रष्टा (मैं) को देखती है, कवि के हृदयवाद्य के तार, उसके भीतरी सितार के तार नये सिरे से पुनः सज उठते हैं–नृशंसता के विरोध में 'आनृशंस्य' जैसे परम मानवीय मूल्य की महत्ता को प्रकृत करने के लिए सद्यःसमुद्यत। इसलिए इस बिन्दु पर आकर कवि अब तक

अपने रचना-कर्म में अपने-आप द्वारा ही नहीं सुनी जिस झंकार को सुन ले पाता है, वह इसी आनृशंस्य या अनृशंसता के मानुषी भाव के एक परम मानवीय मूल्य की झंकार है। यह आनृशंस्य, जो द्रष्टा-कवि में सुषुप्त रूप में विद्यमान है, उसे श्रमिका की तितिक्षित दृष्टि उद्बुद्ध कर देती है। सो झंकार को सुनते ही यह दृष्टि या वाचक-द्रष्टा की अनुभावन-दृष्टि 'आनृशंस्य' की, अनृशंसता की परम मानवीय दृष्टि बन जाती है। यही झंकार का अनकहा अर्थ है, इसकी साभिप्राय अर्थ-व्याख्या है। भावक-सहृदय के चित्त में इस कविता का भावन करने के क्रम में सहजतः ही जो यह प्रश्न उभरता है कि यह अश्रुत झंकार, 'नहीं जो भी सुनी झंकार' आखिर क्या है, यह झंकार क्या कहती है? यह किस ओर इशारा करती है? उसका यही समीचीन उत्तर है। कवि के चित्त से फूटनेवाली यह झंकार अनृशंसता की, आनृशंस्य की झंकार ही है, जिसके मूल में करुणा स्पन्दित है। इस प्रकार यह विसंरचना यहाँ स्पष्ट कर देती है कि इस कविता की अर्थ-झंकार किसी भी रूप में मार्क्सवादी नहीं है। यहाँ समस्या को उस रूप में सामुदायिक या वर्गगत सामूहिक स्तर पर न उभार कर उसे व्यक्ति-स्तर पर ही उभारा गया है। तभी करुणा का सन्दर्भ सामने आया है और आनृशंस्य का मूल्य उजागर हो पाया है।

इस कविता में दुःख की अभिव्यक्ति भी तीन स्तरों पर हुई है। भोक्ता-द्रष्टा (श्रमिका) का दुःख। यह इस कविता में ऐन्द्रिय अथवा सांसारिक स्तर का स्थूल दुःख है। यह रोजी-रोटी की सुविधा नहीं प्राप्त कर सकने का दुःख है, दैहिक सुख-सुविधा, जीवनगत सुख-सुविधा और समुचित आश्रय नहीं मिल पाने का दुःख है। इस दुःख का स्तर हमारा पाशव स्तर, जैविक स्तर है। ठीक दूसरी ओर इसी से उत्प्रेरित द्रष्टा-साक्षी का दुःख है, जो रागात्मक स्तर का दुःख है। वास्तव में यह उसका वैसा आनुभाविक दुःख है, जिससे उसकी हृद्गत मानवता आहत हुई है, कचोट गयी है। यह जैविक स्तर से ऊपर का, रागलोक का दुःख है। तीसरी ओर इसमें 'रागोत्तर लोक' का दुःख भी प्राप्त होता है। यह दुःख तब उपस्थित होता है जब इस कविता में लोक के प्रतिष्ठित तथा काम्य मूल्य और आदर्श मिटने लगते हैं। भावक के स्तर पर जब पूरी कविता का आग्रहण एक श्रमिका के सन्दर्भ से छिटक कर उसके पूरे वर्ग में, उसकी समष्टि में, उसकी व्यापकता में रूपान्तरित हो पड़ता है, एक नगर-विशेष से उभर कर भारत के सभी नगरों तक विस्तारित हो उठता है और एक काल में घटित होकर भी अपने निरन्तर घटित होने की त्रैकालिक सम्भावना को उजागर करता दीखता है, तब इस कविता से मानवीय प्रादर्श मूल्य के सम्पूर्ण विघटन और ऋत के सम्पूर्ण ह्रास की वेदना उभरने लगती है।

इस प्रकार अपनी समग्रता में इस कविता का सन्देश है कि जब तक मनुष्य और मनुष्य जाति 'आनृशंस्य' जैसे परम मानवीय मूल्य से, मानुषी करुणा से युक्त नहीं होती, तब तक समाज में ऐसी स्थितियाँ उत्पन्न होती रहेंगी और ऐसी घटनाएँ निरन्तर घटती रहेंगी। इनका वास्तविक निदान बाहरी संघर्ष से कदापि नहीं हो सकता, बल्कि 'आनृशंस्य' और 'करुणा' जैसे मूल्य को धारण करने और मानवीय हित में उसे निरन्तर बनाये रखने से ही हो सकता है। 'आनृशंस्य' ही इस समस्या का सही और एकमात्र निदान है। इसी को स्पष्ट कर कवि-हृदय की झंकार जहाँ कवि से इस कविता की रचना सम्भव करा लेती है, वहीं व्यापक मानव-समाज को 'आनृशंस्य' और 'करुणा' जैसे मूल्य को बनाये रखने के लिए सहानुभूति के स्तर पर मानवीय पहचान के लिए अभिप्रेरित भी करती है। पर जब तक मानव-समाज में नृशंसता सक्रिय रहेगी, संघर्ष के द्वारा आनृशंस्य भाव को जगाया नहीं जा सकेगा। उसका सामना तो अपराजेयता और तितिक्षा की स्थिति बनाये रखकर, पाणिवादी होकर, निरन्तर कर्मोन्मुख और कर्ममय रहकर ही करना पड़ेगा, जिससे आनृशंस्य भाव उद्‌बुद्ध हो सके।

कहना न होगा कि वास्तव में यह इस कविता की विसंरचना-प्रक्रिया के अर्थगौरव वाला भाषा-दर्शन ही है, जो इसे सर्जनात्मक बना जाता है। कविता संकेत छोड़ती है और अर्थ-चिह्नता में 'ट्रेसिंग' उन कई अनकहे अर्थ-क्षितिजों को भी उद्‌घाटित कर देती है, जो वास्तव में कविता की अर्थ-समृद्ध संवेदना के ही क्षितिज हैं। जिस प्रकार कवि इस पूरे दृश्य को विसंरचित करता हुआ उस झंकार को सुन लेता है, जो कविता की मूल झंकार है—'सुनी मैंने वह/नहीं जो थी सुनी झंकार', उसी प्रकार अपनी आलोचना-प्रक्रिया में विसंरचनावादी आलोचक भी अब तक नहीं सुनी जा सकी इस झंकार को सुनता और इसे विसंरचित करता है।

10
ताज

हाय! मृत्यु का ऐसा अमर, अपार्थिव पूजन?
जब विषण्ण, निर्जीव पड़ा हो जग का जीवन!
स्फटिक सौध में हो श्रृंगार मरण का शोभन,
नग्न, क्षुधातुर, वास-विहीन रहें जीवित जन?
मानव! ऐसी भी विरक्ति क्या जीवन के प्रति?
आत्मा का अपमान, प्रेत औ' छाया से रति?
प्रेम-अर्चना यही, करें हम मरण को वरण?
स्थापित कर कंकाल, भरें जीवन का प्राङ्गण?
शव को दें हम रूप, रंग, आदर मानव का?
मानव को हम कुत्सित चित्र बना दें शव का?
युग-युग के मृत आदर्शों के ताज मनोहर,
मानव के मोहान्ध हृदय में किये हुए घर,
भूल गये हम जीवन का सन्देश अनश्वर,
मृतकों के हैं मृतक, जीवितों के हैं ईश्वर!

■ 'ताज' शीर्षक कविता एक ओर सीधे संसार के सात आश्चर्यों में एक 'ताजमहल' को निर्दिष्ट करती है, तो दूसरी ओर यह उस 'ताज' को भी व्यंजित करती है, जो राजाओं, सम्राटों के सिर पर विराजता है। इस प्रकार यह शीर्षक एक ओर स्थापत्य के प्रादर्श 'ताजमहल' को निर्दिष्ट करता है, तो दूसरी ओर राजा के मुकुट को। पुनः यह 'राजा के मुकुट' अर्थ से एक अन्य लक्ष्यार्थ देने लग जाता है, जो ताज या मुकुट को पहनने वाला, धारण करने वाला सम्राट् या बादशाह है। संकेत विज्ञानी (Semiotician) पर्स और भाषा-दार्शनिक देरिदा (Derrida) की यह मान्यता है कि कोई भी 'संकेतक' (Signifier/शब्द) जब एक संकेतित (Signified/अर्थ) को निर्दिष्ट करता है, तब वह संकेतित (अर्थ) पुनः एक संकेतक (Signifier/शब्द) बन जाता है और एक अन्य संकेतित (अर्थ) को निर्दिष्ट करने लग जाता है। भाषा में यह क्रम लगातार चलता रहता है, जहाँ अर्थ की निश्चित एकार्थता खण्डित हो जाती है। 'ताज' कविता के साभिप्राय अर्थग्रहण में यह पूरी प्रक्रिया चरितार्थ होती दीखती है। यही नहीं, यहाँ बादशाह या सम्राट् होने का अर्थ है—स्वामित्व, प्रभुत्व, शक्ति और सामर्थ्य से परिपूर्ण होना।

■ यह कविता अपने-आपमें एक विलाप है, एक रुदन और क्रन्दन है। पर 'हाय' शब्द के प्रयोग के बाद भी यह सारा-कुछ कविता में विचार के स्तर पर ही अभिव्यंजित होता है, संवेदना के स्तर पर नहीं। इसका रूपविधान अँगरेज़ी 'सॉनेट' (Sonnet) का है, जिसे हिन्दी में 'चतुष्पदी' कहते हैं। यह विलाप यदि एक ओर स्थापत्य-रूप प्रेम-प्रतीक के प्रति है, तो दूसरी ओर उसे बनवाने वाले सम्राट् या बादशाह यानी शाहेआलम शाहजहाँ के प्रति भी है।

■ ताज को लेकर काव्य-संसार में दो प्रकार के दृष्टिकोण प्राप्त होते हैं। इनमें एक सौन्दर्यवादी दृष्टिकोण है, जहाँ केवल 'ताज' की भव्यता, सुन्दरता और सुघड़ निर्मिति की प्रशंसा-ही-प्रशंसा है, बल्कि प्रेम के अमर प्रतीक के रूप में भी इसकी श्लाघा की गयी है। ठीक इसके विपरीत दूसरा मार्क्सवादी, यथार्थवादी दृष्टिकोण है, जो इसे उत्पीड़न, शोषण और जीवन तथा जन की उपेक्षा कर इसे मृत्यु का पूजन और व्यक्तिगत, निजी इच्छा-पूर्ति का कृत्य मानता है। पन्त की 'ताज' कविता इसी दूसरे दृष्टिकोण को वाणी देता है।

■ अन्तर-पाठ की दृष्टि से 'ताज' पर कविगुरु रवीन्द्रनाथ ठाकुर द्वारा रचित कविता बहुत महत्त्वपूर्ण है, पर वह सौन्दर्यात्मक मूल्य-मान की कविता है। यहाँ कवि ने 'ताज' को "कालेर कपोल तले शुभ्र, समुज्ज्वल/एक बिन्दु नयनेर जल/ए ताजमहल" कहा है। इसी दृष्टिकोण की एक और कविता हरिवंशराय बच्चन की मिलती है, जहाँ कवि ने 'ताज' को "जैसे यमुना-जल में बहता/पूजा के उजले फूलों का दोना" कहा है। इन दोनों कविताओं से पन्त की 'ताज' कविता की विरोधिता स्पष्ट है। यही नहीं, पन्त की 'ताज' कविता उर्दू में साहिर लुधियानवी द्वारा लिखित तथा पंजाबी में मोहनसिंह द्वारा लिखित कविताओं से भी विरोधिता दिखाती है, क्योंकि इन दोनों कवियों ने 'ताज' के सुघड़, सुरुचि-सम्पन्न स्थापत्य के रूप में एक प्रेम-प्रतीक होने का गुणगान किया है। पर साहिर को जहाँ यह शिकायत है कि वैभव और अमीरी का सहारा लेकर शाहजहाँ ने गरीबों के, आमजन के प्रेम का मजाक उड़ाया है—"किसी शाहंशाह ने दौलत का सहारा लेकर/उड़ाया है हम गरीबों की मुहब्बत का मजाक", वहीं पंजाबी कवि मोहनसिंह ने अपनी कविता में 'ताजमहल' के प्रेम और सौन्दर्यपूर्ण स्थापत्य की प्रशंसा करने के बावजूद अन्त में आते-आते इसके निर्माण में रात-दिन लगे हजारों मजदूरों के पसीनों और कठिन परिश्रम की बात उठायी है। इस कवि ने मनुष्यता के इस उदास संगीत के विषय में प्रश्न भी खड़े किये हैं। पन्त की तरह 'ताज' के सौन्दर्य की उपेक्षा करते हुए, उसके कलाकृतित्व को नज़रअन्दाज़ करते हुए पुरुषोत्तम खरे ने तो यहाँ तक कह दिया है कि "ताज! तुम कटे हुए हाथों

की निशानी भी हो।'' पन्त की 'ताज' कविता पर विचार करने के क्रम में इस अन्तर-पाठीय पृष्ठभूमि से अवगत होना आवश्यक है।

■ विचारणीय कविता में कवि 'ताज' को मृत्यु का प्रतीक मानता है। उसे 'मौत की यह यादगार' मौत की पूजा लगती है। वह इसे बनवाने वाले बादशाह के सिर पर भी यह दोष मढ़ता है कि उसी ने मृत्यु की ऐसी पूजा की और करवायी है, जैसी मृत्यु-पूजा संसार में कहीं और नहीं है (अपार्थिव) और जो अविनश्वर (अमर) है। यह भी ऐसे समय जब संसार का जीवन, संसार के लोगों का जीवन मुरझाया हुआ, मायूस (विषण्ण) और निष्प्राण पड़ा हुआ है। यहाँ संसार (जग) का सीमित और अभिप्रेत तात्पर्य इस देश के संसार से है, जिसका वह बादशाह है। पर इतिहास से ऐसा कोई साक्ष्य प्राप्त नहीं होता है कि शाहजहाँ के शासन-काल में तद्कालीन प्रजा दुःखी थी या उसकी माली हालत खराब थी या उस समय अकबर के शासन-काल की तरह कोई दुर्भिक्ष ही पड़ा था या लोगों के पास कोई काम-काज नहीं था या भयानक बेरोजगारी थी या आज की तरह तब लोग जीवन से विमुख होकर आत्महत्याएँ कर रहे थे। फिर आखिर ऐसा कथन क्यों है? वस्तुतः यह कवि का प्रगतिवादी दृष्टिकोण है, जो बादशाह और प्रजा (आमजन) के बीच सम्पन्नता और पूँजी की दृष्टि से एक वर्ग-वैषम्य को देखता है और अनुमान तथा कल्पना के सहारे उसे अधिक तीव्रित रूप में अभिव्यक्त कर देता है।

■ कवि 'ताजमहल' को 'मरण का शोभन शृंगार' मानता है, क्योंकि वह 'मृतका' की शोभा, साज-सज्जा और उसी का स्फटिक-शृंगार है जो उस संगमरमरी शिलाखण्डों से निर्मित उस महल (सौध) में शोभित है। कवि के अनुसार दूसरी ओर लोगों के शरीर पर वस्त्र नहीं हैं, वे नंगे हैं, भूख से विकल (क्षुधातुर) हैं, उन्हें रहने को घर नहीं (वासविहीन) है। वह अनुमान करता है कि कोई सम्राट्, जो अपने खजाने का इतना वैभव, इतनी पूँजी 'मरण के इस पूजन' वाले यादगार पर खर्च कर देता है, लगा देता है, वह प्रजा का स्वत्व छीन कर ही तो ऐसा करता है। इसीलिए उसके लेखिमिक विरामचिह्न की प्रश्नवाचकता (?) मानो इसका औचित्य जानना चाहती है।

■ इसके तत्काल बाद यह कविता अपनी वर्णनात्मक विलापात्मकता को त्याग कर सम्बोधन-शैली में व्यक्त होने लगती है। यहाँ कवि ने अपने द्वारा व्यवहृत 'मानव' सम्बोधन के द्वारा ताजमहल के कर्त्ता (बादशाह) और द्रष्टा (हम मनुष्य) दोनों को सम्बोधित किया है। वह इसके निर्मातृ स्रोत (Source of creation) और सौन्दर्यात्मक गृहीता (Aesthetic receptor) दोनों को सम्बोधित करता हुआ कहता है कि हे (जीवित) मनुष्य! तुम्हें जीवन से भला ऐसी विरक्ति क्यों है कि तुम आत्मा का

अपमान करते हो तथा प्रेत (Ghost) और छाया (Shadow/ अयथार्थ से, यथार्थ से नहीं) से प्रेम प्रदर्शित करते हो। यहाँ 'आत्मा का अपमान' जैसा वाक्यांश अपनी गहन संरचना को समेटे हुए है। भारतीय चिन्तनधारा आत्मा को अमर मानती है और देह को नश्वर! इसीलिए भारतीय सनातन धर्म में देह को जला कर क्षार कर दिया जाता है, उसका कोई स्मारक नहीं बनाया जाता है, जबकि इस्लाम और ईसाइयत में शव को तो जमींदोज़ कर दिया जाता है, पर ठीक उसके ऊपर स्मृति-चिह्न के बतौर कब्र बना दी जाती है। वस्तुतः यह 'ताज' मुमताज महल का मकबरा ही तो है, जिसकी निचली मंज़िल के नीचे वह दफन है।

फिर भी मृतक को यह आशंका तो रहती है कि उसे कोई याद नहीं करेगा। जहाँआरा की निम्नलिखित पंक्तियाँ इसकी गवाही देती हैं—"बरमज़ारे मां गरीबां/नै चिराग़े नै गुले/नै परे परवाना सोजद/नै सदाए बुलबुले।" अर्थ है कि मुझ ग़रीब की मज़ार पर न कोई दीया जलाएगा और न ही कोई फूल चढ़ाएगा। न कोई परवाना जलने आएगा और न कोई बुलबुल ही अपनी आवाज़ गुँजाएगी। शाहजहाँ ने इन ख़तरों और आशंकाओं से कहीं सुरक्षित रूप में अपनी मुमताज महल का वह स्फटिक-निर्मित मकबरा बनवाया, जिसे हर कोई देखने आता है।

पर कवि ने अपनी इन पंक्तियों में जैसे सनातन हिन्दू धर्म की आत्मा की अमरता और देह की नश्वरता वाली विचारधारा ही निरूपित कर दी है। यह धारणा मृत्यु के बाद पुनर्जन्म को मानती है। पर 'ताजमहल' इस्लाम के अनुयायी बादशाह शाहंशाह शाहजहाँ की प्रिया-पत्नी, बेगम 'मुमताज महल' का मकबरा है। अतः उसके सन्दर्भ में आत्मा का अपमान/प्रेत औ' छाया से 'रति' जैसे वाक्य की संगति नहीं बैठती है। कवि की दृष्टि में 'रति' जैसे स्थायी भाव या प्रेम का आलम्बन जीवित मानवी ही हो सकती है, कोई प्रेतात्मा नहीं हो सकती। कवि प्रेम में भी यथार्थता का पक्षधर प्रतीत होता है। अतः 'छाया' (अयथार्थ) से प्रेम की बात उसे बेमानी लगती है।

■ वह 'ताज' के निर्माता और स्वतः 'ताज' के प्रति भी अपना व्यंग्यात्मक कथन जारी रखता है। उसकी दृष्टि में किसी मृत की प्रेम-अर्चना नहीं हो सकती है। इसीलिए वह पूछता है कि क्या यही तुम्हारी प्रेम-अर्चना है, जहाँ हम इसके आलम्बन के रूप में 'मरण' का, 'मृत्यु' का वरण करते हैं और उसकी पूजा करते हैं? हम शव के कंकाल को स्थापित करें और मानव-जीवन के प्राङ्गण को इससे भर दें? वह 'मानव' सम्बोधन के द्वारा मृत बादशाह की मानवीय चेतना (?) की ओर भी इशारा करता है, साथ ही 'ताज' के द्रष्टाओं की संवेदना को भी झकझोर कर बदल देना चाहता है।

■ वह जैसे पूछना चाहता है यह कौन-सी रीति है कि हम 'शव' को तो जीवित मनुष्य का रूप, रंग और आकार प्रदान करें, पर दूसरी ओर हम जीवित मनुष्य (मानव) को 'शव' का कुत्सित चित्र बना दें? कवि 'ताजमहल' को 'मृत आदर्शों का जीवित ताज' तक कह डालता है। यहाँ आकर वह 'ताज' को स्पष्ट रूप में 'मुकुट' के अर्थ में निर्दिष्ट और सम्बोधित करता है। यह ताज निष्प्राण आदर्शों का मुकुट है, यह जीवितों का, जीवित आदर्शों का ताज नहीं है, भले ही यह सुन्दर है, मन को हरने वाला (मनोहर) है। यह शाहंशाह शाहजहाँ के पत्नी-प्रेम के मोह से अन्धे हृदय में ऐसा नक्श हुआ कि वह वहीं बसा रहा, जब तक कि शाहंशाह ने उसे मूर्त रूप प्रदान नहीं कर दिया।

■ कविता के अन्त में कवि हमें (मानव को) जीवन के अविनश्वर सन्देश से परिचित कराता है। उसका सन्देश है कि मृतकों की चिन्ता मृतकों का ही दायित्व है, पर जीवितों की चिन्ता ऐसे जीवित मनुष्य की चिन्ता है, जिसमें ईश्वरत्व है, जो समर्थ है, शक्ति-सम्पन्न है, प्रभुत्व-सम्पन्न है। यहाँ वह यह भी व्यंजित कर देता है कि जो मृतकों की चिन्ता करता है, वह जीवित रहकर भी मृतक ही होता है। साथ ही यह भी कि वैयक्तिक 'मोहान्ध हृदय' से सच्चा शाहेआलम, सच्चा सम्राट् या लोकतन्त्र का सच्चा प्रमुख नहीं बना जा सकता है। उसके लिए तो जन-जन की, लोक के जीवित मनुष्यों की हित-चिन्ता करनी होगी और ऐसे क्रिया-कलाप सम्पन्न करने होंगे, जिनसे उनका हित-लाभ सम्भव हो पाए।

■ इस कविता की सर्जनात्मक काव्य-विवेचना करने के क्रम में मुझे सहसा ऑल्डस हक्स्ले (Aldous Huxley) का 'आगरा' (Agra) शीर्षक वह गद्यालेख याद आ जाता है, जिसमें उसने 'ताजमहल' को 'पाप का घर' कहा है और उसके विषय में लिखा है कि "But it is made of marble. Marble, I perceive, covers a multitude of sins." अर्थात् 'ताज' का उपादान तत्त्व संगमरमर या स्फटिक अपने-आपमें ही बहुसंख्यक पापों को आच्छादित किये हुए है।

■ इस कविता की मूल संवेदना सम्राट् या राजसत्ता, सल्तनत बनाम लोक की है। राजसत्ता अपनी इच्छा की पूर्ति के लिए राज्य का खजाना खाली करती चली जाती है, पर वह जनहित में देश की विषण्ण, निर्वस्त्र, बुभुक्षित, आवासहीन जनों के लिए इस खजाने को कभी नहीं खोलती है। शाहजहाँ ने तो अपने पूरे जीवन और राज्यावधि-पर्यन्त एक 'ताज' खड़ा किया था, जिसमें जनता, कामगरों और कारीगरों का शोषण हुआ था, पर आज की सल्तनत और जनतान्त्रिक व्यवस्था तो हर पाँच वर्ष पर चुनाव का 'ताज' खड़ा करती है और आमजन का शोषण करती है। इसके

निर्माण में निष्प्राण मशीनों का उपयोग किया जाता है। प्रौद्योगिकी और तकनीकी विकास के नाम पर दिन-रात धन-सम्पदा लुटायी जाती है और इसे ही 'विकास' का नाम दिया जाता है। गेहूँ सरकारी गोदामों में सड़ते रहते हैं, पर उच्चतम न्यायालय के हस्तक्षेप के बावजूद उसे जनता में समय से नहीं बाँटा जाता, अपितु चुनावी ताज के लिए उसे हर स्थिति में सुरक्षित रख लिया जाता है।

■ 'ताज' केवल 'ताजमहल' (शाहजहाँ का) नहीं है। वह एक ऐसा संकेतक (Signifier/शब्द) भी है, जिससे अनेक संकेतित (Signified/अर्थ) व्यंजित होते हैं। हमारी समकालीनता में इसकी प्रासंगिकता 'चुनावी ताज' के निर्माण में परिलक्षित और अभिव्यंजित होती दीखती है। इस कविता में 'मृतक', 'जीवित' और 'ईश्वर' शब्द बड़े साभिप्राय हैं। यहाँ 'मृतक' 'निष्प्राण' का, 'जीवित' 'जीवित आम आदमी' का और 'ईश्वर' 'सर्वसमर्थ राजसत्ता' का अर्थ देता है। इस कविता में आद्यन्त 'सप्राण' (animate) और 'निष्प्राण' (inanimate) को—'जीवित' और 'मृतक' को—तुलनात्मक विरोधिता में प्रस्तुत किया गया है। कवि ने अपना काव्य-सन्देश भी इसी तुलनात्मक विरोधिता के माध्यम से स्पष्ट किया है। इस कविता की संरचना शैलीवैज्ञानिक दृष्टि से विरोधी समान्तरता और विसंरचनावाद (Deconstruction) की दृष्टि से प्रतीपता (Reversal) के कौशल पर आधारित है। यहाँ इस पूरी कविता में कवि ने दो पक्षों की तुलना करते हुए 'उपेक्षित' और 'अपेक्षित' (मृतक के प्रेम-प्रतीक) में 'उपेक्षित' को (जीवन को) महत्त्वपूर्ण माना है। इस 'चतुष्पदी' (Sonnet) प्रत्येक दो पंक्तियों में इस विरोधी सन्तुलन को साधा गया है।

■ 'ताज' एक अनेकायामी, समकालीन साभिप्रायता की भी कविता है। यहाँ यह काव्य-प्रोक्ति एक नये रूप में अपने को प्रजनित (generate) करने लगती है। आज हमारे लोकतन्त्र के शासक 'प्राणवान्' से अधिक 'निष्प्राण' (मशीन और प्रौद्योगिकी) को महत्त्व दे रहे हैं, उनका पूजन कर रहे हैं। वह भी ऐसी स्थिति में जब हमारे देश का, हमारे लोक का जीवन विषण्ण और निर्जीव पड़ा हुआ है। उनके हित में उनके लिए राजकीय मुद्राकोष से धन खरचे जाने की अपेक्षा बनी हुई है, जिससे लोक-जीवन जीवन्त बना रहे, उसका सचमुच विकास सम्भव हो सके। पर हमारा तथाकथित सुशासन निर्जीव उपकरणों और तकनीकों पर धन का अपव्यय कर रहा है, जिससे लोक-जीवन क्षत-विक्षत और मरणासन्न हो रहा है। लोग घोर अभाव में आत्महत्याएँ कर रहे हैं। पर मन्त्रालयों और राजकीय आवासों के स्फटिक सौध में बैठे हुए हमारे शासक निर्जीव यन्त्र, उसके उपकरणों के शोभा-शृंगार की नीतियाँ बनाते उसे लगातार क्रियात्मकता दे रहे हैं। हमारा आमजन नंगा, भूखा, बिना घर-बार के जिस-किसी तरह

ज़िन्दगी गुज़ार रहा है, पर सत्ता इनको अधिमानता नहीं देती। आदमी की जान से कहीं कीमती उनके लिए मशीनों, मशीनी उपकरणों का सौदा है। आमजन के जीवन के प्रति यह विरक्ति की हद है! क्या यह जीवात्मा का, मनुष्य का अपमान नहीं है और अदृश्य शक्तियों वाली तकनीकी मशीनी शक्तियों की प्रेत-छायाओं के प्रति प्रेम की प्रगाढ़ता नहीं है? क्या लोक के प्रति हम मनुष्यों का (शासकों का) प्रेम वही है कि लोक और जन के जीवन की उपेक्षा की जाए और उनके मरण पर शोकान्तिका गायी जाये, उसे ही प्रमुखता दी जाए और जीवन की उपेक्षा की जाए? मृतकों (कंकालों) की प्रतिमा बनवा-बनवा कर जीवन-जगत् (प्राङ्गण) को भर दिया जाए? मरने पर तो हम उन्हें मान-सम्मान, रूप-रंग सब दें, पर जीते-जी उनके साथ मृतक से भी बदतर सलूक करें? उन्हें शव का कुत्सित चित्र बनाने से भी नहीं हिचकें। हे हमारे शासक! आप हमारे ऐसे 'सरताज' हैं, जो मृतक, निष्प्राण के लिए करणीय को ही अपना आदर्श मानते हैं, जीवितों के करणीय को नहीं! यह कैसा मोह है, जिससे आज आपका हृदय अन्धा हो गया है? हमारे शासक यह सन्देश भूल चुके हैं कि जो सत्तारूढ़ हैं, शक्तिशाली हैं और शासक (ईश्वर) हैं, उन्हें ही जीवित जनों के जीवन की रक्षा-सुरक्षा देखनी है, मृतकों की नहीं, क्योंकि मृतकों की चिन्ता करने वाला स्वयं भी मृतक हो जाता है। इस कविता की सर्वाधिक समकालीन प्रासंगिकता इसके अर्थ-प्रजनन की इसी सम्भाव्यता में निहित और अन्तरगर्भित है।

11
बीन भी हूँ मैं तुम्हारी रागिनी भी हूँ!

बीन भी हूँ मैं तुम्हारी रागिनी भी हूँ!
नींद थी मेरी अचल निस्पन्द कण-कण में,
प्रथम जागृति थी जगत् के प्रथम स्पन्दन में;
प्रलय में मेरा पता पदचिह्न जीवन में,
शाप हूँ जो बन गया वरदान बन्धन में;
कूल भी हूँ, कूलहीन प्रवाहिनी भी हूँ!

नयन में जिसके जलद वह तृषित चातक हूँ,
शलभ जिसके प्राण में वह निठुर दीपक हूँ,
फूल को उर में छिपाये विकल बुलबुल हूँ,
एक होकर दूर तन से छाँह वह चल हूँ;
दूर तुमसे हूँ, अखण्ड सुहागिनी भी हूँ!

आग हूँ जिससे ढुलकते बिन्दु हिमजल के,
शून्य हूँ जिसको बिछे हैं पाँवड़े पल के;
पुलक हूँ वह जो पला है कठिन प्रस्तर में,
हूँ वही प्रतिबिम्ब जो आधार के उर में;
नील घन भी हूँ, सुनहली दामिनी भी हूँ!

नाश भी हूँ मैं अनन्त विकास का क्रम भी,
त्याग का दिन भी चरम आसक्ति का तम भी;
तार भी, आघात भी, झंकार की गति भी,
पात्र भी, मधु भी, मधुप भी, मधुर विस्मृति भी;
अधर भी हूँ और स्मित की चाँदनी भी हूँ!

उपर्युक्त सभी स्थलों में अस्वीकार्यता के धरातल पर विचलित अग्रप्रस्तुति वर्तमान है, क्योंकि एक ही वस्तु 'बीन' और 'रागिनी' नहीं हो सकती, एक ही वस्तु 'प्रलय' और 'जीवन', 'शाप' और 'वरदान', 'कूल' और 'कूलहीन' नहीं हो सकती। नयन में जलद रखकर, प्राण में शलभ रखकर और हृदय में फूल रखकर चातक, दीपक और बुलबुल विकल नहीं रह सकते। एक होकर दूर नहीं रहा जा सकता और दूर होकर सुहागिनी नहीं रहा जा सकता। 'आग' होकर 'हिमजल-बिन्दु' नहीं ढुलकाये

जा सकते। 'शून्य' के बाद 'पल' की गणना नहीं हो सकती, 'प्रस्तर' में 'पुलक' नहीं हो सकती। नीलघन और सुनहली दामिनी एक ही वस्तु के दो नाम नहीं होते। 'नाश' और 'विकास' एक ही नहीं हैं। 'त्याग' और 'आसक्ति' भी एक नहीं है। कोई भी चेतना-सम्पन्न व्यक्ति 'तार', 'आघात', 'झंकार', 'गति' को तथा 'पात्र', 'मधु', 'मधुप', 'मधुर विस्मृति', 'अधर' और 'स्मित की चाँदनी' को एक नहीं मान सकता। इस प्रकार पूरी कविता में अस्वीकार्यता की दृष्टि से अर्थ के धरातल पर विचलित अग्रप्रस्तुति विद्यमान है। पर गहन संरचनात्मक स्तर पर कविता के ये ही अद्वैत मूल अर्थ स्पष्ट करते हैं। कवयित्री ने विचलन और समान्तरता के भाषिक कौशलों के सहारे सचमुच अपने कथ्य को बड़े प्रभावशाली ढंग से सम्प्रेषित किया है।

कविता के अन्तिम चरण की तीसरी और चौथी पंक्तियाँ विपथित हैं। वाक्य-संरचना की दृष्टि से इसके पूर्व कविता की किसी भी पंक्ति में 'भी' की आवृत्ति दो बार से अधिक नहीं हुई है, लेकिन अन्तिम चरण की तीसरी और चौथी पंक्ति में इसकी आवृत्ति क्रमशः तीन और चार बार होती है। इस प्रकार कवि के अपने ही पूर्व भाषिक विधान से हटकर 'भी' के प्रयोग की अतिरिक्तता यहाँ विपथन को जन्म देती है। इन दोनों पंक्तियों में कुल सात बार 'भी' के प्रयोग मिलते हैं। आत्मा हर-कहीं इन पंक्तियों में अपनी सत्ता स्पष्ट करती है। यहाँ जो कुछ है उसमें वही विद्यमान है। 'भी' का बार-बार प्रयोग आत्मा की इसी सत्ता को एक चाप के साथ स्पष्ट करता है। कविता की सोद्देश्यता इसी में निहित है और यही विपथित अग्रप्रस्तुति की दृष्टि से कविता की साभिप्रायता भी है।

शब्द-स्तर पर शरीर के अंगपरक शब्दों का इस कविता में विशेष चयन हुआ है। नयन, प्राण, उर, तन, पुलक, अधर ये सभी शब्द शरीरावयवी हैं। इनमें कोमल सम्बन्ध की दृष्टि से 'उर' सर्वाधिक महत्त्वपूर्ण है। इसके बाद 'नयन' और 'अधर' महत्त्वपूर्ण हैं, जो हृदय के भावों को तद्वत् व्यक्त करने में समर्थ हैं।

महादेवी की यह कविता भाषिक अग्रप्रस्तुति के एकाधिक अभिकरणों से युक्त है। उन कौशलों को रेखांकित कर लेने से कविता की समझ अच्छी तरह खुलने लगती है। कवयित्री ने कुछ शब्दों के विशिष्ट चयन किये हैं। इन शब्दों की विशेषता यह है कि कहीं तो ये अपना ऐसा प्राचल (पाराडाइम) बनाते हैं, जिसमें संसक्ति-संसजन (कॉलोकेशन) और सहवर्गीयता (होमोजिनिएटी) रेखांकनीय होती है, तो कहीं इनमें विरोधी समान्तरता प्रत्यक्ष होती है। बीन, रागिनी, जलद, चातक, नयन, दीपक, शलभ, घन, दामिनी, तार, आघात, झंकार, पात्र, मधु, मधुप, मधुर, अधर, स्मित—ये सभी अपने-अपने प्राचल (Paradigm) के ऐसे शब्द हैं, जिनमें परस्पर सहभावन प्राप्त

होता है। ये परस्पर एक-दूसरे को संवर्द्धित करते हैं। इनमें 'बीन' और 'रागिनी' का एक 'पाराडाइम' है, 'नयन', 'जलद' और 'चातक' का दूसरा, 'शलभ' और 'दीपक' का तीसरा, 'फूल' और 'बुलबुल' का चौथा, 'घन' और 'दामिनी' का पाँचवाँ, 'तार', 'आघात' और 'झंकार' का छठा, 'पात्र', 'मधु', 'मधुप' और 'मधुर' का सातवाँ और 'अधर' तथा 'स्मित' का आठवाँ।

शब्दों का विरोधी समान्तरित चयन-संयोजन 'नींद' और 'जागृति', 'प्रलय' और 'जीवन', 'शाप' और 'वरदान', 'फूल' और 'फूलहीन', 'आग' और 'हिमजल', 'नाश' और 'विकास', 'त्याग' और 'आसक्ति' जैसे शब्दों के बीच द्रष्टव्य है। ये वस्तुतः अर्थ-स्तर पर विरोधी समान्तरता के उदाहरण हैं।

ध्वनि-स्तर पर कविता में व्यवहृत प्रत्येक अन्तिम अक्षर (सिलेबुल) की प्रकृति मुक्त है; जिसमें विस्तृति और प्रसृति व्याप्त है। अनुनासिक ध्वनियों के प्रयोग भी इस कविता में 161 बार द्रष्टव्य हैं। ऐसी ध्वनियों में 'न', 'म', 'ण' के प्रयोग प्रायः आये हैं। इनके अतिरिक्त 'हूँ' जैसे शब्द-प्रयोग में भी अनुनासिकता उभरी है। स्वर की दृष्टि से 'आ', 'ई' और 'ऊ' ध्वनियाँ इस कविता में ज्यादा प्रयुक्त हुई हैं। पैंतीस बार दीर्घ 'ई' ध्वनि के प्रयोग हुए हैं, तो छब्बीस बार 'आ' ध्वनि के प्रयोग। बीस बार दीर्घ 'ऊ' ध्वनि के प्रयोग हुए हैं, तथा सात बार ह्रस्व 'उ' के प्रयोग। नासिक्य ध्वनियों के प्रयोग से कविता में कोमलता की व्यंजना होती है। जिस पारस्परिक सम्बन्ध का कविता में अभिव्यंजन किया गया है, वह सम्बन्ध कोमलतम है, किन्तु यह सम्बन्ध दृढ़ भी है, अतः महाप्राणता से भी परिपूर्ण है। नासिक्य के अतिरिक्त प्रत्येक पंक्ति में महाप्राण व्यंजन के प्रयोग की यही सार्थकता है। ऐसी ध्वनि में 'भी' के प्रयोग सर्वाधिक प्रमुख हैं।

रूप-रचना के स्तर पर 'जो' और 'जिसके' जैसे व्याकरणिक शब्द की आवृत्ति हुई है। तीन बार 'जिसके', एक बार 'जिसको' और दो बार 'जो' के प्रयोग किये गये हैं। ऐसे प्रयोग के सहारे कथ्य को अधिकाधिक खोलने, स्पष्ट करने की चेष्टा की गयी है। एक ऐसी व्याख्यात्मकता, जिसके सहारे बिम्ब की रचना इस कविता में सम्भव हो पाती है। कारक-परसर्गों में 'के' और 'में' के प्रयोग सर्वाधिक हैं। एक सम्बन्ध को स्थिर करता है, तो दूसरा स्थानिकता को निर्दिष्ट अथवा अन्तर्भाव को अभिव्यक्त करता है।

वाक्य-रचना की दृष्टि से प्रायः वाक्यांशों या पंक्तियों की रचना समान्तरित है। 'बीन भी हूँ', 'रागिनी भी हूँ' जैसे वाक्यांश परस्पर समान्तरित हैं। प्रथम जागृति', 'प्रथम स्पन्दन' की संरचना भी समान्तरित है। 'वह तृषित चातक हूँ', 'वह निठुर

दीपक हूँ' जैसे वाक्यांश भी परस्पर समान्तरित हैं। 'आग हूँ जिसके ढुलकते बिन्दु हिमजल के', 'शून्य हूँ जिसको बिछे हैं पाँवड़े पल के–यहाँ भी वाक्य की संरचना समान्तरित है। तार भी, आघात भी, झंकार की गति भी', पात्र भी, मधु भी, मधुप भी, मधुर विस्मृति भी'–इन पंक्तियों में भी संरचनात्मक समान्तरता प्राप्त होती है। इस कविता के प्रत्येक चरण की अन्तिम पंक्ति, जो कविता की प्रथम पंक्ति से तुक मिलाती चलती है, प्रायः वाक्य-स्तर पर पूरी तरह समान्तरित रूप में उपस्थित होती है। 'कूल भी हूँ, कूलहीन प्रवाहिनी भी हूँ', 'नील घन भी हूँ, सुनहली दामिनी भी हूँ', 'अधर भी हूँ और स्मित की चाँदनी भी हूँ'–ऐसी भाषिक अभिव्यक्तियाँ इसका समर्थ प्रमाण है। वस्तुतः ये सभी वाक्य की 'इनेत' (INATE) संरचनाएँ हैं, जिसकी इस कविता में प्रमुखता है। शब्द कमोबेश बदलते जाते हैं, पर वाक्य की संरचनात्मक पद्धति पूर्ववत् बनी रहती है। इसे ही रिचर्ड गुण्टर 'साइनुअसिटी' की विशेषता मानते हैं। यह समान्तरता तो है, पर विशेष निश्चित अन्तराल पर आवर्तित होनेवाली समान्तरता है। अतः इसे 'साइनुअसिटी' कहते हैं।

अर्थ-स्तर पर ऐसी पंक्तियों में प्रायः विरोधी समान्तरता प्राप्त होती है। 'कूल होने' और 'कूलहीन प्रवाहिनी' होने में अर्थ-स्तर की विरोधी समान्तरता है। 'नील घन' और 'सुनहली' विद्युत्-रेखा होने में वर्ण की दृष्टि से भी 'नील' और 'सुनहली के अन्तर के कारण विरोधी समान्तरता है। पुनः 'नील' और 'सुनहली' के अवबोध के कारण 'घन' और 'दामिनी' भी परस्पर विरोधी रूप में समान्तरित हो पड़ते हैं, 'नाश' और 'विकास' के क्रम में, 'त्याग के दिवस' और 'आसक्ति के अन्धकार' में भी अर्थ-स्तर की यह विरोधी समान्तरता मिलती है। 'त्याग' और 'आसक्ति' तो विरोधी हैं ही, इनके अतिरिक्त यहाँ 'दिन' प्रकाशवाचक है तो 'तम' जैसे रात्रि का सूचक। अतः इनमें भी परस्पर विरोधिता है। पदार्थ-मूलक दृष्टि से 'तार', 'आघात', 'झंकार' तीनों को एक मानने में भी विरोधमूलक अर्थस्तरीय समान्तरता है। 'तार' वीणा की पदार्थमूलक सत्ता का एक अंश है। 'आघात' उँगलियों से उस पर की जानेवाली चोट है। जो तार है, वह चोट नहीं है और जो चोट है, वह तार नहीं है। फिर भी चोट तार पर ही होती है और इनका पारस्परिक सम्बन्ध है। 'तार' अपने-आप में स्थिर है। 'आघात' में गति है। वही तार को गतिशील करता है। 'तार' और 'आघात' के समवाय से झंकार उठती है। फिर भी न तो तार 'झंकार' है और न ही आघात 'झंकार' है। 'तार' उपादान है। 'आघात' प्रक्रिया है और 'झंकार' इसका परिणाम अथवा इसकी उपलब्धि है। इन तीनों को एक मानने की चेष्टा सामान्य स्तर पर विरोधिता को जन्म देती है। 'पात्र', 'मधु', 'मधुप' और 'मधुर विस्मृति' में भी

अन्तर है, 'पात्र' आधार है, 'मधु' आधेय है। वह उसमें आधारित-संचित होता है। 'मधुप' भ्रमर है, जो मधु को पीता है। 'मधुर विस्मृति' उस हालकाल की स्थिति है, जो मधु पीने के बाद प्राप्त होती है। इन सब को अर्थ-स्तर पर एक नहीं माना जा सकता। यद्यपि ये सारे शब्द परस्पर सम्बद्ध और सहवर्गीय हैं, एक-दूसरे से जुड़े हैं, फिर भी इनमें आधार-आधेय की भिन्नता का, कर्त्ता, कर्म और क्रिया-विशेषणात्मक भिन्नता का अन्तर उभरता है। 'अधर' और 'स्मित' में भी आधाराधेय सम्बन्ध है, 'अधर' आधार है, जिस पर स्मित मचलती है, आधृत होती है। इस प्रकार अर्थ की दृष्टि से सामान्य रूप में प्रतीयमान इन विभेदक स्थितियों को भी कवयित्री ने अभेद की भूमिका में निर्दिष्ट किया है और इसमें एकरूपता लाने की, अद्वयता लाने की चेष्टा की है।

पूरी कविता में 'हूँ' शब्द 19 बार प्रयुक्त हुआ है। रूप-रचना के स्तर पर इससे बने हुए 'हैं' और 'है' जैसे शब्दों का भी प्रयोग एक-एक बार हुआ है। इसी से बना हुआ एक और शब्द 'हो' का भी प्रयोग एक बार हुआ है। 'हूँ' और 'है' के प्रयोग से 'मैं' की उस सत्ता का आभास होता है, जो निरन्तर वर्तमान है, जिसकी वर्तमानकालिकता कभी मिट नहीं सकती। सामान्य दृष्टि से जो भेद है या पार्थक्य है, विशेष दृष्टि से उनके बीच अभेद-मूलकता की स्थिति है। इस प्रकार रूपात्मक स्तर पर 'मैं', 'मेरी', 'मेरा' के प्रयोग भी देखे जा सकते हैं, जो मूलतः एक ही सार्वनामिक धातु से निष्पन्न होकर भिन्न हो गये हैं। 'मैं' की प्रतिकूलता में विरोधी समान्तरता की दृष्टि से आया हुआ शब्द 'तुम' है। पहली पंक्ति में 'तुम्हारी' शब्द इस विरोधी समान्तरता को उजागर करता है। इस 'पाराडाइम' में 'तुमसे' शब्द का भी कवि ने व्यवहार किया है।

इस कविता में कविता का उन्मीलक (Key) शब्द 'सुहागिनी' है। 'मैं' अपने को सुहागिनी की भूमिका में रखकर ही कोमल सम्बन्ध की बात करती है। वह 'अखण्ड सुहागिनी' है, उसका सौभाग्य शाश्वत और अमर है। स्थानगत और कालगत दूरियाँ उसे इस सम्बन्ध से छिन्न नहीं कर सकतीं। 'अखण्ड सुहागिनी' से यह रहस्य स्पष्ट होता है कि कोई सांसारिक सुहागिनी नहीं है, जिसको सुहाग छिनने का खतरा हो या जिसकी कालावधि की समाप्ति इस संसार में हो जाती हो। यह विशेष सुहागिनी तो आत्मा ही हो सकती है। परमात्मा के साथ जिसका अनन्त और विशेष कोमल सम्बन्ध है। पूरी कविता में इस सम्बन्ध की व्याख्या कविता की याचिका 'मैं' करती है। वह कहती है कि मैं तुम्हारी बीन और रागिनी दोनों ही हूँ। 'बीन' या 'वीणा' शब्द के ऐतिहासिक अर्थ-विकास पर ध्यान देने से पता चलता है कि एक 'वीणा' वह रही,

जिसे झंकृत कर सृजनहार ने सृष्टि का आरम्भ किया था। आत्मा स्वयं को सृष्टि के आरम्भ का उपादान भी मानती है और उसका परिणाम भी। परमात्म-सत्ता से विलय की स्थिति में यह आत्मा सोयी हुई थी। रचनाकर्त्री ने यहाँ विशेषण के तीव्रकों (इंटेन्सिफायर) के कौशलपूर्ण व्यवहार किये हैं। 'मैं' वाचिका की निद्रा निस्पन्द, अचल थी। वह कण-कण में व्याप्त थी, परमात्म-तत्त्व के वियोग से ही उसमें सर्वप्रथम जागरण के चिह्न स्पष्ट हुए। संसार का वही आरम्भ था। वही प्रथम स्पन्दन था। जीवन और प्रलय—सृष्टि के जो ये दो पक्ष हैं, इनमें प्रलय में आत्मा का पता है और जीवन में उसके गतिशील चरणों के चिह्न दीखते हैं। आत्मा अपने को अभिशप्त मानती है, क्योंकि वह परमात्म-तत्त्व से वियुक्त हुई है, किन्तु यही अभिशाप उसके लिए स्वरूप बदल कर वरदान हो जाता है, तभी शरीर में प्रवेश कर बन्धन-मुक्त होकर भी वह अपने को वरदान मानती है। वाचिका अपने को बन्धन-युक्त और बन्धन-मुक्त, गतिहीन और गतिशील दोनों ही रूपों में व्याख्यायित करती है। वास्तव में अगति और गति दोनों ही परमात्म-सत्ता के दो रूप हैं, जिनका प्रतिबिम्बन आत्मा अपने-आप में पाती है। वाचिका कहती है कि यह ऐसी प्यासी चातिका है, जिसकी आँखों में ही सावन-घन घिरे हैं। वह ऐसी दीपिका है, जिसके प्राण में ही निष्ठुर शलभ रहता है, वह ऐसी बेकल बुलबुल है, जो अपने हृदय में ही फूल को छिपाये रहती है, चातकी बादल के पास रहकर भी प्यासी रहती है। शलभ को प्राण में रखकर भी शमा परवाने से मिल नहीं पाती है और हृदय में फूल को छिपाकर भी बुलबुल उसकी सुरभि प्राप्त नहीं कर पाती। वास्तव में आत्मा-परमात्मा से एक है, जैसे छाया शरीर से एक है और आत्मा-परमात्मा से दूर है, जैसे छाया शरीर से दूर है। वाचिका कहती है मैं तुमसे दूर होकर भी 'अखण्ड सुहागिनी' हूँ, मेरी सौभाग्यशीलता को कोई भी नष्ट नहीं कर सकता। सांसारिक दृष्टि से 'अखण्ड सौभाग्य' किसी को भी प्राप्त नहीं होता। यह 'अखण्ड' विशेष ही है, जो यह स्पष्ट करता है कि यहाँ सुहागिनी कोई सामान्य नारी नहीं है, बल्कि आत्मा है। वाचिका अपने को उस प्रकार की अग्नि मानती है, जिससे बर्फीली बूँदें ढुलकती हैं। आग वस्तुतः विरह का ताप है और बर्फीली बूँदें करुण वियोग में नेत्र से ढलनेवाले अश्रु-बिन्दु हैं। वाचिका अपने को शून्य मानती है, जहाँ तक पहुँचने के लिए पल-पल के पाँवड़े बिछे हुए हैं। समय को साध कर ही कोई शून्य से लयलीन हो सकता है। वाचिका अपने को पुलक के रूप में देखती है, जो कठोर पत्थर के बीच पालित हुई है। पत्थर कठोर होता है, उसमें कोई पुलक-संवेदना नहीं होती। लेकिन प्रस्तर की बाह्याकृति के भीतर पुलक की स्पन्दनशीलता छिपी हो सकती है। आत्मा इस तथ्य का उद्घाटन कर देती है। सृष्टि का आधार तो सृजनहार

है। उसके हृदय में जो बिम्ब है, आत्मा उसी का प्रतिबिम्ब है। प्रकृति के सारे चितेरे रंग-रूप, चाहे नील घन-घटा हो या सुनहली विद्युत्-लेखा–आत्मा उन सबमें अपने-आपको देखती है। वह घनघुम्मर वृष्टि में भी और तपक-तड़ित में भी अपना अस्तित्व पाती है। अखण्ड सुहागिनी के रूप में परमात्म-तत्त्व से एकीकृत आत्मा को यह स्पष्ट हो जाता है कि सृष्टि के अनन्त विकासक्रम और विनाशक्रम दोनों ही के मूल में उसकी सत्ता है। चरम आसक्ति के अँधेरे में और त्याग की प्रकाशोज्ज्वलता में भी वह आत्मा ही रहता है। वह उपादान हैं, प्रक्रिया है, उपलब्धि है, आधार है, आधेय है, निमित्त है और स्थिति है, वही कर्त्ता है और वही कर्म भी है। इस प्रकार पूरी कविता विकल्पक्रमी और विन्यासक्रमी दोनों ही अक्षों पर अपना विशेषार्थ ज्ञापित करने लगती है।

12
पुष्प की अभिलाषा

साहित्य के प्रणयन के साथ-साथ साहित्य की शिक्षण-प्रक्रिया भी आरम्भ से चली आ रही है। समय-समय पर इसके स्वरूप में परिवर्तन आते रहे हैं। पर कई बार ऐसा भी देखने में आया है कि साहित्य के शुद्ध अनुभावन के प्रति प्रबल आग्रह रखनेवाले वर्ग ने साहित्य के अवबोध के लिए उसके शिक्षण-प्रशिक्षण का दृढ़ शब्दों में निषेध किया है। उनके विचार से साहित्य-शिक्षण की कोई आवश्यकता नहीं है, क्योंकि साहित्य का आस्वाद सहृदय कर सकता है और सहृदय में यह क्षमता जन्म-जन्मान्तर के संस्कार से प्राप्त होती है। यह भी कहा जाता है कि जो सहृदय नहीं होता, उसे यदि विविध प्रकार से साहित्य-शिक्षण देने की चेष्टा भी की जाय, तो वह साहित्य को हृदयङ्गम नहीं कर पाता। इसकी संवेदना उससे अछूती रह जाती है। ऐसे समानधर्मा की प्रत्याशा रखनेवाले कवि भवभूति को यह कहना पड़ा कि 'उत्पत्स्यते हि मम कोऽपि समानधर्मा, कालोहि निरवधिर्विपुला च पृथ्वी।' आधुनिक काल में पश्चिमी अमरीकी कवि-चिन्तक मैंक्लीश का इसी दृष्टि से कहना है कि "A poem does not mean but be" कि कविता तो अपने-आप में 'भविता' होती है, वह अर्थ-मात्र नहीं देती। पर इस 'भविता' तक पहुँचने के लिए क्या पाठक को वस्तुनिष्ठ विश्लेषण-प्रणाली की दीक्षा प्राप्त करने की आवश्यकता है?

उक्त मतवाद के बावजूद आरम्भ से ही साहित्य का शिक्षण और प्रशिक्षण होता रहा है। जहाँ समग्र भारतीय काव्यशास्त्र साहित्य की शिक्षा देता है वहीं पश्चिमी साहित्यालोचन भी साहित्य को समझने की स्थितियों से हमें परिचित कराता है। इस प्रकार हमारे सामने ऐसे सिद्धान्त, ऐसी अवधारणायें, ऐसी संकल्पनायें और ऐसे प्रतिमान आते हैं, जिनके आधार पर साहित्य की व्याख्या सम्भव है और साहित्य के अध्येता के लिए इसका प्रशिक्षण भी दिया जाता है। भारतवर्ष में अलंकार सम्प्रदाय, रीति सिद्धान्त, वक्रोक्ति सिद्धान्त, रस सम्प्रदाय, ध्वनि-सिद्धान्त और औचित्य सिद्धान्त जैसे छह सिद्धान्त साहित्य को अपने-अपने दृष्टिकोण से समझने की दिशा में साहित्य-शिक्षण का कार्य ही सम्पन्न कर रहे थे। उन आचार्यों के द्वारा किया गया शब्द-शक्ति, गुण और दोष का विवेचन भी साहित्य-शिक्षण का ही अंश रहा है। काव्य के हेतु, काव्य के प्रयोजन, नाटक के तत्त्वों आदि का विवेचन भी साहित्य-शिक्षण से ही सम्बद्ध है। पश्चिम में अनुकृति और विरेचन सिद्धान्त, अभिव्यंजना सिद्धान्त, त्रासदी का सिद्धान्त, उदात्त का सिद्धान्त, 'कला जीवन के लिए' और 'कला-कला

के लिए' का सिद्धान्त—सभी साहित्य के शिक्षण से जुड़े हुए सिद्धान्त ही हैं। इन सिद्धान्तों के जरिये साहित्य के भीतर उसकी विशेष सत्ता को निरूपित करनेवाले रूपाकार, शिल्प-तन्त्र, भाषिक वैशिष्ट्य, अभिव्यंजना-कौशल और उसमें निहित कथ्य-सौन्दर्य का अध्ययन सम्भव होता रहा है।

आधुनिक युग में साहित्य की समझ को सुस्पष्ट और विकसित करने के लिए कई आलोचना-प्रणालियाँ हमारे सामने आयीं। इनमें पारम्परिक काव्यशास्त्रीय या श्रेण्य (क्लासिकल) आलोचना-प्रणाली के अतिरिक्त मार्क्सवादी आलोचना-प्रणाली, मनोवैज्ञानिक आलोचना-प्रणाली, समाजशास्त्रीय आलोचना प्रणाली, आद्य-बिम्बात्मक आलोचना-प्रणाली, मिथकीय आलोचना-प्रणाली, ऐतिहासिक आलोचना-प्रणाली, जीवनवृत्तीय आलोचना-प्रणाली, मूल्य-मीमांसावादी आलोचना-प्रणाली जैसी साहित्य-शिक्षण की कई प्रणालियाँ उल्लेखनीय हैं। इन प्रणालियों में से कई के अन्तर्गत केवल साहित्य का प्रवृत्तिमूलक विवेचन ही विवेचकों को काम्य एवं अभीष्ट रहा है। इनमें साहित्य के अध्ययन के लिए साहित्येतर तत्त्वों की प्रधानता भी रही है। इनसे साहित्य के शिक्षण की दिशा में मोटे तौर पर कई आयाम भले ही उपलब्ध हो गये हों, पर इनसे साहित्य का अपना विश्लेषण सम्भव नहीं हो पाया।

साहित्य-विश्लेषण का मूलाधार तो भाषा का विश्लेषण है, क्योंकि साहित्य अपने-आप में विशेष भाषिक अभिव्यक्ति है। वह भाषा-माध्यमिक और भाषा सिद्ध—दोनों ही है। इस दृष्टि से साहित्य का विश्लेषण शैलीवैज्ञानिक विश्लेषण का विषय है। इसमें रचना को स्वायत्त माना जाता है और साहित्य की समझ के लिए साहित्यिक पाठ के विश्लेषण को ही प्रमुखता दी जाती है। हाँ, अन्तर-पाठीयता (Inter-Textuality) के आधार पर पाठ को अन्य पाठों के सन्दर्भ में भी विवेचित किया जाता है। इस भाषिक आलोचना-प्रणाली के परिसर में रूपवादी, शैलीवैज्ञानिक, संरचनावादी, संकेतार्थवादी और विसंरचनावादी आलोचना-प्रणाली का विकास होता है। यहाँ यह ध्यान देने योग्य है कि शैलीवैज्ञानिक आलोचना-प्रणाली ने साहित्य के अध्ययन के लिए साहित्य के सामान्य शिक्षण पर बल नहीं देकर उसके वस्तुनिष्ठ विश्लेषण की बात उठायी है, क्योंकि इसने साहित्य को 'शाब्दिक कला' और साहित्यिक पाठ को 'स्वायत्त' माना है। अतः जहाँ यह साहित्य-विश्लेषण पहली बार साहित्य-शिक्षण के नये आयाम के रूप में उपस्थित हुआ, वहीं यह साहित्य की भाषिक संरचना और संघटना के सूक्ष्म विवरणों को प्रस्तुत करनेवाला तथा साहित्य की सही साभिप्रायता को ग्रहण करनेवाला भी सिद्ध हुआ। इस तरह यह सिद्ध हुआ कि साहित्य-शिक्षण का साहित्य-विश्लेषण के साथ बुनियादी सम्बन्ध है। जब तक साहित्य का भाषिक विधान पूरी तरह स्पष्ट नहीं हो जाता, तब तक साहित्य की

मूल्यवत्ता को, सोदृदेश्यता को भी बखूबी नहीं जाना जा सकता। यहीं यह आरोप भी खण्डित हुआ कि साहित्य-विश्लेषण मूल्यांकनहीन होता है। विश्लेषण के शैलीवैज्ञानिक साँचे में संकेतार्थ-विज्ञान के जुड़ जाने के साथ ही मौरिस के अनुरूप मूल्यांकन की संकल्पना भी विश्लेषण के क्षेत्र में सिमट आयी।

कहना न होगा कि जब से मौरिस ने संकेतार्थ-विज्ञान का विवेचन करते हुए मूल्यों की पूरी सरणि उपस्थित कर दी, तब से यह भी माना जाने लगा है, कि साहित्य का भाषिक विश्लेषण मूल्य का विश्लेषण करने में समर्थ है। आरोपकर्त्ताओं ने यह भी आरोप किया था कि भाषिक विश्लेषण की सीमा वाक्य तक रहने के कारण शैलीवैज्ञानिक विश्लेषण में वृहत्तर एवं सुदीर्घ पाठों का विश्लेषण सम्भव नहीं है। किन्तु 'पाठभाषाविज्ञान' और 'प्रोक्ति' की अवधारणा के सामने आ जाने से अब यह कमी दूर कर ली गयी है, और अब भाषिक विश्लेषण के द्वारा वृहत्तम पाठ का सार्थक विश्लेषण भी सुकर और सम्भव हो गया है। इस प्रकार अब साहित्य के शिक्षण में साहित्य के भाषिक विश्लेषण की महत्त्वपूर्ण और अनिवार्य भूमिका है। यही वह अद्यतन साहित्य-शिक्षण है, जिसके द्वारा भाषा की वस्तुनिष्ठ पहचान करते हुए साहित्यिक पाठ की एकायामी या बहुआयामी मूल संवेदना के आग्रहण में सफलता प्राप्त क़ी जाती है।

साहित्य के ऐसे वस्तुनिष्ठ भाषिक विश्लेषण के लिए किसी प्रतिमान का होना अपेक्षित है, क्योंकि बिना किसी निश्चित प्रतिमान के साहित्य का वस्तुनिष्ठ विश्लेषण सम्भव नहीं है। वास्तव में यह प्रतिमान ही है, जिसकी निश्चयता और ग्रहणशीलता विश्लेषण को वस्तुनिष्ठता और तात्त्विकता प्रदान करती है। प्रतिमान विश्लेषक को भाषा की व्यवस्था और रचना-विशेष में, उसकी कार्यविधि के विषय में वृहत्तर और ब्यौरेवार ज्ञान प्रदान करता है। यह साहित्यिक पाठों के द्वारा उत्पन्न प्रभावों और उनकी सूझ-भरी सजगता के लिए विश्लेषक की क्षमता का विस्तार भी करता चलता है। प्रतिमान के अभिकरण पाठ के साभिप्राय भाषिक एककों के रेखांकन में समर्थ होते हैं। अतः इसके आधार पर किये जानेवाले विश्लेषण में विश्लेषक की ओर से ऐसे एककों के छूटने का खतरा बहुत ही कम हो जाता है।

साहित्य के विश्लेषक के लिए शैलीविज्ञान में अनेक प्रकार के प्रतिमान-वर्ग प्रस्तावित किये जा सकते हैं–

1. शैली-संकल्पना मूलक प्रतिमान-वर्ग,
2. भाषा-वैज्ञानिक प्रतिमान-वर्ग और
3. संरचनात्मक प्रतिमान-वर्ग।

इनमें पाठक भावक की ओर से किये जानेवाले विश्लेषण की दृष्टि से शैली-संकल्पनामूलक वर्ग के 'अग्रप्रस्तुति' प्रतिमान (Foregrounding Model) का विशेष महत्त्व है। यह प्रतिमान द्विसोपानिक प्रतिमान है। इसमें एक सोपान पर शैली-संकल्पना के अभिकरण और दूसरे सोपान पर सभी भाषिक स्तर क्रियाशील होते हैं। इस प्रकार इसमें पाइक द्वारा निर्दिष्ट 'Etic' और 'Emic' दोनों ही संकल्पनाओं का मणिकांचन संयोग प्राप्त होता है।

अग्रप्रस्तुति प्रतिमान सर्जनात्मक साहित्य की समझ की दिशा में पाठ की भाषिक संरचना का अच्छी तरह रेखांकन और उद्घाटन कर पाता है। साहित्य भाषा से अविच्छिन्न है। भाषा के बिना साहित्य की सत्ता नहीं। काव्य-कला मूर्तिकला या वस्तुकला नहीं है, जिसका माध्यम बदला जा सके। मूर्ति मिट्टी, पत्थर से लेकर काँसा, ताँबा, पीतल, चाँदी, लोहा, सोना आदि सबकी बन सकती है। मकान का माध्यम भी परिवर्तित हो सकता है। तृण, मिट्टी, ईंट, पत्थर, काष्ठ जैसे इसके अनेक माध्यम सम्भव हैं, किन्तु साहित्य का एक ही माध्यम है—भाषा। साहित्य भाषा-माध्यमिक और भाषा-सिद्ध होता है। इसलिए उसकी सार्थकता के प्रश्न पर विचार करते हुए हमें भाषा के प्रश्न पर ही विचार करना पड़ेगा, क्योंकि अर्थवत्ता या साभिप्रायता अपने-आप में भाषा का ही अंग और विषय है। इस दृष्टि से साहित्य की समझ की पाठ-प्रक्रिया ऐसी होनी चाहिए, जो भाषाधारित होने के साथ-साथ सर्जनात्मकता के उद्घाटन में समर्थ हो।

साहित्य किसी भी विधा में क्यों न लिया जाये, सर्जनात्मक भाषा व्यवस्था के कुछ ऐसे निश्चित कौशल हैं, जिनके बिना साभिप्रायता गर्भित नहीं की जा सकती। ये कौशल वास्तव में भाषिक अग्रप्रस्तुति के कौशल हैं और शैलीवैज्ञानिक विश्लेषण के सार्थक अभिकरण हैं।

साहित्य की भाषिक संरचना का पहला कौशल भावक-पाठक को वहाँ देखने को मिलता है, जहाँ रचनाकार किसी भी भाषिक एकक का आवर्तन करता है। यह आवर्तन साभिप्रायता को समेटने का एक अच्छा कौशल सिद्ध होता है। रचनाकार ध्वनि, शब्द, रूप, वाक्य, प्रोक्ति, अर्थ—सभी भाषायी स्तरों पर आवर्तन कर सकता है, यथापेक्षी रूप में करता भी है। इस तरह के आवर्तन भाषा के बीच निर्वाह की जानेवाली व्याकरणिता को अतिक्रमित कर अतिरिक्त नियमितता (Extra regularities) की सृष्टि करते हैं। इसके साथ ही यह कौशल समतुल्य रूप में दो ध्रुवों की विरोधी समान्तरता में भी उभरता है। यह विरोधिता भी भाषा के सभी स्तरों पर देखी जाती है। रचनाकार अपनी संवेदनात्मक अभिव्यक्ति में यथावश्यक इसका

उपयोग करता है। अग्रप्रस्तुति का वह अभिकरण 'समान्तरता' (Parallelism) कहलाता है।

भाषा-संरचना का दूसरा सर्जनात्मक कौशल सामान्य भाषा-व्यवहार को उस रूप में विशेषीकृत करने का है, जहाँ वह व्याकरणिक मानक को तोड़ता है। यहाँ व्याकरणिकता का भंजन एक ओर भाषा की बाहरी संरचना के स्तर पर ध्वनि, शब्द रूप, वाक्य और प्रोक्ति की सतह पर क्रियाशील होता है, तो दूसरी ओर अर्थ की सतह पर भी। इस तरह सर्जनात्मक भाषा-संरचना जब मानक व्याकरण की भाषा-संरचना को तोड़ती है तब जो भाषिक कौशल सामने आता है, उसे 'विचलन' (Deviation) कहते हैं।

भाषा-संरचना का तीसरा कौशल वहाँ सामने आता है, जहाँ भाषा की संरचना व्याकरणिक व्यवस्था और उसके मानक के तो अनुरूप होती है, किन्तु वह स्रष्टा की रचना में उसके ही द्वारा अब तक प्रस्तुत किये गये भाषिक मानक या बनायी गयी व्यवस्था के विरोध में जा खड़ी होती है। रचना में इस प्रकार की सर्जनात्मक व्यवस्था भी भाषा के ध्वनि, शब्द, वाक्य, प्रोक्ति, अर्थ जैसे सभी स्तरों पर यथापेक्षी रूप में सक्रिय होती है। पारिभाषिक रूप में इस भाषिक कौशल को 'विपथन' (Deflection) कहते हैं।

सर्जनात्मक भाषा-व्यवस्था की चौथी कला किसी भाषिक एकक को विरल रूप में सारगर्भित तौर पर प्रयुक्त करने की कला है, जिसे 'विरलता' (Rarity) कहते हैं। इस कौशल के साथ एक शर्त जुड़ी है कि वह कौशल वहीं होता है, जहाँ 'समान्तरता', 'विचलन' और 'विपथन' जैसे तीनों कौशल सक्रिय नहीं होते हैं। पर जब इनमें पहले को छोड़ कर शेष दो कौशलों में 'विरलता' जैसा तत्त्व सक्रिय दीखता है तब वहाँ भी इसे 'विचलन' और 'विपथन' नाम से ही अभिहित किया जाता है, 'विरलता' के नाम से नहीं। 'विरलता' के लिए अन्य तीनों अभिकरणों या कौशलों की अभावात्मकता जरूरी तौर पर अपेक्षित है। हाँ, जैसे सभी प्रकार की आलोचना में पाठक की महत्त्वपूर्ण भूमिका होती है, वैसे ही यहाँ भी होती है। वस्तुतः शैलीवैज्ञानिक आलोचना एक पाठकीय सहयात्रा ही है।

साहित्य-शिक्षण के विवेच्य सन्दर्भ में इस प्रतिमान के आधार पर 'एक भारतीय आत्मा' की 'पुष्प की अभिलाषा' का शैलीवैज्ञानिक विश्लेषण द्रष्टव्य है, जिससे यह स्पष्ट होता है कि इसकी भाषिक संरचना को प्रायः जितना सरल मान लिया जाता है उतनी सरल और कौशल-हीन इसकी भाषिक संरचना नहीं है। साथ ही यह भी पता चलता है कि कवि की काव्य-भाषागत विशेषताएँ क्या हैं, और इस कविता की मूल संवेदना को वे कितनी सार्थकता और साभिप्रायता प्रदान करती हैं।

पुष्प की अभिलाषा

(पहली उपप्रोक्ति)

1. चाह नहीं, मैं सुर-बाला के गहनों में गूँथा जाऊँ
2. चाह नहीं, प्रेमी-माला में बिंध प्यारी को ललचाऊँ
3. चाह नहीं, सम्राटों के शव पर, हे हरि! डाला जाऊँ
4. चाह नहीं, देवों के सर पर चढ़ूँ, भाग्य पर इठलाऊँ।

(दूसरी उपप्रोक्ति)

5. मुझे तोड़ लेना वन-माली, देना तुम उस पथ पर फेंक
6. मातृभूमि पर शीश चढ़ाने, जिस पथ जावें वीर अनेक।

उक्त पूरी कविता एक पूर्ण काव्य-प्रोक्ति है, जो दो उपप्रोक्तियों से निर्मित है। पहली उपप्रोक्ति की चार पंक्तियों में पुष्प क्रमशः अप्सरा के सामीप्य का निषेध करता है, प्रेमी के शृंगारिक आग्रह का निषेध करता है, राजनीतिक दृष्टि से प्राप्य महत्त्व का निषेध करता है। दूसरी उपप्रोक्ति विधेयात्मक है। इसमें पुष्प की अभिलाषा के दो रूप हैं—पहला निषेधात्मक और दूसरा विधेयात्मक। निषेधात्मक रूप में पुष्प विशेषतः चार महत्त्वपूर्ण प्राप्य को अस्वीकार करने का साहस दिखाता है। दूसरी उपप्रोक्ति की दो पंक्तियों में भी चाहत की ही अभिव्यक्ति होती है। पर पहली उपप्रोक्ति की तरह यहाँ चाहत को व्यक्त करनेवाली कोई भी 'स्व-शब्द-वाच्यता' कविता में सामने नहीं आती। स्मरणीय है कि यह काव्यशास्त्र के आचार्यों द्वारा निर्दिष्ट एक दोष है, जिससे दूसरी उपप्रोक्ति मुक्त है। जब पुष्प यह कहता है कि हे वनमाली, तुम मुझे तोड़ कर उस पथ पर फेंक देना, जिस पथ पर मातृभूमि पर शीश चढ़ाने के लिए वीर युवक यात्रा करते हों, तब वस्तुतः पुष्प की चाहत ही इस दूसरी उपप्रोक्ति में व्यक्त होती है, किन्तु इस इच्छा का कहीं भी शाब्दिक उल्लेख नहीं किया जाता है। इस प्रकार यह उपप्रोक्ति विपथित होकर अग्रप्रस्तुत हो उठती है।

इस कविता को महत्त्व देनेवाला दूसरा प्रोक्ति-कौशल विरोधी समान्तरता का है। पहली उपप्रोक्ति में सारा आकर्षण-सान्निध्य महत्त्वपूर्ण आलम्बनों का है। मधुबाला, प्रेमी, सम्राट् और देवता—ये आलम्बन हैं। सामान्य दृष्टि में निस्सन्देह यह गौरव का सन्दर्भ है, लेकिन पुष्प दूसरी उपप्रोक्ति में गौरव के ऐसे सन्दर्भों को छोड़कर उपेक्षा के सन्दर्भ के प्रति अपनी इच्छा व्यक्त करता है। द्रष्टव्य है कि इस सन्दर्भ में जिन क्रियाओं का प्रयोग हुआ है, वे क्रियाएँ भी उपेक्षामूलक हैं—'तोड़ लेना' और 'फेंक देना'।

पूरी काव्य-प्रोक्ति पर ध्यान दें, तो 'पुष्प की अभिलाषा' की दो स्थितियाँ सम्भव हैं—पहली सम्भावित स्थिति तो यह है कि पुष्प अपनी शाख से जुड़ा रहना चाह सकता

है। दूसरी सम्भावित स्थिति वह है जिसमें पुष्प शाख से छिन्न होने पर कहीं जाना जाता है। विवेच्य कविता के सन्दर्भ में दूसरी सम्भावित स्थिति की ही सार्थकता है। तथ्यिकी या भाषाव्यवहार-शास्त्र (Pargmatics) की दृष्टि से इस कविता का मूल स्वर 'वरण की स्वतन्त्रता' का स्वर है। पुष्प वरण की स्वतन्त्रता चाहता है। वह छिन्न होने की अपनी नियति से परिचित है। अतः छिन्न होने की सोद्देश्यता का वरण-अधिकार वह अपने-आपको देना चाहता है। यह सच है कि जीवन नश्वर है। मनुष्य को एक-न-एक दिन मर जाना है, किन्तु वरण का यह अधिकार मनुष्य का अपना है कि वह किस रूप में और किसे अपना जीवन समर्पित करे। पुष्प एक महत्त्वपूर्ण उद्देश्य के लिए अपना जीवन अर्पित करना चाहता है। पर वह अपने को वीर नहीं कहता है। वह तो भावना से भरा ऐसा हृदय है, जिसमें मातृभूमि के प्रति अगाध प्रेम का सागर उमड़ रहा है। अपने इस भावनात्मक ज्वार में वह बलिपन्थियों के पावों तले कुचला जाना पसन्द करता है। पुष्प अपनी शाख से छिन्न क्या होता है, बलिपन्थी अपना मस्तक अर्पित कर देता है। इस प्रकार इस कविता का मूल स्वर 'बलिदान का स्वर' है। यही पुष्प की वास्तविक अभिलाषा है। यहाँ पहली उपप्रोक्ति की निषेधात्मक इच्छा की पृष्ठभूमि में उत्तरवर्ती उपप्रोक्ति की विधेयात्मकता अग्रप्रस्तुत होकर उभरती है। वस्तुतः यह पूरी अग्रप्रस्तुति प्रोक्ति के स्तर पर विरोधी समान्तरता को आधार बनाती हुई, विपथित होकर सामने आती है। पहली उपप्रोक्ति के अन्तर्गत चार छोटी-छोटी उपप्रोक्तियाँ हैं। ये वैसी उपप्रोक्तियाँ हैं, जिनके लिए प्रायः सामान्य मनुष्य के भीतर लालसा, कामना और मथनेवाली इच्छा होती है। मनुष्य अपने व्यक्तित्व के 'इदम्' (ID) की माँग के अनुरूप इन सन्दर्भों से जुड़ना चाहता है, और इनको प्राप्त करना चाहता है। सुरबाला के गहनों में गुम्फित होना, शरीर का मादक स्पर्श प्राप्त करना, ऐसी ही इदम्-समर्पित आकाँक्षाएँ हैं। सुरबाला अप्सरा होती है, वह मानवी नहीं होती है। अप्सरा का धर्म और अप्सरा की वृत्ति—दोनों ही मानवी से अलग होते हैं। अप्सरा का सौन्दर्य मानवी से पृथक् होता है। अप्सरा मन्त्रमुग्ध कर बाँध लेती है। वह आमूल-चूल विहार करने के लिए आमन्त्रित करती है। ऐसी सुरबाला का सान्निध्य प्राप्त करना भला कौन नहीं चाहता है? 'इदम्' के अनुरूप लौकिक प्रेम का मूल्य अत्यन्त महत्त्वपूर्ण मूल्य है, जहाँ माला में लगा हुआ पुष्प प्रिया को रिझाता है। इतना ही नहीं, प्रेमी की माला प्रिया के शरीर का स्पर्श भी कराती है। यहाँ जिस आह्लादक शरीर-सुख की प्राप्ति होती है, वह भी ईर्ष्या की वस्तु है। पर बलिदानी पुष्प ऐसा अवसर प्राप्त होने पर भी इसका परित्याग करना चाहता है, वह 'इदम्' का निषेध करता है। यहाँ युवक नारी का सान्निध्य उसके देह-सुख की उपेक्षा करता है।

वह राजसी साहचर्य की भी उपेक्षा करता है और धर्म तथा अध्यात्म के आह्लाद को भी त्याग देता है। यहाँ 'पुष्प' युवक को प्रतीकित करता है।

व्यक्ति अपने जीवन में राजनीतिक महत्त्व और गौरव प्राप्त करने के लिए विकल होता है। सम्राटों की मृत्यु होने पर उनके शवों पर अनिवार्यतः पुष्प अर्पित किये जाते हैं और वे पुष्प एक दृष्टि से अपने को धन्य अनुभव करते हैं, किन्तु यह पुष्प ऐसा मानक महत्त्व भी प्राप्त करना नहीं चाहता। देवताओं के मस्तक पर चढ़ना भी पुष्प के लिए गरिमा की बात होती है। एक आध्यात्मिक ऊँचाई प्राप्त हो जाती है, किन्तु यह पुष्प ऐसे अवसर को भी छोड़ता है। उसकी इस तरह की कोई कामना नहीं है। इस प्रकार भाषाव्यवहार-शास्त्र (Pargmatics) की दृष्टि से पुष्प 'इदम्' (ID) का निषेध करता ऐसे गौरवमय प्राप्य को ठुकराने की पृष्ठभूमि में वनमाली से कहता है कि तुम मुझे तोड़कर कहीं संजोना मत, कहीं चढ़ाना मत, मेरे प्रति मोह मत रखना, बल्कि मुझे फेंक देना। इस 'फेंकने' में जो निर्मोह भाव है, जो उपेक्षा का भाव है, जो इतना साधारण होने का भाव है, वही वस्तुतः यहाँ महत्त्वपूर्ण हो उठता है, वही यहाँ गरिमामय हो जाता है। वास्तव में यह पुष्प का 'सुप्राहम्' (Super Ego) है, जो इसका काम्य है। लिहाजा पहली उपप्रोक्ति के सन्दर्भ में विरोधी समान्तरता के सहारे दूसरी उपप्रोक्ति पुनः अग्रप्रस्तुत हो पड़ती है। पुष्प उस मार्ग पर अपना फेंका जाना पसन्द करता है, जिस मार्ग से अनेक वीर मातृभूमि पर अपना मस्तक अर्पित करने के लिए जाना चाहते हैं। ऐसे में पुष्प यदि अपने मस्तक को छिन्न कर उनके चरणों में लगनेवाले, कुश-कण्टक की जगह स्वयं बिछना चाहता है तो आश्चर्य क्या? मानों यहाँ युवक अपने अभिभावकों से यह कहना चाहता है कि यदि आप मेरे इस संकल्प से दुःखी होकर मेरी उपेक्षा भी करें, तो मुझे बलिपन्थियों के पन्थ पर ही तिरस्कृत कर फेंक देंगे। मैं उनके साथ ही उस मार्ग पर बढ़ चलूँगा।

अग्रप्रस्तुति का दूसरा सन्दर्भ प्रोक्ति का वाक्य-संरचनात्मक विपथन है। दूसरी उपप्रोक्ति में पहली उपप्रोक्ति की आद्यावृत्ति–'चाह नहीं' की चार बार आरम्भ में आवर्तन वाली वाक्य-संरचना और अन्तावृत्ति (ऊँ) जैसे क्रिया-रूपिम के प्रयोग की आंशिक आवर्तन वाली रूप-संरचना नहीं है। यहाँ कवि ने पहली उपप्रोक्ति की इनेत संरचना (Enate Structure) के अपने मानक से प्रस्थान किया है। पहली उपप्रोक्ति की दोनों इनेत संरचनाओं को निम्नलिखित रूप में देखा जा सकता है–

आद्यावृत्ति मूलक वाक्यांश संरचना :

	भाववाचक संज्ञा	+	निषेधात्मक निपात
(1)	चाह	+	नहीं
(2)	चाह	+	नहीं

(3)	चाह	+	नहीं
(4)	चाह	+	नहीं

अन्तावृत्ति मूलक रूप-संरचना :

	मूल क्रिया	+	विधि रूपिम
(1)	जा	+	(ऊँ)
(2)	ललचा	+	(ऊँ)
(3)	जा	+	(ऊँ)
(4)	इठला	+	(ऊँ)

अग्रप्रस्तुति का एक और सन्दर्भ अर्थ की वृत्तिकता (Modality) के आधार पर भी उपस्थित होता है। पहली उपप्रोक्ति की चारों उपप्रोक्तियों में अर्थ की वृत्तिकला निषेधात्मक है, किन्तु बाद की उपप्रोक्ति में कवि अपने इस निषेधात्मक मानक से प्रस्थान कर विधेयात्मक वृत्तिकता को उपस्थित करता है। फलतः पुनः विपथित अग्रप्रस्तुति उभरती है।

अग्रप्रस्तुति का एक और सन्दर्भ कवि द्वारा शब्द-स्तर पर 'वनमाली' शब्द के किये गये प्रयोग के अन्तर-पाठीय तौर पर समान्तरित होने से उभरता है। कवि ने अपनी एक दूसरी कविता में लिखा है :

"वनमाली अनुशासन की सूची से अन्तर छेद
श्रम-सीकर प्रहार पर जीकर बना लक्ष्य आराध्य
मैं हूँ एक सिपाही, बलि है मेरा अन्तिम साध्य।"

उक्त काव्यांश में 'वनमाली' सम्बोधन एक सेनापति के लिए आया है। विवेच्य कविता में 'पुष्प' कम उम्र का भारतीय युवक है। वह भी बलि-पन्थियों के मार्ग पर बिछने के लिए अपने पारिवारिक सेनापति के प्रति अपनी इच्छा अभिव्यक्त करता है। कवि ने अन्यत्र लिखा है :

"गिनो न मेरी साँस, छुये मत मुझे विपुल सम्मान,
नित्य शीश का दान, रक्त-तर्पण भर का है ज्ञान
लड़ने तक मेहमान, एक पूँजी है तीर-कमान
मुझे भूलने में सुख पाती, जग की काली स्याही।
दासो, दूर, कठिन सौदा है
मैं हूँ एक सिपाही।"

इस प्रकार 'वनमाली' शब्द सन्दर्भ की अन्तरपाठीय समान्तरता के आधार पर अग्रप्रस्तुत होकर 'सेनापति' (कमाण्डर) का अर्थ देता है। यहाँ इस प्रोक्ति में एक

और तरह से भी विरोधी स्थिति दिखायी गयी है। सामान्य जीवन में सेनापति सिपाही को आदेश देता है। उसके सामने सिपाही लाचार होता है। वह कुछ कह नहीं सकता, किन्तु यहाँ इसके विपरीत स्थिति की विरोधी समान्तरता के आधार पर युवा सिपाही अपने कमाण्डर के सामने अपनी इच्छा व्यक्त कर वरण की स्वतन्त्रता का परिचय दे रहा है।

शब्द-समूह के स्तर पर कविता के शीर्षक में अस्वीकार्य विचलन का तत्त्व भरा हुआ है। शीर्षक है 'पुष्प की अभिलाषा' किन्तु यह सर्वविदित है कि पुष्प को चाहने की क्षमता प्राप्त नहीं है। इससे यह स्पष्ट होता है कि अस्वीकार्य विचलन यहाँ 'पुष्प' को एक 'प्रतीक शब्द' बना रहा है, जिसकी गहन संरचना में कुछ और अर्थ निहित है। यही विचलन यहाँ यह स्पष्ट करता है कि 'पुष्प' नवयुवक का प्रतीक है और 'पुष्प की अभिलाषा' देश के बलिदानी नवयुवकों की अभिलाषा है।

काव्यशास्त्रीय आचार्यों ने गुण के सन्दर्भ में 'समता' नामक एक गुण का विवेचन किया है। यह गुण वहाँ पाया जाता है जहाँ रचनाकार अपनी रचना के मानक के आधार पर उसी समरूप पद्धति पर अपनी रचना पूरी करता है। किन्तु जहाँ ऐसी स्थिति नहीं निभ पाती है और समता की पूर्व नियोजित स्थिति से रचनाकार प्रस्थान कर जाता है, वहाँ इस गुणात्मक स्थिति का खण्डन हो जाता है। प्रस्तुत काव्य-प्रोक्ति में दूसरी उपप्रोक्ति की अन्तिम दो पंक्तियाँ कई दृष्टियों से 'समता' नामक गुण का खण्डन करती हुई विपथन (Deflection) नामक शैलीवैज्ञानिक अभिलक्षण की सर्जना करती हैं।

इस कविता की बड़ी विशेषता इस बात में है कि कविता को प्रायः शब्द-निर्भर माना जाता है, किन्तु यह कविता केवल शब्द-निर्भर न होकर 'प्रोक्ति-निर्भर' भी है। इस कविता की साभिप्रायता और सोद्देश्यता मूलतः प्रोक्ति में निहित है। यहाँ शब्द को भी सिद्धि-सार्थकता प्रोक्ति के कारण ही प्राप्त हो पाती है। वास्तव में यह कविता की अन्तिम उपप्रोक्ति ही है, जिसके कारण 'पुष्प' और 'वनमाली' जैसे शब्दों की अर्थ-निगूढ़ता खुल पाती हैं।

इस कविता की पहली उपप्रोक्ति में गहन संरचना से बाह्य संरचना के जो रूपान्तरण प्राप्त होते हैं, उनमें अभिवर्द्धक रूपान्तरण (Additive Transformation) महत्त्वपूर्ण है। मूल संरचना में इतना-सा कथन है कि "हे हरि! मैं सुरबाला के गहनों में गूँथा जाऊँ, प्रेमी की माला में बँधकर प्यारी को ललचाऊँ, सम्राटों के शव पर डाला जाऊँ और देवों के सिर पर चढ़कर अपने भाग्य पर इठलाऊँ—यह (ऐसी) मेरी चाह नहीं है।" किन्तु बाह्य संरचनात्मक रूपान्तरण में 'यह मेरी चाह नहीं

है' वाक्यांश अध्याहृत होकर 'चाह नहीं', 'चाह नहीं' के रूप में आरम्भ में अध्याहृत-आवर्तित होकर चार बार उपस्थित होता है। फलतः अभिवर्द्धक रूपान्तरण का शैली-वैशिष्ट्य उजागर होता है। इसके अतिरिक्त इस कविता में क्रमभंग रूपान्तरण का भी सार्थक कौशल प्राप्त होता है। अपने पूरेपन में यह पूरी कविता-प्रोक्ति क्रमभंग को लेकर चलती है। पर छह पंक्तियों की इस कविता में वास्तव में क्रमभंग रूपान्तरण के तीन महत्त्वपूर्ण अंश द्रष्टव्य हैं। एक महत्त्वपूर्ण अंश क्रमभंग से उत्पन्न शीर्षीकरण (Topicalization) का है। इससे प्रतिपाद्य और कथ्य को चाप और सम्प्रेषण का बल प्राप्त होता है। 'चाह नहीं' को यहाँ इसी रूप में शीर्षित किया गया है। क्रमभंग रूपान्तरण का दूसरा महत्त्वपूर्ण अंश यह स्पष्ट करता है कि पुष्प ने यह कामना किसके प्रति अभिव्यक्त की है। यहाँ सम्बोधन शब्द 'हे हरि' तीसरी पंक्ति के बीच में प्राप्त होता है–'चाह नहीं, सम्राटों के शव पर हे हरि, डाला जाऊँ'। पुष्प 'हरि' अर्थात् 'परमात्मा' के सामने यह इच्छा व्यक्त करता है, कि उसे क्या नहीं चाहिए। इससे पुष्प का विधाता के प्रति उसकी आस्था और उसकी शक्ति पर विश्वास व्यक्त होता है। कई प्रकार की चाहों का निषेध करने के क्रम में एक विकल्पात्मक कुलक (Set of alternatives) की सृष्टि होती है, जहाँ कई विकल्पों का वह निषेध कर जाता है। यहाँ वे सुख सामने हैं, जिन्हें पाने के लिए सांसारिक व्यक्ति दिन-रात प्रयत्न करता है और जिसकी कामना करता है, पर ऐसी कोई व्यावहारिक, सुविधाजीवी कामना इस पुष्प को नहीं है, बल्कि उसको ऐसा सारा वरण ही अस्वीकार्य है। इस कविता में तीसरा क्रमभंग रूपान्तरण 'मुझे तोड़ लेना वनमाली, देना तू उस पथ पर फेंक' वाक्य में द्रष्टव्य है। 'वनमाली' यहाँ सम्बोधन शब्द के रूप में प्रयुक्त है। इससे पूर्व 'हरि' को सम्बोधन करते हुए यह कहा जा चुका है कि मुझे यह नहीं चाहिए, वह नहीं चाहिए; पर 'वनमाली' से यह कहा जाता है, कि मैं क्या चाहता हूँ। यहाँ 'वनमाली' को क्रमभंग रूपान्तरण के द्वारा बाद में प्रयुक्त कर 'मुझे तोड़ लेना' वाक्यांश को पहले लाते हुए शीर्षित किया गया है। अतः बल तोड़ने की क्रिया पर है। जहाँ तक इस शब्द के अर्थ का प्रश्न है, इसका अर्थ एक ओर पुष्पों और पादपों की देख-रेख करनेवाला उपवन का माली है, तो दूसरी ओर राष्ट्रीय भाव से अनुप्राणित सिपहसालारों के वन का माली अर्थात् 'सेनापति' या 'कमाण्डर' है और तीसरी ओर वनमाली का अर्थ परिवार रूपी वन का माली यानी अभिभावक और चौथी ओर संसार-रूपी वन का माली अर्थात् स्वयं परमात्मा है। अन्तरपाठीय स्तर पर हिन्दी काव्य-परम्परा में 'माली' का प्रयोग परमात्म-तत्त्व और कालतत्त्व के लिए पहले भी हुआ है–'माली आवत देखकर कलियन करी

पुकार/फूले-फूले चुनि लियो, काल्हि हमारी बार।' अतः इस अर्थ का आग्रहण भी प्रस्तुत सन्दर्भ में अनभीष्ट नहीं है।

इस प्रकार पूरी कविता का मूल प्रतिपाद्य त्याग, विसर्जन, बलि चढ़ना, उत्सर्ग होना आदि है। यहाँ बलि भी ऐसी है, जिसमें महत्त्व की कोई कामना न हो। अभिधेयार्थ में धूल-धूसर मार्ग में पुष्प पददलित होना ही तो चाहता है। परितोष इस बात का है कि जो मातृभूमि पर शीश चढ़ाने जा रहे हैं, उनके पाँवों के लिए ये पुष्प मुलायम पाँवड़ा बन जायँ, उनके पाँव में कोमलता ला दें, उनके पाँवों की गति बाधित न होने दें। उनके लिए कण्टकमय मार्ग की जगह पुष्पमय मार्ग बना दें। लक्ष्यार्थ यह है कि वह इन सबके साथ हो ले। पर पुष्प की यह कामना क्या एककालिक मात्र है? क्या इसका सम्बन्ध मात्र परतन्त्र भारतवर्ष की कालिकता से है? स्पष्टतः नहीं। सत्य यह है, कि 'चाह नहीं' का अध्याहृत रूपान्तरण कालातीत है। यह त्रैकालिक है। इसी सार्थकता और साभिप्रायता के लिए मूल गहन संरचना का बाह्य स्तर पर अध्याहृत रूपान्तरण किया गया है। इसकी गहन संरचना यह नहीं है कि 'यह मेरी चाह नहीं है', बल्कि यह है कि 'यह मेरी चाह नहीं है', 'यह मेरी चाह नहीं थी' और 'यह मेरी चाह नहीं होगी'। यदि केवल एककालिक स्थिति को दिखाना अभीष्ट होता, तो तिङ्न्त 'है' के लोप की आवश्यकता नहीं होती। 'है' का अध्याहार तो इस मन्तव्य से किया गया है कि ऐसी कामना के निषेधीकरण की कालातीतता को दर्शाया जा सके। अतः यह अकेला रूपान्तरण इस कविता को शाश्वत महत्त्व प्रदान करता है; जब-जब मातृभूमि पर शीश चढ़ाने की आवश्यकता होगी, पुष्प की अभिलाषा यही होगी। इस दृष्टि से इस कविता का महत्त्व जितना भूतकाल से जुड़ता है, उससे कहीं अधिक भविष्य के लिए सुरक्षित दीखता है।

संरचनावादी आलोचकों ने किसी भी रचना के विश्लेषण के तीन स्तर माने हैं। एक अभिव्यक्ति का स्तर, दूसरा वस्तु का स्तर और तीसरा अन्तरमाध्यमिक स्तर अन्तर-माध्यमिक स्तर से दर्शन, राजनीति, समाजशास्त्र, इतिहास-जैसे अन्तर-ज्ञानानुशासनात्मक दूसरे ज्ञानानुशासनों के स्वरों के जरिये रचना पर प्रकाश डाला जाता है। यहाँ अन्तरमाध्यमन के स्तर पर यह कविता परतन्त्र भारतवर्ष की रचना है। इसीलिए इस कविता में 'पुष्प' बलिदानी नवयुवक के प्रतीक-रूप में व्यवहृत हुआ है। बलिदान के मार्ग में अपनी कुर्बानी देनेवाला भारतीय नवयुवक वीर है। यह अभिलाषा उसी की है, वस्तुतः इस कविता में कर्त्तव्य और अधिकार का राग गूँज रहा है। राष्ट्रीय परिवेश ने यह स्वात्म बोध प्रदान किया है कि किशोरों और नवयुवकों को क्या करना चाहिए और क्या नहीं करना चाहिए। पर कवि ने इस कविता में इसके

लिए मध्यम पुरुष के रूप में किसी परामर्श, उद्‌बोधन या आदेश का विधान नहीं किया है, जैसा उसकी अन्य कविताओं में मिलता है। माखनलाल जी ने स्वयं अपनी एक दूसरी कविता में लिखा है–

"कागों का सुन कर्त्तव्य-राग
कोकिल-काकलि को भूल-भूल
सुरपुर ठुकरा, आराध्य कहे,
तो चल रौरव के कूल-कूल।"

यहाँ मध्यम पुरुष शैली में परामर्श और कर्त्तव्य के उद्‌बोधन-स्वर मुखर हो रहे हैं। उनकी ऐसी कविताएँ अनेक हैं। पर 'पुष्प की अभिलाषा' की यह विशेषता है, कि उसमें इस कर्त्तव्य का भान उत्तम पुरुष शैली में किया गया है। इस प्रकार स्वयं माखनलाल जी की ही अन्यान्य मध्यम पुरुष उद्‌बोधनात्मक प्रगीतों की पृष्ठभूमि में उनकी 'पुष्प की अभिलाषा' विपथित रूप में अग्रप्रस्तुत होकर सामने आती है।

'पुष्प की अभिलाषा' में विपथन पुनः एक और स्तर पर क्रियाशील है। यह स्तर भाषाव्यवहार-शास्त्र (Pragmatics) के वचन-कर्म का स्तर है। ऑस्टिन और सार्ले ने वचन-कर्म के सिद्धान्त को प्रतिपादित किया है। वचन-कर्म की दृष्टि से ऑस्टिन के अनुसार इस एकाभिमुखी स्थिर संलापात्मक प्रोक्ति की पहली उपप्रोक्ति विचारात्मक (Verdictive) है, जबकि दूसरी उपप्रोक्ति निष्पादनात्मक (Performative) है, इसी प्रकार सार्ले के सिद्धान्त के अनुसार पहली उपप्रोक्ति निश्चयात्मक (Assertive) है, जबकि दूसरी उपप्रोक्ति निदेशात्मक (Directive) है। कहना न होगा कि इस पूरी कविता-प्रोक्ति में विचारात्मक बनाम निश्चयात्मक कोटि की पहली उपप्रोक्ति पृष्ठभूमि में चली जाती है। यहाँ यह ध्यान देने योग्य है कि विवेच्य कविता का प्रोक्ति-मानक विचारात्मक बनाम निश्चयात्मक कोटि के बतौर ही विकसित होता है। पहली उपप्रोक्ति की पुनः प्राप्य चार उपप्रोक्तियाँ इस प्रतिपाद्‌य को सम्पुष्ट करती हैं। किन्तु हठात् इस मानक का अतिक्रमण होता है। और अगली विकसित हो रही उपप्रोक्ति पूर्ववत् विचारात्मक बनाम निश्चयात्मक कोटि की उपप्रोक्ति के बतौर स्वरूपित नहीं होकर उससे अलग निष्पादनात्मक बनाम निर्देशात्मक कोटि के रूप में उपस्थित हो पड़ती है। इस प्रकार यहाँ भाषेतर वचन-कर्म (Elocutionary Speech Act) के मानक से विपथन होता है, और अग्रप्रस्तुति उभरती है।

मूल्यांकन की दृष्टि से यह कविता राष्ट्रीय स्वर का उद्‌घोष करती है। इसमें त्याग समर्पण, बलि की भावना प्रमुख है, किन्तु बड़ी बात वरण के अस्तित्व की है। पुष्प वरण की स्वतन्त्रता स्वयं लेना चाहता है। इस कविता का काल के व्यापक फलक

पर सन्दर्भ चाहे जो भी लिया जाय, व्यक्ति का, परिवार का, समाज का, देश का या राष्ट्र का; लेकिन इतना तो इसके स्वर से अवश्य सिद्ध हो जाता है कि मनुष्य ऊँचाई पर तभी पहुँचता है जब वह वरण की स्वतन्त्रता अपने हाथ में लेता है और आकर्षण के सभी आलम्बनों को ठुकरा देता है, अन्यथा औरों के द्वारा वरण की स्वतन्त्रता का अपहरण कर कहीं झोंक दिये जाने पर व्यक्ति का व्यक्तित्व विनष्ट हो जाता है और उसकी सोद्देश्यता पूरी नहीं हो पाती है। जिस देश में बलपूर्वक लोगों को सिपाही बनाया जाय, सेना में सम्मिलित किया जाय, उन सैनिकों की युयुत्सा बड़ी नहीं हो सकती, लेकिन जहाँ किशोर और नवयुवक स्वयं युद्ध और उत्सर्ग का वरण करने की इच्छा से आगे बढ़ते हों, वे विजय-श्री का अवश्य वरण करते हैं। 'पुष्प की अभिलाषा' हमें यह बता देती है कि 'इदम्' की इच्छा और आदर्श वरण के बीच हमारे वरण करने की स्वतन्त्रता में हमारे लिये क्या करणीय है और क्या नहीं करणीय है। सचमुच हमारे परतन्त्र राष्ट्रीय परिवेश की यही वह इच्छा थी, जो चुनौती बनकर ब्रितानी सरकार के सामने तनकर खड़ी हो गयी थी। और यही वह इच्छा है, जो भविष्य में भी चुनौती देती रहेगी। जब एक बार इस बलि का द्वार खुल जाता है, संकल्प सुदृढ़ हो उठते हैं तब आगे का कर्त्तव्य बार-बार कौंधने लगता है :

"द्वार बलि का खोल चल भूडोल कर दें,
एक हिमगिरि एक सिर का मोल कर दें,
मसल कर, अपने इरादों-सी उठाकर,
दो हथेली हैं कि पृथ्वी गोल कर दें।"

माखललाल जी की काव्यभाषा के विषय में प्रायः यह कहा गया है कि यह आवेगों से भरी निरलंकृत, सरल-सहज काव्यभाषा है। एक ओर 'अज्ञेय'-जैसे कवि-आलोचक ने उनकी काव्यभाषा को 'अनगढ़' माना है, तो दूसरी ओर त्रिलोचन-जैसे कवि ने उसे अलंकारों और कौशलों से सर्वथा मुक्त बताया है। त्रिलोचन इस सरलता और कौशल-रहित सादगी के लिए 'पुष्प की अभिलाषा' का ही उदाहरण देते हैं। पर प्रस्तुत विश्लेषण से यह स्पष्ट हो जाता है कि वस्तु-स्थिति ऐसी नहीं है। 'पुष्प की अभिलाषा' की अपनी विशिष्ट भाषिक संरचना है। क्या शब्द-संरचना, क्या वाक्य-संरचना और क्या प्रोक्ति-संरचना—यह कविता प्रत्येक स्तर पर अपने विशिष्ट भाषिक कौशल को प्रस्तुत करती है। यद्यपि इसका अपना आवयविक साकल्य (Organic Whole) है, पर इससे यह निष्कर्ष अवश्य प्राप्त होता है कि माखनलाल जी के लिए काव्यभाषा के उत्स का, उसकी जाति-प्रजाति का कोई महत्त्व नहीं है। उनके लिए परम्परागत अलंकार और पिष्टोक्तियाँ (Cliches) या परम्परागत काव्यप्रयुक्तियाँ (Poetic

Registers) भी महत्त्वपूर्ण नहीं हैं। महत्त्वपूर्ण है उनके लिए मूल संवेदना। यही कारण है कि उनके यहाँ भारतीय काव्यशास्त्र के 'समता' नामक गुण का अनुपालन सर्वत्र नहीं मिलता। वे वांछित स्थलों पर इसको खण्डित करते हुए घनानन्द और भारतेन्दु हरिश्चन्द्र की ही तरह अनेक प्रकार से विपथन (Deflection) के कौशल का निर्वाह करने में अत्यन्त कुशलता दिखलाते हैं। इससे उन्हें मूल काव्य-संवेदना के अभिव्यंजन और सम्प्रेषण में कुशलता की प्राप्ति होती है। 'पुष्प की अभिलाषा' में यह कौशल अनेक प्रकार से सर्वाधिक सक्रिय है और सार्थकता को उन्मीलित करनेवाला है।

माखनलाल जी काव्यभाषा के आनुप्रायोगिक सन्दर्भ में हिन्दी में उस निकाय (School) के कवि हैं, जिसके लिए काव्यभाषा का मूल 'शब्द' नहीं होकर 'प्रोक्ति' (Discourse) है। उनकी काव्यभाषा का सम्यक् विवेचन तभी किया जा सकता है, जब उन्हें प्रोक्तिवादी कवि के रूप में पहचानने और मूल्यांकित करने का प्रयास किया जाय। कहना न होगा कि 'अज्ञेय' हिन्दी में 'शब्दवादी निकाय' के कवि रहे हैं। फलतः काव्य-संवेदन को शब्दाधारित मानने के कारण उन्हें माखनलाल जी की काव्यभाषा 'अनगढ़' लगती है। दूसरे, यहाँ अज्ञेय का दृष्टिकोण आधार-भाषा का है। यथार्थवादी भाषा के आग्रही त्रिलोचन जिस तत्त्व को माखनलाल की कविता में अलंकार और कौशल-रहित भाषाशैली के रूप में देखते हैं; वास्तव में उसके मूल में भी प्रोक्ति का प्रकार्य ही क्रियाशील मिलता है। यानी माखनलाल जी के यहाँ आभासित होनेवाली 'शब्द की अनगढ़ता' और 'काव्यभाषा' की युक्ति-अलंकरणहीन 'सादगी' के मूल में उनकी काव्यभाषा की प्रोक्तिपरकता का महत्त्व है, जिसे पहचानने, रेखांकित करने और विवेचित करने की अपेक्षा है।

माखनलाल जी की काव्यभाषा की एक और शैलीगत विशेषता क्रिया के प्रयोगों के प्रति उनका प्रबल आग्रह है। छह पंक्तियों वाली 'पुष्प की अभिलाषा' कविता में उनके कुल क्रिया-प्रयोगों की संख्या दस है। इनमें पहली उपप्रोक्ति में 3 क्रिया, 2 संयुक्त क्रिया और 1 पूर्वकालिक क्रिया के प्रयोग हुए हैं, जबकि दूसरी उपप्रोक्ति में 2 संयुक्त क्रिया तथा 2 क्रिया के प्रयोग हुए हैं। विशेषण-प्रयोग की प्रियमोहकता के विपरीत क्रिया के प्रयोग का यह आग्रह कृति की काव्यभाषा को 'कर्म की भाषा' के रूप में निर्दिष्ट करता है।

मुक्तिबोध ने मध्य प्रदेश के हिन्दी कवियों पर विचार करते हुए कहीं लिखा है कि उनकी काव्यभाषा में सर्वत्र एक 'कहन शैली' मिलती है, जो उत्तर के अन्य राज्यों के हिन्दी कवियों की कविताओं में प्राप्त नहीं हो पाती है। मुक्तिबोध की यह 'कहन

शैली' मूलतः 'प्रोक्ति शैली' ही है, जिसे भाषावैज्ञानिक पारिभाषिकता से परिचित नहीं रहने के कारण मुक्तिबोध ठीक उसी शब्द में तो व्यक्त नहीं कर सके, पर जिसको 'कहन' शैली जैसे नाम के द्वारा आज से वर्षों पहले अभिव्यक्त करने का अधिकतम सार्थक प्रयत्न अवश्य किया। यह 'कहन' शैली माखनलाल जी, सुभद्रा जी, भवानीप्रसाद मिश्र जी और स्वयं मुक्तिबोध के यहाँ भी विद्यमान है। यानी ये चारों ही 'प्रोक्तिवादी कवि हैं। माखनलाल जी, सुभद्रा जी और भवानीप्रसाद मिश्र जी 'प्रोक्तिवादी' होने के कारण शब्दवादियों को आपाततः सरल दीखते हैं, तो मुक्तिबोध उसे अपनी फन्तासी तकनीक से जोड़ लेने के कारण जटिल और दुरूह। पर माखनलाल जी के यहाँ आपाततः आभासित होनेवाली यह अनगढ़ता, सरलता और सादगी उनकी कविता के पूरे रचना-विधान को देख लेने पर अस्तित्वमयी नहीं रह पाती है, क्योंकि वहाँ हमें अनेक नये प्रकार के कौशलों की सक्रियता और गतिविधि प्राप्त होने लगती है, जो हमें उनकी काव्यभाषा की मौलिक सर्जनात्मकता-कलात्मकता तक के दर्शन करा देती है। कहना होगा कि इस सन्दर्भ में माखनलाल जी की कविता काव्यभाषा के विचारकों को कहीं भी निराश नहीं करती, बल्कि संवेदन और मननपूर्वक अपने पढ़े जाने के लिए उन्हें औपचारिक रूप में बार-बार आमन्त्रित करती है।

13
कैदी और कोकिला

'कैदी और कोकिला' पं. माखनलाल चतुर्वेदी की एक ऐसी कविता है, जिसका सर्जनात्मक और अवबोधात्मक नाभिकेन्द्र (Nucleous) 'शब्द' नहीं है, बल्कि 'प्रोक्ति' (Discourse) है। कविता को प्रायः शब्द-केन्द्रित माना जाता रहा है। भारतीय काव्यशास्त्र में उसे शब्द-केन्द्रित माननेवालों की, इसके पक्षधरों की संख्या अधिकाधिक है। पश्चिम में भी "कविता शब्द है", यह मान्यता अधिक प्रचलित रही है। फ्रांसीसी कवि मलार्मे और हिन्दी कवि 'अज्ञेय' तो इसके प्रबल पक्षधर ही रहे हैं। कविता के इस शब्द-केन्द्रण का स्वीकार कविता के वाक्य-केन्द्रित होने का निषेध करता है। कहना होगा कि माखनलाल जी की 'कैदी और कोकिला' कविता अपनी सर्जनात्मकता में कविता के शब्द-केन्द्रित होने की इस मान्यता से प्रस्थान (Depart) करती है तथा अपनी अवबोधकीय भावन-प्रक्रिया में भी भावक-पाठकों को शब्द-केन्द्रित विश्लेषण मात्र के लिए अनामन्त्रित करती है।

हिन्दी में जिस छायावादी कविता को शब्द-केन्द्रित सिसृक्षा का अप्रतिम उदाहरण माना जाता है, माखनलाल चतुर्वेदी का काव्य-संवेदन उस शब्द-केन्द्रित सिसृक्षा की परिपाटी का अनुकरण नहीं कर उससे प्रस्थान करता है। पर ऐसा करते हुए वे अपनी कविता के लिए वाक्य को भी केन्द्रण में नहीं रखते, बल्कि उससे ऊपर की और भाषा की सबसे बड़ी इकाई 'प्रोक्ति' (Discourse) को अपनी कविता का नाभिकेन्द्र बनाते हैं।

प्रोक्ति (Discourse) वाक्यों की वह लड़ी या शृंखला है, जो अपने तर्कपूर्ण अनुक्रम में एक निश्चित सन्दर्भ बनाती है तथा कथ्य को आन्तरिक संसक्ति देती है। यह भाषा के अन्तर-वैयक्तिक (Inter-personal) प्रकार्य में क्रियाशील होती है। माखनलाल जी सम्प्रेषण के लिए सबसे सार्थक मानी जानेवाली भाषा की इस इकाई को सर्जनशीलता की दृष्टि से भी सर्वाधिक सार्थक इकाई मानते हैं। अतः उनके काव्य-चिन्तन की पहली बुनियादी विशेषता कविता को शब्द-केन्द्रित नहीं मानकर प्रोक्ति-केन्द्रित मानना है। उनकी अन्य अनेक कविताओं की तरह 'कैदी और कोकिला' कविता भी इस स्थापना को सम्पुष्ट करती है। यदि केवल इस कविता के सन्दर्भ में बात की जाय, तो यह इस स्थापना का प्रवर्तन भी करती है।

माखनलाल जी के काव्य-विषयक इस चिन्तन को तुलनात्मकता का सन्दर्भ देकर और अच्छी तरह स्पष्ट किया जा सकता है। हिन्दी में जहाँ प्रसाद, निराला, पन्त,

महादेवी और 'अज्ञेय' शब्द-केन्द्रित काव्य-चिन्तन के कवि हैं वहाँ माखनलाल जी प्रोक्ति-केन्द्रित काव्य-चिन्तन के कवि हैं। हिन्दी में ये दोनों निकाय सर्वथा अलग रूप में सक्रिय रहे हैं। इस पार्थक्य को नहीं समझने के कारण ही 'अज्ञेय' ने 'एक भारतीय आत्मा' पर संस्करण लिखते हुए यह आरोप किया है कि—

> ''एक भारतीय आत्मा'' की कविता में जहाँ एक ओर सहजता, ओज और प्रवाहमयता मुझे निरन्तर आकृष्ट करती रही और अब भी करती है, वहाँ दूसरी ओर उनकी भाषा में एक अनगढ़पन एक असम और अनपटी गति—क्रमशः अधिकाधिक खटकती गयी।'' (स्मृतिलेखा, पृष्ठ 97)

कहना न होगा कि माखनलाल जी की काव्यभाषा में यह अनगढ़पन और इसकी एक असम और अटपटी गति इसलिए है कि उनकी कविता 'शब्द-केन्द्रित' नहीं होकर 'प्रोक्ति-केन्द्रित' है। यानी जब कविता में सर्जनात्मकता शब्द-केन्द्रित नहीं रह कर 'प्रोक्ति-केन्द्रित' बनती है तब उसमें सहजता और प्रवाहमयता के साथ-साथ शब्दों के चयन का अनगढ़पन और उसके संयोजन का असम अटपटापन सामने आ सकता है। प्रोक्ति का केन्द्र अलंकरण के लदाव को स्वीकार नहीं कर पाता। उसका पूरा अवधान 'कथन' को कहने की ओर होता है।

मुक्तिबोध ने बहुत पहले अपने ढंग से इस तथ्य की ओर ध्यान दिया था और मध्यप्रदेश की 'कहन शैली' की बात उठायी थी :

> ''प्रचलित साहित्यिक शैलियों के तुलनात्मक अध्ययन से यह प्रकट होता है कि यहाँ की शैली में 'कहन' अधिक और अलंकरण कम है।...'कहन' की तारीफ यहाँ की विशेषता है। कवि-स्वभाव-भेदानुसार कहन-कहन में भी फर्क है। श्री रामानुजलाल श्रीवास्तव की काव्य-शैली, जहाँ वह वस्तुतः मौलिक है, स्वर्गीया सुभद्राकुमारी चौहान और श्री माखनलाल चतुर्वेदी की शैलियों से पृथक् हैं।'' और पुनः उनका यह कथन कि ''मध्य प्रदेश की एक विशेष काव्य-शैली रही है, जिसमें 'कहन' की प्रधानता है। ऐसी शैली उत्तर प्रदेश, मध्यभारत तथा बिहार में नहीं पायी जाती। कहन-प्रधान इस काव्य-शैली के अन्तर्गत विभिन्न कवियों की अपनी-अपनी व्यक्तिगत शैलियाँ हैं, जिनके कारण वे अनूठे हो उठे हैं।''
>
> (मुक्तिबोध रचनावली : खण्ड पाँच, पृष्ठ 422)

यद्यपि इस वैशिष्ट्य के उल्लेख के सन्दर्भ में उनका अभिप्रेत विशिष्ट स्थलीयता को, मध्यप्रदेश के भू-भाग को निर्दिष्ट करना था, पर कविता में 'कथन' को कहने की जिस सहजता की ओर उन्होंने निर्देश किया था, वह भाषावैज्ञानिक दृष्टि से 'प्रोक्ति' जैसी

संकल्पना का ही विवेच्य था। प्रोक्ति में जो अन्तर-वैयक्तिक होने का गुण है वास्तव में वह उसकी संलापात्मकता और सम्बोधन शैली को निर्दिष्ट करता है। निस्सन्देह यह सहज संलापात्मकता और सम्बोधनपरकता माखनलाल जी की कविता की गुणधर्मिता है। इस दृष्टि से माखनलाल जी की 'कैदी और कोकिला' कविता का काव्य-चिन्तन 'कहन' शैली का पक्षधर ही नहीं, अपितु प्रवर्तक काव्यचिन्तन है।

अपनी एक कविता में 'गीतों के राजा' को सम्बोधित करनेवाले और 'कैदी और कोकिला' कविता में 'क्या गाती हो' पूछनेवाले माखनलाल जी के लिए कविता गेय है। वे इसकी गेयात्मक प्रकृति और सत्ता को स्वीकार करते हैं, इसमें किसी प्रकार का सन्देह नहीं है। पर वे कविता को रूप-चमत्कार से भरा चाकचिक्य-पूर्ण संसार नहीं मानते। उनके लिए कविता सबसे पहले सन्देश है, एक 'Poetic Message' है : "क्या लाती हो?/सन्देशा किसका है?/कोकिल बोलो तो।" इस प्रकार 'कैदी और कोकिला' कविता के आधार पर उनका काव्यचिन्तन वस्तुवादी सिद्ध होता है। वस्तुतः 'कैदी और कोकिला' एक ऐसी कविता है, जो कवि की जागरूक समाज-राजनीतिक साझेदारी को और काव्य की कारगर सन्देशात्मक शक्ति को एकसाथ प्रतिष्ठापित करती है। इस कविता का काव्य-विषयक चिन्तन काव्य को 'स्वान्तः सुखाय' नहीं मानकर उसे सजग और गत्यात्मक समाज-राजनीतिक चिन्तन-व्यापार के रूप में उपस्थित करता है। यह कविता कवि को उस शक्ति-स्रोत के रूप में उपस्थित करती है, जो पूरे समाज, देश और राष्ट्र के स्तर पर उस मानसिकता, वैचारिकता का गठन करती है, जिसका सम्बल और आधार प्राप्त कर समाज, देश और राष्ट्र क्रान्तिधर्मी हो उठता है। 'कैदी और कोकिला' कविता में काव्य-विषयक चिन्तन का यह वह उद्‌बोधनात्मक पक्ष है, जिसके विषय में गोपाल सिंह नेपाली का आत्म-स्वीकार द्रष्टव्य है–

"कि कवि हूँ जगाता करम है हमारा,
कि कमजोर पाकर मिटा दे न कोई
इसी से बचाना धरम है हमारा।"

'कैदी और कोकिला' एक द्वयाभिमुखी स्थिर संलापमूलक काव्य-प्रोक्ति (Poetic Discourse) है। संलापमूलक इसलिए कि इस कविता में कैदी, कोकिला को सम्बोधित करता बातचीत करता है और स्थिर इसलिए कि इस कविता में कोकिला की ओर से कहीं भी कैदी को किसी प्रकार का उत्तर नहीं दिया जाता है। द्वयाभिमुखी इसलिए कि इस काव्य-प्रोक्ति में वक्ता तो सक्रिय है, किन्तु श्रोता भले ही कभी वक्ता की भूमिका में नहीं आ पाता हो, पर वह अपनी अनुक्रिया अवश्य व्यक्त कर जाता है : 'फिर कुहू... अरे क्या बन्द न होगा गाना?'

अपने प्रोक्ति-संरचनात्मक वैशिष्ट्य में यह कविता 'तुम-मैं संस्थिति' (You-Me situation) को दर्शाती है। इसमें कोकिला 'तुम' की भूमिका में है और 'कैदी' 'मैं' की भूमिका में। कैदी वक्ता है और कोकिला श्रोता। पर क्या ये वास्तव में मध्यम पुरुष और उत्तम पुरुष सर्वनाम के रूप में कविता के दो भिन्न चरित्र हैं? क्या सचमुच कोकिला नरेतर क्षेत्र और कैदी नरक्षेत्र का प्रतिनिधित्व करते हैं? क्या कोकिला के प्रति कैदी की प्रश्नाकुलता कोकिला को बाह्यसत्ताक मानती है? आखिर इस कविता में कोकिला की मुखरता के प्रति निरन्तर प्रश्न पर प्रश्न क्यों है? यहाँ 'क्या', 'क्यों', 'किसका', 'किस' और 'किसमें' की एक आवर्तक प्रश्न-शृंखला क्यों है? कैदी और कोकिला की मानसिकता और संवेदना के अन्तस्सम्बन्ध क्या हैं? बिना इन प्रश्नों का उत्तर प्राप्त किये इस कविता के काव्यचिन्तन को नहीं समझा जा सकता है।

इन प्रश्नों का उत्तर पाने की निर्वचनात्मक अपेक्षा के लिए सन्दर्भित कविता की रचना-प्रक्रिया का उद्घाटन करना आवश्यक है। यहाँ यह ध्यान देने योग्य है कि यद्यपि माखनलाल जी का काव्य-चिन्तन वस्तुवादी है, तथापि उनकी काव्य रचना-प्रक्रिया सपाट नहीं होकर स्वप्न-यान्त्रिकी की प्रक्रिया जैसी ही है। जिस प्रकार स्वप्न-यान्त्रिकी में 1. नाटकीयता (Dramatisation) 2. विस्थापन (Diplacement) 3. प्रतीकीकरण (Symbolisation) 4. संहनन (Condensation) और 5. द्वितीय विस्तारण (Secondary Elaboration) के कौशल क्रियाशील होते हैं उसी प्रकार 'कैदी और कोकिला' कविता की रचना-प्रक्रिया में भी ये पाँचों कौशल अपनी-अपनी महत्त्वपूर्ण भूमिका अदा कर रहे हैं। नाटकीयता का तत्त्व तो सन्दर्भित कविता के आरम्भण और समापन दोनों ही बिन्दुओं पर प्राप्त होता है। कविता का आरम्भ अत्यन्त नाटकीयता से होता है जिसमें अनौपचारिक प्रोक्ति-प्रश्नात्मकता की वृत्तिकता (Modality) छायी है–

"क्या गाती हो?
क्यों रह-रह जाती हो?
कोकिल बोलो तो।
क्या लाती हो?
सन्देशा किसका है
कोकिल बोलो तो।"

इसी प्रकार कविता की अन्तिम प्रोक्ति-प्रश्नात्मकता अपनी प्रकृति में अनौपचारिक होने के बाद भी चुनौती-भरी और अभिप्रेरक है–

“क्या? घुस जायेगा रुदन
तुम्हारा निःश्वासों के द्वारा
कोकिल बोलो तो
और सवेरे हो जायगा
उलट-पुलट जग सारा
कोकिल बोलो तो”

इसके अतिरिक्त कविता के मध्य में भी—‘फिर कुहू... अरे क्या बन्द न होग गाना’ जैसी अभिव्यक्ति में इस नाटकीयता की सक्रियता देखी जा सकती है।

अन्त की नाटकीयता तो लगातार चल रही वर्तमानकालिकता और सामान्य तथ आसन्न भूतकालिकता को अचानक छोड़ भविष्यकालिकता को अपनाने के कारण उपस्थित होती है, जिसमें अनेक निगूढ़ व्यंजनाएँ निहित हैं। ‘कैदी और कोकिला कविता में ‘विस्थापन’ का कौशल ‘कोकिला’ की प्रस्तुति में प्राप्त होता है। वस्तुत ‘कोकिला’ नरक्षेत्रीय, मानवीय प्रस्तुति ही है, जो विस्थापित होकर इस कविता मे उपस्थित हुई है। इस कविता में आयी कोकिला-विषयक प्रोक्तियाँ इस तथ्य को उजागर करती हैं कि यह कोकिला प्रकृति-क्षेत्रीय कोकिला नहीं है। इस दृष्टि से इस कविता का शिल्पतन्त्र द्विधाविभक्त या आत्मविखण्डित व्यक्तित्व (स्कीजोफ्रैनिक पर्सनालिटी/Schezophranic Personality) का शिल्प सिद्ध होता है। यहीं हमें कविता की भीतरी गूंजों का साक्षात्कार सम्भव हो पाता है। इस कविता में कवि का चेतन और अचेतन दोनों आमने-सामने खड़े हैं। ‘कैदी’ कवि का चेतन है और ‘कोकिला’ उसका अचेतन। इसीलिए इस विस्थापन के कौशल से परिचित होने के कारण मेरे लिये इस कविता में कोकिला कहीं बाहर से नहीं आती, बल्कि वह कवि के अचेतन का ‘पर्सोना’ बनकर उपस्थित होती है। ‘कैदी’ कवि का चेतन है और ‘कोकिला’ कवि का अचेतन। ‘कैदी’ माखनलाल जी का राजनीतिक नेता-कार्यकर्त्ता है और ‘कोकिल’ उनका कवि। राजनीतिक कार्यकर्त्ता माखनलाल जी परतन्त्र हैं, कैदी हैं, बन्दी हैं, पर उनका कवि स्वतन्त्र है, मुक्त है, आजाद है। तन पर बन्धन है, पर कैद में है, पर मन पर कोई बन्धन नहीं, वह सर्वतन्त्र स्वतन्त्र है। अतः ‘कैदी और कोकिला’ कविता का द्वयाभिमुखी स्थिर-कोटिक संलाप वास्तव में चेतन और अचेतन के बीच का संलाप है, जो दोनों के द्वन्द्व और तनाव से जन्म पाता है। ‘चेतन’ अर्थात् कैदी की स्थिति उत्पीड़न, सख्ती, निराशा और मायूसियत की स्थिति है, जिससे करुणा उत्पन्न होती है—

“जीने को देते नहीं पेट भर खाना,
मरने भी देते नहीं तड़प रह जाना।

जीवन पर अब दिन-रात कठिन पहरा है,
शासन है या तम का प्रभाव गहरा है?"

पर 'अचेतन' न तो 'उधार की वाणी' बोलनेवाला है, न रटाया गया पाठ दुहरानेवाला है और न ही वह ऐसा है कि उसकी आवाज नक्कारखाने में तूती की आवाज की तरह दब कर रह जाय। वह स्वतन्त्र बलि में आस्था रखनेवाला है, उसकी गति को कूतनेवाला है। यही वह कवि है, जो शंखनाद करता है और दीवारों के पार कारागार में भी अपनी वाणी गुंजा पाता है। यही वह कवि है, जो औचित्य का सत्पथ त्याग कर, याचना का मार्ग त्याग कर, शुक्लता को त्याग कर, विद्रोहियों के मार्ग की ओर, क्रान्तिकारियों के मार्ग की ओर, बलिपन्थियों के मार्ग की ओर चेतन को बढ़ने के लिए अभिप्रेरित-उद्वेलित करता है—

"तेरे 'माँगे हुए न बैना'
री तू नहीं बन्दिनी मैना,
न तू स्वर्ण पिंजड़े की पाली
तुझे न दाख खिलाये आली,
तोता नहीं, नहीं तू तूती,
तू स्वतन्त्र बलि की गति कूती,
तब तू रण का ही प्रसाद है,
तेरा स्वर बस शंखनाद है।

दीवारों के उस पार
या कि इस पार दे रही गूँजें?
हृदय टटोलो तो।
त्याग शुक्लता,
तुझ काली को, आर्यभारती पूजे,
कोकिल बोलो तो।"

इतना ही नहीं, इस कविता में कोकिल की प्रस्तुति में विस्थापन का यह कौशल तब और घनत्वपूर्ण तथा आवर्तक हो उठता है, जब 'कोकिल' को 'काली' कहता हुआ रचनाकार श्लेष से उस 'काली' में शक्ति या चण्डी का भी अर्थ नियोजित कर बैठता है। एक तो कोकिल कोकिल नहीं होकर अपनी गहन संरचना में कवि है, दूसरे 'काली' कहलाती हुई वह केवल अपना रंग-वैशिष्ट्य जाहिर नहीं करती, बल्कि 'काली' के रूप में वह चण्डी की, शक्ति की गुणधर्मिता को भी उजागर करती है।

'काली' एक साथ विशेषण और संज्ञा दोनों रूपों में प्रयुक्त है। प्रतीकीकरण जैसे शिल्प की दृष्टि से इस कविता की रचना-प्रक्रिया में 'तम', 'अन्धकार', 'कालिका', 'मृदुल-वैभव', 'दावानल की ज्वाला', 'नभ के दीप', 'हिमकर' और 'रविकिरण' जैसे शब्द महत्त्वपूर्ण हैं। पर इनकी प्रतीकात्मकता दुरूह नहीं होकर सरल है। कवि ने प्रोक्ति-प्रतिज्ञप्तियों के द्वारा इन्हें खोल दिया है। दूसरे शब्दों में प्रोक्ति की संघटना में सहज रूप में आने वाली प्रतिज्ञप्तियों (Propositions) के आधार पर ये प्रतीक स्वयं विपुटित होते जाते हैं। इनको सामने रखें तो 'कालिमा' और 'अन्धकार' व्यक्तित्व के 'इदम्' पक्ष को 'तम' ब्रितानी हुकूमत को, 'मृदुल वैभव' 'स्वतन्त्रता को', 'दावानल की ज्वाला' परतन्त्र शासन के अत्याचार-उत्पीड़न को, 'नभ के दीप' ब्रितानी हुकूमत के प्रहरी को, उसके पक्षधर को और 'रवि-किरण' चेतना के प्रकाश को प्रतीकित करते हैं। इसी तरह इस कविता की रचना-प्रक्रिया में संहनीकरण का कौशल भी सक्रिय है। यहाँ अभिव्यक्ति का यह घनापन एक सधे हुए नैरन्तर्य में कई बार उपस्थित होता है। कोकिला इस मध्य रात्रि में क्यों अपना अनवरत आलाप भर रही है? इस प्रश्न का अनुमित विकल्पात्मक उत्तर प्रस्तुत करता कैदी विकल्पों की पूरी श्रृंखला प्रस्तुत कर बैठता है—

"निज मधुराई को कारागृह पर छाने,
जी के घावों पर तरलामृत बरसाने,
या वायु-विटप-वल्लरी-चीर, हठ ठाने,
दीवार चीर कर अपना स्वर अजमाने
या लेने आयी इन आँखों का पानी?"

इसी तरह इस कविता में कालेपन की विश्लेषणात्मक प्रतिज्ञप्ति (Proposition) का संहनीकरण भी द्रष्टव्य है—

"काली तू, रजनी भी काली
शासन की करनी भी काली
काली लहर, कल्पना काली
मेरी काल-कोठरी काली
टोपी काली, कमली काली
मेरी लौह-श्रृंखला काली"

स्वप्न-यान्त्रिकी का अन्तिम तत्त्व द्वितीयक विस्तारण का है, जहाँ खण्ड-खण्ड में विभक्त रूप में देखे गये स्वप्न के बीच जागने पर प्रायः अन्तः सम्बन्ध बिठा लिया जाता है। प्रस्तुत कविता भी खण्डों में बँटी हुई है, यहाँ द्वितीय विस्तारण के रूप में

अन्त में इस तरह का प्रश्न किया जाता है, जिससे सारी कविता के अंश-बिम्ब परस्पर अनुस्यूत हो उठते हैं। यह प्रश्न परिणाम-सम्बन्धी है, जिसका सरोकार कोकिला के प्रत्येक क्रियाकलाप से बैठता है। इस प्रकार इस कविता की रचना-प्रक्रिया में स्वप्न-यान्त्रिकी का अनुविस्तार भी चरितार्थ होता दिखता है–

"क्या? घुस जायेगा रुदन
तुम्हारा निःश्वासों के द्वारा
कोकिल बोलो तो
और सवेरे हो जायगा
उलट-पुलट जग सारा
कोकिल बोलो तो।"

इस कविता की रचना-प्रक्रिया की परतों को उद्घाटित करने के क्रम में 'कैदी और कोकिला' की सही अस्मिता से परिचित हो चुकने पर अब इस कविता के चिन्तन पर क्रमशः स्थल-तत्त्वमूलक (Based on Space Factor), कालतत्त्वमूलक (Based on Time Factor), पात्र तत्त्व-मूलक (Based on Character Factor) और व्यापार-तत्त्वमूलक (Based on Activity Factor) चिन्तन के रूप में विचार किया जा सकता है।

'कैदी और कोकिला' कविता में निरूपित स्थल-तत्त्वमूलक चिन्तन द्विध्रुवी है। एक ओर यहाँ कारागार का स्थल-तत्त्व है, तो दूसरी ओर मुक्त संसार का। कारागार का सम्बन्ध कैदी से है। और मुक्त संसार का कोकिला से। कारागार क्या है? एक ऐसी काली कोठरी है, जहाँ ऊँची, काली दीवारों के घेरे में दस फुट का एक छोटा-सा संसार है। वहाँ डाकू, चोरों, बदमाशों का डेरा है। वह अत्यन्त सीमित और परिमित स्थल है, जहाँ अपराधी-तत्त्वों और अपराधियों का वास-स्थान है। वह अपने-आप में भयानक काल कोठरी है। एक बहुत ही अँधेरी और तंग जगह है, 'सालिटरी सेल' है या कि स्वयं मृत्यु (काल) की ही काली कोठरी है। वहाँ लोहे के दरवाजे हैं और दीवारों की ऊँचाइयाँ हैं। दूसरी ओर कोकिला के वास-स्थान प्राकृतिक स्थल का निर्देश है, जहाँ विन्ध्य का झरना है, ऊँचे उठने हेतु व्रत धारण करनेवाला वन है। उसकी हरियाली-भरी डालियाँ हैं और है आकाश की निस्सीम व्यापकता। इस प्रकार कुल मिलाकर यह द्विध्रुवीयता अपने देश को, भारतवर्ष को निर्दिष्ट करती है। कहना न होगा कि इस कविता में माखनलाल जी का स्थल-तात्विक चिन्तन इस कविता के मूल संवेदन, चिन्तन का संवाहक-सम्पोषक है। कारागार का स्थल-तत्त्व जहाँ राजनीतिक कैदी की विवशता, निरुपायता को प्रत्यक्ष कराता है वहीं प्रकृति का

मुक्त स्थल कवि की उन्मुक्तता, स्वतन्त्रता का निदर्शन कराता है। स्थल-तत्त्व के इस द्विध्रुवी निरूपण में प्रोक्ति की विरोधी प्रकृति की समान्तरता मिलती है। यहाँ कारागारी सीमित स्थल-तत्त्व की पृष्ठभूमि में प्राकृतिक स्थल-तत्त्व की व्यापकता को अग्रप्रस्तुत कर अभिप्रेत सिद्ध किया गया है। फलतः विवशता-निरुपायता की पृष्ठभूमि में उन्मुक्तता, स्वतन्त्रता अग्रप्रस्तुत होती है और विवश राजनीतिक कैदी की पृष्ठभूमि में जागरूक और सक्रिय कवि अग्रप्रस्तुत हो पड़ता है। व्यंजित रूप में यह स्थलीयता कवि के अचेतन-मानस की भी है, जो स्वतः काला है और जहाँ सारे वर्जित तत्त्वों का डेरा है।

'कैदी और कोकिला' में कवि का कालतत्त्व-मूलक चिन्तन आदि से अन्त तक विद्यमान है। इसका बीज कूट है भाद्रपद का महीना। कृष्ण पक्ष की अष्टमी। घनी काली मध्य रात्रि की वेला। कैदी की अभिव्यक्ति इसका संकेत करती है। 'मोहन के व्रत पर प्राणों का आसव किसमें भर दूँ, कोकिल बोलो तो।' स्पष्ट है कि पूरी कविता में यह चिन्तन अपनी वर्तमानता में उस काली रात का है, जिसमें बन्दी सोते हैं, प्रहरी सारी रात एक-दो तीन-चार गिनते हैं, ऊपर नभ के दीये टिमटिमाते हैं और मोहन के व्रत की इस निविड़ काली मध्य रात्रि में कोकिला लगातार चीखती, तमोपत्र पर अपनी चमकीली तानों से अभिलेख लिखती गजब ढाती है। पूरी कविता में तम, अन्धकार और काली रात का विस्तार विद्यमान है, उसकी प्रभुता छायी है। यहाँ यह कवि का कालतात्विक चिन्तन ही है, जिसके आधार पर कैदी वसुदेव की भूमिका में उपस्थित होता है और कोकिला कृष्ण की भूमिका में मुक्तिदूत बनकर आती है। पर इसी कविता में दूसरी ओर प्रभाव की निर्दिष्ट कालपरकता भी है। यह दो प्रकार की है—सामान्य और विशिष्ट। सामान्य रूप में यह कालपरकता कविता के बीच में सन्दर्भित हुई है। 'तुम रविकिरणों से खेल जगत् को रोज जगानेवाली'। यहाँ 'रवि किरण' उस व्यावहारिक सुविधापरक चेतना का अर्थ देती है, जिसकी अनुपालना या सुविधाजीवी संवेदना में कभी कवि को 'अमी की पूरन कटोरिया-सी विक्टोरिया रानी' भी लिखना पड़ता है। पर विवेच्य कविता के कवि की संवेदनशीलता या चिन्तनपरकता भूले से भी ऐसी नहीं है। वह तो 'इदम्' और 'सुप्राहम्' के स्तर पर क्रियाशील है। 'क्रान्ति' और 'विद्रोह' में 'इदम्' तथा 'बलिदान' और 'उत्सर्ग' में सुप्राहम्। यहाँ प्रभात की विशिष्ट कालपरकता कविता की सोद्देश्यता बन कर आती है और रात्रि-कालिमा की प्रशस्त पृष्ठभूमि में विरल रूप में अग्रप्रस्तुत होकर उपस्थित होती है : "और सवेरे हो जायगा उलट-पुलट जग सारा?/ कोकिल बोलो तो।" इस प्रकार अपनी समकालिकता में कालतत्त्व परतन्त्रता के काल को निरूपित करता है। पर

यहाँ अपनी व्यापकता में काल-तात्त्विकता त्रैकालिक भी है, जिसे पहले निर्दिष्ट किया जा चुका है।

इस कविता का पात्र-तत्त्व मूलक चिन्तन भी द्विधा विभक्त है : कैदी और कोकिल के रूप में। कैदी भी यहाँ दो प्रकार के हैं–1. सुषुप्त और 2. जाग्रत् कैदी। एक ओर यहाँ काली टोपी, काली कमली, काली जंजीरों, हथकड़ियों, बेड़ियोंवाले वे कैदी हैं, जो दिन भर कोल्हू चलाते, गिट्टी तोड़ते और मोट खींचते हैं। फिर भी इतना अनवरत श्रम करने के बावजूद वे कारागार के अधिकारियों से गालियाँ खाते हैं। वे करुणा-ग्राहक कैदी रात में सोते हुए अपने स्वप्नों में स्मृति की श्वासें धोते हैं, स्वप्नों में अपनी यादें ताजा करते हैं। दूसरी ओर इनमें एक जगा हुआ कैदी भी है, जिसके नयन-कटोरे जब आँसुओं से भर उठते हैं तब उसकी आँखों का पानी लेने के लिए आलाप भरती कोकिला चली आती है और उसका रोना भी गुनाह बन जाता है। यही कैदी कोकिला से बार-बार प्रश्न करता है। यही उससे उत्तर देने का बार-बार आग्रह करता है। यही दण्ड-स्वरूप मिलनेवाले कर्म-दायित्व को व्यंग्य, स्वाभिमान, उदात्तता और अकड़ से भर कर देखता है–

'हथकड़ियाँ क्यों? यह ब्रिटिश राज का गहना
कोल्हू का चर्रक चूँ? जीवन की तान
गिट्टी पर अँगुलियों ने लिक्खे गान?
हूँ मोट खींचता लगा पेट पर जूआ
खाली करता हूँ ब्रिटिश अकड़ का कूआँ।''

यही राजनीतिक कैदी कवि के 'पर्सोना' कोकिल को 'तुझ काली को आर्य भारती पूजे' का गौरव प्रदान करता है और यही कैदी कोकिल से यह प्रश्न भी करता है कि क्या तुम्हारी मुखरता से परतन्त्रता का अन्धकार मिट जायेगा, स्वतन्त्रता का प्रकाश आयेगा और यदि आये भी तो क्या स्वतन्त्रता का सवेरा सारी अव्यवस्था को उलट-पुलट कर सुव्यवस्था दे सकेगा... कोकिला इस कविता में कवि का प्रतीक है। माखनलाल जी ने उसे गाने वाली, मधुर गाना गाने वाली के रूप में प्रस्तुत किया है। वह बावली है, मतवाली है, चीखें लगाने वाली है। वह वेदना के बोझ से दबी हूकने वाली हैं और कूक कर लुटने की स्थिति दर्शाने वाली भी है। वह कालिमामयी तो है ही। साक्षात् काली भी है। उसकी कालिमामयता अपनी गुणधर्मिता में उसे धुन का पक्कापन देती है–'सूरदास प्रभु काली कामरि चढ़यो न दूजो रंग।' वह कभी निरर्थक आलाप नहीं भरती, बल्कि उसकी कूक में सार्थकता है, वह सन्देश लाने वाली है। वह स्वयं जगी हुई है और संसार को जगाने वाली है। उसकी 'वाणी' उधार की माँगी

न होकर मौलिक है। उस पर ब्रितानी हुकूमत का 'डिक्टेशन' नहीं चलता। न तो वह उस हुकूमत से पालित-पोषित है, न ही वह उनकी वन्दिनी है। न वह उनके द्वारा रटाया गया संवाद बोलने वाली है और न ही वह अपने-आप में इतनी दुर्बल है कि वह स्वतः अपनी आवाज गुंजा नहीं पाये। वह कैदियों के दिन की कर्ममयता को बाधित नहीं कर रात में अपने बोल से गजब ढाने वाली है। वह अन्धकार को वेधकर रोने वाली है, पर रोने वाले कैदी की आँखों के पानी को अपने बोल से सुखा कर उसे संकल्पव्रती बनाने वाली भी है। वह काले संकट-सागर पर अपने चमकीले गीतों को तैराने वाली भी है। वह तमोपात्र पर अपनी चमकीली तान लिखने वाली है, तो रात्रि में अपनी चीख से सर्वनाश करती दीखने वाली भी है। वह अत्याचार और प्रपीड़न के सुलगते दावानल की ज्वाला को तो देखने वाली है, पर कैदियों के हाथ-पाँव में जंजीरों का गहना नहीं देख सकने वाली है, उन्हें कोल्हू चलाते नहीं देख सकने वाली है, उनकी गिट्टी तोड़ती उँगलियों को नहीं देख सकने वाली है और उन्हें मोट खींचते भी नहीं देख सकने वाली है। वह चुपचाप मधुर विद्रोह बीज बोने वाली और शंखनाद करने वाली है। वह स्वयं रण का प्रसाद है। वह रणभेरी बजाने वाली है। वह अंग्रेजी राज के रक्षकों को, नभ के दीप को बुझाने की ठानने वाली है। वह कारागार के बन्दियों के घावों पर तरलामृत बरसाने वाली और कारागार में मधुरता फैलाने वाली है या कि अँधेरे में अपनी मधुराई को दफनाने वाली है। वह बलिदानी है। इसलिए मरने को मदमाती रहने वाली है। वह निडर, निश्शंक है। वह अपने को ब्रितानी हुकूमत का आहार तक बना देने वाली है। वास्तव में इस कविता में कोकिला नर-प्रकृति को उद्घाटित करती है। वह बाह्य प्रकृति की ऐसी कोकिला नहीं है, जिस पर माखनलाल जी ने या कविता के वाचक ने या कैदी ने अपनी संवेदना-भावना का आरोप किया हो, बल्कि यह वह प्रतीक है जिसके माध्यम से माखनलाल जी की कवि-विषयक अवधारणा और मान्यता स्पष्ट होती है। उनका कवि उन सारी विशेषताओं से युक्त है, जिन विशेषताओं को कोकिला में दिखाया है। उनकी दृष्टि में कवि ही बलिदानी संवेदना का पहला मन्त्रोच्चार करने वाला है। यह कवि स्वयं जाग्रत् है और श्रोता को अपनी वाणी से जगाने वाला है। यह गायक है और अपनी मौलिक स्वातन्त्र्यकामी वाणी गुंजाने वाला है। यह रटी-रटायी वाणी बोलने वाला तोता नहीं है। यह द्रष्टा है, यह उद्‌बोधक है, यह समानुभूति आवश्यक है। यह विद्रोहिता और क्रान्तिधर्मिता के गुणों से भरा है, बलिदानी संवेदना और बलिदान-वृत्ति इसकी निधि है। यह इन सबका अभिप्रेरक है। यह इतना संवेदितचित्त है कि स्वयं रुदन करने वाला है और इतना प्रबुद्ध और दायित्व-उद्‌बुद्ध है कि रुदन के अश्रुओं को

पोंछने वाला भी है। यह कैदियों की पीड़ा नहीं देख सकने वाला है, तो उन्हें कर्म-विमुख भी नहीं कर सकने वाला है। यह जिजीविषा और व्यापक गतिशीलता का प्रतीक है। यह कविता के आलम्बन के रूप में सनातन काल से स्वीकृत प्रकृति को अब अपना काव्य-आलम्बन नहीं बनाकर, दमित, प्रताड़ित, मनुष्यता और उसकी मुक्ति-राष्ट्रीयता को अपना काव्य-आलम्बन बनाता है। यह सुख, सुविधा और व्यावहारिक कुशलता के प्रकाश को अब अपनी कविता के लिए आलम्बन नहीं बनाकर दुःख, उलझन और समस्या-मूलक जटिलता के अन्धकार को अपना काव्य-आलम्बन बनाता है। तभी किञ्चित् विस्मय से कैदी उससे पूछता है–

"दूबों के आँसू धोती रवि-किरनों पर,
मोती बिखराती विन्ध्या के झरनों पर,
ऊँचे उठने के व्रतधारी इस वन पर,
ब्रह्माण्ड कँपाती उस उद्दण्ड पवन पर,
तेरे मीठे गीतों का पूरा लेखा
मैंने प्रकाश में लिखा सजीला देखा

तब सर्वनाश करती क्यों हो,
तुम जाने या बेजाने?
कोकिल बोलो तो
क्यों तमोपत्र पर विवश हुई
लिखने चमकीली तानें?
कोकिल बोलो तो।"

'कैदी और कोकिला' कविता का व्यापार-तत्त्व मूलक चिन्तन कई रूपों में सामने आता है। इनमें एक ओर ब्रितानी शासन का दमनमूलक व्यापार है, तो दूसरी ओर राजनीतिक कैदियों का कर्ममूलक और विवशतापरक व्यापार। ब्रितानी शासन के दमनमूलक व्यापार-तात्विक चिन्तन को निम्नलिखित पंक्तियों में देखा जा सकता है–

"जीने को देते नहीं पेट भर खाना,
मरने भी देते नहीं, तड़प रह जाना
जीवन पर अब दिन-रात कड़ा पहरा है
शासन है या तम का प्रभाव गहरा है?"

इसी प्रकार राजनीतिक कैदियों के कर्ममूलक व्यापार-तात्त्विक चिन्तन को निम्नांकित काव्य-पंक्तियाँ उजागर करती हैं–

"हथकड़ियाँ क्यों? यह ब्रिटिश राज्य का गहना
कोल्हू का चर्रक-चूँ, जीवन की तान,
गिट्टी पर अँगुलियों ने लिक्खे गान?
हूँ मोट खींचता लगा पेट पर जूआ
खाली करता हूँ ब्रिटिश अकड़ का कूआँ।"

× × ×

"फिर भी करुणा-गाहक बन्दी सोते हैं,
स्वप्नों में स्मृतियों की श्वासें धोते हैं।"

और उनके विवशतापरक व्यापार-तात्त्विक चिन्तन की झाँकी भी इस कविता में दो बार मिलती है–

"मेरे आँसू की भरी उभय जब प्याली"

× × ×

या लेने आयी इन आँखों का पानी।"

इसके अतिरिक्त इस कविता में कोकिला की मुखरता का व्यापार, सन्देश लाने, देने का व्यापार, इसके अन्तर्गत जागरण का सन्देश देने का व्यापार, क्रान्ति और विद्रोह के शंखनाद का सन्देश देने का व्यापार, बलिदान और उत्सर्ग का सन्देश देने का व्यापार, पुनः प्रशासन के समर्थकों को मिटाने का व्यापार तथा राजनीतिक कैदियों को सहानुभूति देने और आश्वस्त करने का व्यापार जैसे चार प्रकार के व्यापार-तत्त्व मूलक चिन्तन देखने को मिलते हैं।

कोकिला की मुखरता का व्यापार-तात्विक चिन्तन इस पूरी कविता में आद्यन्त विद्यमान है, जिसे गाने के रूप में, हूकने के रूप में, चीखने के रूप में, रोने के रूप में, और कुहू-कुहू करने के रूप में अनेकशः स्वरूपित किया गया है। सन्देश लाने देने के व्यापार-तात्त्विक चिन्तन के अन्तर्गत जागरण का सन्देश-चिन्तन–"इस समय कालिमामयी जगी क्यों आली' और 'क्यों अर्द्धरात्रि में विश्व जगाने आयी हो?" जैसी अभिव्यक्तियों में, तो क्रान्ति और विद्रोह के शंखनाद का चिन्तन–'चुपचाप मधुर विद्रोह बीज इस भाँति बो रही क्यों हो?' × × × 'तेरा स्वर बस शंखनाद है' और 'बजा रही जिस पर रण-भेरी'–जैसी पंक्तियों में और बलिदान-उत्सर्ग का सन्देश-चिन्तन 'इस काले संकट सागर पर मरने को मदमाती', × × × 'तू स्वतन्त्र बलि की गति कूती' और 'मोहन के व्रत पर प्राणों का आसव किसमें भर दूँ', जैसी

प्रोक्तियों में निरूपित हुआ है। इस कविता में ब्रितानी शासन के समर्थकों को मिटाने का व्यापार-तात्त्विक चिन्तन—

"नभ के ये दीप बुझाने की है ठानी।
खा अन्धकार, करते वे जग रखवाली
क्या उनकी शोध तुझे न भायी आली"

जैसी काव्य-प्रोक्ति में द्रष्टव्य है और राजनीतिक कैदियों को सहानुभूति देने तथा आश्वस्त करने का काव्य-चिन्तन कैदी के निम्नलिखित उद्गार में नियोजित है—

"निज मधुराई को कारागृह पर छाने
जी के घावों पर तरलामृत बरसाने
या वायु-विटप-वल्लरी-चरी, हठ ठाने
दीवार चीर कर अपना स्वर अजमाने
या लेने आयी इन आँखों का पानी?"

कुल मिलाकर देखें तो इस कविता का चिन्तन राष्ट्रीय काव्य-चिन्तन है, जिसके केन्द्र में स्वतन्त्रता-प्राप्ति की कामना है। पर यह कामना यहाँ किसी 'यूटोपिया' के रूप में व्यक्त नहीं हुई है, क्योंकि इसके लिए किये जाने वाले प्रयत्न के विषय में कवि का विवेक बहुत स्पष्ट है। वह याचना के मार्ग से या शान्ति के मार्ग से स्वतन्त्रता प्राप्त करने का विश्वासी नहीं है। वह तो विद्रोह और क्रान्ति को माननेवाला है। शुक्लपक्षीयता पर उसका बिलकुल विश्वास नहीं है। अपनी इस मान्यता को माखनलाल जी ने इस कविता के राजनीतिक बन्दी के माध्यम से बहुत स्पष्ट शब्दों में व्यक्त करवाया है—

"त्याग शुक्लता तुझ काली को
आर्य-भारती पूजे
कोकिल बोलो तो"

बलिदान माखनलाल जी का मूल काव्य-स्वर रहा है। 'कैदी और कोकिला' का काव्य-चिन्तन भी बलिदान-मूलक है। एक ओर यदि कोकिला यहाँ काल-संकट पर मरने को मदमाती है, तो दूसरी ओर राजनीतिक बन्दी भी मोहन के व्रत पर अपने प्राणों का आसव भरने के लिए पात्र खोजता है। बलिदान उनके अचेतन और चेतन दोनों स्तरों की क्रियाशीलता बनकर उपस्थित होता है। इस प्रकार प्रस्तुत सन्दर्भ में इसका महत्त्व जीवन-मूल्यपरक चिन्तन का महत्त्व बन जाता है।

'कैदी और कोकिला' का काव्य-चिन्तन यह भी स्पष्ट करता है कि जब देश परतन्त्र हो, वहाँ के नागरिक उत्पीड़न और प्रपीड़न झेल रहे हों, उनका अनवरत दमन

किया जा रहा हो, तब कवि के द्वारा कविता का विषय या उसका आलम्बन प्रकृति को नहीं बनाया जा सकता, बल्कि दमित, प्रपीड़ित मनुष्य को बनाया जाता है और यहाँ कविता दर्द के ताप-मात्र को अभिव्यक्त नहीं करती, बल्कि समस्याओं का समाधान ढूँढ़ने की कारगर कोशिश भी करती है। इस कविता के राजनीतिक कैदी को इस रहस्य के स्पष्ट नहीं होने तक ही यह आश्चर्य होता है कि कोकिला प्रकृति के व्यापक अंचल में अपना स्वर क्यों मुखर नहीं कर कारागार की दीवार से सर मार रही है?

इस कविता में माखनलाल जी का काव्यचिन्तन यह मानता है कि कविता एक कारगर हथियार है। मानसिकता के दृढ़ीकरण के लिए, संवेगात्मक सक्रिय वेग के लिए, प्रत्ययनीयता (Persuation) के लिए, उद्‌बोधन के लिए और क्रान्ति-पथ की क्रियाशीलता के लिए कविता का इस्तेमाल किया जा सकता है, बशर्ते गृहीता तत्पर और जाग्रत् हो।

माखनलाल जी का काव्य-चिन्तन यह भी निर्दिष्ट करता है कि भारतीय कवि अपनी प्रकृति से स्वतन्त्रता-कामी होता है, उसकी वाणी उसकी भौतिक वाणी होती है। उस पर किसी और का 'डिक्टेशन' नहीं चलता है। उसे न तो कोई पालित-पोषित कर सकता है और न उससे सत्ता अपने अनुकूल स्वरोच्चार करवा सकती है। इससे स्वतः माखनलाल जी के अपने कवि का यथार्थ स्पष्ट होता है और कवि-वर्ग के लिए एक प्रादर्शात्मक मूल्य सामने आता है, जो उनके चिन्तन की देन है–

"तेरे 'माँगे हुए न बैना',
री तू नहीं बन्दिनी मैना,
न तू स्वर्ण पिंजड़े की पाली
तुझे न दाख खिलायी आली,
तोता नहीं, नहीं तू तूती,
तू स्वतन्त्र बलि की गति कूती
तब तू रण का ही प्रसाद है,
तेरा स्वर बस शंखनाद है।"

'कैदी और कोकिला' के काव्य-चिन्तन में कविता की ग्रहणशीलता का बिन्दु भी उठाया गया है। अतः यहाँ माखनलाल जी के काव्य-चिन्तन का एक पहलू यह भी है कि कवि की कविता चाहे कितनी ही अभिप्रेरक, उद्‌बोधक, क्रान्तिकारी या बलिदानी क्यों न हो, पर यदि उसके पाठोच्चार के समय उसका श्रोता-गृहीता नहीं है, तो वह कविता उस कालिकता के लिए प्रभावविहीन है। इस कविता के प्राश्निक

बन्दी की विशेषता यह है कि वह तो जगा है, पर उसके अन्य सभी सहयोगी राजनीतिक कैदी सो रहे हैं। अतः उस समय वह अचेतन से निःसृत अपनी कविता के संवेदन-चिन्तन की साँझ अपने सहयोगियों से कर पाने की स्थिति में नहीं है। जाग्रत् कैदी में कविता की अभिव्यक्ति का जितना उद्वेलन है, उसके अनुरूप यदि सभी बन्दी जगते, तो उसके सन्देश को ग्रहण कर पाते और निश्चित दिशा में निश्चित कार्यक्रम भी निर्णीत कर पाते। वस्तुतः कैदी का चेतन कैदी के अचेतन को काव्याभिव्यक्ति के खतरे से परिचित करा देना चाहता है, क्योंकि ब्रितानी हुकूमत न केवल उस कविता-विशेष पर प्रतिबन्ध लगाती है, न केवल उसके सर्जक को दण्ड मात्र देकर छोड़ देती है, बल्कि उस सर्जक को मिटा देने तक का भरपूर प्रयास करती है–

'नभ सीख चुका है कमजोरों को खाना
क्यों बना रही अपने को उसका दाना।'

फिर भी ऐसी स्थिति में यदि कविता अभिव्यक्त होती है, तो उसकी सोद्देश्यता को सार्थकता देने के लिए गृहीता को तत्पर रहना चाहिए। पर इस मध्य रात्रि की वेला में उसके सारे सहयोगी बन्दी 'कविता-ग्राहक' नहीं होकर 'करूणा-ग्राहक' की भूमिका में पड़े हैं, जो इस वेला में सो रहे हैं और स्वप्न-प्रक्रिया में अपनी-अपनी वैयक्तिक, घरेलू, पारिवारिक स्मृतियों को ताजा कर रहे हैं। वे तो 'निद्रित लाश' बने हुए हैं, जिनमें कविता की ग्रहणशीलता की कोई सम्भावना नहीं है। इसीलिए जाग्रत् बन्दी का चेतन उसके अचेतन से प्रश्न करता है कि क्या तुम सोनेवाले कैदी के स्पन्दित हो रहे निःश्वासों के द्वारा उनमें कविता का सन्देश सम्प्रेषित कर दे सकोगे? और यदि यह सम्भव नहीं है, तो क्या बिना गृहीता के रात में अवतरित कविता के चिन्तन के अनुरूप सवेरे तक सारी व्यवस्था उलटी-पलटी जा सकती है? कविता इसी प्रश्न-बिन्दु पर आकर पूरी हो जाती है। कवि इस कविता को बँधी-बँधायी परिपाटी वाली अन्तता (Closed-endedness) नहीं देकर इसे मुक्त रूप की अन्तता (Open-endedness) प्रदान करता है। फलतः पाठ की निर्वचनात्मक सम्भावना यहीं निःशेष नहीं हो जाती है। चूँकि कविता के सहज उपलब्ध श्रोता-पाठक, जो कारागार में हैं, सुषुप्त, स्वप्नरत और 'करुणा-ग्राहक' बने हुए हैं, अतः कविता को बाहर पाठक उपलब्ध कराने की आवश्यकता है। कवि स्वयं राजनीतिक कैदी है, जो कारागार से बाहर नहीं जा सकता है, पर उसकी कविता, जो मुक्तिदूत की भूमिका में है, बाहर जा सकती है। तभी वह प्रभावमयी हो सकती है। यदि सवेरा लाना है और मारक-त्रासक व्यवस्था को छिन्न-भिन्न करना है, तो कविता को कारागार से

बाहर जाग्रत् जनसमुदाय में जाना होगा, तभी सवेरा हो सकता है, स्वतन्त्रता प्राप्त हो सकती है और मारक-त्रासक व्यवस्था को छिन्न-भिन्न करने के प्रयत्न किये जा सकते हैं, क्योंकि केवल स्वतन्त्रता प्राप्त कर लेने से ही यह मारक-त्रासक छद्म और पाखण्ड से भरी 'हिपोक्रेसी' वाली व्यवस्था स्वतः उलट-पुलट नहीं जायगी, बल्कि उसे छिन्न-भिन्न कर नष्ट करने के लिए लगातार जाग्रत् तौर पर कारगर कोशिशें करनी होंगी। वास्तव में यह नुकता वह अहम् नुकता है जहाँ आज भी आजादी प्राप्त कर लेने के छियासठ (66) वर्षों के बाद भी देश उसे उलट-पुलट या छिन्न-भिन्न नहीं कर पा रहा है। इस तरह इस कविता का संवेदन-चिन्तन तात्कालिक-मात्र नहीं रहकर भविष्योन्मुख-रूप में भी सिद्ध होता है।

पश्चिम में ऑस्टिन और सार्ले ने वचन-कर्म–सिद्धान्त का विवेचन किया है तथा वचन-कर्म के तीन प्रकार माने हैं–1. भाषिक वचन कर्म (Locutionary Speech Act) 2. विवक्षित या भाषेतर वचन-कर्म (Elocutionary Speech Act) और 3. अनुगामी वचन-कर्म (Perlocutionary Speech Act)। इस कविता के चिन्तन को प्राप्त करने के लिए, उससे परिचित होने के लिए अब तक जो भी विश्लेषण-विवेचन किया गया है, वह भाषिक वचन-कर्म के क्षेत्र का विवेचन है। 'विवक्षित वचन-कर्म' की दृष्टि से यह कविता निषेधात्मक (Negative), प्रश्नात्मक (Interrogative), वर्णनात्मक (Descriptive), आग्रहमूलक (Cognitive), प्रत्ययनीय (Persuative), तुलनात्मक (Comparative), शंकामूलक (Doubtful) जैसी अनेकविध वृत्तिकताओं (Modalities), विवक्षाओं से भरी-पूरी है। इन सब में सबसे अधिक विवक्षा प्रश्नात्मकता की ही है। पर इन सबके मूल में जो एक बड़ी विवक्षा सक्रिय है, वह अभिप्रेरणा की विवक्षा है। इस दृष्टि से इस कविता का मूल चिन्तन राष्ट्रवादी, स्वदेशभक्ति-मूलक और स्वतन्त्रता-प्राप्ति के सार्थक उत्क्रान्त प्रयत्नों के लिए अभिप्रेरणा का चिन्तन है। इस कविता में अनुगामी वचन-कर्म (Perlocutionary Speech Act) को चरितार्थता नहीं प्राप्त हो पाती है, पर उसकी आत्यन्तिक चिन्ता कविता के अन्तिम चरण का महत्त्वपूर्ण प्रतिपाद्य बनती है। अपनी तत्कालीनता में कोटि-कोटि समानधर्मा राष्ट्र-प्रेमियों के सामने अनुगामी-वचन-कर्म की इस चिन्ता को उभार कर, उसका दायित्व-बोध प्रदान कर और उसके मार्ग में आने वाले खतरे से आगाह कर कवि ने 'कैदी और कोकिला' के काव्य-चिन्तन को वायवीय की जगह अत्यन्त ठोस तथा अत्यन्त यथार्थवादी बना दिया है। कहना न होगा कि यह माखनलाल जी के संवेदन-चिन्तन और उनकी काव्य-क्षमता का अत्यन्त सार्थक प्रमाण है।

14
कतकी पूनो

छिटक रही है चाँदनी
मदमाती उन्मादिनी,
कलगी मौर सजाव ले,
कास हुए हैं बावले,
पकी ज्वार से निकल शशों की जोड़ी गयी फलाँगती।
सन्नाटे में बाँक नदी की जगी चमक कर झाँकती।
कुहरा झीना और महीन,
झर-झर पड़े अकासनीम
उजली-लालिम मालती
गन्ध के डोरे डालती
मन में दुबकी है हुलास, ज्यों परछाईं हो चोर की
तेरी बाट अगोरते ये आँखें हुईं चकोर की।

'कतकी पूनो' पैंसठ शब्दों और बारह पंक्तियों में रची गयी एक लघु कविता है। इसके अग्रप्रस्तुत भाषिक चयन-संयोजन की विशेषताएँ कई स्तरों पर उजागर होती हैं। शब्द-स्तर पर संज्ञामूलक, क्रियामूलक एवम् विशेषणमूलक शब्दों का कवि ने साभिप्राय चयन किया है। इनमें संज्ञामूलक प्रमुख शब्द 'चाँदनी', 'मोर', 'ज्वार', 'कुहरा', 'मालती', 'चकोर', 'मन', 'बावलापन' और 'हुलास' हैं। इनमें 'मोर' और 'मालती' का वहृवर्थी चयन किया गया है। 'चाँदनी' और 'चकोर' बीज शब्द अथवा उन्मीलक शब्द (की-वडी) के रूप में अग्रप्रस्तुत चयन बनकर उभरते हैं। 'चाँदनी', 'कुहरा', 'हुलास' और 'चकोर'—ये चारों कथ्य के विकास और अभिव्यक्ति की पूर्णता के मूल संवाहक हैं। इन्हें मुख्य अथवा शीर्ष शब्द भी कहेंगे। इन संज्ञा शब्दों के सहारे ही कवि उन अन्य शब्दों का संसार खड़ा करता है, जो प्रधानतः विशेषणमूलक और क्रियामूलक हैं।

कविता की पहली पंक्ति है—'छिटक रही है चाँदनी।' इस विचलित चयन-क्रम से एक पूरा संयोजन उपस्थित हो जाता है। इस पंक्ति में सातत्यमूलक वर्तमान क्रिया है। कविता का आरम्भ इसी निरन्तरता के अभिप्राय-सूचन से होता है। यह छिटक रही चाँदनी कैसी है, इसे दिखाने के लिए 'मदमाती', 'उन्मादिनी' जैसे विशेषणों का साभिप्राय चयन-संयोजन किया गया है। चाँदनी स्वयं मदमाने वाली है और दूसरों

को भी मादित करने वाली है। पहली पंक्ति बाह्य संरचनात्मक स्तर पर विचलित है। संज्ञा की जगह वाक्य का आरम्भ क्रिया से हुआ है, पर दूसरी पंक्ति में समाप्ति क्रिया की जगह विशेषण से हुई है। इस प्रकार वाक्य-रचना में गद्य के मानक व्याकरणिक क्रम को उलट दिया गया है। इस क्रम को सामान्य रूप में इस प्रकार होना चाहिए था—'मदमाती, उन्मादिनी चाँदनी छिटक रही है।' पर अपने विचलित रूप में गहन संरचनात्मक स्तर पर यह वाक्य दो अर्थ-संरचनाओं को एक साथ उजागर करने लगता है—

प्रथम गहन अर्थ-संरचना	(क) चाँदनी छिटक रही है। (ख) यह उन्मादिनी और स्वयं में मदमाती हुई है।
द्वितीय गहन अर्थ-संरचना	(अ) चाँदनी छिटक रही है। (ब) यह उन्मादिनी (औरों को) मदमाती है।

'मदमाती' का चयन इस दृष्टि से साभिप्राय है। 'मदमाती' विशेषण-रूप भी है और क्रिया-रूप भी, जिसका सहायक क्रिया रूप 'है' लुप्त है। इसका अध्याहार हो गया है। इस प्रकार विचलन यहाँ अध्याहार-वश भी है, जिससे बिम्ब-विधान को तीव्रता प्राप्त होती है। चाँदनी का छिटकना वस्तुतः उसका निरन्तर खुलते-खिलते जाना है। यह क्रम जारी है।

अर्थ के स्तर पर देखें, तो भी चाँदनी के मदमाने और उन्मादिनी होने में विचलन है। चाँदनी में इन दोनों अर्थों की अस्वीकार्यता है। पर आशय है कि चाँदनी अपनी परिपूर्णता पर है। कार्तिक पूर्णिमा की यह चाँदनी बड़ी ही प्रभविष्णु है।

कविता का दूसरा चित्र भी विचलन से भरा है। कवि कहता है कि कलगी-रूपी मोर का सजाव लेकर (पाकर नहीं) कास की घास बावली हो गयी है। यहाँ वाक्य-रचना के स्तर पर वाक्य का क्रम भंग करने के कारण और अर्थ-संरचना के स्तर पर कास जैसी घास के कलगी का मौर लेने और बावले होने की बात करने के कारण विचलित अग्रप्रस्तुति सामने आती है।

तीसरा चित्र खरगोश की जोड़ी के 'फलाँगती' जाने का है। 'पकी ज्वार' भी सिद्धि की स्थिति को निर्दिष्ट करती है। शशों की जोड़ी का चयन-संयोजन भी साभिप्राय है। 'फलाँगती' इनके उत्साह, क्रीड़ाभाव, प्रमोद आदि के द्योतन के लिए आया है। प्रकृति से जीव-जगत् तक की यात्रा यहाँ स्पष्ट हो जाती है। सन्नाटे में बाँक नदी की जगी द्वारा जलराशि में झाँकने से अर्थ के स्तर पर यह संकेत स्पष्ट होता है कि दूसरे पक्ष के प्रति यहाँ आकर्षण और ललक है। चाँदनी को 'उन्मादिनी' कहने, कास को 'बावले' कहने, 'नदी की जगी' के झाँकने का अंकन करने में

विचलित चयन-संयोजन के उदाहरण प्राप्त होते हैं, जिससे इस कविता में काव्यात्मकता बढ़ जाती है। यहाँ चाँदनी और कास की एकपक्षीय प्रस्तुति हुई है, जो उन्मद है। पर 'शश' और 'नदी की जगी' की प्रस्तुति द्विपक्षीय है। अन्तर इतना है कि शश में सहक्रीड़ा है, जबकि जगी में उपस्थित जलधारा को झाँकने का आकर्षण-भावमात्र। 'पकी ज्वार' की भी साभिप्रायता है, पेट की भूख शशक के लिए यहाँ मूल्यवान् नहीं है। वह इसे छोड़ देता है। वस्तुतः 'छिटक रही' से 'झाँकती' तक का पूरा चित्र एक ही दृश्य का विस्तार है।

'कुहरा' शब्द का चयन दृश्य-परिवर्तन कराता है। कार्तिक की चाँदनी है, इसीलिए झीने और महीन कोहरे से घिरी है। 'अकास नीम' के पत्तें झर-झर कर गिर पड़ते हैं। श्वेत-लालिम मालती फूली है। यह खुशबुओं-भरी है और गन्ध के डोरे डाल रही है। सबको वशीभूत कर रही है। मालती के द्वारा गन्ध के डोरे डालने में भी अर्थ की दृष्टि से विचलन है। हुलास के दुबकने में भी इस नजरिये से विचलन की साभिप्रायता है। ये सभी विचलन अर्थस्तरीय हैं, अस्वीकार्यता की दृष्टि से उद्भूत हैं।

व्याकरण के पुरुष-स्तर (लेवेल अव पर्सन्स) पर अन्त की दो पंक्तियाँ विपथन का उदाहरण बन जाती हैं। ध्यान देने योग्य है कि आरम्भ की दस पंक्तियाँ अन्य पुरुष की कथ्य-शैली में वाक्य-रचना को प्रस्तुत करती हैं। पर बाद की दो पंक्तियाँ उत्तम पुरुष, मध्यम पुरुष की कथ्य-शैली में उपस्थित होती है। यह अंश सर्वाधिक अग्रप्रस्तुत हो जाता है। कविता का मर्म इस रूप-स्तरीय विपथित अग्रप्रस्तुत अंश में ही निहित है।

प्रोक्ति-स्तर पर समान्तरता की दृष्टि से बाहर छिटकी चाँदनी के परिवेश और मन के परिवेश में विरोधी समान्तरता है। चाँदनी के छिटकने, हुलास के दुबकने, चाँदनी के मदमाने और हुलास के चोर की प्रतिच्छाया होने में विरोधी समान्तरता है।

इस प्रकार अन्त की पंक्तियाँ विपथन और समान्तरता दोनों ही के कारण अग्रप्रस्तुति की सृष्टि कर उठती हैं। यहाँ विपथन कथ्य के वर्णन की मुद्रा (मोड ऑव डिस्क्रिप्शन) से सम्बोधन की मुद्रा (मोड अव ऐड्रेस) पर आने के कारण स्पष्ट होता है। कविता में कहीं भी 'तुम' सम्बोधन नहीं है, लेकिन 'तेरी' शब्द का प्रयोग प्राप्त होता है। इससे विपथन प्रोक्ति-स्तरीय भी बन जाता है। कविता के मूल कथ्य को यही अग्रप्रस्तुति उजागर करती है। इसी से यह स्पष्ट होता है कि चाँदनी को चकोर की आँखें हेरती हैं। यहाँ चकोर का आलम्बन चाँदनी उपलब्ध है। नायिका की रूप-चाँदनी के लिए वाचक की आँखें भी चकोर हो गयी हैं, पर रूप-चाँदनी अनुपस्थित है। दुबकना और फलाँगना दोनों 'शश' का धर्म है। पर यहाँ 'शश'

फलाँगते हैं और 'हुलास' दुबकी रहती है। अन्त की पंक्तियों में अभाव, प्रतीक्षा-व्यापार, प्रेम की तीव्रता—यह सारा-कुछ व्यक्त हो रहा है। 'चकोर' वस्तुतः साभिप्राय चयन है। इससे उस 'चन्द्रमा' का पता चलता है, जिसके लिए द्रष्टा की आँखें 'चकोर की' बन रही हैं। इस प्रकार पूरी कविता किसी प्रेममयी नारी के लिए की जानेवाली प्रतीक्षा का उद्‌घाटन करती है। एक चाँद की चाँदनी बाहर छायी है। कवि ने इसका वर्णन विस्तार से किया है, दूसरा चाँद वातावरण में अनुपस्थित है। पर भीतर उसकी प्रतीक्षा चल रही है। कवि ने इसका मित कथन किया है। आँखें सब देख रही हैं, पर पूर्णिमा के दृश्य से अप्रभावित हैं। सिर्फ नायिका के मुख-चन्द्र के प्रति व्यापारित होकर ये चकोर बन जाती हैं। प्रकृति में एकाकीपन और युग्मीकरण दोनों ही में मादकता है, किन्तु पुरुष में इन दोनों ही तथ्यों का अभाव है। प्रकृति को सन्नाटे में सन्नाटे का अहसास नहीं है। पर यह अहसास पुरुष को है। एक ओर भावात्मक, गुणात्मक और क्रियात्मक गतिशीलता है। इसमें मादकता, सहक्रीड़ा, सन्दर्शन और गन्ध-विस्तार तक निरूपित है, दूसरी ओर निष्क्रिय अगतिशीलता या स्थिरता है। हुलास के दुबकने, प्रतीक्षा करने, टकटकी लगाने में भी यही पक्ष प्रबल है।

पूरी कविता पढ़ने के साथ कविता की संरचना के दो खण्ड स्पष्ट होने लगते हैं, जिन्हें प्रक्रियाई तौर पर अन्तर्ग्रथित रखा गया है। भावक या पाठक खण्डों के इस अलगाव को अग्रप्रस्तुति के सहारे अनुभव करता है। पहला खण्ड 'छिटक रही है चाँदनी' से लेकर 'गन्ध के डोरे डालती' तक का है तथा दूसरा खण्ड 'मन में...' से 'हुई चकोर' तक का है। कविता का यह दूसरा खण्ड अग्रप्रस्तुत है। अर्थ के धरातल पर कवि का मूल केन्द्रित कथ्य अन्त की इन्हीं दो पंक्तियों का है, जो अन्तर्ग्रथित रूप में अग्रप्रस्तुत अर्थ को तीव्र करता है। दोनों पक्षों की टकराहट अग्रप्रस्तुति को महत्त्वपूर्ण ढंग से रेखांकित करती है। पहला खण्ड वस्तु-जगत् के वर्णन का है, दूसरा खण्ड आत्म-जगत् के उद्‌घाटन का। यहाँ अग्रप्रस्तुति प्रोक्ति की विरोधमूला समान्तरता से उद्‌भूत होती है। पहले खण्ड में छिटकने की क्रिया है, दूसरे खण्ड में दुबकने की क्रिया; पहले खण्ड में मदमत्तता है, दूसरे खण्ड में विवशता; पहले खण्ड में चाँदनी है (चाँद तो है ही), पर चकोर नहीं, दूसरे खण्ड में चकोर है पर चाँदनी नहीं (चाँद भी नहीं), पहले खण्ड में प्रतीक्षा नहीं है, पर दूसरे खण्ड में अफाट प्रतीक्षा है। पहले खण्ड में अकेलापन है भी, तो मत्त-मादक है अन्यथा जोड़े हैं (अकेलापन नहीं है)—कहीं चंचल क्रीड़ा के रूप में, तो कहीं मुग्ध द्रष्टा के रूप में, पर दूसरे खण्ड में अकेलापन उदास प्रतीक्षा में प्रलम्बित हो गया है। पहले खण्ड में भाव के कारण बावलापन है, तो दूसरे खण्ड में अभाव के कारण बावलापन। पहला खण्ड परिवेश

का है, पर दूसरे खण्ड में कविता का मूल सन्देश है। इस प्रकार अर्थ-स्तर की यह विरोधी समान्तरता दूसरे खण्ड की दोनों पंक्तियों को अग्रप्रस्तुत बनाने के साथ-साथ कविता के मर्म का उन्मीलन करने में सहायक सिद्ध हो रही है।

इस कविता में मुक्त अक्षरों (ओपन सिलेबल्ज) की प्रमुखता है। ध्वनिस्तर पर इकसठ मुक्त अक्षरों के प्रयोग तथा उन्नीस बद्ध अक्षरों (क्लोज्ड सिलेबल्ज) के प्रयोग हुए हैं। अक्षरों का मुक्त चयन चाँदनी और प्रतीक्षा का भावाकुल विस्तार निर्दिष्ट करने में सहायक सिद्ध होता है, तो बद्ध चयन वाचक की अभावमूलक निराशा का रेखांकन करता है।

शब्द के स्तर पर 'चकोर' अग्रप्रस्तुत शब्द है, जिसे यहाँ विचलन और विपथन भी सम्पुष्ट कर रहे हैं। रूप-स्तर पर 'तेरी' सर्वनाम जैसे मध्यम पुरुष का प्रयोग भी विचलित अग्रप्रस्तुति का उदाहरण है, क्योंकि इसके पूर्व तक पूरी कविता में अन्य पुरुष वाचक शब्दों के ही प्रयोग हुए हैं।

'मन में दुबकी है हुलास ज्यों परछायीं हो चोर की' में 'ज्यों परछाईं हो चोर की' वाक्य-स्तरीय धरातल पर विपथन का उदाहरण है, क्योंकि इस पंक्ति में कवि ने पहली बार वाक्य-स्तर पर अप्रस्तुत-विधान का इस्तेमाल किया है। इससे पूर्व पूरी कविता में कोई वाक्य-स्तरीय अप्रस्तुत-विधान नहीं दीख पड़ता। कवि के अपने ही द्वारा प्रयुक्त अब तक के अभिव्यक्ति-मानक से अन्तरण होने के कारण यहाँ विपथन उभरता है।

कविता में विशेष व्यवहार्य शब्दों, प्रयुक्तियों (रजिस्टर्स) का भी विचलन हुआ है, जिसे 'दुबकी', 'मौर' जैसे शब्दों में देखा जा सकता है। 'मौर' शब्द का अर्थ 'वैवाहिक मुकुट' होता है, लेकिन कवि ने 'कलगी' के साथ 'मौर' का असहभावी संयोजन किया है। इसी प्रकार 'हुलास के दुबकने' में भी असहभावी संयोजन हुआ है। 'बाट' और 'अगोरते' जैसे शब्द लोकतत्त्व का संकेत करते हैं। एक 'मौर' शब्द के सहारे ही दूल्हे की दीवानगी का आलम उपस्थित कर दिया जाता है।

डॉ. सुरेश कुमार ने इस कविता में 'पूर्णिमा' तथा 'शेष' जैसे उपघटकों का विभाजन किया है, जिसका कोई समीचीन तार्किक आधार सामने नहीं आ पाता। इसके विपरीत यह संवेदना की एकतानता को खण्डित करनेवाला भी बन जाता है। वस्तुतः किसी भी कविता की संरचना का विभाजन उसकी सार्थक अग्रप्रस्तुति ही कर सकती है। इस कविता में तो यह तथ्य विश्लेषण से बहुत ही स्पष्ट है। अतः उपघटकों का विभाजन इसी आधार पर होना चाहिए। डॉ. सुरेश कुमार ने, जिन्हें 'शेष' माना है, उनमें से अधिकांश पूर्णिमा को विस्तार और पूर्णता देनेवाले उपघटक हैं।

उन्होंने इस कविता में मानवीकरण का उल्लेख तो किया है, जो पश्चिमी आलोचना का एक प्रसिद्ध और परिचित पारिभाषिक है, किन्तु 'विचलन' जैसे शैलीवैज्ञानिक पारिभाषिक का उल्लेख बिलकुल नहीं किया है, जो अधिक महत्त्वपूर्ण है। ध्यातव्य है कि विचलन, विपथन और समान्तरता के अग्रप्रस्तुत प्रतिमान से ही यहाँ इस कविता की समझ को वस्तुनिष्ठ और व्यवस्थित रूप में सम्प्राप्त किया गया है।

15
जीवन-मर्म

आज से लगभग 46 वर्ष पूर्व हिन्दी कहानी की पाठ-प्रक्रिया निश्चित करने के सन्दर्भ में हिन्दी के कथालोचक डॉ. देवीशंकर अवस्थी ने कहानी के विभिन्न तत्त्वों के आधार पर पारम्परिक रूप में की जानेवाली उसकी आलोचना का निषेध किया था। तभी डॉ. नामवर सिंह ने भी कहानी की बुनियादी समझ की बात उठाते हुए कहानी के भीतर 'सार्थकता' के महत्त्व को रेखांकित किया था। उन दिनों हिन्दी पाठकों को ये दोनों ही चीजें बुनियादी तौर पर महत्त्वपूर्ण प्रतीत हुई थीं। परिणामतः हिन्दी संसार ने इन दोनों ही को श्रेष्ठ कथालोचक के रूप में स्वीकार भी किया था। किन्तु न तो डॉ. देवीशंकर अवस्थी यह बता पाये कि कहानी की समझ के लिए परम्परित प्रणाली से अलग कौन-सी पाठ-प्रक्रिया होनी चाहिए और न ही डॉ. नामवर सिंह यह स्पष्ट कर सके कि वे जिस 'सार्थकता' की बात कर रहे थे, साहित्य में उसे रेखांकित करने और ग्रहण करने का मार्ग क्या होगा।

वास्तव में इन दोनों आलोचकों ने 'कहानी' विधा की समझ के लिए जिस पाठ-प्रक्रिया और सार्थकता के सवाल को उठाया था वह प्रश्न केवल कहानी विधा तक सीमित न रहकर सारे साहित्य की समझ का ज्वलन्त प्रश्न था। आज भी प्रत्येक आलोचना-प्रणाली को इस प्रश्न से जूझना पड़ता है। डॉ. देवीशंकर अवस्थी जहाँ पाठ-प्रक्रिया सुनिश्चित करने के लिए परेशान थे, वहाँ डॉ. नामवर सिंह भी रचना की मूलभूत समझ को ग्रहण करने के लिए चिन्तित थे। कहना न होगा कि ये दोनों ही चीजें आपस में एक-दूसरे से जुड़ी हुई थीं। रचना की मूल समझ उसकी 'सार्थकता' का आग्रहण है और 'सार्थकता' के सही ग्रहण के लिए ही किसी पाठ-प्रक्रिया की आवश्यकता होती है। यह पाठ-प्रक्रिया मुहैया करना आलोचना-प्रणाली का काम है। यदि इस दिशा में उन दिनों कोई जागरूक प्रयत्न किया गया होता, तो निश्चित ही न केवल कहानी की समझ की, बल्कि साहित्यिक समझ की सार्थक पड़ताल की दिशा में कोई-न-कोई वस्तुनिष्ठ पाठ-प्रक्रिया अवश्य रेखांकित की जा सकती थी। पर ऐसा नहीं हो सका। देवीशंकर अवस्थी कथानक, चरित्र और मनोविज्ञान के सहारे पाठ-प्रक्रिया को निश्चित करने की दिशा में आरम्भिक पहल भर कर सके और इस दृष्टि से उन्होंने एक कथा-संकलन 'कहानी-विविधा' का सम्पादन भी किया। पर इस प्रयास से भी पाठ-प्रक्रिया का कोई निश्चित रूपाकार उभर कर सामने नहीं आ पाया। दूसरी ओर डॉ. नामवर सिंह 'सार्थकता' का नारा देकर एक-आध कहानी के आधार

पर उसे समझाकर सार्थकता के लिए वस्तुनिष्ठ पाठ-प्रक्रिया निश्चित करने के दायित्व से मुक्त होकर आगे बढ़ गये। पर यह प्रश्न आज भी साहित्यिक समझ के क्षेत्र में विद्यमान है और हम सब से उत्तर माँगता है।

किसी भी सर्जनात्मक साहित्य की समझ की दिशा में सोचते हुए हमें भाषिक संरचना पर ध्यान देने की आवश्यकता होती है, क्योंकि साहित्य भाषा से अविच्छिन्न है। भाषा के बिना साहित्य की सत्ता नहीं। काव्य-कला मूर्ति-कला या वस्तु-कला नहीं है, जिसका माध्यम बदला जा सके। मूर्ति मिट्टी, पत्थर से लेकर काँसा, ताँबा, पीतल, चाँदी, लोहा, सोना आदि सबकी बन सकती है। मकान का माध्यम भी परिवर्तित हो सकता है। तृण, मिट्टी, ईंट, पत्थर, काष्ठ जैसे इसके अनेक माध्यम हैं। किन्तु साहित्य का एक ही माध्यम है भाषा। साहित्य भाषा-माध्यमिक और भाषा-सिद्ध होता है। इसलिए उसकी सार्थकता के प्रश्न पर विचार करते हुए हमें भाषा के प्रश्न पर ही विचार करना पड़ेगा, क्योंकि अर्थवत्ता या साभिप्रायता अपने-आप में भाषा का ही अंग और विषय है। इस दृष्टि से साहित्य की समझ की पाठ-प्रक्रिया ऐसी होनी चाहिए, जो भाषाधारित पाठ-प्रक्रिया हो। भाषिक संरचना को विश्लेषित करके ही साहित्यिक समझ प्राप्त की जा सकती है। साहित्य किसी भी विधा में क्यों न लिखा जाय, सर्जनात्मक भाषा-व्यवस्था में कुछ ऐसे निश्चित कौशल हैं, जिनके बिना साभिप्रायता गर्भित नहीं की जा सकती।

साहित्य की भाषिक संरचना का पहला कौशल वहाँ देखने को मिलता है, जहाँ रचनाकार किसी भी भाषिक एकक का आवर्तन करता है। यह आवर्तन साभिप्रायता को समेटने का एक अच्छा कौशल है। रचनाकार ध्वनि, शब्द, रूप, वाक्य, प्रोक्ति, अर्थ—सभी भाषाई स्तरों पर आवर्तन कर सकता है, यथापेक्षी रूप में करता है। इस तरह के आवर्तन भाषा के बीच निर्वाह की जानेवाली व्याकरणिकता के विरुद्ध जाकर अतिरिक्त नियमितता की सृष्टि करते हैं। इसके साथ ही यह कौशल समतुल्यता में दो ध्रुवों की विरोधी समान्तरता में भी उभरता है। यह विरोधिता भी भाषा के सभी स्तरों पर देखी जाती है और रचनाकार यथावश्यक इसका उपयोग करता है।

भाषा-संरचना का दूसरा सर्जनात्मक कौशल सामान्य भाषा-व्यवहार को उस रूप से विशेषीकृत करने का है, जहाँ रचयिता व्याकरणिक मानक को तोड़ता है। यहाँ अव्याकरणिकता भाषा की बाहरी संरचना के स्तर पर ध्वनि, शब्द, रूप और वाक्य की सतह पर क्रियाशील होती है, तो दूसरी ओर गहन संरचना के स्तर पर अर्थ की अस्वीकार्यता के स्तर पर भी क्रियाशील होती है। सर्जनात्मक भाषा-संरचना जब मानक व्याकरण की भाषा-संरचना को इस तरह तोड़ती है तब जो भाषिक कौशल सामने आता है, उसे 'विचलन' कहते हैं।

भाषा-संरचना का तीसरा कौशल वहाँ सामने आता है, जहाँ भाषा की संरचना व्याकरणिक व्यवस्था और मानक के तो अनुरूप होती है, किन्तु वह अपने ही द्वारा रचना-विशेष में अब तक प्रस्तुत किये गये भाषिक मानक या बनायी गयी व्यवस्था के विरोध में जा खड़ी होती है। रचना में इस प्रकार की सर्जनात्मक व्यवस्था भी भाषा के ध्वनि शब्द, वाक्य, प्रोक्ति अर्थ जैसे सभी स्तरों पर यथापेक्षी रूप में सक्रिय होती है। पारिभाषिक रूप में इस भाषिक कौशल को 'विपथन' कहते हैं।

सर्जनात्मक भाषा-व्यवस्था की चौथी कला किसी भी भाषिक एकक को विरल रूप में सारगर्भित तौर पर प्रयुक्त करने की कला है, जिसे 'विरलता' (Rarity) कहते हैं। इस कौशल के साथ एक शर्त जुड़ी है कि वह कौशल वहीं होगा, जहाँ 'विचलन' और 'विपथन' जैसे कौशलों में 'विरलता' जैसा तत्त्व सक्रिय दीखेगा। वहाँ यह 'विरलता' और 'विपथन' के नाम से ही अभिहित होगा।

सर्जनात्मक भाषा में ऊपर निर्दिष्ट किये गये ये चारों कौशल ही वास्तव में ऐसे भाषिक कौशल हैं, जो किसी भी रचना की सार्थकता को उन्मीलित करने और ग्रहण करने की दिशा में एक वस्तुनिष्ठ पाठ-प्रक्रिया प्रस्तुत करते हैं। इसकी खोज के लिए डॉ. देवीशंकर अवस्थी और डॉ. नामवर सिंह की प्रस्तावना के समय ही प्रश्न मौजूद था, किन्तु उत्तर नहीं मिल पा रहा था। कहना न होगा कि भाषा पर आधारित रचना की यह वस्तुनिष्ठ पाठ-प्रक्रिया रचना की सार्थकता के रेखांकन के प्रश्न को वस्तुनिष्ठ आधार मुहैया करती है। सर्जनात्मकता भाषा के इसी सौन्दर्यात्मक या काव्यात्मक प्रकार्य से आती है।

हिन्दी में 'अज्ञेय' एक ऐसे कृती-व्यक्तित्व रहे हैं, जिन्होंने काव्य की समझ के लिए काव्य-भाषा पर सर्वाधिक ध्यान दिया है। वे काव्य को विशिष्ट भाषा-व्यवहार मानते हैं। उसे भाषा-माध्यमिक और भाषासिद्ध शाब्दिक कला (Verbal Art) मानते हैं, बल्कि 'भाषा' और 'शब्द' की पार्थक्यमूलक साभिप्रायता में काव्य उनके लिए आरम्भ से अन्त तक 'शब्द' है। शब्द के साथ ही वे काव्य-संरचना के शब्द और शब्द के बीच के अन्तराली 'मौन' के भी प्रबल आग्रही हैं। वे काव्य की स्वायत्तता (Autonomy) के भी समर्थक हैं।

उनके अनुसार 'काव्य-सम्प्रेषण' केवल भाषा-व्यापार नहीं है। वह भाषागत व्यवहार का इतना विशिष्ट पहलू है कि साधारण भाषा-व्यवहार वहाँ लगभग अप्रासंगिक हो जाता है।[1] हिन्दी में काव्य की सर्जनात्मकता को 'शब्द' में स्वीकार करने के प्रबल आग्रही 'अज्ञेय' हैं, जो मानते हैं कि 'कविता' 'शब्द' में होती है, 'विचार' 'भाषा' में होता है।[2] उनके अनुसार, ''सर्जक-कवि का सरोकार भाषा से नहीं,

शब्दों से होता है रचनागत प्रयोग वास्तव में भाषा का प्रयोग नहीं, शब्द का प्रयोग है''।[3] 'अज्ञेय' अपनी इस मान्यता पर 'तारसप्तक' में दिये गये अपने 'कवि-वक्तव्य' के समय से ही दृढ हैं कि ''काव्य सबसे पहले शब्द है और सबसे अन्त में भी यही बात बच जाती है। सारे कविधर्म इसी परिभाषा से निःसृत होते हैं। शब्द का ज्ञान, शब्द की अर्थवत्ता की सही पकड़ ही कृतिकार को बनाती है''।[4] इस प्रकार वे काव्य-भाषा में सर्जनात्मकता का केन्द्रक 'शब्द' को ही स्वीकार करते हैं। उनकी दृष्टि में यही वह भाषा-एकक है, जो काव्य-भाषा को सामान्य से विशिष्ट बना देता है। वस्तुतः यहाँ 'शब्द' 'अर्थ' का भी निर्देश करता है। सामान्य भाषा में एक 'संकेतक' (शब्द/सिग्नीफायर) और एक 'संकेतित' (अर्थ/सिग्नीफायड) का सम्बन्ध मान्य होता है। पर काव्य-भाषा में वह सम्बन्ध-सूत्र छिन्न हो जाता है। वहाँ संकेत तो एक रहता है, पर संकेतित अनेक हो उठते हैं। एक 'संकेतक' की इन्हीं लक्षणीय सम्भावनाओं के कारण काव्य-भाषा सर्जनात्मक होती है। 'अज्ञेय' इसी को स्पष्ट करते हुए अपने ढंग से कहते हैं कि ''जहाँ हम अनुभूति की समग्रता के निकटतर आ जाते हैं वहाँ निर्भ्रान्त जानकारी से परे भी चले जाते हैं। भाषा की व्यंजनाएँ भी बढ़ जाती है। वह अनेकार्थ हो जाती हैं और हम यह कह सकते हैं कि कवि और गृहीता के बीच एक-साथ कई स्तरों पर संलाप सम्भव हो जाता है और होता है।..... एक स्तर पर निश्चित और निर्भ्रान्त जानकारी का सम्प्रेषण हो रहा होता है और दूसरे स्तरों पर क्रमशः अधिकाधिक द्वयर्थक और सन्दिग्ध सूचनाओं का। एक मिश्र रूपक का सहारा लें तो कह सकते हैं, कि साधारण व्यवहार में आदमी ठोस धरती पर चलता है। पर सर्जनात्मक भाषा में वह इसके साथ-साथ समुद्र में तैरता भी चलता है, बल्कि कभी-कभी अथाह सागर में गोते भी लगाता चलता है।[5] इसीलिए काव्य-भाषा की सर्जनात्मकता के विषय में 'अज्ञेय' का यह निष्कर्ष है कि ज्ञात और अज्ञात संसारों की झाँकियाँ एक साथ दिखा सकने की अपनी क्षमता उसे अभीष्ट है। वही तो उसकी रचनात्मकता है।[6] पश्चिमी आलोचकों ने 'संकेतक' और 'संकेतित' के इस लचीले रिश्ते में ही अर्थ-गर्भत्व (Pregnant Meaning) अथवा बह्वर्थता (Multiplicity of Meaning) को रेखांकित किया है, जहाँ एक ही मूल कथ्य की एकाधिक छायाएँ, विच्छितियाँ भावक-पाठक को प्राप्त होती हैं। रचना-सन्दर्भ में काव्य-भाषा का यह अतिशय विशिष्ट और व्यवच्छेदक गुण है।

सर्जक के लिए शब्द की पहचान शब्द और शब्द के सान्निध्य की सजगता तक क्रियाशील होती है। सर्जनात्मकता का सम्बन्ध केवल शब्द-चयन से नहीं होता, अपितु शब्दों के सन्निधान (Collocation), शब्दों के पारस्परिक संयोजन से भी होता

है। अज्ञेय इस तथ्य को भी रेखांकित करते हैं, "कवि शब्द में शब्द नहीं जोड़ता, अर्थ में भी अर्थ नहीं जोड़ता, शब्दों के सान्निध्य-मात्र से नये अर्थ रचता है, अर्थों, ध्वनियों, संस्कारों, रूपाकारों की अनेक गूंजें, अनुगूंजें उत्पन्न करता है, ध्वन्यर्थों का एक पूरा संसार रच देता है।"[7]

अज्ञेय सर्जनात्मक काव्यभाषा के हेतु 'मौन' के भी प्रबल प्रस्तावक हैं, जो शब्द और उसके बीच अन्तराली संयोजन से सर्जित होता है। इसी सर्जनात्मक स्थिति के कारण कविता को 'Between the Lines' कहा जाता है। 'अज्ञेय' मानते हैं कि "कविता शब्दों में उतनी नहीं होती जितनी शब्दों के बीच के विरामों में होती है। लेकिन जब हम शब्द के साथ-साथ विराम की सम्भावनाओं का भरपूर उपयोग करने लगते हैं, तब जहाँ एक ओर हमारा सम्प्रेषण अधिक गहरा और घना हो जाता है, वहाँ दूसरी ओर बहुत-सी समस्याएँ भी सामने आ जाती हैं। भाषा का प्रयोग इकहरा नहीं रहता, दोहरा, तिहरा, बल्कि अनेक-स्तरीय हो उठता है।"[8] यहाँ सर्जनात्मकता साभिप्रायता को व्यंजित करती है। इसके लिए वह अध्याहूति का भी आग्रहण कराती है।

रचनात्मक भाषा कीं स्थिति की ओर संकेत करते हुए 'अज्ञेय' कहते हैं, "कभी ऐसा भी हो सकता है कि वह इकहरी बात कहती जान पड़ती है, और जब ऐसा होता है तब हम जान लेते हैं कि रचना के स्तर पर वह वास्तव में वह बात कर नहीं रही है जो कि वह कर रही है। यानी जान लेते हैं कि वह बात इकहरी नहीं है और असल में एक दूसरे स्तर पर कुछ और कहा जा रहा है, यह भी जान लेते हैं कि वह दूसरा स्तर क्या है? यह भी भाँप लेते हैं कि दूसरे स्तर पर क्या कहा जा रहा है?"[9]

'अज्ञेय' इस सन्दर्भ में 'ऊर्जा' को महत्त्व देते हैं। उनके अनुसार, "कई गुणों में से कौन-सा गुण प्रमुख होकर हमारे सामने आ जाएगा, यह तुलना के दो पक्षों पर नहीं, हम पर भी निर्भर है कि ये पक्ष किस क्रम से हमारे सामने आते हैं। ऊर्जा के प्रवाह की एक दिशा भी है, जो पहचान के आधार को निरूपित करती है। ऊर्जा के प्रवाह को ध्यान में न रखने से कविता में वैसा ही अनर्थ हो सकता है, जैसा यन्त्र के साथ बिजली के तार जोड़ते समय उन्हें उल्टा लगा देना। ऊर्जा के प्रवाह की सही दिशा की पहचान भी रचनात्मक भाषा का एक महत्त्वपूर्ण अंग है।"[10]

काव्यभाषा की इस सर्जनात्मकता के सन्दर्भ में 'अज्ञेय' ने अपने ढंग से उसके कुछ साधनों की बात की है, जिनसे वह सिद्ध हो पाती है। इन साधनों में सबसे पहले 'आवृत्ति' (Repetition) को रेखांकित किया गया है। अज्ञेय के अनुसार 'आवृत्ति' की भी ऐसी (सर्जनात्मक) सम्भावनाएँ होती हैं। कोई बात आप एक बार कहिये तो

वह साधारण प्रयोजनों की सीमा के भीतर रहती है। उसी को दोहराइये और उसे दोहराना ही उसे प्रतीकार्थों के दूसरे संसार में ले जाता है। कोई अभिधाकोश इस रहस्य को हमें नहीं समझा सकता, क्योंकि यह बात अभिधा से परे की जादुई सत्ता के क्षेत्र की है। इसका एक मार्मिक उदाहरण हमें शेक्सपीयर के 'मैकबेथ' में मिलता है–"पुट आउट द लाइट एण्ड देन पुट आउट द लाइट।"[11] कहना न होगा कि यहाँ पहली बार प्रयुक्त लाइट 'प्रकाश' का अर्थ देता है, किन्तु दूसरी बार प्रयुक्त यही शब्द 'जीवन के प्रकाश' का। प्रकाश के इस वृत्त में स्थूल परिधि से सूक्ष्म केन्द्र की ओर अभिमुख कर देना ही सर्जनात्मकता है।

'आवृत्ति' के बाद 'अज्ञेय' अनेकार्थी 'सम्भावना', का एक सुन्दर दृष्टान्त देते हैं–"शब्दों की अर्थ-व्यंजकता के और भी प्रकार हैं। एक और उदाहरण कालिदास की 'शकुन्तला' से दिया जा सकता है। आश्रम में जब दोबारा शकुन्तला और दुष्यन्त का साक्षात्कार बेटे की उपस्थिति में होता है तब बेटा चकित होकर माँ से पूछता है, कि यह अजनबी कौन है... शकुन्तला कहती है "ते भागधेयानि पृच्छ"–"उनसे पूछ जो निश्चय करें कि तेरा भाग्य क्या है?" अब भागधेय विधाता या भाग्य भी है, जो हर-किसी को उसका हिस्सा बाँटता है और उस नाटकीय स्थिति में 'भागधेय' पिता भी है, क्योंकि उसी पर यह निर्भर है कि वह बेटे को पहचान कर उसका भाग और उत्तराधिकार उसे दे या न पहचान कर उसे इससे वंचित कर दे। इस प्रकार शकुन्तला को जो भी कहना हो सकता था सब एक शब्द में संचित होकर प्रकट हुआ है और बड़ी भव्य शालीनता के साथ ऐसे रूप में, जो उस नाटकीय क्षण की सान्द्रता को अक्षुण्ण रखता हुआ, शकुन्तला के चरित्र को और ऊँचा उठा देता है। यहाँ शब्द की रचनात्मक सम्भावनाओं का भरपूर उपयोग होता है, और यह भाषा की नहीं 'शब्द' की सही पहचान से सम्भव होता है।[12]

इस प्रकार 'अज्ञेय' के यहाँ काव्य की समझ के पूर्व कथित चार भाषिक कौशलों में दो प्रमुख भाषिक कौशल 'समान्तरता' और 'विचलन' की प्रशस्त प्रस्तावना प्राप्त होती है। तकनीकी शब्दों में मुकारोवस्की के अनुसार इसका आच्छादक पद 'अग्रप्रस्तुति' है और हैलिडे के अनुसार इसका आच्छादक पद 'उदग्रता' है। इस संकल्पना में यह अवधारणा निहित है कि रचना की कुछ भाषा-व्यवस्था या उसका प्रकार्य महज सूचनात्मक होने के कारण सामान्य होता है तथा कुछ भाषा-व्यवस्था 'सौन्दर्यात्मक' प्रकार्य-परक होने के कारण 'अग्रप्रस्तुत' हो उठती है। इस प्रकार सामान्य भाषा-व्यवस्था पृष्ठभूमि में चली जाती है और सौन्दर्यात्मक प्रकार्यपरक भाषा-व्यवस्था ऊपर कथित भाषिक कौशलों के रूप में अग्रप्रस्तुत हो उठती है। अज्ञेय यहीं 'ऊर्जा' के प्रश्न को

उठाते हैं। वस्तुतः यहीं यह कवि-कर्म प्रस्तुत होता है, जिसके विषय में 'अज्ञेय' ने लिखा है—

"यह नहीं कि मैंने सत्य नहीं पाया था
यह नहीं कि मुझको शब्द कभी-कभी मिलता है।
दोनों जब तब सम्मुख आते ही रहते हैं।
प्रश्न यही रहता है
दोनों जो अपने बीच एक दीवार बनाये रहते हैं
मैं कब, कैसे उनके अनदेखे
उसमें सेंध लगा दूँ
या भर कर विस्फोटक उसे उड़ा दूँ।"

कहना न होगा कि 'कथनीय वस्तु' और उसकी 'भाषाभिव्यक्ति' के बीच रचनाकार कभी 'समान्तरता', 'विचलन', 'विपथन' और 'विरलता' जैसी अग्रप्रस्तुति के अभिकरणों के जरिये ही उनके अनदेखे सेंध लगाता है और कभी इन्हीं के सहारे उनके अनदेखे इन दोनों के बीच की अपारदर्शी दीवार को उड़ा देता है। भावक-पाठक इसी अनदेखे लगायी सेंध या अनदेखे उड़ायी गयी अपारदर्शी दीवार को काव्यभाषा में देखने-पहचानने की कोशिश करता है। इसी से सार्थकता सुलभ हो पाती है। ऊपर निर्दिष्ट अग्रप्रस्तुति पर आधारित पाठ-प्रक्रिया वास्तव में रचना की अज्ञेयवादी अवबोध-प्रक्रिया सिद्ध होती है, जिससे किसी भी विधा की रचना की सार्थकता को ग्रहण किया जा सकता है।

यहाँ यह स्पष्ट कर देने में कोई हर्ज नहीं है कि अग्रप्रस्तुति की पाठ-प्रक्रिया जिस आलोचना-प्रणाली के द्वारा सामने लायी गयी है वह आलोचना-प्रणाली शैलीवैज्ञानिक आलोचना-प्रणाली है। इस आलोचना-प्रणाली में एकाधिक पाठ-प्रक्रियाएँ हैं। पर अग्रप्रस्तुति की पाठ-प्रक्रिया और साहित्य की अज्ञेयवादी आलोचना-प्रक्रिया में दृष्टिकोण, सिद्धान्त-प्रणाली की अभूतपूर्व समानता है। यह पाठ-प्रक्रिया रचना की समझ की दिशा में पहल करती है। यह रूपवादी दृष्टि से रचना की भाषा का बाहरी स्तर पर विश्लेषण नहीं करती, बल्कि भाषा की बाह्य संरचना से प्रस्थान पर गहन संरचना को उद्घटित करने की दिशा में क्रियाशील होती है। इसीलिए अज्ञेयवादी आलोचना-प्रणाली को इस रूप में परिभाषित किया जा सकता है कि यह ऐसी वस्तुनिष्ठ, पूर्वग्रहहीन भाषा-माध्यमिक आलोचना-प्रणाली है जो भाषा की बाह्य संरचना के विश्लेषण के सहारे उसकी संरचना, कथ्य, मर्म या अर्थ के सौन्दर्य का उन्मीलन करते हुए एक ऐसा संश्लिष्ट निर्वचन प्रस्तुत करती है, जिसमें मूल्यांकन स्वतः निहित होता है।

अब तक सामने रखी गयी इस पाठ-प्रक्रिया के विविध घटकों के प्राप्य आधार पर 'अज्ञेय' की एक छोटी कविता का विश्लेषण प्रस्तुत करते हुए इस अज्ञेयवादी पाठ-प्रक्रिया की शक्ति-सामर्थ्य की परीक्षा की जा सकती है।

'अज्ञेय' की एक अत्यन्त छोटी कविता है–

जीवन-मर्म

झरना;
झरता पत्ता
हरी डाल से
अटक
गया।[13]

इसमें 'समान्तरता', 'विचलन' और 'विरलता' के कौशल क्रियाशील हैं। वास्तव में ये कौशल ही इसको सर्जनात्मक अभिव्यक्ति प्रदान करते और इसे कविता बनाते हैं।

कविता की सहज पाठ-प्रक्रिया से आरम्भ करें, तो कविता पढ़ते हुए ही यह स्पष्ट हो जाता है कि इसकी पहली पंक्ति अपूर्ण है, क्योंकि इसका अपेक्षित अंश अध्याहृत है। यहाँ सामान्य भाषा-व्यवहार स्थगित हो गया है। भाव-विश्लेषण के इस अध्याहृत अंश को उपलब्ध करना होगा। वस्तुतः यहाँ जो बाह्य संरचनात्मक रूपान्तरण हुआ है उसकी गहन संरचना को उकेरने, प्राप्त करने की अपेक्षा है। एक ओर इस अध्याहृत संरचना की उपलभ्यता शेष वाक्यांश की सार्थकता से जुड़ी है, तो दूसरी ओर इस अध्याहृत संरचना के उपलब्ध होने पर ही शेष वाक्य के अध्याहृत अंश की उपलभ्यता सुकर हो पाती है। इस प्रकार अध्याहृत रूपान्तरण से अस्तित्वमयी यह कविता अपनी पहली पंक्ति में वाक्य-स्तर के 'अपूर्ण वाक्यगत विचलन' का कौशल प्रस्तुत करती है।

अब पाठ-प्रक्रिया में भावक-विश्लेषक के लिए यह अपेक्षित है कि वह यह निर्णय करे कि यहाँ अपूर्ण वाक्यगत विचलन के अन्तर्गत अध्याहार किस प्रकार का है? एस. आर. लिविने ने दो प्रकार की अध्याहृत वाक्य-संरचना का उल्लेख किया है–[14](1) सहज उपलभ्य अध्याहार वाली वाक्य-संरचना और (2) अनुपलभ्य अध्याहार वाली वाक्य-संरचना।

जब किसी रचना की गहन संरचना में कोई एक भाषिक एकक दो बार आता है, पर बाह्य संरचना के स्तर पर वह एक ही बार अभिव्यक्ति प्राप्त करता है, तो उसे सहज ही उपलब्ध किया जा सकता है। यह उपलब्ध अध्याहार वाली वाक्य-संरचना

है। इसका सहज उपलभ्य अंश निश्चित और निर्विवाद होता है। यह अध्याहार ऊपरी समान्तरता प्रस्तुत करता लयवत्ता की सृष्टि तो कर सकता है, पर रचना की मूल संवेदना और समझ को प्रकट करने में इसकी भागीदारी प्रायः नहीं देखी जाती है।

अनुपलभ्य अध्याहार वाली वाक्य-संरचना का महत्त्वपूर्ण पहलू यह होता है कि यहाँ अध्याहृत संरचना की कोई एक निश्चित उपलभ्यता नहीं होती है, बल्कि इसकी कई संरचनाएँ सामने आती हैं, जो अपने-अपने ढंग से अध्याहृत अंश को उजागर करती हैं। अतः यहाँ अध्याहृत अंशों की अनेक सम्भाव्य उपलभ्यता और निर्वचन की अनेकता को अनदेखा नहीं किया जा सकता है। आरम्भ में यहाँ स्थिति स्पष्ट और अनिर्दिष्ट-सी होती है कि इनमें से किसे ग्रहण किया जाय और किसे छोड़ा जाय? यहीं यह देखने की आवश्यकता पड़ती है कि अध्याहृत संरचना का कौन-सा रूप पाठ-विशेष की समझ को स्पष्ट करने में अपनी महत्त्वपूर्ण भूमिका अदा करता है और पाठ की मूलभूत संवेदना से सम्पर्कित दीखता है। साथ ही यहाँ यह विचार्य होता है कि अध्याहृत संरचना किस सम्भाव्य भाषिक एकक द्वारा उपलब्ध की जाती है। वस्तुतः रचनाकार बाह्य संरचना के स्तर पर कथ्य के जिस अनिवार्य अंश को अनकहा छोड़ देता है, उपलभ्यता उसी की या उसके आस-पास की होनी चाहिए। अध्याहृत अंश को उपलब्ध करने की प्रक्रिया में इस ओर ध्यान रखना अत्यन्त अपेक्षित होता है। एक तरह के अनुपलभ्य अध्याहार की स्थिति अनेकार्थता (Multiplicity of Meaning) की स्थिति की तरह होती है, जो वास्तव में वाक्य-संरचना के सम्भाव्य नियमों से कहीं भिन्न नियमों की अपेक्षा रखती है। अन्तर्हित गहन संरचना, जो अध्याहृत होती है, उसे यद्यपि कविता की पाठ-प्रक्रिया में उसके अन्वयन (Paraphrasing) की चेष्टा में अन्तर्बुद्धि के आधार पर भी प्राप्त किया जा सकता है, पर विचलन जैसे सर्जनात्मक भाषिक कौशल के निकष पर कसने से उसकी वस्तुनिष्ठ सम्पुष्टि हो जाती है। गहन संरचना की अनेकशः सम्भाव्य उपलभ्यता की स्थिति में सन्दर्भ (Content) का सही रेखांकन ही वह केन्द्र बनता है, जो अध्याहृत अंश की अनेकशः उपलभ्यता को सीमित करता है। परिसीमित सन्दर्भ होने के बाद भी उपलभ्यता की एकाधिक सम्भाव्यता से इनकार नहीं किया जा सकता है।

अध्याहार की इन स्वरूपगत विशेषताओं से यह स्पष्ट है कि 'अज्ञेय' की प्रस्तुत लघु कविता अनुपलभ्य अध्याहृत वाक्य-संरचना का श्रेष्ठ उदाहरण है, जिसके मूल में 'विचलन' का सर्जनात्मक कौशल क्रियाशील है। अतः बिना इसकी अनुपलभ्य गहन संरचना को उपलब्ध किये इसको समझने का प्रयास व्यर्थ होगा। एक आलोचक ने इस कविता की समझ को स्पष्ट करने का प्रयास किया है, पर उसने इसकी

एकाधिक सम्भाव्य अध्याहृत संरचना को उपलब्ध करने की शर्त पूरी नहीं की है। उसके अनुसार, इसकी गहन संरचना को निम्नलिखित एक रूप में उपलब्ध किया जा सकता है : झरना अटक गया। झरता पत्ता हरी डाल से अटक गया। इस रूप में यहाँ 'झरना' को व्याकरणिक कर्त्ता के रूप में लिया गया है तथा 'झरता पत्ता' की तरह ही इसे 'अटक गया' क्रिया के साथ जोड़ दिया गया है।

पर प्रस्तुत 'जीवन-मर्म' कविता की गहन संरचना को निम्नलिखित कई सम्भाव्य रूपों में उपलब्ध किया जा सकता है।

(1) (जीवन की नियति) झरना (है) :
(जीवन) झरता पत्ता (है)
(पर देखो एक पत्ता)
हरी डाल से
अटक
गया (है)

(2) (जीवन : एक) झरना)
(ठहरा नहीं, बह गया)
(जीवन :) झरता पत्ता (भी)
(जो) हरी डाल से
अटक
गया।

(3) (यूँ तो सबको ही) झरना (है) :
(पर देखो, वह) झरता पत्ता
हरी डाल से
अटक
गया (है)।[15]

(4) झरना (ठहर गया) :
झरता पत्ता
हरी डाल से
अटक
गया।

(5) (ऐसा/ऐसे) झरना :
(जैसे) झरता पत्ता

हरी डाल से
अटक
गया (है/हो)

विवेच्य कविता की अध्याहृत गहन संरचनाओं की उपलब्धि के आधार पर पाँचों रूपान्तरण अपने-आप में 'पूर्ण प्रतीत होते हैं। सहसा यह निर्णय करना कठिन लगता है कि इन उपलब्ध गहन संरचनाओं में से कौन-सा रूपान्तरण कवि-संवेदन से एकतान है। वास्तव में कविता के पाँचों रूपान्तरणों के मूल में विरोधों के समेकन का कौशल काम कर रहा है। पर इन रूपान्तरणों की पारस्परिक तुलना करने से निम्नलिखित तथ्य स्पष्ट होते हैं–

1. रूपान्तरण–संख्या 1, 3 और 5 में 'झरना' झरने की क्रिया (Verbal act) के अर्थ में प्रयुक्त है। यहाँ 'झरने' और 'अटकने' की प्रतिज्ञप्ति (Proposition) में विरोधिता है। 'झरने' और 'अटकने' की इस विरोधिता में विरोधी समान्तरता के सहारे जीवन की नश्वरता पर अमरता को रेखांकित किया गया है।

2. रूपान्तरण–संख्या 2 में 'बहता झरना' और 'अटकता पत्ता' सामान्य नश्वरता बनाम विशिष्ट अमरता के रूप में जीवन के दोनों पक्षों को तटस्थ तौर पर निर्दिष्ट करता है। यहाँ 'झरना' नामिक (Nominal) के रूप में व्यवहृत है।

3. रूपान्तरण–संख्या 4 में भी 'झरना' नामिक (Nominal) के रूप में व्यवहृत है। यहाँ यह सम्प्रेषित होता है कि व्यक्ति की अमरता गतिशील समय को भी स्थिर कर देती है।

4. रूपान्तरण–संख्या 1 में अध्याहृत गहन संरचना की उपलब्धि 19 सम्भाव्य शब्दों के सहारे हुई है, रूपान्तरण-संख्या 2 और 3 में 9 सम्भाव्य शब्दों के सहारे। इस प्रकार रूपान्तरण-संख्या 4 और 5 से कम-से-कम सम्भाव्य भाषिक एकक के सहारे गहन संरचना को उपलब्ध किया गया है।

5. 'झरना' इस कविता का क्लिष्ट या बह्वर्थी शब्द है। वह नामिक भी है और क्रियात्मक भी। अतः इस कविता की भाषिक संरचना दोनों दिशाओं में अपनी साभिप्रायता उजागर करती दीखती है। सन्दर्भ झरते पत्ते के अटकने का है, जो नामिक और क्रियात्मक दोनों से जुड़ता लगता है।

6. पूरी कविता एक प्रोक्ति है। इसमें झरने की एक विशिष्ट क्रिया का बिम्बन है। प्रोक्ति के उत्तर अंश में झरता हुआ पत्ता झर नहीं जाता, अपितु हरी डाल से अटक कर रह जाता है। इस प्रोक्ति में विरोधी समान्तरता क्रियाशील है। झरता पत्ता जो एक बार अपनी डाल से छूट चुका है हरी डाल से उसके पुनः अटकने में विरोध दीखता

है। वस्तुतः यहाँ यह 'अटकना' क्रिया है, जो विरोधी समान्तरता की सृष्टि करती प्रोक्ति को 'अग्रप्रस्तुत' करती है। प्रोक्ति का पूर्व अंश एक-शब्दात्मक झरना है, जिसके बाद कोलन का प्रयोग किया गया है। 'झरना' यह व्यक्त करता है कि झरने की क्रिया पर्यवेक्षित रूप में कैसी है अथवा काम्य रूप में कैसी हो। प्रोक्ति के इस पूर्व अंश और उत्तर अंश में प्रोक्ति-स्तर की समता-मूलक समान्तरता उपस्थित हो रही है, क्योंकि दोनों ही अंश मूलतः 'झरने' की क्रिया पर विचार करते हैं। 'कोलन' की प्रकृति पूर्व कथित को समतुल्य रूप में विस्तार देने अथवा उत्तर कथित के साथ उसे सन्तुलित करने की होती है। इस दृष्टि से भी समतामूलक समान्तरता सामने आती है। कुल मिलाकर यह प्रोक्ति अपने साकल्य में समता-मूलक समान्तरता के कारण तथा अपने परवर्ती अंश में विरोध-मूलक समान्तरता के कारण अग्रप्रस्तुत हो रही है।

7. इस कविता में ध्वनि-स्तर की समता मूलक समान्तरता भी सक्रिय है। विवृत स्वर ध्वनि 'आ' की 5 बार प्रयुक्ति केवल 'अटकता' की सृष्टि नहीं करती, बल्कि 'अटकने' की क्रिया को व्यापकता, स्थायित्व प्रदान करती है। घोष व्यंजन ध्वनियों में 'झ' और 'र' की समान्तरता 'झरना' और 'झरता' में आद्यावृत्ति के रूप में प्राप्त होती है जो 'झरना' की क्रिया को अर्थ-लय देती है। मूर्द्धन्य व्यंजन ध्वनि की दृष्टि से 'र', 'ट' और 'ड' (हरी, डाल, अटक) के बीच भी समान्तरता प्राप्त होती हैं, जो मूर्द्धन्य क्रिया-व्यापारी दृश्य को ज्ञापित करती है। अल्पप्राण अघोष व्यंजन 'त' की 'झरता' और 'पत्ता' में अन्तावृत्ति प्राप्त होती है, जिससे झरते पत्ते की भौतिक अल्पप्राणता स्पष्ट होती है। 'पत्ता' शब्द में प्रयुक्त 'प' और 'त' जैसी दोनों अल्पप्राण, अघोष ध्वनियाँ अपने व्युत्पत्तिजन्य ध्वन्यर्थ में गिरने का स्पष्ट बिम्बन करती हैं!

8. इस काव्य-प्रोक्ति में 'विचलन' एक ओर वाक्य-स्तर पर अध्याहृत वाक्य संरचना के कारण उभरता है, तो दूसरी ओर अर्थ-स्तर पर 'झरना', 'झरता', 'पत्ता', 'हरी डाल' और 'अटक गया' के सामान्य अर्थ को अतिक्रान्त कर इन के क्रमशः 'गत्यात्मक काल-प्रवाह' 'नश्वर मनुष्य' 'प्रेम/सेवा/कीर्ति-कर्म' के कारण 'चेतना के जीवन्त आधार' और 'अमरता' के अर्थ को 'मेटाफर' के जरिये स्पष्ट होता है। इसकी सक्रियता अस्वीकार्यता के धरातल की है।

9. रूपान्तरण-4 में इसलिए पूर्व 'प्रोक्ति' झरना (ठहर गया) का संकेतित अर्थ प्रवहमान गत्यात्मक समय के ठहरने, स्थिर हो रहने से है। 'झरना' यहाँ नामिक के रूप में काल-प्रवाह का प्रतीक है। पर यह झरना क्यों ठहर गया? इसका उत्तर कविता की उत्तर प्रोक्ति में निहित है—'झरता पत्ता (जो) हरी डाल में अटक गया, झरना' इसीलिए ठहरा। काल इसीलिए स्थिर हो गया कि नश्वर मनुष्य ने प्रेम/सेवा/

महान्-कर्म/आत्मिक उन्नयन आदि के आधार पर अमरता का वरण कर लिया। वह मरकर भी अमर हो गया। अमरता ही काल को जीत सकती है। अमरता समय की प्रकृत गति को रोक देती है। काल वहाँ थम जाता है, स्थिर हो जाता है। चाहे ईसा हो या बुद्ध, गुरुनानक हो या कबीर या महर्षि अरविन्द, कीट्स हो या भारतेन्दु, इनकी अमरता काल-प्रवाह को स्थिर कर देती है। ये अपने वर्तमान में बँधे न रहकर समयातीत हो जाते हैं। निर्मल की 'परिन्दे' कहानी की लतिका के लिए 'गिरीश नेगी' ऐसा ही 'झरता पत्ता' सिद्ध होता है, जो गहन प्रेमी होने के कारण लतिका की चेतना की हरी डाल से अटक जाता है। इसीलिए लतिका के निमित्त समय ठहर जाता है। वह अपने भूत को सातत्यमूलक वर्तमान में परिवर्तित कर लेती है : "झरता पत्ता हरी डाल से अटक गया।"

10. रूपान्तर 5 में पूर्व प्रोक्ति है–'ऐसा/ऐसे' 'झरना'। यहाँ झरने की क्रिया के, मरण-व्यापार के पर्यवेक्षित और काम्य–दोनों ही रूप उभरकर सामने आ रहे हैं। पर्यवेक्षित रूप में कविता अपना अभीष्ट कहती है–"ऐसी मृत्यु। नाशवान मनुष्य ने अमरता का वरण कर लिया।" काम्य रूप में कविता का सम्प्रेष्य है, "मृत्यु हो तो ऐसी हो। शरीर त्यागता मनुष्य अमरता का वरण कर ले।" निश्चय ही यह अमरता महान् कर्म, सेवा, गहरे प्रेम और आत्मिक उन्नयन से प्राप्त होती है। 'झरना' की क्रियात्मकता से निष्पन्न यह अर्थ या काव्य-सन्देश (Poetic Message) भाषा की सर्जनात्मकता के कारण अत्यन्त कलात्मक रूप में अभिव्यक्त होता है। इसे भाषिक सर्जनात्मकता के रहस्य से परिचित होकर अथवा अज्ञेयवादी आलोचना के अभिलक्षणों के साभिप्राय रेखांकन के जरिये प्रामाणिक तौर पर उद्घाटित किया जा रहा है।

11. इस प्रकार इस लघु कविता में अध्याहृत अंश को प्रामाणिक उपलभ्यता के बतौर रूपान्तरणों में रूपान्तर 4 और 5 युक्तियुक्त सिद्ध होते हैं। ये दोनों ही रूपान्तरण अध्याहृत अंशों को क्रमशः दो और तीन शब्दों के द्वारा इस तरह उपलब्ध करते हैं, जिससे गहन संरचना की सन्दर्भित आकांक्षा पूरी हो जाती है।

12. इस कविता के भावन-क्रम में वह प्रश्न उठाया गया है कि 'झरता पत्ता' 'पीला' या 'हरा' है, वह अपने समय से टूटा है या नियति ने उसे अकाल ही तोड़ डाला है? इस कविता के पूर्व विश्लेषक व्याख्याकार डॉ. श्रीवास्तव का विचार है कि "अगर सामान्यतः पत्ते पीले हैं और पककर अपने समय पर टूटे हैं, वहाँ अटक गये एक पत्ते की विशिष्टता इसमें है कि वह वस्तुतः पीला नहीं है, हरा ही है, वह पककर अपने समय पर नहीं टूटा, बल्कि नियति ने उसे असमय ही तोड़ डाला है।"[16] दूसरी ओर स्वयं 'अज्ञेय' का मत है कि "पत्ते की विशिष्टता इसमें है कि टूटनेवाले अनेक

पत्ते सामान्यतः रसहीन, जीर्ण-शीर्ण और सूखे हैं, पर वह अकेला अपने समय पर पका है।[17] यदि हम पूरी काव्य-प्रोक्ति पर ध्यान दें, तो झरते पत्ते के हरी डाल से अटकने का कारण स्पष्ट होने लगता है। केवल नियतिवश असमय टूटने के कारण वह अमरता प्राप्त नहीं कर लेता; क्योंकि इसके लिए जिस गहरे प्रेम, आत्मिक उन्नयन, सेवा या महान्‌कर्म की अपेक्षा है वह अपने क्षेत्र में परिपक्वता और उच्चता प्राप्त कर लेने पर ही आती है। पत्ता असमय तो टूट सकता है, पर बड़ी बात तब तक अपने क्रिया-कलाप में उसके परिपक्व होने की है। 'अटकने' का, अमरता का आधार यही परिपक्वता है। वस्तुतः यहाँ शैलीविज्ञान का अर्थगत संसक्ति तत्त्व (Element of the Cohesion of Meaning) इस प्रश्न का सही समाधान देता है और पाठकीय समान्तरता इस अर्थ से नीत्से की एक उक्ति से इसे सम्पुष्ट करती है—"पको और समय से डाल छोड़ दो।"[18] इसीलिए यहाँ यह संशय नहीं उठाया जाना चाहिए कि "अगर अन्य पत्ते पीले हैं, और अपने समय पर टूट कर झर रहे हैं तब उन सभी को पका (अनुभव से परिपक्व) न मानने का कोई कारण नहीं है, क्योंकि परिपक्वता आन्तरिक गुणधर्मिता है। अमरता का वरण इसी से सम्भव हो पाता है, इससे रहित बाह्यधर्मी परिपक्वता अमरता का कारण-तत्त्व नहीं हो सकती।"

13. कुछ भावक-आलोचकों को यह उत्कृष्ट कविता, कविता ही नहीं प्रतीत होती है। बिम्ब को काव्य का प्राणधर्मी गुण न मानते हुए भी बिम्ब को काव्य की परीक्षा के लिए एक निकष के रूप में व्यवहार करनेवाले आलोचक डॉ. नगेन्द्र इसमें काव्यत्व प्राप्त नहीं कर पाते। पर यह पूरी काव्य-प्रोक्ति अपने अब तक विवेचित श्रेष्ठ सर्जनात्मक भाषिक कौशल के कारण बिम्बमय है। इसमें यदि गत्यात्मक बिम्ब (Dynamic Imagery) है, तो स्थिर बिम्ब (Static Imagery) भी, और इस प्रकार बिम्बों का तनाव भी। चाक्षुष बिम्ब तो आद्यन्त हैं ही। बिम्बों में श्रेष्ठ डॉ. नगेन्द्र का उपलक्षित बिम्ब और डॉ. रामस्वरूप चतुर्वेदी का संश्लिष्ट बिम्ब इस पूरी काव्य-प्रोक्ति को एक उत्कृष्ट कविता के रूप में प्रस्तुत करता है। वस्तुतः इन पंक्तियों की काव्यधर्मिता की पहचान के लिए बड़ी बात इस पूरी प्रोक्ति का अपने में विशिष्ट भाषारूप होना है, जो भारतीय काव्य-शास्त्रियों और अरस्तू के काव्य-चिन्तन से लेकर अब तक के काव्य-चिन्तन तक काव्यभाषा की अनिवार्य शर्त है। यद्यपि वह विशिष्ट भाषा आधार भाषा की यथार्थ सत्ता से जुड़कर ही अपना रूपाधान प्राप्त करती है, तथापि इस तथ्य को समय-समय पर पश्चिम में वर्डस्वर्थ जैसे कवियों ने एवं हिन्दी में समकालीन कवियों/युवा कवियों ने अपने बयानों के जरिये झुठलाने की कोशिश की है। पर ताज्जुब और सच्चाई यह है कि स्वयं इन लोगों की कविताएँ

उनके बयान के विरोध में इस तथ्य के प्रति लगातार गवाही देती रही हैं। कहना न होगा कि 'अज्ञेय' की 'जीवन-मर्म' अपने-आप में विशिष्ट भाषिक प्रकार्य, मुकारोवस्की के शब्दों में सौन्दर्यात्मक भाषिक प्रकार्य से सम्पन्न और साभिप्राय होने के कारण एक श्रेष्ठ कविता है।

14. कविता का शीर्षक है—'जीवन-मर्म'। शब्द स्तर पर यह कवि का विरल प्रयोग है। यहाँ शब्द-स्तर की विरलता (Rarity) सक्रिय है। पूरी काव्य-प्रोक्ति को यह शब्द-स्तरीय विरलता एक निश्चित दिशा में केन्द्रित और सन्दर्भित करती है। इसी से कविता एक विशिष्ट सोच या एक निश्चित जीवन-दर्शन तक पहुँच पाती है। पूरी काव्य-प्रोक्ति युगपत् बिम्ब बन कर उभरती है, जिसमें जीवन-मर्म निहित मिलता है। 'अज्ञेय' के अनुसार स्वयं भी "सोचना चित्रों, प्रतीकों से होता है।" कहना न होगा कि यह 'जीवन-मर्म' अत्यन्त मानवीय होने के कारण अपनी दार्शनिकता, वैचारिकता और काव्यात्मकता में सार्वभौमिक और सार्वदेशीय बन जाता है।

15. प्रस्तुत विश्लेषण इस तथ्य का प्रमाण है कि अग्रप्रस्तुति-मूलक अभिलक्षणों के जरिये रेखांकित की जानेवाली भाषिक सर्जनात्मकता को यह अज्ञेयवादी पाठ-प्रक्रिया रचना की समझ को स्पष्ट करने की दिशा में, उसकी सार्थकता-साभिप्रायता को उपलब्ध करने की सोद्देश्यता में अपनी महत्त्वपूर्ण भूमिका अदा कर पाती है। इस पाठ-प्रक्रिया के जरिये क्या छोटी कविता, क्या लम्बी कविता/प्रबन्ध काव्य, क्या कहानी, क्या उपन्यास, क्या एकांकी, क्या नाटक, क्या निबन्ध, क्या अन्य साहित्यिक गद्य—सभी विधाओं की सारगर्भित समझ को पाठ का युक्तियुक्त विश्लेषण करते हुए उजागर किया जा सकता है। अब भाषिक प्रोक्ति की संकल्पना ने व्यापक फलकवाली सर्जनात्मक कृतियों में भी अभिव्यक्ति और सत्य के बीच की दीवार में सेंध लगाने या विस्फोटक भर कर उस दीवार को समूल उड़ा देने की सर्जकीय रचना-प्रक्रिया को रेखांकित करने की वस्तुनिष्ठ सम्भावना को साकार कर दिया है।

---

1. अज्ञेय : अन्तरा (दिल्ली : राजपाल एण्ड सन्स, 1975) पृ. 115।
2. अज्ञेय : "सर्जना के क्षण" (इलाहाबाद, लोक भारती, (1983), पृ. 112)।
3. अज्ञेय : सर्जना और सन्दर्भ (दिल्ली : नेशनल पब्लिशिंग हाऊस, 1985) पृ. 344।
4. अज्ञेय : "कवि वक्तव्य", "पुनश्च" तारसप्तक (दिल्ली : भारतीय ज्ञानपीठ, द्वितीय संस्करण) पृ. 309।
5. अज्ञेय : सर्जना और सन्दर्भ : दिल्ली : नेशनल पब्लिशिंग हाऊस (1985) पृ. 347-48।
6. अज्ञेय : सर्जना और सन्दर्भ (दिल्ली : नेशनल पब्लिशिंग हाऊस, 1985) पृ. 348।
7. अज्ञेय : अन्तरा (दिल्ली : राजपाल एण्ड सन्स, 1975) पृ. 116।
8. अज्ञेय : सर्जना और सन्दर्भ (दिल्ली : नेशनल पब्लिशिंग हाऊस, 1985) पृ. 347।
9. अज्ञेय : सर्जना और सन्दर्भ (दिल्ली : नेशनल पब्लिशिंग हाऊस, 1985) पृ. 344।

10. अज्ञेय : सर्जना और सन्दर्भ (दिल्ली : नेशनल पब्लिशिंग हाऊस, 1985) पृ. 356।
11. अज्ञेय : सर्जना और सन्दर्भ (दिल्ली : नेशनल पब्लिशिंग हाऊस, 1985) पृ. 354।
12. वही, पृ. 355।
13. अज्ञेय : सदानीरा, भाग-2, दिल्ली, नेशनल पब्लिशिंग हाऊस, 1986, पृ. 282।
14. एस.आर. लिविन, सम यूसेज ऑव द ग्रामर इन पोयटिक एनालिसिस, प्राब्लम्स ऑव टेक्स्चुअल एनलिसिस (पत्र—लेखक को लिविन से सीधे प्राप्त अनुमुद्रण), पृ. 23-24।
15. रवीन्द्रनाथ श्रीवास्तव काव्य-विश्लेषण और जीवन-मर्म, अज्ञेय : सम्पादक विश्वनाथ प्रसाद तिवारी, दिल्ली, नेशनल पब्लिशिंग हाऊस, 1977, पृ. 79।
16. पूर्ववत्, पृ. 79।
17. पूर्ववत्, पृ. 79।
18. नीत्से, जरुत्थुस्ट ने कहा, प्रस्तुति मुद्राराक्षस, सम्पादक नीलिमा सिंह, दिल्ली, हिन्द पाकेट बुक्स लि., 1986, पृ. 44।

16

सोन-मछली

'अज्ञेय' की एक छोटी कविता 'सोन-मछली' के विश्लेषण-क्रम में रस-संवित्ति की स्थिति को उद्‌घाटित किया गया है—

"(सोन-मछली)
हम निहारते रूप,
काँच के पीछे
हाँप रही है मछली
रूप-तृषा भी
(और काँच के पीछे)
है जिजीविषा।"

इस कविता का एक रसवादी विश्लेषण डॉ. नगेन्द्र ने किया है और दूसरा डॉ. शंकरदेव अवतरे ने भी। डॉ. अवतरे के अनुसार यहाँ उत्साह-क्षेत्रीय जिजीविषा का भाव है। 'हम' आश्रय है और 'सोन-मछली' आलम्बन विभाव। कायिक अनुभाव मछली का हाँपना है। यहाँ भाव-व्यंजना आश्रय (हम) कर रहा है, इसका माध्यम आलम्बन है। इस प्रकार यहाँ रस-प्रक्रिया के सभी पारिभाषिक लगभग एकत्र हो उठे हैं। व्याख्याकार ने यहाँ 'रूप-सौन्दर्य की निष्कर्मण्यता के विरुद्ध जिजीविषा की उत्साहमूलक सक्रियता' को रेखांकित किया है। उसके शब्दों में, "यदि काँच की दीवार को सांसारिक बाधाओं का प्रतीक मानकर मछली के हाँपने पर मानवीय संघर्ष के कर्म-सौन्दर्य का आरोप किया जाय तब भी विभावादि की योजना में कोई अस्पष्टता नहीं आती और साथ ही अनुभूति की तीव्रता भी बढ़ जाती है।" (रस-प्रक्रिया, पृष्ठ 307) पर डॉ. नगेन्द्र का मानना है कि यह "ऐसी उक्ति है, जहाँ भाव का स्वरूप विभाव, अनुभाव, संचारी भाव आदि की दृष्टि बचाकर अनुभूति के मन्त्र-बल से रस-चक्र में अनायास ही प्रविष्ट हो जाता है।" (डॉ. नगेन्द्र, रस-सिद्धान्त, नयी दिल्ली : नेशनल, पृष्ठ 356-357) इसके उदाहरण स्वरूप उन्होंने उक्त कविता को ही रखते हुए यह निष्कर्ष दे डाला है कि "क्या प्रस्तुत शब्द-चित्र को रस-सिक्त करनेवाली संवेदना, जो केवल मानव-चेतना को ही वरदान-रूप से प्राप्त है, इसी की चरम सिद्धि नहीं है? बिम्ब निश्चय ही कला की सिद्धि है, पर उस बिम्ब को जीवन्त करने वाला तत्त्व तो मानव-चेतना का स्पर्श ही है और उसी का नाम रस है।" (वही) यहाँ डॉ. नगेन्द्र को रस-संवित्ति जैसे किसी क्षितिज का आभास तो होता है, पर उस

भूमि का सही उद्घाटन नहीं हो पाता है। वे अपनी ही मान्यता को यहाँ भूल जाते हैं कि "विभावादि के विधान पर रस-शास्त्र में इसलिए बल दिया जाता है कि उसकी प्रच्छन्न या प्रकट सत्ता के अस्तित्व के बिना भाव की कल्पना भी सम्भव नहीं है, अनुभूति तो दूर की बात रही।" वस्तुतः रस-सिद्धान्त की सबसे बड़ी स्थापना यही है कि काव्य में कोई भी उक्ति विभावादि की परिधि से पूर्णतः बाहर नहीं जा सकती है। निष्कर्ष यह है कि डॉ. नगेन्द्र ने भी रस-चिन्तन/सिद्धान्त को छोटी कविता पर लागू कर यह दिखाना चाहा है कि रस-सिद्धान्त की गतिकी यहाँ तक अपनी सक्रियता दिखाती है। पर वे उस गतिकी का ठीक-ठाक निरूपण नहीं कर पाये हैं, जबकि डॉ. शंकरदेव अवतरे ने डॉ. नगेन्द्र से हुई त्रुटि का परिहार करते हुए इस गतिकी को ठीक-ठीक निरूपित कर दिया है और यह सिद्ध कर दिया है कि रस-सिद्धान्त 'रस-संवित्ति' की अपनी विकासात्मकता के द्वारा छोटी-सी-छोटी कविता तक के विश्लेषण-विवेचन में समर्थ है।

शैलीविज्ञान की दृष्टि से देखें तो यह कविता कई वाक्यों से बनी एक पूर्ण काव्य-प्रोक्ति है। कविता में एक ओर 'द्रष्टा' है और दूसरी ओर 'भोक्ता'। 'द्रष्टा' और 'भोक्ता' की स्थिति वाक्यगत प्रतिज्ञप्तियों से ज्ञापित होती है। 'हम निहारते रूप'—जहाँ द्रष्टा की स्थिति को ज्ञापित करता है वहीं 'हाँप रही है मछली' जैसा वाक्य 'मछली' के भोक्ता-रूप को ज्ञापित करता है। द्रष्टा सौन्दर्य-पक्ष पर मुग्ध है, आसक्त है। दूसरी ओर भोक्ता काँच के पीछे 'ऐक्विवेरियम' में कैद है। उसका हाँपना 'ऐक्विवेरियम' की इस कैद में उसके जीवन-कर्म और उसके मुक्ति-प्रयास को दिखाता है। मछली बार-बार चक्कर लगाकर हाँप जाती है, पर इस कैद से मुक्ति नहीं पा पाती। उसकी जिजीविषा मुक्ति की जिजीविषा है। कविता यह स्पष्ट कर देती है कि एक ओर भोक्ता के लिए जिजीविषा काँच के पीछे है, तो दूसरी ओर द्रष्टा के लिए 'रूप-तृषा भी है जिजीविषा'। इस प्रकार यहाँ वाक्याधारित अर्थ-स्तर की विरोधी समान्तरता की सक्रियता देखने को मिलती है, जिससे यह अर्थ मुखर होता है। पर ये दोनों जिजीविषाएँ एक ही स्थिति में बँधी हैं। वह स्थिति है काँच का बना 'एक्विवेरियम'। कवि ने इसका स्पष्ट उल्लेख नहीं किया है। पर काँच के पीछे मछली का चक्कर लगा-लगाकर हाँपना जहाँ इस स्थलीयता को स्पष्ट कर देता है वहीं रूप का निहारा जाना भी इस स्थलीयता को केन्द्रित करता है।

इस कविता में 'लेखिम स्तर' (Graphemic Level) पर दो बार कोष्ठक (Bracket) के प्रयोग हुए हैं—('सोन-मछली') में और पुनः ('और काँच के पीछे') में। यहाँ लेखिम स्तर की समतामूलक समान्तरता सक्रिय है। कोष्ठक का यह घेरा

कैद की स्थिति को ज्ञापित करने के लिए है। 'सोन-मछली' कैद में है। अतः इस स्थिति को कोष्ठक से व्यंजित किया गया है 'और काँच के पीछे' में पुनः कोष्ठक इस कैद की स्थिति को शब्दार्थ के साथ-साथ और स्पष्टतर कर देने के लिए आया है।

'सोन-मछली' में अर्थ-स्तर का अस्वीकार्य विचलन भी है। यह 'सोन-मछली' केवल सोन-मछली नहीं है, अपने अभिधेयार्थ वाली मछली, बल्कि यह स्वर्णाभूषण और धन-सम्पत्ति, सुख-सौख्य के आकर्षण में निरन्तर फँसायी जानेवाली वह नारी है, जो पुरुष की गृहस्थी के ऐक्विवेरियम में कैद रहती है। यहाँ 'ऐक्विवेरियम' को संकेतित करनेवाली 'काँच' में सक्रिय अर्थ का अस्वीकार्य विचलन अपने अर्थ को गृहस्थी के पारदर्शी घेरे में अन्तरित कर देता है। ऐसा घेरा, जिसमें सीमित पारदर्शिता तो है, पर गतिशीलता या पदचाप तक गृहस्थी के सीमित आँगन में ही कैद है।

अब इन दोनों स्थितियों की अलग-अलग वाक्य-संसक्तियों को लें—"(सोन-मछली)/ हम निहारते रूप/रूप-तृषा भी है जिजीविषा"। पुरुष नारी को गृहस्थी के दायरे में 'ऐक्विवेरियम' की सोन-मछली की तरह कैद करता है। वह उसका रूप निहारता है। उसका मूल प्रयोजन उसके रूप-पक्ष का ही है। इस रूप-पक्ष के साथ ही उसके साथ-संयोग के अनेक पक्षों की दूरवर्ती सम्भावनाएँ उद्घाटित होने लगती हैं। पुरुष की जिजीविषा यहाँ तक जाती है। इस कविता में 'काम' जैसे पुरुषार्थ को उसकी जिजीविषा के रूप में प्रस्तुत किया गया है। चूँकि सामान्य रूप में यही जिजीविषा रूप में और पुरुष की प्राथमिक जिजीविषा में यहाँ स्वीकृत नहीं है, अतः यहाँ 'भी' जैसे बलात्मक निपात का प्रयोग कवि ने रूप-स्तर की विरलता के रूप में किया है। 'हम' के लिए यह भी जिजीविषा-रूप ही है। 'हम' उत्तम पुरुष, बहुवचन सर्वनाम है, जिसकी वर्तमानकालिक क्रिया भी बहुवचन पुल्लिग है। रूप-स्तर की यह पुल्लिगता ही पुरुष का अर्थ प्रदान कर देती है। दूसरा संसक्त वाक्य है—"काँच के पीछे हाँप रही है मछली/और काँच के पीछे है जिजीविषा।" यहाँ भी अर्थ-स्तर का अस्वीकार्य विचलन है। 'जिजीविषा' कोई मूर्त वस्तु नहीं है, जो काँच के पीछे दृश्यमान हो। वस्तुतः यह मछली के लिए उपमान है। मछली को संकेतित करनेवाला शब्द है। काँच के पीछे मछली ही तो है। वह जिजीविषा-रूप है। जिजीविषा की साकारिता है वह। इस काँच के पीछे मछली का हाँपना उसकी जीवन-क्रीड़ा और मुक्ति-संघर्ष—दोनों दृष्टियों से है। अन्तरित अर्थ में नारी के कर्म-संघर्ष और मुक्ति-संघर्ष—दोनों को ज्ञापित करनेवाली प्रतिज्ञप्तिपरक क्रिया है 'हाँपना'। नारी की यह 'जिजीविषा' उसकी सामान्य जिजीविषा है। इसके अतिरिक्त उसकी कोई अन्य गति पितृसत्ताक समाज

में नहीं है। वास्तव में यह उसके लिए प्राथमिक कोटि की जिजीविषा है, जबकि पुरुष की निरूपित जिजीविषा उसके लिए द्वितीयक कोटि की जिजीविषा है। पर यहाँ द्वितीयक कोटि की जिजीविषा ही प्राथमिक कोटि की जिजीविषा पर हावी है। इस प्रकार यहाँ 'हम' और 'मछली' के ब्याज से भारतीय समाज में चले आ रहे पुरुष और नारी के सम्बन्ध को, उसकी मनोवृत्ति और कर्मवृत्ति को तथा उनकी जीवन-स्थिति के वैषम्य को उजागर किया गया है। इस छोटी कविता में मुख्यतः विरोधी समान्तरता, विचलन और विरलता की अग्रप्रस्तुति के द्वारा मछली के रूप में नारी की स्थिति की जैसी उत्कृष्ट अभिव्यक्ति की गयी है वह कवि पन्त की निम्नांकित पंक्तियों में भी सुलभ नहीं है–

"मुक्त करो नारी को, चिर वन्दिनि नारी को।
युग-युग की बर्बर कारा से, जननी, सखि, प्यारी को॥"

उपर्युक्त तुलनात्मक विवेचन से यह स्पष्ट हो जाता है कि आज की कविता के विश्लेषण-सन्दर्भ में रस-सिद्धान्त और शैलीविज्ञान–दोनों ही का अपना-अपना महत्त्व है।

रस-सिद्धान्त की दृष्टि से प्रस्तुत कविता में रस-व्यक्ति, रस-ध्वनि और रस-संवित्ति–तीनों विकासात्मक स्थितियाँ प्राप्त होती हैं। इस ओर डॉ. अवतरे का भी ध्यान नहीं जा सका है। कहना न होगा कि जिजीविषा-विषयक दो भिन्न भावों की एकत्र उपस्थिति होने के कारण इस कविता में भाव-शबलता की स्थिति प्राप्त होती है। निश्चय ही यह रस-व्यक्ति का क्षेत्र है। डॉ. अवतरे ने इसे केवल 'रस-संवित्ति के उदाहरण रूप में प्रस्तुत किया है।' ऊपर शैलीवैज्ञानिक व्याख्या से कविता की जो निर्वचनात्मक साभिप्रायता स्पष्ट की गयी है उसे रस-ध्वनि की दृष्टि से सहृदय रसाचार्य काव्यशास्त्री दिखला सकते हैं। पर ऐसा अब तक नहीं हो सका है। 'काँच के पीछे' जैसा वाक्यांश ही यह स्पष्ट कर देता है कि कविता में 'काँच के पीछे' और 'काँच के बाहर'–दोनों ही स्थितियों, अभिवृत्तियों को वाणी दी गयी है। इस कविता का पूरा अर्थ-विस्तार 'रस-ध्वनि' के क्षेत्र में आ सकता है। अन्ततः जिस रस-संवित्ति के उदाहरण स्वरूप डॉ. अवतरे ने इस कविता को उदाहृत किया है, उसकी 'रूप-तृषा' और 'जिजीविषा' के भाव के द्वारा वस्तु को संवेद्य बनाया गया है। अतः यहाँ 'रस-संवित्ति' है।

शैलीविज्ञान अपने विश्लेषण और निर्वचन-कर्म में उक्त तीनों ही स्थितियों को निरूपित करने में समर्थ है। प्रोक्ति की विरोधी समान्तरता के स्तर पर जब वह एक ओर "(सोन-मछली)/हम निहारते रूप/रूप-तृषा भी है जिजीविषा" को सामने रखता

है और दूसरी ओर ''काँच के पीछे/हाँप रही है मछली'' और 'काँच के पीछे है जिजीविषा'' के साथ उसकी विरोधिता को दर्शाता है तब रस-व्यक्ति की भाव-शबलतावाली पहली स्थिति प्राप्त होती है। यहाँ शैलीविज्ञान की सूक्ष्मता इस एकाधिक भाव-सम्मिश्रण को समनुरूपता और प्रतीपता–दोनों को समतामूलक और विरोधमूलक समान्तरता के आधार पर अलग-अलग स्पष्ट कर देती है। इसके बाद शैलीवैज्ञानिक विश्लेषण यह स्पष्ट करता है कि काँच के बाहर 'हम' है और काँच के भीतर 'मछली'। [यहाँ कविता में केवल काँच के पीछे (भीतर)] का कथन है, इसी से काँच के बाहर की स्थिति व्यंजित होती है। यहाँ हम का पुरुष और मछली का नारी रूप में अर्थ संकेतित होने लगता है, प्रतीयमानता उजागर हो उठती है, तब यह अपने-आप में 'रस-ध्वनि' के क्षेत्र को समाहित कर लेता है। अन्ततः जब शैलीवैज्ञानिक विश्लेषण-निर्वचन 'बन्धन' और 'मुक्ति' तथा 'रूप-तृषा' और 'जिजीविषा' के भाव द्वारा वस्तु को संवेद्य बनाता है तब यह रस-संवित्ति की स्थिति को भी अपने भीतर समाविष्ट कर लेता है। इस प्रकार यहाँ कविता के विश्लेषण में शैलीविज्ञान और रस-सिद्धान्त के बीच समतामूलकता ही स्पष्ट होती दीखती है।

17
असाध्य वीणा

इस संसृति में 'असाध्य वीणा' की झंकृति को साधने तथा सुनने-सुनाने वाले अज्ञेय स्वयं भी एक 'असाध्य वीणा' रहे हैं। हिन्दी में उनके समवर्ती अनेक सर्जकों और आलोचकों ने उनके व्यक्तित्व और कृतित्व, दोनों को अपने-अपने लेखन में साधने का प्रयत्न किया। पर अज्ञेय सबके लिए 'असाध्य वीणा' ही सिद्ध हुए। चाहे वह 'शब्द-पुरुष' लिखनेवाले नरेश मेहता हों या अज्ञेय की रचना-धर्मिता पर विचार करनेवाले रामस्वरूप चतुर्वेदी, चन्द्रकान्त बान्दिवडेकर या नन्दकिशोर आचार्य जैसे आलोचक-त्रय।

अपनी इस स्थापना को स्पष्ट करने के लिए सबसे पहले मैं उनकी 'असाध्य वीणा' कविता से ही आरम्भ करता हूँ। यद्यपि यह कविता एक चीनी-जापानी लोककथा पर आधारित कही गयी है और है भी, पर इस कविता का प्रतीक-विधान पूरी तरह भारतीय है। अज्ञेय के आलोचकों ने 'असाध्य वीणा' को रचना-प्रक्रिया से जोड़ दिया है। पर 'असाध्य वीणा' साहित्यकार की रचना-प्रक्रिया तक सीमित नहीं है। यह विधाता की वह सर्वोत्तम रचना-प्रक्रिया है, जिसे साधना सदैव दुष्कर रहा है। 'असाध्य वीणा' और कुछ नहीं, यह हमारी मानवीय काया है। हमारा शरीर ही वीणा-रूप झंकृत होनेवाले सुरों का उद्‌गम-स्रोत है। भारतीय मिथक में मानवीय काया को दैवत् वीणा कहा गया है। इस दैवत् वीणा की साज-सज्जा, उसका प्रदर्शन तो सभी कर लेते हैं, पर उससे प्राक्तन स्वर-लहरी झंकृत कर अपने रचनाकार से तादात्म्य करना एक अत्यन्त कठिन कर्म है। 'दैवत् वीणा' यानी 'मानवीय काया' की स्थिति ऐसी ही है। अज्ञेय ने इसी 'दैवत् वीणा' को 'असाध्य वीणा' कहा है, जो किसी-किसी विरले के ही साधे सधती है, वह भी 'सर्वात्मना आत्मविलय' करने की स्थिति में।

अज्ञेय की 'असाध्य वीणा' की इस अन्तर्गर्भी साभिप्रायता को अब तक हिन्दी में उद्‌घाटित, निरूपित और विवेचित नहीं किया जा सका है। यही कारण है कि मेरे अनेक मित्रों को ऐसा प्रतीत होता है कि मुक्तिबोध की 'अँधेरे में' कविता अपने-आप बनती चलती है, पर अज्ञेय इस कविता में एक बनी-बनायी कथा को लेकर उसका काव्यात्मक अभिव्यंजन-भर कर देते हैं। हाँ, 'असाध्य वीणा' की प्राकृतिक बिम्ब-माला को वह अवश्य महत्त्व देते हैं। पर यह सब प्रतीति उन्हें इसलिए ही होती है कि वे 'असाध्य वीणा' के लक्ष्य या गन्तव्य तक, उसके अर्थ-गह्वर तक प्रवेश नहीं कर पाते। जैसे 'कामायनी' के 'हिमालय' को 'आन्तरिक हिमालय' के रूप में न देखकर उसके

पाठक, आलोचक उसे 'भौगोलिक हिमालय' के रूप में ही देखते रहे हैं और उसकी आलोचना करके उसके साथ जैसा अन्याय किया है, ठीक वैसा ही अन्याय अज्ञेय की 'असाध्य वीणा' के साथ भी हुआ है। वस्तुतः यह न तो कोई 'मूर्त असाध्य वीणा' है और न ही वैसी कोई अमूर्त 'असाध्य वीणा', जो साहित्यकार की रचना-प्रक्रियाई वीणा है, जैसा उसके आलोचकों को लगता है। यह जिस वृक्ष के काष्ठ से बनी वीणा है, वह वृक्ष ही आदिसृष्टि का प्रतीक है और यह 'दैवत् वीणा' आत्मसाक्षात्कार की वीणा है। 'आत्मज्ञान' प्राप्त करने की यह वीणा हमें प्राप्त है, पर हमें आत्मज्ञान नहीं हो पाता, ब्रह्मज्ञान नहीं हो पाता। हम अपना स्थूल शरीरी जीवन जी कर चले जाते हैं या मिट जाते हैं। पर हम आत्मज्ञान की दिशा में उन्मुख तक नहीं हो पाते। उपनिषदों में ऐसे ही मनुष्य को 'आत्महन्ता' कहा गया है। 'असाध्य वीणा' का सम्यक् परिज्ञान हमें आत्महन्ता होने की भूमिका से बचाता है। हम दिन-रात अपने भौतिक पदार्थों के लिए, अपने अर्जन के लिए आकुल-व्याकुल रहते हैं, पर अपनी भविता को, अपनी 'बीइंगनेस' को नहीं पहचान पाते हैं। 'असाध्य वीणा' की सिद्धि हमें हमारी भविता से जोड़ती है। हमें आत्महन्ता होने से बचाती है, हमें आत्मज्ञान की दिशा में उन्मुख करती है और हमें अपने परम गन्तव्य तक पहुँचाती है।

'दैवत् वीणा' को गढ़नेवाला वज्रकीर्ति और कोई नहीं, विधाता है, ब्रह्मा है। राजा कोई भौतिक पुरुष नहीं, बल्कि हमारे भीतर का प्रभुत्वाकांक्षी, भौतिक पदाभिलाषी है, जो केवल शासित करना जानता है। रानी और कोई नहीं, कामना की स्रोतस्विनी है। हमारे भीतर की अनन्त इच्छाओं की उद्गम-स्थली है। अनुस्मृति में विगत का आवाहन परमपुरुष की व्यापकता है, 'ओ पूरे झारखण्ड के अग्रज' का झारखण्ड निखिल ब्रह्माण्ड और अग्रज परमपुरुष ब्रह्म है। गुफा-गेही केश-कम्बली आत्मगुफा में वास करनेवाला है। पर इस 'दैवत् वीणा' को पहचानना सहज साध्य नहीं है। इसे साधना मन के कामना-त्याग और अपने सर्वात्मना समर्पण करने पर ही सम्भव है। उसे ही अज्ञेय ने अपनी इस कविता में निरूपित किया है। इस कविता में पुरुष अदृश्य है और प्रकृति साकार है। सांख्य दर्शन मानता है कि प्रकृति शैलूषी है, वह नटी है। वह रूप-परिवर्तन करती, नृत्य करती परमपुरुष को रिझाती है। 'असाध्य वीणा' में इसी प्रकृति का साक्षात्कार है, जिसके ब्याज से पुरुष तक पहुँचने का द्वार खुलता है। संगीत की लय में सबका एक साथ डूबना परमपुरुष का अपने-अपने अनुरूप अनुभावन है। कविता के अन्त का मौन और कुछ नहीं, उसी परमपुरुष का निःशब्दता में साक्षात्कार है—"वह तो सब-कुछ की तथता थी/महा शून्य/वह महा मौन/अविभाज्य, अनापत, द्रवित, अप्रमेय/जो शब्द-हीन सबमें गाता है।"

'असाध्य वीणा' को केन्द्र में रखकर उसका सम्यक् और सटीक विवेचन न तो रामस्वरूप चतुर्वेदी ने किया है, न चन्द्रकान्त बान्दिवडेकर ने और न ही नन्दकिशोर आचार्य ने। चतुर्वेदी ने उसे रचना-प्रक्रियाई आत्मसमर्पण से जोड़ दिया है—"सृजन के इस रहस्य की आत्मदान के रूप में व्याख्या रचनाकार ने 'आँगन की पार द्वार' में संकलित लम्बी कविता 'असाध्य वीणा' में की है।" (हिन्दी साहित्य और संवेदना का विकास, इलाहाबाद, लोकभारती, 2001, पृ. 197) पर उसका भावन करने का प्रयास जिन व्यक्तियों ने किया है, उनमें कवि-विचारक नरेन्द्र शर्मा और आलोचना में सिद्धहस्त विद्यानिवास मिश्र प्रमुख हैं।

नरेन्द्र शर्मा ने 'असाध्य वीणा' के कुछ महत्त्वपूर्ण बिन्दुओं का स्पर्श तो अवश्य किया है, पर यह बिन्दु प्रस्थान-बिन्दु मात्र है। वह उसकी साभिप्रायता के गह्वर में तो प्रवेश नहीं कर सके, परन्तु विदेशी पुराकथा लेने के कारण उन्होंने 'असाध्य वीणा' को अतीतोन्मुख कर दिया है। उनका भावन यहाँ तक तो सही है कि तन्त्री को साधने वाले ने वाद्ययन्त्र के अन्तर में सोये हुए संगीत को अपने आपको सौंपकर, आत्म-विस्मृत कर जगाया। इसे उन्होंने साधक का अपना अनुभावन कहा है। पर इस तादात्म्य को स्थापित करने के बाद उनकी दृष्टि में वह अतीतोन्मुखी साधना आरम्भ हुई, जिससे वाद्ययन्त्र संजीवन मन्त्र से सजीव होकर पुनः वादक ही हो गया। वह वृक्ष को अधोमुख कहते हैं, पर वृक्ष के मूल को अतीत में स्थित मानते हैं। इसीलिए वे 'अतीतोन्मुखी साधना' की अनिवार्यता की बात करते हैं। उनकी यह मान्यता है कि 'अतीत तक पहुँचे बिना सोया हुआ वह संगीत नहीं जगाया जा सकता, जो वाद्ययन्त्र में अन्तर्निहित है। (अतीतोन्मुखी साधना, धर्मयुग, नवम्बर 1964, पृ. 15) पर वह 'असाध्य वीणा' के मिथकीय अतीत को न तो खोज पाते हैं और न ही खोल पाते हैं। वह कविता के इस अंश को उद्धृत तो करते हैं—

"डूब गये सब एक साथ
सब अलग-अलग एकाकी पार तिरे
राजा ने अलग सुना : त्रय देवी यशःकाय
वरमाल लिये गाती थी मंगल-गीत
दुन्दुभी दूर कहीं बजती थी
राजमुकुट सहसा हलका हो आया था,
मानो फूल हो सिरिस का।
रानी ने अलग सुना छन्द जो बटुली में
एक कौंध कह गयी

तुम्हारे यह मणि-माणिक, कण्ठहार, पट-वस्त्र
मेखला, किंकिणि
सब अन्धकार के कण हैं। ये आलोक एक है
प्यार अनन्य...
सबने भी अलग-अलग संगीत सुना।
इसको
वह कृपा-वाक्य था प्रभुओं का।
उसको
आतंक-मुक्ति का आश्वासन :
इसको
वह भरी तिजोरी में सोने की खनक
उसे
बटुली में बहुत दिनों के बाद अन्न की सोंधी बुदबुद।"

नरेन्द्र शर्मा ने उस संगीत को सबके द्वारा भिन्न-भिन्न रूप में आत्मसात् करने की स्थिति को ठीक समझा है और लगे हाथ वहाँ तुलसी के मानस की इस प्रसिद्ध काव्य-प्रोक्ति को भी उद्धृत कर दिया है—"जाकी रही भावना जैसी। प्रभु मूरति देखी तिनु तैसी।" पर नरेन्द्र शर्मा रामचरितमानस का सन्दर्भ भूल जाते हैं कि वहाँ अपनी-अपनी भावना के अनुरूप ब्रह्म या परमात्मा को ही देखा-दिखाया गया है। आत्मसमर्पण से उसी की प्राप्ति की जाती है। इसलिए यह साधना 'अतीतोन्मुखता' की नहीं, ऐतिहासिकता की नहीं, बल्कि अपने में निहित परमात्म अंश के तादात्म्य-बोध की है, उसमें लय होने की है।

नरेन्द्र शर्मा ने अज्ञेय की 'असाध्य वीणा' पर यह कहकर आरोप भी किया है कि कविता का आरम्भ तो सुन्दर है, पर कविता का अन्त उपयुक्त नहीं है। तन्त्री को साधने के बाद पुनः मौन का अवतरण उचित नहीं है—"इस कथा-काव्य का आरम्भ अत्यन्त प्रभावोत्पादक और सच्चे अर्थ में नाटकीय है, पर यही बात कविता के अन्त के विषय में नहीं कही जा सकती।... तुरन्त बाद 'प्रिय पाठक यूँ मेरी वाणी भी मौन हुई' कहकर कवि ने अपनी अतीतोन्मुखी साधना की उदाराशयता को सीमित और संकुचित बना दिया है। कहाँ अद्वैतवाद और कहाँ क्षणवाद?" (पूर्ववत्, पृ. 35) नरेन्द्र शर्मा कवि होते हुए भी यहाँ यह भूल जाते हैं कि तादात्म्य होने के बाद मौन में ही उसका परम साक्षात्कार होता है। वहाँ केवल 'वह' रह जाता है और मैं की इयत्ता समाप्त हो जाती है। वस्तुतः नरेन्द्र शर्मा जिसे अतीतोन्मुखता कहते हैं, वह उनकी

मौलिक दृष्टि का ही पसारा है, जबकि यह कविता अलौकिकता की साधना है और उसी में यह अन्त में पर्यवसित होती है। इस तरह 'असाध्य वीणा' भारतीय मिथक के अनुरूप काया-रूपी वह 'दैवत् वीणा' ही है, जिसको आत्मसमर्पण, तादात्म्य और आत्मविलय से साधकर सिद्ध किया जाता है और परमात्म-रूप आत्म-स्वरूप की प्राप्ति हो पाती है।

विद्यानिवास मिश्र जी भी 'असाध्य वीणा' की व्याख्या करने के क्रम में उसके मर्म तक नहीं पहुँच पाते हैं, पर उन्होंने कुछ नवीन स्थापनाएँ अवश्य की हैं, जिनमें उनकी यह स्थापना महत्त्वपूर्ण है—"पूरी कविता मौन की ओर लौटने की—एक ओर व्यष्टि से समष्टि में डूबने की तथा समष्टि से व्यष्टि में अलग-अलग उतरने की प्रक्रिया का एक आख्यान है..." "इसके एक सार भाग से वज्रकीर्ति ने साधना के द्वारा वीणा गढ़ी, तो उस वीणा में समग्र सृष्टि की वाणी भी समाहित हो गयी।" (असाध्य वीणा, रीति-विज्ञान, नयी दिल्ली, राधाकृष्ण प्रकाशन, 1973, पृ. 170)। उन्होंने आगे चलकर समष्टि और व्यष्टि के सम्बन्ध को निरूपित करते हुए यह भी बताया है कि "जब दोनों परस्पर साकांक्ष हो जायँ और दोनों के बीच पूर्ण रागात्मक सम्बन्ध स्थापित हो जाय तब विराट् व्यक्ति की ओर उन्मुख हो जाता है, सृष्टि की धारा फव्वारे की तरह एक केन्द्र से ऊपर जाकर अनेक केन्द्रों को छूने लगती है।" (पूर्ववत्, पृ. 171)... "वीणा का यह स्रष्टा के अखण्ड, अशेष, प्रभामय, स्वयंभू मौन का जागरण बन जाता है"। (पूर्ववत्, पृ. 172) मिश्र जी विराट् तक तो पहुँचते हैं, पर उस विराट् को वृक्ष की विराटता से ऊपर नहीं देख पाते हैं। उन्होंने अपनी पूरी विश्लेषण-व्याख्या रीतिविज्ञान बनाम शैलीविज्ञान के आधार पर की है। यदि उस 'अन्तरपाठीय समान्तरता' की ओर उनकी दृष्टि व्यापकता में जा पाती, तो वह इस कविता के साभिप्राय अर्थ-गह्वर में प्रवेश कर जा सकते थे, पर उन्होंने भी इसका अन्तरपाठीय सम्बन्ध उस चीनी लोककथा से ही जोड़ा, इस पर भारतीय सन्दर्भ में मीमांसा करने का प्रयास नहीं किया। वह 'दैवत् वीणा' से अपरिचित रहने के कारण भी विराट् में परमात्मा को नहीं देख सके तथा वीणा को काया में प्राप्त नहीं कर सके। 'असाध्य वीणा' की वीणा का सम्बन्ध भारतीय अध्यात्म की 'दैवत् वीणा' से जुड़ता है, जो हमारी मानवीय काया ही है।

हाँ, मिश्र जी ने मौन के मर्म को अवश्य समझा है, जिसे नरेन्द्र शर्मा पहचानने से रह गये हैं—"अन्तिम पंक्तियाँ इसलिए आवश्यक थीं कि वाणी की सार्थकता मौन में है, वह मौन ऐसा कि 'वह' के व्यक्ति को विराट् सत्ता में डुबोने के बाद पुनः पार तिरने पर मिला..." (पूर्ववत्, पृ. 172) पर इस मौन को उस महामौन की आनन्दात्मक

स्थिति तक वह भी नहीं ले जा सके हैं। वह यहाँ तक तो पहुँच जाते हैं कि 'मैं' का विलयन और वह भी एक विराट् 'तू' और नाना रूपों के माध्यम से खण्ड-खण्ड में दृश्यमान 'तू' में कराके 'मैं' का सबके साथ तादात्म्य स्थापित कराना कविता का मुख्य प्रयोजन है।" (पूर्ववत्, पृ. 174) पर वह यहाँ 'मैं' और 'तू' का स्पष्टीकरण करने से, उन्हें चिह्नित करने से रह गये हैं। यह स्पष्ट नहीं हो पाता है कि 'मैं' कौन है और 'तू' कौन है। यदि 'दैवत् वीणा' की अन्तरपाठीयता तक वह पहुँच जाते, तो 'असाध्य वीणा' का मिथकीय प्रतीक अवश्य उद्घाटित हो जाता। कविता में यही परमतत्त्व 'संगीत-स्वयम्भू', 'आलोक एक' और 'महामौन' के रूप में अभिव्यक्त हुआ है। मिश्र जी यह भी कहते हैं कि इस कविता का "मूल प्रतिपाद्य समष्टि के ध्यान में व्यष्टि का विलयन और उस विलयन के द्वारा समष्टि का व्यष्टि में अलग-अलग प्रतिबिम्बन है।" (पूर्ववत्, पृ. 179) पर यहाँ भी वह कविता के मूल प्रतिपाद्य को समझने से रह जाते हैं। वस्तुतः यह आत्मा का परमात्म-तत्त्व में विलयन है और इस विलयन के द्वारा समग्र सृष्टि में प्रतिबिम्बन का अनुभावन भी है। यहाँ समष्टि-चेतना परमात्मा है और व्यष्टि-चेतना आत्मा है।

मिश्र जी 'असाध्य वीणा' की इन पंक्तियों का विवेचन करते हैं–

"किन्तु अंगी,
तू अक्षत, आत्मभरित,
रसविद्,
तू गा।"

और बताते हैं कि यहाँ "अंग की अपंगता, अंग की खण्डता, अंग की रिक्तता और अंग की विरसता अंगी के साथ जुड़कर दूर हो जाती है।" (पूर्ववत्, पृ. 180)

उपर्युक्त काव्य-प्रोक्ति में वीणा, जो अंगी का अंग-रूप है, कवि उसका आत्मबोध जाग्रत करता है। पर उसका उद्देश्य उसकी ऋणात्मकता को न दर्शाकर उसकी धनात्मकता को दर्शाना है, उसके मूल अंगी रूप का साक्षात्कार कराना है। उसमें 'अहं ब्रह्मास्मि' की चेतना भरना है। साधक मानवीय-काया को साधने की प्रक्रिया में आत्मा को परमात्म-स्वरूप होने का ज्ञान करवाता है। तभी वह यह कह पाता है कि आत्मा भी अंगी ही है, अक्षत है, रसविद् है और इसी रहस्य को जान लेने पर उसे उसका गान करने का आग्रह करता है। कहना न होगा कि यहाँ भी मिश्र जी 'असाध्य वीणा' को 'काया की दैवत् वीणा' के रूप में नहीं ग्रहण कर सके हैं। साथ ही अंगी वृक्ष का भी सही परिचय नहीं करा सके हैं। यहाँ यह अंगी-वृक्ष स्वतः परमात्म-स्वरूप है।

इसी तरह मिश्र जी माँ के शिशु में रूपान्तरित होने और शिशु के माँ-रूप में विकसित होने को रेखांकित करते हुए लिखते हैं—"यह रूपान्तर विराट् की अस्ति के प्रति अर्पणीय होकर विराट् की अस्ति को अपने में समाहित करने की उपलब्धि को ही प्रमाणित करता है।" (पूर्ववत्, पृ. 183) यहाँ भी ऐसा लगता है कि मिश्र जी माँ और शिशु के पारस्परिक रूपान्तरण तक आकर भी कविता के मुख्य सूत्र को पकड़ने से रह जाते हैं, जो विराट् परमात्मा और असाध्य वीणा रूप काया में अन्तर्हित आत्मा के अभिज्ञान का सूत्र है।

प्रस्तुत सन्दर्भ में नरेन्द्र शर्मा और विद्यानिवास मिश्र दोनों के 'असाध्य वीणा'—विषयक विवेचन को देखने से यह स्पष्ट होता है कि नरेन्द्र शर्मा, जहाँ अपनी स्थापना एक अतिरेकी दृढ़ता के साथ करते हैं, (यथा—कविता के अन्त में मौन की स्थिति को समीचीन नहीं मानना), वहाँ विद्यानिवास मिश्र इस कविता के विषय में स्पष्ट शब्दों में यह कहते हैं कि शास्त्र के प्रवक्ता के रूप में यह ऐसी चुनौती नहीं देती कि "इसके अलावा कोई दूसरी व्याख्या प्रस्तुत नहीं की जा सकती है। इतना विश्वास जरूर मन में है कि इन व्याख्याओं की शृंखला लेखक स्वयं और लेखक के समझदार पाठक आगे बढ़ायेंगें और इन व्याख्याओं की प्रयोजकता इसी में चरितार्थ होती है।" (पूर्ववत्, पृ. 184)

कविता के निर्वचन-क्रम में शैलीविज्ञान जैसे यह मानता है कि रचना का कोई भी निर्वचन अन्तिम नहीं होता, वैसे ही विसंरचनात्मक आलोचना भी रचना की पाठ-प्रक्रिया को 'मिसरीडिंग' अर्थात् अधूरे वाचन के रूप में देखती है, जिसका आशय है कि प्रत्येक वाचन में कविता के कुछ बिन्दु छूट जाते हैं या कि पकड़ में आने से रह जाते हैं। 'असाध्य वीणा' के अब तक के निर्वचनात्मक विमर्श में प्रायः यही हुआ है। आलोचक इसके निर्वचन के मूल-सूत्र को ही पकड़ने से रह गये हैं। विसंरचनावादी आलोचना का यह मानना है कि कविता में एक संकेतक जो संकेतित देता है, वह संकेतित पुनः वहीं संकेतक बन जाता है और किसी अन्य संकेतित को निर्दिष्ट करने लग जाता है। इस तरह कविता में यह अर्थ-क्रीड़ा लगातार चलती रहती है। स्मरणीय है कि भारतीय परम्परा में भर्तृहरि ने भी अर्थ के अन्तिम निर्धारण को अस्वीकार कर दिया था।

अन्ततः शैलीविज्ञान की दृष्टि से समतामूलक अन्तरपाठीय समान्तरता और विसंरचनात्मक आलोचना की दृष्टि से अन्तरपाठीय आवृत्ति ही यहाँ उस कुंजी के रूप में सक्रिय होती है, जो 'दैवत् वीणा' के भारतीय मिथक के आलोक में हमें कविता के अर्थ-गह्वर में ले जाती है तथा उसकी साभिप्रायता को उद्घाटित-निरूपित करती है।

यह तो हुई अज्ञेय की कविता 'असाध्य वीणा' की साभिप्रायता और मार्मिक दार्शनिकता, पर स्वतः अज्ञेय भी अपने जीवन और लेखन—दोनों में इस प्रतीक के अनुरूप ही 'असाध्य वीणा' बने रहे। उन्होंने अपनी जीवन-रूपी वीणा को कैसे साधा और किस सीमा तक उन्हें सिद्धि प्राप्त हुई, यह तो विचार-मन्थन का विषय है, पर इतना अवश्य है कि यह आत्मबोध उन्हें हो चुका था और वह उस दिशा में उन्मुख हो चले थे। उन्होंने समझ लिया था कि उनका शरीर साधन है, साध्य कोई और है। वह परम आस्तिक थे। भारतीय परम्परा के बहुदेववाद के अनेक स्तोत्रों का पाठ भी किया करते थे। उनको जिस किसी ने अपने जीवन में साधने और बाँधने की कोशिश की, उसे उसमें सफलता नहीं मिली। चाहे वह उनकी आजीविका हो, या सहचरी हो। इसी तरह उनकी सर्जना को भी बाँधने और इस दृष्टि से साधने के प्रयास अब तक सार्थकता प्राप्त नहीं कर सके हैं। अज्ञेय ने अपनी कायिक 'असाध्य वीणा' को आन्तर संगीत-सागर से समरस होकर सुना था। सागर पर लिखी उनकी कई कविताओं में अध्यात्म-विषयक परम जिज्ञासा और पिपासा मिलती है। उनकी कविता में वीणा को साधनेवाला केश कम्बली संगीत को साध लेता है और सभी उस लय से समरस हो उठते हैं। पर अपने जीवन में अज्ञेय इस समरसता को प्राप्त करने के लिए प्रयत्नशील हुए ही थे कि उनकी कायिक वीणा का नाद-तत्त्व मौन हो गया या वही उसे साध नहीं सके, सिद्धि प्राप्त नहीं कर सके।

अज्ञेय ने अधिक लम्बी कविताएँ नहीं लिखी हैं। 'असाध्य वीणा' ही उनकी एकमात्र लम्बी कविता है। नन्दकिशोर आचार्य ने उनकी कविताओं में जहाँ रहस्यवादिता की बात की है, वहाँ भी 'असाध्य वीणा' की ओर उनकी दृष्टि नहीं जा पायी है।

अज्ञेय परम दार्शनिक थे। उनकी अन्तिम औपन्यासिक कृति 'अपने-अपने अजनबी' में जहाँ पाठकों-आलोचकों को अस्तित्ववादी दर्शन निरूपित होता दीखता है, वहीं भारतीय तन्त्र-विद्या की सिद्धान्त-सरणियाँ भी खुलने लग जाती हैं। डॉ. प्रेमस्वरूप गुप्त ने तन्त्र-साहित्य से उदाहरण देकर आज से वर्षों पूर्व 'दस्तावेज' (गोरखपुर) के एक अंक में इसे तथ्यों के साक्ष्य में सप्रमाण सिद्ध कर दिया था।

अज्ञेय वस्तुतः 'शब्द-पुरुष' थे। यह विरुद उन्हें नरेश मेहता ने दिया। हमारे यहाँ शब्द को ब्रह्म माना गया है और यह शब्द कोरा शब्द नहीं है, वागर्थ की तरह ही वह अर्थ से सम्पृक्त है। अज्ञेय अपनी रचना में, अपनी अभिव्यक्ति में जिस सीमा तक शब्दार्थ की पहचान में सिद्ध थे, उसी सीमा तक वह मानवीय काया के शब्द-पुरुषत्व को भी समझने लगे थे। उनकी 'असाध्य वीणा' उसी दिशा में उनके प्रयास का प्रथम

सार्थक चरण है, जिसकी रचना-प्रक्रिया के दौरान वह उस परम उद्गम स्रोत के साथ आत्म-विलय की ओर उन्मुख होते हैं, जहाँ उन्हें हर कहीं उसी का गान सुनायी पड़ता है—'तू, गा, तू, गा, तू, गा' और यह गान प्रत्येक व्यक्ति के जीवन का अनन्त संगीत बन जाता है। अपनी-अपनी भाव-स्थिति के अनुरूप उसका सभी साक्षात्कार करते हैं। हाँ, परमपुरुष स्वयं भी 'परम असाध्य वीणा' है। हमारा शरीर उसी का प्रतीक है और वह हम में रूपान्तरित है, जिसे साधकर ही हम उस तक पहुँच पाते हैं। अज्ञेय ने अपनी इस कविता में इस प्रक्रिया को वह परम और चरम भाव-स्थिति प्रदान की है, जो इसे 'अहं ब्रह्मास्मि' और 'रसो वै सः' तक की भूमिका में पहुँचा देती है।

18
'दिमागी गुहांधकार का ओरॉंग-उटॉंग'

मुक्तिबोध की एक अत्यन्त महत्त्वपूर्ण कविता है 'दिमागी गुहांधकार का ओरॉंग-उटॉंग'। पर इस कविता पर इसकी समग्रता में विचार करने से मुक्तिबोध के आलोचक प्रायः कतराते रहे हैं। उन्होंने प्रायः एक-दो पंक्तियों में इस कविता के विषय में चलता हुआ रिमार्क देने की कोशिश की है। इस 'ओरॉंग-उटॉंग' पर न तो डॉ. राम विलास शर्मा ने विचार किया है, न डॉ. नामवर सिंह ने, न डॉ. चंचल चौहान, न डॉ. लल्लन राय और न ही डॉ. नन्दकिशोर नवल ने। अपनी पुस्तक 'ज्ञान और संवेदना' में नवल ने दो स्थलों पर इस कविता का अत्यन्त संक्षिप्त स्मरण किया है। एक स्थल पर वे 'ओरॉंग-उटॉंग' के 'पशु-बिम्ब' को मुक्तिबोध की कविता की समझ के लिए आवश्यक मानते हैं। पर इसकी संवेदना और साभिप्रायता को स्पष्ट करने की दृष्टि से वे अपनी इस भारी-भरकम पुस्तक में कहीं भी इस कविता पर विचार नहीं कर पाते हैं। अपनी पुस्तक के 'उल्काओं की पंक्तियाँ काव्य बन गयीं' शीर्षक अंश में वे लिखते हैं—"यह हमेशा स्मरणीय है कि कवि के भीतर से दोनों हाथों से आसमान को थामे हुए शक्ति-पुरुष ही नहीं प्रकट होता है, उसमें असत्य शक्ति का प्रतिरूप ओरॉंग-उटॉंग भी छिपा हुआ है।

स्वयं की ग्रीवा पर
फेरता हूँ हाथ कि
करता हूँ महसूस
एका-एक गर्दन पर उगी हुई
सघन अयाल और
शब्दों पर उगे बाल तथा
वाक्यों में ओरॉंग-उटॉंग के
बढ़े हुए नाखून" (पृ. 322)

यहाँ नवल 'ओरॉंग-उटॉंग' को 'असत्य शक्ति का प्रतिरूप' मानते हैं। इन्हीं पंक्तियों को उद्धृत करते हुए डॉ. नवल ने यह टिप्पणी की है कि "इस ओरॉंग-उटॉंग के बिना मुक्तिबोध का बिम्ब अधूरा है, बे-असर भी।" (पृ. 322-23) पर जो बिम्ब इतना महत्त्वपूर्ण और असरदार है उसके बारे में उसकी पूरी आलोचना-पुस्तक में कहीं भी सम्यक् विश्लेषण-विवेचन क्यों नहीं है? नवल जब अपनी पुस्तक के अन्त में 'परिशिष्ट' रूप में 'अँधेरे में' का विश्लेषण करते हैं तब वहाँ भी एक बार पुनः उन्हें

'ओराँग-उटाँग' की याद आती है—''रक्तालोक-स्नात पुरुष जब सर्वहारा चेतना का भी प्रतीक है, तो निश्चय ही उससे तदाकार होकर या सर्वहारा चेतना को आत्मसात् कर अपनी अस्मिता का विकास या अपने व्यक्तित्व का रूपान्तरण एक मध्यवर्गीय बुद्धिजीवी के लिए कोई आसान कार्य नहीं है। जैसा कि ऊपर कहा गया है वह आत्मसंघर्ष के माध्यम से चलनेवाला एक गुह्य सिलसिला है। 'दिमागी गुहाँधकार' कविता में मुक्तिबोध ने इसे उचित ही इन शब्दों में व्यक्त किया है—

''मस्तिष्क के भीतर एक मस्तिष्क
उसके भी अन्दर एक और कक्ष
कक्ष के भीतर
एक गुप्त प्रकोष्ठ और
कोठे के साँवले गुहाँधकार में
एक मजबूत सन्दूक
दृढ़ भारी-भरकम
और उस सन्दूक-भीतर कोई बन्द है
यक्ष
या कि ओराँग-उटाँग
अरे डर यह है
न ओराँग-उटाँग कहीं छूट जाये
कहीं प्रत्यक्ष न यक्ष हो!''

''व्यक्तिवादी मनोवृत्ति और संस्कारों से छुटकारा पाना मध्यवर्गीय बुद्धिजीवियों के लिए वाकई एक कठिन काम है।'' (पृ. 481-82) यहाँ नवल इन पंक्तियों की सार्थकता व्यक्तित्व-रूपान्तरण के सन्दर्भ में आत्मसंघर्ष के गुह्य सिलसिले में दिखा कर चुप हो जाते हैं। पर प्रश्न यह है कि वह आखिर इस कविता पर सम्पूर्ण रूप से क्यों विचार नहीं कर पाते हैं? कारण बहुत स्पष्ट है। इस कविता की संवेदना से एकतान होने और कराने के लिए शुद्ध मार्क्सवादी आलोचना के पास न तो कोई मार्ग है, न ही कोई माध्यम। ऐसे में सही संवेदना से गुमराह करनेवाले संक्षिप्त संकेत-भर दिये जा सकते हैं, जहाँ 'ओराँग-उटाँग' को व्यक्तिवादी मनोवृत्ति का प्रतीक-भर मान लिया जाता है।

वस्तुतः इस कविता की विषय-वस्तु मनुष्य के व्यक्तित्व के चेतन और अचेतन पक्षों को उजागर करती है। इसके आरम्भ का ताना-बाना ही फ्रायड के 'अ जेनेरल इण्ट्रोडक्शन टु साइको-एनेलिसिस' ग्रन्थ में अचेतन के विषय में गढ़े गये रूपक पर

निर्भर है। फ्रायड ने चेतन और अचेतन को स्थलीय रूपक के रूप में व्यवहृत किया है। उसने शरीर-वैज्ञानिक मस्तिष्क के भीतर एक चेतन मस्तिष्क माना है और उसके भी भीतर अचेतन मस्तिष्क की स्थिति दर्शायी है। इन तीनों के लिए फ्रायड ने कमरे का रूपक गढ़ा है। इनमें सबसे बड़ा कमरा उसने अचेतन का माना है। पूर्व चेतन वास्तव में अचेतन और चेतन के बीच का कमरा है। अचेतन की सामग्री पूर्व चेतन के द्वारा ही चेतन में आ पाती है। पूर्व चेतन कक्ष के पिछले द्वार पर ही फ्रायड ने एक चौकीदार की कल्पना की है, जो अचेतन की सामग्री को 'सेंसर' करने का काम करता है। उसके द्वारा सेंसर होने पर जिसे अनुमति नहीं मिल पाती है वह इच्छा दमित हो जाती है और वह अचेतन में ही कैद रह जाती है। पर जिस सामग्री को वह चौकीदार 'सेंसर' के बाद अनुमति दे देता है वही सामग्री पूर्व चेतन से होकर चेतन में आ जाती है। चेतन को फ्रायड एक सभ्य-सुसंस्कृत बैठक या ड्राइंगरूम के रूप में देखता है। मुक्तिबोध की यह पूरी कविता मनोविश्लेषण के क्रम में फ्रायड द्वारा चेतन और अचेतन-विषयक गढ़े गये इस रूपक से प्रभावित है, बल्कि यह रूपक ही इस कविता का उद्‌गम-स्रोत है। मनोविश्लेषक फ्रायड के द्वारा निरूपित चेतन और अचेतन के इस रूप को मुक्तिबोध ने अन्तरपाठीय रूप में इस्तेमाल करते हुए इसे काव्यात्मक रूप में अभिवर्द्धित-विकसित किया है। इस प्रकार पूर्व-प्राप्त मनोवैज्ञानिक अन्तरपाठ से यह पाठ नये रूप में सर्जनात्मक हो उठा है। यहाँ फ्रायड का निम्नलिखित मूल कथन द्रष्टव्य है–

"अचेतन संस्थान की तुलना एक बड़े पूर्वकक्ष (Anti-room) अर्थात् बड़े कमरे में पहुँचानेवाले छोटे कक्ष से की जा सकती है, जिसमें अनेक प्रकार के मानसिक उत्तेजन मनुष्यों की तरह एक-दूसरे के ऊपर भरे पड़े हैं। इससे लगा हुआ एक दूसरा छोटा कमरा एक तरह का स्वागत-कक्ष है, जिसमें चेतना का निवास है। पर इन दोनों के बीच की देहली पर एक पहरेदार का काम करनेवाला व्यक्ति खड़ा है, जो इन विविध मानसिक उत्तेजनों की परीक्षा करता है, उन्हें सेंसर करता है अर्थात् उनमें काट-छाँट करता है और जब वह उन्हें नापसन्द करता है तब उन्हें स्वागत-कक्ष में जाने से रोक देता है। ...अचेतन या पूर्वकक्ष में मौजूद उत्तेजन चेतना को दिखायी नहीं देते, क्योंकि ये दूसरे कमरे में हैं। इस प्रकार शुरू में वे अचेतन रहते हैं। जब वे जोर लगा कर देहली में पहुँच गये हैं और चौकीदार द्वारा वापस लौटा दिये गये हैं तब वे चेतन होने में असमर्थ हैं। तभी हम इन्हें दमित करते हैं। पर जो उत्तेजन देहली के पार जाने दिये जाते हैं उनका भी चेतन हो जाना आवश्यक नहीं। वे तभी चेतन हो सकते हैं यदि वे चेतना की दृष्टि आकर्षित कर सकें। इसलिए इस दूसरे कक्ष को पूर्वचेतन कहना उपयुक्त होगा।" (मनोविश्लेषण, ट्रान्सलेशन अव अ

जेनॅरल इण्ट्रोडक्शन टु साइको-एनेलेसिस बाइ फ्रायड दिल्ली : राजपाल ऐण्ड सन्स, प्रथम संस्करण, पृ. 262) मुक्तिबोध की इस कविता में अचेतन का कक्ष साँवला है। गुहाँधकार से भरा है। इस कक्ष में एक सन्दूकची है और उसी में एक 'ओराँग-उटाँग' बैठा है।

फ्रायड के मनोविश्लेषण-सिद्धान्त को दो विकास-चरणों में देखा जाता है, जिसे क्रमशः उसका पूर्ववर्ती और उत्तरवर्ती सिद्धान्त कहा जाता है। अपने पहले विकास-चरण में जहाँ वह अचेतन बनाम चेतन की अवधारणा को प्रस्तुत-स्थापित करता है, वहीं दूसरे चरण में वह इदम्-अहम् और सुप्राहम् की अवधारणाओं को सामने रखता है। सन्दूक में बन्द 'ओराँग-उटाँग' वास्तव में मनुष्य का 'इदम्' है, जो स्वार्थी खुदगर्ज, हर स्थिति में अपनी इच्छा पूरी करनेवाला, औरों का अधिकार छीननेवाला, भीतर का बर्बर मनुष्य है। मुक्तिबोध अचेतन की गुफा में इस 'इदम्' को बन्द दिखाते हैं। वास्तव में यहाँ समस्या 'वर्ग' की नहीं, 'व्यक्ति' की है, क्योंकि 'अचेतन' प्रत्येक व्यक्ति के पास है और 'इदम्' भी प्रत्येक व्यक्ति के भीतर निहित है। अतः उस कैद किये गये 'ओराँग-उटाँग' के छूटने का भय किसी 'वर्ग' को नहीं, बल्कि व्यक्ति के 'चेतन' को ही है। चेतन, जो सभ्य-संस्कृत कक्ष में अत्यन्त सुसंस्कृत होकर बैठता है, लोगों से मिलता-जुलता है, गम्भीर विचार-विमर्श करता है, तर्कों से प्रतिपक्ष की काट करता है, अपने अकाट्य तर्क प्रस्तुत करता है, अपनी बात मनवाने के लिए अड़ता है और कई तरह के नाट्य-कौशल भी प्रदर्शित करता है। मुक्तिबोध इस चेतन-अचेतन की पूरी संचार-प्रक्रिया से परिचित थे। उन्होंने फ्रायड को पूरी तरह पढ़ा था। अपने काव्येतर लेखन में उन्होंने इसे स्वीकारा भी है। वहाँ उन्होंने व्यक्तियों के ऐसे चेहरे को देखा है, जो सफेदपोश, सभ्य, सुसंस्कृत बना हुआ अपने 'इदम्' को चेतन तक आने से रोकता है, उसे प्रकट नहीं होने देता है। फ्रायड ने ऐसी मानसिकता को 'अहम्' की मानसिकता कहा है। इसमें चेतन और अचेतन दोनों जुड़े होते हैं। वहीं सोद्देश्यता चेतन की ही होती है, वहीं उसे सम्पन्न करने का माध्यम होता है। वहीं उसे समाज-सह्य रूप में प्रस्तुत करता है। मुक्तिबोध इस समाज-सह्य माध्यम को पर्यवेक्षित करते हैं और यह देखने की चेष्टा करते हैं कि 'इदम्' किस तरह और कहाँ-कहाँ 'अहम्' में रूपान्तरित हो रहा है। कैसे नवाकृत रूप में 'अहम्' अपनी भूमिका निभा रहा है। मुक्तिबोध अपनी कविता में 'अहम्' के इस आवरण को हटाकर 'इदम्' को इस तरह दर्शा देते हैं कि 'इदम्' का 'अहम्' में होनेवाला रूपान्तरण पूरी तरह स्पष्ट हो जाता है। कहना नहीं होगा कि इस 'अहम्' में भी 'ओराँग-उटाँग' ही प्रकट होता है। तर्कों से और दलीलों से हम परस्पर एक-दूसरे को ही मारते और काटते हैं। अन्त में कविता को समाप्त करते हुए

मुक्तिबोध एक प्रश्न उठाते हैं कि ये 'बाघनख' किसके लिए है और वह कौन अभागा है जो इसका शिकार होनेवाला है? पर यहाँ मुक्तिबोध के इस प्रश्न में ही इसका उत्तर भी निहित है कि मनुष्य, मनुष्य के लिए ही इस 'बाघनख' का इस्तेमाल कर रहा है। इसका लक्ष्य भी वह 'अभागा मनुष्य' ही है। इस प्रकार कवि यह दिखा देता है कि आज हमारी मनुष्यता वहाँ पहुँच गयी है जहाँ हम कभी 'सुप्राहम्' तक नहीं आ पाते। हम कभी किसी के लिए त्याग नहीं कर सकते, किसी दूसरे के लिए या मानवता के लिए अपना उत्सर्ग या बलिदान तक नहीं कर सकते। आज की हमारी विवशता और मजबूरी यही है।

इस विश्लेषण-क्रम में दर्शनीय यह भी है कि प्रायः आलोचकों ने बार-बार मुक्तिबोध की कविता में जिस 'व्यक्तित्वांतरण' की समस्या को उठाया है वह समस्या भी मूलतः वर्गगत नहीं होकर व्यक्तिगत ही है। यह 'इदम्' के 'सुप्राहम्' में परिवर्तित न हो पाने की ही समस्या है। मध्यवर्गीय बुद्धिजीवी बराबर 'अहम्' की भूमिका में बना रहता है। इसीलिए वह सुविधाजीवी भी हो जाता है। यदि वह 'इदम्' को 'अहम्' में रूपान्तरित करनेवाली अपनी भूमिका छोड़ दे और वह जिनका नेतृत्व करता है उनके लिए 'सुप्राहम्' की भूमिका में आ जाय, तो उसका व्यक्तित्वांतरण हो जायगा। पर यह व्यक्तित्वांतरण कभी भी ऊपर-ऊपर से नहीं हो सकता। इसके लिए अन्दर से इसके मूल को पकड़ना और समझना होगा। मुक्तिबोध जिस 'अन्तरात्मा के विकास' की बात करते हैं उस अन्तरात्मा का विकास ही मानवता के हित में है। उसकी व्यापकता की भूमिका ही 'सुप्राहम्' भूमिका बन जाती है। अतः ऐसी व्यक्तिगत उपलब्धि होने पर ही इसकी वर्गगत कार्यान्विति सम्भव है। इस प्रकार 'ओराँग-उटाँग' एक आत्मपरक कविता है, लेकिन इस कविता में एक जन-मूल्य निहित है कि हम मनुष्य ही मनुष्यता का नाश करते हैं। इससे यदि हम अपनी पूरी मानसिक संरचना को समझ सकें, उसमें विगर्हणीय को त्याग कर अपने मनुष्य होने पर गर्व कर सकें, तो ऐसी स्थिति से अपने को बचा सकते हैं।

इस कविता में अचेतन स्थित जो 'इदम्' है मुक्तिबोध उसका रूपान्तरण फेन्टेसी के जरिये 'ओराँग-उटाँग' में कर देते हैं। इस रूपान्तरण को समझने के लिए फ्रायड की उस 'स्वप्न-यान्त्रिकी' को समझने की आवश्यकता है, जिसके जरिये वह स्वप्न को समझने की बात करता है। यहाँ इस स्वप्न-यान्त्रिकी से ही 'फेण्टेसी' का अर्थ भी खोजा जा सकता है। डॉ. नन्दकिशोर नवल ने एक जगह लिखा है कि "फ्रायड के स्वप्न और कविता में अन्तर है। स्वप्न की दुनिया अन्दर की दुनिया है अचेतन की दुनिया है, जबकि कविता की दुनिया चेतन और अचेतन दोनों की दुनिया है। फिर भी स्वप्न की अपेक्षा कविता अधिक सृजनशील होती है।" ऐसी

टिप्पणी करते हुए नवल कविता से स्वप्न को काट देते हैं और इसकी परख के लिए स्वप्न से उसका कोई रिश्ता मानने के पक्ष में नहीं दीखते हैं। पर स्वप्न केवल अचेतन की दुनिया नहीं है। इस अचेतनगत स्वप्न के द्वारा हम बहुत सारी चेतन जगहों, पदार्थों, चेतन व्यक्तियों को अर्थात् चेतनावस्था में देखी गयी चीजों को ही अभिव्यंजित करते हैं यानी मुक्तिबोध के शब्दों में कहना चाहें, तो स्वप्न के मूल में भी 'बाह्य का आभ्यन्तरीकृत रूप' ही होता है। हम बाह्य के बहुत-बहुत आभ्यन्तरीकृत रूप के खजाने से ही दैनिक जीवन के व्यवहार में आभ्यन्तर का बाह्यीकरण करते रहते हैं, उन आभ्यन्तर को पुनः बाह्यीकृत करते होते हैं। किन्तु बाह्य का जो आभ्यन्तरीकरण आभ्यन्तर के बाह्यीकरण में अपनी सहज अभिव्यक्ति प्राप्त नहीं कर पाता है उसका वह दमितरूप ही स्वप्न बनता है। ठीक ऐसी ही रचना-प्रक्रिया कविता की भी होती है। उसकी सोद्देश्यता चेतन से जुड़ी है, पर उसकी बनावट का तन्त्र अचेतन-सक्रिय है। काल्पनिकता-बिम्बपरकता, प्रतीकात्मकता, फन्तासीपरकता—में इसकी साक्ष्य-शृंखला प्राप्त होती है। इसलिए यह कहना कि 'स्वप्न और कविता की रचना-प्रक्रिया बहुत भिन्न है', गलत है और वैसे सन्दर्भों में तो शत-प्रतिशत गलत है, जहाँ कवि कविता में 'फेण्टेसी' का निर्माण करता है, जहाँ वह दमित इच्छाओं को साकार करने की शक्ति-सम्भावना से पूरी तरह लैस होकर सामने आता है। इसलिए कहना होगा कि कविता को खोलने की कला स्वप्न को विकोडित करने की कला से पूरी समानता रखती है। जहाँ तक स्वप्न की अपेक्षा कविता के अधिक सर्जनशील होने का कथन है यह वही व्यक्ति कर सकता है, जो स्वप्न-यान्त्रिकी से, उसके अभिलक्षणों से परिचित नहीं है। काश! नवल स्वप्न-यान्त्रिकी के अभिकरणों से परिचित होते?

स्वप्न-यान्त्रिकी के आधार पर 'ओराँग-उटाँग' का विश्लेषण

स्वप्न-यान्त्रिकी के पाँच अवयव हैं—

1. संहनन (Condensation)
2. विस्थापन (Displacement)
3. नाटकीयता (Dramatization)
4. प्रतीकीकरण (Symbolization) और
5. द्वितीयक विस्तारण (Secondary Elaboration)

'ओराँग-उटाँग' कविता में स्वप्न-यान्त्रिकी का जो तत्त्व सर्वाधिक क्रियाशील दीखता है वह 'प्रतीकीकरण' है। यहाँ प्रतीक 'ओराँग-उटाँग' है। यह एक ओर फ्रायड-निर्दिष्ट मनुष्य के 'अचेतन' का प्रतीक है; दूसरी ओर यह फ्रायड के द्वारा ही बाद में निर्दिष्ट 'इदम्', 'अहम्' और 'सुप्राहम्' के त्रिक् में 'इदम्' का प्रतीक है।

मुक्तिबोध ने इस अचेतन 'इदम्' को 'ओराँग-उटाँग' कविता में एक और नाम से भी पुकारा है, वह नाम है 'यक्ष'। कवि के अनुसार–"और उस सन्दूक-भीतर कोई बन्द है (यक्ष) या कि ओराँग-उटाँग।" यहाँ कवि 'अचेतन' और 'इदम्' को इन दोनों शब्दों से पुकारता है। 'यक्ष' वस्तुतः कुबेर की निधियों की रक्षिका 'देवयोनि' है और 'ओराँग-उटाँग' आदिम वनमानुष है। 'ओराँग-उटाँग' शब्द मलयालम भाषा का है। वहाँ इसका मूल रूप ओरंगोरंग होता है। 'अचेतन' के अर्थ में यह 'विरूपाकृत पशु' है, तो 'इदम्' के अर्थ में यह 'यक्ष' है। पर यहाँ ऐसा समझना भूल होगी कि ये दोनों गुण अलग-थलग हैं। नहीं, ये दोनों ही गुण एक ही व्यक्तित्व में समाहित हैं। हाँ, 'यक्ष' कहीं-न-कहीं 'पूँजी' से जुड़ा हुआ है–पूँजी का एकत्रीकरण, स्वामीकरण, संचयीकरण। कवि ने 'यक्ष' को इससे सम्बद्ध किया है। दूसरी ओर 'ओराँग-उटाँग' से 'अचेतन' सम्बद्ध है। जैसे मार्क्स और फ्रायड दोनों ही इन दोनों शब्दों से प्रतीकित हो रहे हों! इसी तरह कविता के आरम्भ में आये 'स्वप्न' और 'विचारधारा' जैसे शब्द भी द्रष्टव्य हैं। ये दोनों शब्द भी क्रमशः फ्रायड और मार्क्स को प्रतीकित करते हैं। 'स्वप्न' से फ्रायड और 'विचारधारा' से मार्क्स प्रतीकित हो रहे हैं। पूरी कविता उस मध्यमवर्गीय बुद्धिजीवी के व्यक्तित्व को उजागर करती है, जो 'अहम्' से परिपूर्ण है। 'अहम्' अर्थात् अपने व्यक्तित्व को बाहर से बड़ी ही शालीन, सुसभ्य और सुसंस्कृत बनाये रखने का गुण। पर अन्दर-ही-अन्दर परम-स्वार्थता, अर्थ-लोलुपता जैसी दुर्बलताओं से भरपूर! अहंपरक मनुष्य प्रयत्नपूर्वक अभियोजन करने के क्रम में अपनी इन दुर्बलताओं को दबाये-छिपाये रखता है, क्योंकि उसे डर है कि–

"अरे डर यह है....
न ओराँग.... उटाँग कहीं छूट जाये,
कहीं प्रत्यक्ष न यक्ष हो।"

स्पष्ट है कि 'अहम्' के द्वारा दमित-शमित होने की प्रक्रिया में भी 'इदम्' हुंकृति भरता है, उभरना चाहता है। मुक्तिबोध ने इस 'इदम्' वाले मन को ही 'नग्न मन' कहा है। उसके लिए यह 'असत्य शक्ति का प्रतिरूप' है।

'स्वप्न-यान्त्रिकी' का एक और प्रमुख तत्त्व 'विस्थापन' है। यहाँ अवयव-विशेष अपना स्थान छोड़कर दूसरे के उस स्थान पर आ जाता है, जहाँ उसे नहीं आना चाहिए। 'ओराँग-उटाँग' कविता में 'विस्थापन' भी क्रियाशील है। कविता में बुद्धिजीवी जैसे ही अपनी गर्दन पर हाथ फेरता है वैसे ही उसे वहाँ उगी सघन 'अयाल' महसूस होती है। पर यह 'अयाल' मनुष्य की गर्दन की विशेषता नहीं होकर सिंह की गर्दन की विशेषता है। सिंह की छीनने-झपटने वाली प्रवृत्ति उसके इस घने अयाल से प्रकट होती है। मनुष्य की गर्दन पर सिंह की अयाल का महसूस होना 'विस्थापन'

का सुन्दर उदाहरण है। इसी तरह शब्दों पर 'बालों का उगना' तथा वाक्यों पर 'नाखूनों का बढ़ना' बुद्धिजीवी की उलझानेवाली भाषा और आघात करनेवाली आक्रामिका भाषा के संकेत हैं, जो 'विस्थापन' के सुन्दर उदाहरण हैं। यही नहीं 'गुच्छेदार मूँछ' का कविता बनना और बड़े-बड़े दाँतों का तर्क बनाना भी 'विस्थापन' को ही प्रत्यक्ष करते हैं। मूँछ का कवितान्तरण दर्प और अहंकार को द्योतित करता है तथा दाँत का तर्कान्तरण प्रतिपक्ष के प्रति पूरी खण्डनात्मकता को।

स्वप्न-यान्त्रिकी का तीसरा वैशिष्ट्य 'नाटकीयता' है। 'ओराँग-उटाँग' कविता का आरम्भ ही 'नाटकीयता' से होता है। कवि एक चीज के भीतर दूसरी चीज, दूसरी के भीतर तीसरी चीज़, तीसरी के भीतर चौथी चीज का नाटकीय उल्लेख करता जाता है। यहाँ कविता का प्रतिपाद्य वह सर्वाधिक निहित वस्तु ही है, किन्तु कवि उसका अत्यन्त नाटकीय उल्लेख करता है। इसी प्रकार कविता की समाप्ति भी नाटकीय ढंग से होती है। अन्त में कवि सहसा यह प्रश्न करता है कि लोगों ने बाह्य-बाघनख पहन रखे हैं, वे हिंस्र बाघनख आखिर किस पर चलेंगे? यह भी कि इन नखों को खोलकर क्यों नहीं रखा जाता है, ढँक कर क्यों रखा जाता है? यही नहीं, कविता के बीच में भी पेटी के खुलते ही 'ओराँग-उटाँग' के निकल पड़ने की सम्भावना भी नाटकीय है और उसके उठ पड़ने पर धायँ-धायँ गोली का चलना तो और भी नाटकीय है।

कवि ने इस कविता की रचना-प्रक्रिया में स्वप्न-प्रक्रिया के 'संहनन' जैसे तत्त्व का भी सहारा लिया है। 'संहनन' में अपेक्षित विवरण के अवयव लुप्त हो जाते हैं। इस पूरी कविता में जिस 'ओराँग-उटाँग' को पूरेपन में प्रत्यक्ष होना चाहिए था, वह केवल अपने अयाल, बाल, नाखून, मूँछ, दाँत और पूँछ जैसे अंगों के ही साथ उपस्थित हो पाता है। उसकी शेष शारीरिकता लुप्त रहती है। यहाँ वास्तव में ये सारे अवयव 'मैं' नामवाची को प्राप्त हो जाते हैं। यही नहीं, यहाँ 'ओराँग-उटाँग' और मनुष्य में शारीरिक अवयव मिलकर एक हो जाते हैं। फ्रायड ने 'संहनन' की व्याख्या करते हुए बताया है कि विभिन्न व्यक्तियों का एक स्वरूप में उपस्थित होना या एक ही प्लेट पर कई-कई फोटो का नक्श होना भी संहनन का उदाहरण है। इस दृष्टि से विचार करें तो इस कविता-रूप के एक ही फलक पर कई फोटो नक्श दीखते हैं। इन फोटो में ही 'मैं'-रूप मनुष्य है, 'यक्ष' है और 'ओराँग-उटाँग' भी है। 'मैं' सभ्य और सुसंस्कृत मनुष्य है। उसी की गर्दन पर सघन अयाल है। उसी की भाषा में बाल हैं, उसी के पास नाखून हैं, मूँछें हैं, बड़े-बड़े दाँत हैं। उसी के पास सुसंस्कृत, प्रभामय अध्ययन-गृह है। वहीं विचार-विमर्श में संलग्न बुद्धिजीवी हैं, जो सत्य के अन्वेषी न होकर उसके बहाने स्वयं को स्थापित करना चाहते हैं और तथ्य के बहाने अहम् को विस्तारित करना चाहते हैं। यहीं मनुष्य की पोशाक में छिपी सघन, रहस्यमय लम्बी

पूँछ है, उसके बड़े-बड़े बाघनख हैं। यह सब-कुछ एक ही फलक पर तो हैं। अतः कविता की यह अभिव्यक्ति-प्रक्रिया ठीक स्वप्न की संहनन-प्रक्रिया जैसी ही है। इसके अतिरिक्त 'इदम्' के अनेक वैशिष्ट्यों को एक 'ओराँग-उटाँग' के स्वरूप द्वारा प्रतिवेदित करने में भी 'संहनन' ही क्रियाशील हैं।

इस तरह इस कविता में यदि 'संहनन' की रचना-प्रक्रिया है तो 'विस्थापन' की भी, 'नाटकीयता' की रचना-प्रक्रिया है, तो 'प्रतीकीकरण' की भी और इनके सारे खण्डित बिखरावों को समेटनेवाले उस 'द्वितीयक विस्तारण' की भी, जिससे कविता को एकसूत्रता और अर्थपरकता प्राप्त हो पाती है।

द्वितीयक विस्तारण से ही यह स्पष्ट हो पाता है कि यदि दाँत, नाखून, बाल इन सबका प्रयोक्ता मनुष्य है, तो इन सबका प्रक्षेपी लक्ष्य भी मनुष्य ही है। जब तक मनुष्य 'सुप्राहम्' को प्राप्त नहीं कर पाता, उसका व्यक्तित्व त्यागमय नहीं हो पाता, वह पर-दुःख कातर, सहिष्णु नहीं हो सकता है, वह भोक्ता दाता नहीं हो सकता है। जब तक यह 'सुप्राहम्' वाला व्यक्तित्व विकसित नहीं हो सकता है तब तक यह 'ओराँग-उटाँग' नहीं मिट सकता है। इस कविता में 'ओराँग-उटाँग' का सारा उद्घाटन, निदर्शन और प्रदर्शन इसीलिए है कि मनुष्य के व्यक्तित्व में यह काम्य नहीं है। मनुष्य तो इससे विमुक्त होकर ही मनुष्य बन पाता है। इस दिशा में मनुष्य को 'यक्षता' भी त्यागनी पड़ती है और 'ओराँग-उटाँगपन' भी छोड़ना पड़ता है। इस रूप में मनुष्य को अपना सही मनुष्य बनना सिद्ध करना पड़ता है। धन-सम्पत्ति, पद-प्रभुत्व आदि के प्रति जो उसका मोह है वही तो उसकी यक्षता है, वही उसकी पूँजीवादिता, प्रभुत्वप्रियता है। इसी प्रकार घोर अन्धकार, दर्प, आक्रामक मानसिकता उसका 'ओराँग-उटाँगपन' है, जिसका कोई नाता सभ्यता, आचार-संहिता, मर्यादा आदि के साथ न तो कभी था, न है, और न कभी होगा। मनुष्य बनने के लिए इस 'ओराँग-उटाँगपन' को इस 'यक्षता' को छोड़ना पड़ेगा। यहाँ ध्यान देने योग्य तथ्य यह है कि अगर मनुष्य की खुदगर्जी प्रवृत्ति, स्वार्थी प्रवृत्ति काबू होने लगे, तो सम्पत्ति के एकत्रीकरण और स्वयं के उपभोगीकरण की प्रवृत्ति भी स्वतः छूटने लगती है। इसी प्रकार यदि धन के एकत्रीकरण और स्वयं के उपभोगीकरण की प्रवृत्ति छूटने लगे तो हर प्रकार से झपटने-छीनने की, दर्प की, अहंकार की प्रवृत्ति भी अपने-आप छूट जाती है। पर यह स्थिति 'इदम्' और 'अहम्' से ऊपर 'सुप्राहम्' की होती है, जहाँ दिमागी गुहांधकार में कोई भी 'ओराँग-उटाँग' या कि 'यक्ष' शेष नहीं रह जाता है। पर इसके लिए आत्मानुशासन और प्रशिक्षण चाहिए। तभी व्यक्तित्वान्तरण सम्भव हो सकता है, वर्गापसरण सम्भव हो सकता है।

19
अकाल और उसके बाद

कई दिनों तक चूल्हा रोया, चक्की रही उदास
कई दिनों तक कानी कुतिया सोयी उसके पास।
कई दिनों तक लगी भीत पर छिपकलियों की गश्त
कई दिनों तक चूहों की भी हालत रही शिकस्त।
दाने आये घर के अन्दर कई दिनों के बाद
धुआँ उठा आँगन के ऊपर कई दिनों के बाद।
चमक उठीं घर भर की आँखें कई दिनों के बाद
कौए ने खुजलायी पाँखें, कई दिनों के बाद।

आठ पंक्तियों की इस कविता का मर्म जिन अभिव्यक्ति-कौशलों में निहित है, उसे अग्रप्रस्तुति का कौशल कहना समीचीन होगा। इस कविता में अग्रप्रस्तुति के तीन तत्त्व—समान्तरता, विचलन और विपथन—के उदाहरण प्राप्त होते हैं। इन कौशलों के सहारे विश्लेषण कर हम कविता के मूल कथ्य को अच्छी तरह उन्मीलित कर पाते हैं।

कविता में शब्दों का प्रयुक्ति-क्षेत्र मुख्यतः जिस एक शब्द के चारों ओर सिमटा हुआ है, वह शब्द 'घर' है। इस मुख्य शब्द की सह-सदस्यता (को-मेम्बरशिप) के रूप में ही कई अन्यान्य शब्द उपस्थित हुए हैं; जिनमें 'चूल्हा', 'चक्की', 'भीत', 'आँगन', 'दाना' और 'धुआँ' जैसे शब्द प्रधान हैं। वस्तुतः ये एक सामान्य अर्थ-क्षेत्र या कथ्य-क्षेत्र के सह-शब्द हैं। दूसरी ओर घरेलू जीवधारियों को निर्दिष्ट करनेवाले जिन शब्दों के प्रयोग हुए हैं, वैसे पूर्ण शब्दों में 'कुतिया', 'छिपकलियों', 'चूहों' और 'कौवों' जैसे शब्द प्रमुख हैं। 'किनीम्स' के रूप में 'तक', 'पर', 'की', 'भी', 'के', 'अभी', 'से', 'ऊपर', 'और', 'ने' जैसे निपातों के प्रयोग हुए हैं।

इस कविता में कई स्तरों पर समान्तरताएँ क्रियाशील हैं। शब्द-स्तर पर 'धुआँ उठा' और 'चमक उठीं' में 'उठना' की साम्यमूलक समान्तरता है। पाँचवीं और सातवीं पंक्ति में 'घर' शब्द के आवर्तन में भी शब्द-स्तर की साम्यमूलक समान्तरता है। यहाँ एक घर का अर्थ 'मकान' है, तो दूसरे 'घर' का अर्थ पूरा 'परिवार' है।

रूप-स्तर पर 'तक' की आवृत्ति में और 'के' की आवृत्ति में समतामूलक समान्तरता प्राप्त होती है, तो 'उठा' और 'उठी' के लैंगिक विरोध में विरोधी समान्तरता मिलती है।

वाक्य-रचना के स्तर पर पहली चार पंक्तियों में 'कई दिनों तक' की आद्यावृत्ति में समतामूलक समान्तरता उपस्थित होती है, तो बाद की चार पंक्तियों में 'कई दिनों के बाद' की अन्तिम आवृत्ति में समतामूलक समान्तरता सक्रिय दीखती है।

अर्थ-स्तर पर ऊपर की चार पंक्तियों की आद्यावृत्ति तथा बाद की चार पंक्तियों की अन्तावृत्ति में विरोधी समान्तरता प्राप्त होती है। इस विरोधी समान्तरता के मूल में 'कई दिन' केन्द्रक बना है। पहले तो उसकी लगातार चलती हुई स्थिति का बोध होता है, फिर वैसे कई दिनों के बीत जाने के बाद उभरनेवाली स्थिति का अवबोध प्राप्त होता है।

भोलानाथ तिवारी ने अपनी पुस्तक 'शैलीविज्ञान' में इस कविता की व्याख्या करते हुए यह लिखा है कि "समानतामूलक तथा विरोधमूलक समान्तरताएँ इस कविता के शैलीय सौन्दर्य का मेरुदण्ड हैं।"[1] उन्होंने यह भी लिखा है कि "प्रथम पंक्ति के दो मानवीकरण को छोड़ दें, तो कहीं कोई अलंकार नहीं है। इस निष्पत्ति का कहीं कोई प्रयास नहीं, आधुनिक कवियोंवाली अटपटेपन द्वारा चौंकाकर आकर्षित करने की कहीं कोई प्रवृत्ति नहीं। इसके लिए उसने शैलीय साधन बनाया है समान्तरता को।"[2]

पर इस कविता का सौन्दर्य समान्तरता के अतिरिक्त जिन दो प्रमुख भाषिक तत्त्वों पर आधारित है, वे तत्त्व विचलन और विपथन के हैं। तिवारी जी ने जिसे मानवीकरण कहा है, दरअसल उसके मूल में अर्थ-स्तरीय विचलन ही कार्य कर रहा है, जो सामान्य रूप में अव्याकरणिक तो नहीं है, किन्तु अस्वीकार्य अवश्य है।

चक्की का उदास रहना और चूल्हे का रोना अर्थ-स्तरीय विचलन के सुन्दर उदाहरण हैं। 'चूल्हा नहीं जला'—इसे बताने के लिए कवि क्रियामूलक 'रोया' शब्द का विचलित संयोजन करता है तथा 'चक्की नहीं चली' इसे दर्शाने के लिए वह 'उदास रही' क्रिया का व्यवहार करता है। वैसे ही 'घर भर की आँखें' कहना भी स्वीकार्यता के धरातल पर अस्वीकार्य प्रतीत होता है, क्योंकि आँखें सारे घर की नहीं होतीं; बल्कि घर के लोगों की होती हैं। कवि का मन्तव्य घर भर के लोगों के विषय में ही कहना है, लेकिन इसके लिए वह 'घर भर' मात्र का प्रयोग करता है। यहाँ अध्याहृत विचलन के सहारे कवि जिस साभिप्रायता को प्रस्तुत करता है उसमें घर में रहनेवाले व्यक्तियों के अतिरिक्त दूसरे जीवधारियों का भी सहज समावेश हो जाता है।

पहली चार पंक्तियों में जो वाक्य-संरचना की पद्धति अपनायी गयी है, वह आगे की चार पंक्तियों में सुरक्षित नहीं रहती। कवि इस लीक को छोड़कर अपनी ही बनायी हुई संरचनात्मक पद्धति से अलग हट कर विपथन कर बैठता है। इस प्रकार यहाँ

विपथन का कौशल तो उपस्थित होता है, पर विरोधमूलक समान्तरता पर आधारित होने के कारण यह समान्तरित विपथित अग्रप्रस्तुति का कौशल बन जाता है। यहाँ केवल विरोध मूलक समान्तरता का कौशल नहीं है।

प्रथम चार पंक्तियों में जो व्यापार दिखाये गये हैं, वे वस्तुतः स्थिति का उद्‌घाटन करनेवाले हैं। रचनाकार ने सामान्य भूतकालिक क्रिया का प्रयोग किया है—'रोया', 'रही', 'सोयी', 'लगी' और फिर 'रही'। ये सारे क्रियारूप प्रथम चार पंक्तियों में व्यवहृत हुए हैं। लेकिन ध्यान देने योग्य है कि प्रथम दो पंक्तियों की क्रियाएँ कर्मवाचीय हैं। कवि पहली पंक्ति में ही दृश्य-उन्मीलकता को प्रस्तुत कर देता है। कारकीय व्याकरण की दृष्टि से 'चूल्हा रोया' और 'चक्की उदास' रही में आनुभविक कारक हैं, जबकि कुतिया के सोने में कर्तृत्व। छिपकलियों की गश्त के लगने में तथा चूहों की हालत के शिकस्त रहने में कर्मवाच्यीयता है।

शब्द के धरातल पर 'गश्त', 'शिकस्त' और 'हालत' जैसे शब्दों के प्रयोग भी विपथित हैं, क्योंकि पूरी कविता में इनके अतिरिक्त फारसी शब्दों का व्यवहार नहीं मिलता। सामान्य रूप में प्रयुक्त शब्द-सम्पदा हिन्दी की ही है।

प्रथम चार पंक्तियों में कवि का अभिप्रेत लगातार कई दिनों तक छायी हुई इस अभावमयता को उद्‌घाटित करना है, जो आवर्तित हो रही है। कवि का बल काल-चेतना को मुखर करने पर भी है। 'कई दिनों तक' की समतामूलक समान्तरता इसी दीर्घकालिकता को बताती है। बाद की चार पंक्तियों में इसके विपरीत कवि का अभीष्ट उल्लासमयता की व्यंजना है। इसीलिए यहाँ वह क्रिया-व्यापार को पहले उपस्थित करता है। इनमें 'दाने के आने', 'धुएँ के उठने', 'आँखों के चमकने' और 'कौवे के पाँखें खुजलाने' के व्यापार प्रस्तुत हैं। इनसे अन्न प्राप्त करने, उसके बनने, हुलसित होने और खाकर परितृप्त होने की सार्थकता स्पष्ट होती है।

'अन्दर' और 'ऊपर' जैसे शब्दों के प्रयोग में अर्थ-स्तर की विरोधी समान्तरता मिलती है, तो 'आँगन' 'घर' की उच्चावच अर्थवत्ता (हिपोनिम) को स्पष्ट करता है।

कविता में अभावमूलकता और उदासीनता को व्यक्त करने के लिए 'रोना' शब्द का व्यवहार हुआ है, तो उत्साहमयता को व्यक्त करने के लिए 'आँखों की चमक' दिखायी गयी है। वस्तुतः 'आँखों की चमक' के मूल में भीतरी हेतु है। कारण मात्र बाहरी नहीं है। आन्तर आह्लाद ही आँखों में चमक ला सकता है। 'चमक उठी घर भर की आँखें' में जिजीविषा पोषित हो रही है, जीवन का संकेत जगा है। घरेलू पक्षी के पाँख खुजलाने की क्रिया भी जीवन का संकेत देती है। आँखों में चमक अन्न के घर में आने और उसके पकने के बाद ही आती है। इस कविता में क्रियामूलकता अत्यधिक है। कवि कम शब्दों के सहारे अधिक यथार्थ को दर्शाना चाहता है।

'दाना' इस कविता का उन्मीलक शब्द (Key word) है। उसके अभाव में ही पहली चार पंक्तियों की कथ्य-स्थिति आती है और उसके आ जाने से उसकी उपलब्धियों से यह स्थिति समाप्त हो जाती है। कथ्य के धरातल पर अन्त की दो पंक्तियाँ अग्रप्रस्तुत हैं, जहाँ आँखों में चमक और पाँखों में सक्रियता दिखायी गयी है।

कवि ने इस कविता में अन्तर-वाक्यीय संयोजन दो आधारों पर किया है। पहला आधार तो शृंखल शब्दों या रिक्त शब्दों के सहारे उपस्थित होता है, दूसरा 'मौन' अथवा अन्तराल के सहारे। वाक्य के भीतर का संयोजन सामान्य कथ्य-क्षेत्रीय शब्दों के परस्पर संयोजन से हुआ है, जिसे शाब्दिक-संसक्ति अथवा शब्द-सहवर्गीयता का कौशल कहेंगे।

कवि इस पूरी कविता में कहीं भी अकाल की ऐसी स्थिति में मनुष्य की निदारुणता का कोई स्पष्ट या प्रत्यक्ष चित्र सामने प्रस्तुत नहीं करता, फिर भी उसकी गहरी अभावमूलकता, निरुपायता और विवशता संकेतित हो जाती है। वस्तुतः 'दाने' की अभावमूलकता को जहाँ अन्य जीवधारी भी शीर्ष पर अनुभव करने लगें वहाँ मनुष्य के विषय में कहने की और कौन-सी अपेक्षा रह जाती है? तुलसीदास ने 'मानस' में जो यह लिखा है कि "कलि बारहिं-बार दुकाल परै। बिना अन्न दुखी सब लोग मरै।" उसमें दूसरी अर्धाली—बिन अन्न दुखी सब लोग" की विवशता और गहनता इस कविता में प्राप्त होती है। तुलसी के यहाँ 'लोग' केवल आदमी के लिए नहीं आया है, बल्कि पूरे 'लोक' के लिए है। यह अन्तरपाठीय समान्तरता का कौशल है।

कविता की वाक्य-योजना बिम्ब-विधान को उजागर करने में समर्थ है। प्रस्तुत शैलीवैज्ञानिक विश्लेषण एक ओर उन शैली-कौशलों को स्पष्ट कर देता है, जिनके सहारे ऐसा बिम्ब-विधान सम्भव हो सका है और जिसके रेखांकन से कविता की प्रभविष्णुता और ज्यादा ग्राह्य हो गयी है, तो दूसरी ओर इसके मूल कथ्य को भी सही सन्दर्भ में उजागर कर देता है।

पूरी कविता में 'अवसाद' और उसके बाद 'आह्लाद' का निरूपण हुआ है। इन दोनों के मूल में जो केन्द्रित है, वह 'दाना' है, अन्न है। उपनिषद् के अनुसार अन्न ही प्राण है और अन्न ही ब्रह्म है। अन्न के भाव-अभाव से जीवन-मरण का सहज सम्बन्ध है।

कविता का स्थल ग्रामीण 'घर' है। यहाँ अन्न से वह तत्त्व है, जिससे मनुष्य के साथ-साथ अन्य जीवधारी भी पारस्परिकता में बँधे हुए हैं। यह कविता अभाव की विकलता के बाद भावगत आह्लाद का बहुत मार्मिक प्रत्यक्ष कराती है।

---

1. भोलानाथ तिवारी, शैलीविज्ञान (दिल्ली : शब्दकार प्रकाशन, 1977) पृ. 140.
2. वही, पृष्ठ 139.

20
आँगन

बरसों के बाद उसी सूने से आँगन में
जा कर चुपचाप खड़े होना
रिसती-सी यादों से पिरा-पिरा उठना
मन का कोना-कोना
कोने से फिर उन्हीं सिसकियों का उठना
फिर आकर बाँहों में खो जाना
अकस्मात् मण्डप के गीतों की लहरी
फिर गहरा सन्नाटा हो जाना
दो गाढ़ी मेहँदी वाले हाथों का जुड़ना
कँपना, बेबस हो गिर जाना
रिसती-सी यादों से पिरा-पिरा उठना
मन का कोना-कोना
बरसों के बाद उसी सूने आँगन में
जाकर चुपचाप खड़े होना।

'आँगन' कविता चौदह पंक्तियों में लिखी गयी है। कवि ने इस कविता की भाषा-व्यवस्था को पद्धतिमूलक एकरूपता देने के लिए जिस विशिष्ट अग्रप्रस्तुत चयन-संयोजन का सहारा लिया है, वह है शब्द-स्तर पर क्रिया-पदबन्ध का संज्ञा-पदबन्ध में रूपान्तरण। यहाँ मानक व्याकरणिक पद्धति के विपरीत क्रिया-पदबन्ध को विचलित रूप में संज्ञा-पदबन्ध में रूपान्तरित किया गया है। इस रूप में यहाँ पूरी कविता में किसी भी सहायिका क्रिया का प्रयोग नहीं किया गया है। यहीं व्याकरणिक नियम-व्यवस्था के इस निषेध से एक पद्धति जन्म पाती है—'खड़े होना', 'पिरा-पिरा उठना', 'खो जाना' (जाना), 'सन्नाटा हो जाना', 'हाथों का जुड़ना' और 'गिर जाना'—ये सभी क्रिया-साधित नाम के प्रयोग हैं। जिन्हें कवि ने प्रायः प्रत्येक पंक्ति के अन्त में एक व्यवस्था के अनुरूप संयोजित किया है। फलतः समान्तरता की सृष्टि हो उठी है। क्रिया या सहायक क्रिया के अभाव में इनका शृंखलाबद्ध प्रयोग कई खण्ड-बिम्बों के सहारे एक बड़े बिम्ब को हमारी आँखों के सामने उजागर कर देता है। क्रिया-पदबन्ध ने संज्ञा-पदबन्ध के रूपान्तरण की सार्थकता वस्तुतः इसी बिम्ब-शृंखला को उपस्थित करने की दृष्टि से है। दूसरे, अभिव्यक्ति का यह रूप सारे

घटित व्यापारों को क्रियात्मक रूप में ही प्रत्यक्ष करा जाता है। रूप-स्तर पर 'हो' अथवा 'उठ' क्रिया में, 'ना' के प्रयोग आवर्तन को उपस्थित करते हुए समता-मूलक समान्तरता को जन्म देते हैं। ध्वनि की दृष्टि से देखें तो संज्ञामूलक और क्रियामूलक दोनों ही प्रकार के शब्दों के अन्त में 'ना' ध्वनि के आवर्तित प्रयोग के कारण ध्वनि-स्तरीय समान्तरता प्रत्यक्ष होने लगती है, जो एक लय को जन्म देती है। 'न' ध्वनि का चयन इस कविता में विशिष्ट रूप में साभिप्राय और महत्त्वपूर्ण है। 'ना' दन्त्य आनुनासिक व्यंजन है, जो निषेध-परक अर्थ देता है। 'आ' दीर्घ स्वर है, जो इस निषेध को और गहराता हुआ दीर्घतर बना देता है। पूरी कविता के कथ्य-मर्म में यह निषेध ही जैसे नियति-प्राप्त अन्तिम परिणाम के रूप में शेष रह जाता है। इस दृष्टि से 'ना' पूरी कविता में साभिप्राय है, जिसका प्रयोग पन्द्रह बार हुआ है। इसके अतिरिक्त निषेधपरक 'न' व्यंजन के प्रयोग भी इस कविता में कई बार हुए हैं। शीर्षक को छोड़कर 'न' के ऐसे सात प्रयोग देखे जा सकते हैं। 'न' और 'ना' की निषेधार्थी ध्वनि इस पूरी कविता में आवर्तन के रूप में उभरनेवाली ध्वनिगत समान्तरता के कारण अग्रप्रस्तुत है। स्वर की दृष्टि से इस कविता में 'आ' ध्वनि के अनेकशः प्रयोग हुए हैं। गणना करने पर पता चलता है कि 'आ' जैसी दीर्घ स्वर-ध्वनि की 44 बार होनेवाली आवृत्ति इस कविता में अग्रप्रस्तुत होकर छायी हुई है। 'आ' की वह घनीभूतता वाचक-चित्त की व्यापक, गहन और दीर्घतर व्याकुलता को वाणी देती है, साथ ही यह व्यापकता और दीर्घता उन सारे घटित व्यापारों में छायी हुई है, जिनमें इसके प्रयोग हुए हैं, रचनाकार ने जैसे विशिष्ट 'स्वर' ध्वनि और विशिष्ट 'व्यंजन' ध्वनि की समान्तरित अग्रप्रस्तुति के द्वारा भी कविता के कीलित-केन्द्रित कथ्य को व्यक्त कर दिया है।

शब्द-स्तर पर 'आँगन' शब्द सार्थक है। यह 'आँगन' इस घर का तो आँगन है ही, जहाँ वाचक अपनी प्रणयिनी के साथ मिला करता था और जहाँ उसकी प्रणयिनी किसी और की परिणीता होकर मण्डप के उत्सव के आयोजन से सदा-सदा के लिए उससे दूर चली गयी, किन्तु यह 'आँगन' जीवन का भी आँगन है, जहाँ सुख और दुःख का यह चक्र, मिलन और विरह का यह क्रम निरन्तर चलता है। 'आँगन' इस कविता में एक प्रकार से उन्मीलक शब्द बन कर उपस्थित होता है, जो कविता की अर्थवत्ता को सामान्य अर्थसीमा से निकाल कर संसार की वास्तविक अथवा यथार्थ अर्थवत्ता तक पहुँचा देता है। 'आँगन' का प्रयोग शीर्षक को छोड़कर कविता में दो बार हुआ है, किन्तु एक ही पंक्ति में यह प्रयोग उभरा है। इस पंक्ति का आवर्तन कविता के अन्त में किया गया है। 'आँगन' की एक और अन्तर्मुख अर्थवत्ता उजागर

होती है, वाचक के 'हृदय का आँगन' होने की। वाचक स्वयं जीवन के आँगन में खड़ा है। कभी-कभी वह प्रिया के आँगन भी गया है, जहाँ उसे जीवन-आँगन के दोनों ही विरोधी सत्यों का परिचय प्राप्त हुआ है। पर अब उसके हृदय के आँगन का अर्थ ही अग्रप्रस्तुत हो रहा है, जहाँ केवल एक अर्थवत्ता उसके अहसास को प्रलम्बित कर रही है, कि यह हृदयाङ्गन उसकी प्रियतमा के अभाव में सूना हो गया है।

इस कविता में शब्द की दृष्टि से जो क्रियासाधित नाम के प्रयोग हुए हैं, उनका एक जैसा व्यवस्थित साँचा एक अनुक्रम को हमारे सामने उपस्थित कर देता है। समापिका क्रिया का लोप कर कवि व्यापार-बिम्बों की परस्पर सन्निकटता का अहसास कराने लगता है। कविता का आरम्भ होने के साथ ही समानाधिकरण के रूप में चित्रित सारे व्यापार तीव्र प्रभविष्णुता के साथ उजागर हो उठते हैं। फिर तो थिर, गतिशील, मुखर और मौन, संयुक्त और वियुक्त जैसे एकाधिक खण्ड-बिम्ब मिलकर एक पूर्णबिम्ब-एकक की रचना कर बैठते हैं।

'लहरी' शब्द विन्यासक्रमी अक्ष पर अपूर्ण रह जाता है। इसका संयोजन समानाधिकरण के साथ पूर्ववत् नहीं हो पाता। कवि ने जिस प्रकार 'पिरा-पिरा उठना', 'सिसकियों का उठना', 'बाँहों में खो जाना', 'हाथों का जुड़ना', 'सन्नाटा हो जाना' के प्रयोग किये हैं, उसी प्रकार 'गीतों की लहरी का उठना' जैसा प्रयोग भी काम्य और प्रत्याशित था। पर यह नहीं हो पाया। इस प्रकार यह पंक्ति 'लहरी' के साथ कांक्षित पद के अभाव में कवि को अपने द्वारा ही पूर्व गृहीत-स्वीकृत भाषा-व्यवस्था से छूट कर अलग हो जाती है, जिससे 'वाक्य-संरचनात्मक' विपथन की सृष्टि होने लगती है। यहाँ इसकी प्रकृति विधेयात्मक है, जिससे प्रत्याशित आवर्तन-पद्धतियों से मुक्तता या छूट जाहिर होती है। स्पष्ट है कि कवि ने 'आँगन' कविता में 'अकस्मात् मण्डप के गीतों की लहरी' में पहले से कविता में बन रही अभिव्यक्ति-व्यवस्था और उसके मानक को तोड़कर इस वाक्य को अधूरा ही छोड़ दिया है। इस रूप में अपूर्ण वाक्य की प्रस्तुति के कारण भाषा के मानक से अलगाव दिखाता हुआ यह वाक्य-स्तरीय विचलन का उदाहरण भी बन जाता है। तभी 'लहरी' शब्द एक उद्भासक (फोकट) के रूप में प्रस्तुत हो पड़ता है। इस प्रकार यह पंक्ति दो रूपों में अग्रप्रस्तुत होती है। पहले तो यह विपथित अग्रप्रस्तुति का उदाहरण बनती है, पुनः यह विचलित अग्रप्रस्तुति का दृष्टान्त बनकर उपस्थित होती है। यहाँ विपथन पूरी कविता के साँचे से अलग होने के कारण उभरता है, तो विचलन व्याकरण की व्यवस्था से मुक्त होने के कारण उपस्थित होता है। विचलित और विपथित रूप में अग्रप्रस्तुत यह पंक्ति कविता के वाचक के मन में बराबर उभर रही याद के बतौर छायी रहती

है। यह एक ऐसा क्रिया-व्यापार है, जो उसकी आँखों से कभी ओझल नहीं हो सकता। इसलिए कविता की बन रही और जीवन की संवर रही लय को यहाँ अचानक धक्के देकर तोड़ा गया है, अव्याकरणिक कर दिया गया है, जिससे यह पाठकीय ध्यानाकर्षण का सहज आलम्बन बन जाय। कविता की सातवीं पंक्ति में 'लहरी' शब्द का यह प्रयोग और उसके तुरन्त बाद फिर से नये वाक्य का आरम्भ 'लहरी' वाले वाक्य की साकांक्षता को पूर्ण नहीं होने देता, उसे खण्डित कर देता है। सामान्यतः यहाँ 'लहरी का उठना' जैसी वाक्य-रचना काम्य थी। पर 'लहरी' के बाद 'उठना' का निषेध जैसे वाचक की चित्तवृत्ति के उस उद्भास को भी स्पष्ट कर देना चाहता है। यह सच है कि मण्डप से गीतों की लहरी उठी थी, पर यह एक घटना का सच है, बाह्य जीवन-जगत् का यथार्थ है। मण्डप से गीतों की लहरी उठने के बाद भी वाचक का मन इस लहरी के उठने का निषेध करना चाहता है, क्योंकि इससे उसके हृदय-मण्डप में जारी गीतों की लहरी टूट जाती है। इसलिए भी कविता की लय 'लहरी' तक आकर साभिप्राय रूप में टूट जाती है। अब यहाँ एक साथ दोनों ही सम्भावनाएँ बनती हैं। घटनागत यथार्थ के रूप में उस लहरी का उठना एक सच्चाई है, पर वाचक के आन्तरिक-मानसिक यथार्थ के रूप में घटनागत वास्तविकता होने के बावजूद इसे नहीं स्वीकार कर पाना उसके मन का विशेष यथार्थ है। यही कला का यथार्थ है। 'लहरी' के बाद 'का उठना' का प्रयोग नहीं करने से अर्थ के तनाव की ये दोनों ही सम्भावनाएँ यहाँ सुरक्षित रह जाती हैं, जिससे कला का उत्कर्ष संवर उठता है। ऐसा भी लगता है कि अतीत बिम्ब को याद करते हुए मण्डप से गीतों की लहरी उठने की घटना एक चरम बिम्ब को उपस्थित करनेवाली घटना है। जैसे वाचक कोई वाक्य कहते-कहते उसका अनभीष्ट अंश छोड़ जाता है, वैसे ही यहाँ अतीत बिम्बों का शृंखल स्मरण करता हुआ कविता का वाचक उस अनभीष्ट और वेदनावर्द्धक अंश को निगरित कर जाता है। इसी का प्रभाव दूसरी पंक्ति में 'गहरा सन्नाटा' के रूप में स्पष्ट होता है। इस प्रकार कविता का यह विचलित-विपथित अग्रप्रस्तुत अंश कविता की अर्थवत्ता की दृष्टि से अत्यन्त साभिप्राय बन जाता है।

कविता की नवीं-दसवीं पंक्तियों पर आयें, तो इसके एक वाक्य में समानाधिकरणिक नाम के प्रयोग में अतिरिक्त नियमितता की सृष्टि हुई है। इस वाक्य में तीन समानाधिकरण एक साथ इकट्ठे हुए हैं, जबकि अन्य किसी भी पंक्ति या वाक्यांश में तीन समानाधिकरणों के प्रयोग नहीं हुए हैं। ऐसे में 'हाथों का जुड़ना', 'कँपना', 'बेबस हो गिर जाना'—ये तीन समानाधिकरणिक प्रयोग एक साथ निरन्तरता में उपस्थित होकर वाक्य संरचनात्मक स्तर पर विपथित-समान्तरित अग्रप्रस्तुति के

उदाहरण बन गये हैं। यहाँ तीनों क्रिया-प्रयोग अर्थ-स्तर पर स्थिति के क्रमिक विकास को सूचित करते हैं। यह विकास परिणय के अवसर पर प्रणयी को सामने पाकर करबद्धता से लेकर प्रकम्प और बेबसी में नमन के लिए जुड़े हाथों के गिरकर नीचे आ जाने तक की स्थिति तक को अच्छी तरह स्पष्ट करता है। 'जुड़ना' आन्तरिक श्रद्धा को द्योतित करता है, 'कँपना' असह्य मानसिक वेदना को मूर्त करता है और 'गिर जाना' में निरुपायता और विवशता पूरी तरह निरूपित हो पड़ती है। ये तीनों ही समानाधिकरण विन्यासक्रमी अक्ष पर सह-भावित और संसक्त रूप में उपस्थित होते हैं। कविता का अन्त इन्हीं पंक्तियों पर आकर होता है, जहाँ केवल बेबसी शेष रह जाती है। आरम्भिक चरण के प्रतीप रूप में किये गये आवर्तन से कवि एक अर्थ-लय की सृष्टि करता है, जो अर्थ-लय इस स्थिति और घटना के गुजर जाने के बाद भी मानसिक बिम्ब के रूप में निरन्तर स्मृत है।

कविता में कुछ विशिष्ट शब्दों के चयन हुए हैं, जिनका अपना 'पाराडाइम' है। 'सूने', 'चुपचाप' और 'सन्नाटा'—ये तीनों शब्द मिलकर एक 'पाराडाइम' की सृष्टि करते हैं। ऐसे ही—'रिसती-सी', 'पिरा-पिरा उठना' और 'सिसकियों'—इनका भी एक अपना 'पाराडाइम' बनता है। पहला 'पाराडाइम' यदि शून्यता या सूनापन का है, तो दूसरा 'पाराडाइम' व्यथा और रुदनशीलता का। निपात के रूप में प्रस्तुत 'फिर' और 'अकस्मात्' शब्द भी साभिप्राय रूप में उपस्थित होते हैं। 'फिर' सिसकियाँ उठती हैं, 'फिर' आकर बाँहों में खो जाती हैं। 'फिर' गहरा सन्नाटा हो जाता है। इस प्रकार 'फिर' का समान्तरित प्रयोग क्रमबद्धता, बारम्बारता और निरन्तरता को द्योतित करता है। इस क्रम के बीच 'अकस्मात्' शब्द नाटकीय रूप में उभरता है, जो मण्डप में गीतों की लहरी के उठने को निर्दिष्ट करता है और इसके बाद पटाक्षेप ही हो जाता है। विन्यासक्रमी अक्ष पर 'पिरा-पिरा' के साथ 'कोना' शब्द तथा 'याद' के साथ 'रिसती-सी' का विचलित संयोजन उपस्थित होता है। मन के कोने-कोने के पिरा-पिरा उठने में अर्थ-स्तर पर अस्वीकार्यता के कारण विचलन है। मन का पिराना सम्भव है, क्योंकि पीड़ा सदैव सप्राण सत्ता की ही होती है, लेकिन कोना निष्प्राण है। इसका पिराना सम्भव नहीं है। पर यहाँ कवि का अभिप्रेत मन की सम्पूर्णता के उसके प्रत्येक भाग के प्रपीड़ित-व्यथित होने के कथन से है। यही इसकी विचलित साभिप्रायता है। 'रिसना' मुख्यतः मिट्टी के जलपात्र की क्रिया है, पर यहाँ इसका आरोप 'यादों' जैसी अमूर्त संज्ञा पर किया गया है। यहाँ भी अस्वीकार्यता के स्तर पर विचलन उभरता है, जिससे यह साभिप्रायता स्पष्ट होती है कि ये यादें जानेवाली नहीं हैं, बल्कि रिसते हुए पात्र की जलरेखा की तरह रह-रह कर बार-बार उभरती रहनेवाली

हैं। रूप के स्तर पर संज्ञामूलक शब्दों में 'ओं' प्रत्यय जोड़ कर, बहुवचन बनाये गये हैं। 'बरसों', 'यादों', 'सिसकियों', 'बाँहों', 'गीतों', 'हाथों' जैसे छह ऐसे शब्द हैं, जिनमें प्रत्ययीकृत रूपिम क्रियाशील हैं। इनमें 'बरसों' और 'यादों' की बार-बार आवृत्ति है। यहाँ रूप-स्तरीय समान्तरता मिलती है।

इस प्रकार अग्रप्रस्तुत प्रतिमान के इन भाषिक अभिलक्षणों को रेखांकित करने से हम उस सूने आँगन में जाकर खड़े हो जाते हैं, जहाँ पुरानी यादें वाचक के साथ रिस-रिस कर जुड़ी हुई हैं और उसके मन का कोना भी उन यादों से पीड़ित हो रहा है। उस सूने आँगन में उसे पुरानी सिसकियों की ध्वनि सुनायी पड़ती है। उसी आँगन में उसे प्रियतमा से हुआ अपना आलिंगन स्मरण पड़ता है, पुनः उसे वह दिन याद आता है, जब मण्डप से गीतों की लहरी उठी थी और उसके हृदय-मण्डप में जारी गीतों की लहरी को तोड़कर उसकी प्रेमिका किसी और की परिणीता हो गयी थी। इसके बाद उसका जीवन गहरे सन्नाटे से भर उठा था। उस परिणीता प्रेमिका की विवशता ही अन्त की दो पंक्तियों में व्यक्त हुई हैं, जहाँ हाथ जुड़ते हैं, कँपते हैं और बेबस हो गिर जाते हैं। प्रारम्भिक चरण की पुनः अन्त में जो आवृत्ति होती है, वह प्रभावी अर्थलय को सिरज जाती है। पर यहाँ आवृत्ति का क्रम उलटा है। पहले आनुभविक स्थितिवाली पंक्तियाँ आती हैं, और बाद में शारीरिक व्यापारमूलक पंक्तियाँ, जबकि कविता के आरम्भ में पहले शारीरिक व्यापारमूलक पंक्तियाँ आती हैं और बाद में आनुभविक स्थितिवाली पंक्तियाँ। यह अनुभव पीड़ा की विस्तृति का ही अनुभव है। अतः उसे सम्बद्ध रूप में तुरन्त बाद प्रस्तुत किया गया है। तभी अन्त की पंक्तियाँ 'बरसों के बाद उसी सूने से आँगन में जाकर चुपचाप खड़े होना'—उस सूने आँगन की शारीरिक यात्रा से परे वाचक की मानसिक यात्रा का अर्थ मुखर करने में भी सार्थक सिद्ध हो पाती हैं।

21
वसन्त

कोयल से मैंने कहा—गाओ
कुछ सन्नाटा कटे
वह चुप रही।
मैंने कहा—
मेरे पास आओ
कुछ सन्नाटा कटे
वह डाल पर बैठी रही।
मैंने कहा—
अच्छा सुनो मैं ही गाता हूँ
उसने सहमी निगाहों से चारों ओर देखा—
और एकाएक उड़ गयी......

इस छोटी-सी कविता पर ध्यान देते ही जो कथ्यांश सबसे पहले आकृष्ट करता है, वह इसका अन्तिम चरण है। प्रोक्ति-स्तर पर यह अन्तिम अंश विपथित है। पहले के दो चरणों में कोयल से जब सक्रिय होने के लिए वाचक कहता है तब कोयल निष्क्रिय रहती है। इस प्रकार पहले के दो चरणों में वाचक का कोयल को सक्रियता के लिए अभिप्रेरित करना और कोयल का प्रत्युत्तर में निष्क्रिय रह जाना कवि द्वारा प्रस्थापित प्रोक्ति-स्तर का मानक है, किन्तु अन्तिम चरण में वह इस मानक का अतिक्रमण उपस्थित करता है, जब वाचक उसे सक्रिय नहीं रहने को कह विधेयात्मक मात्र रहने को कहता है और स्वयं को सक्रिय भूमिका में ले आता है। पर अब कोयल उसकी सक्रियता के सामने विधेयात्मक भर होने में भी असमर्थ हो जाती है, बल्कि अब अलग प्रकार की सक्रियता दिखलाती है और उड़ जाती है। इस प्रकार ये पंक्तियाँ विपथित रूप में अग्रप्रस्तुत होती हैं।

'कोयल' इस कविता का उन्मीलक शब्द है, जिसका गान वसन्त की पहचान है और जो स्वयं वसन्त का अग्रदूत है। कविता में 'कोयल' और 'मैं' दो भिन्न भूमिकाओं में आये हैं। 'मैं' कोयल के माध्यम से वसन्त का आह्वान करना चाहता है, किन्तु समसामयिक परिस्थितियों के कारण 'कोयल' त्रस्त, फलतः खामोश है। वह 'गाओ' कहने पर चुप हो जाती है, पास बुलाने पर अपनी जगह डाल पर ही बैठी रहती है। 'मैं' द्वारा अपना गाना सुनने का आग्रह करने पर सहमती, भयभीत होती

है और उड़ जाती है। यहाँ 'मैं' नेतृत्व दे सकनेवाले का और 'कोयल' ऐसे कवि रचनाकार का प्रतीक है, जो समसामयिक परिस्थितियों से संत्रस्त और खामोश है। इसीलिए 'कोयल' के गाने की बात तो दूर है, वह सुनने भर का भी साझीदार नहीं बनना चाहती। वस्तुतः यह एक ऐसे वसन्त की कविता है, जो आ नहीं पाता। साहस की कमी के कारण 'कोयल' गा नहीं पाती। 'बोलना' और 'गाना सुनना' दोनों को ही यहाँ जोखिम-भरे काम के रूप में प्रस्तुत किया गया है। सच तो यह है कि समसामयिक परिस्थितियों का खौफ इतना गहरा उठा है कि व्यंग्य भी शाणित हो उठता है। ऐसे हालात में अगर मनुष्य गाना 'गाना' और 'सुनना' नहीं चाहता तो क्या ताज्जुब! 'चिड़िया' तक भी गाना गाने और सुनने से घबराती है।

इस कविता में कथन को प्रस्तुत करने के लिए कवि ने दो प्रकार की समान्तरित अग्रप्रस्तुति का आश्रय लिया है—समतामूलक और विरोधी। 'मैंने कहा' वाक्यांश पूरी कविता में तीन बार आया है। 'कुछ सन्नाटा कटे' जैसा वाक्य दो बार आया है। इन आवृत्तियों से समतामूलक समान्तरता उपस्थित होती है। यह समता वाक्यांश और वाक्य-स्तरीय है। पहले चरण की दूसरी पंक्ति में व्यवहृत क्रिया 'गाओ' आग्रहमूलक क्रिया है, तो दूसरे चरण की दूसरी पंक्ति में क्रिया 'आओ' भी आग्रहमूलक क्रिया है। इसी प्रकार पहले चरण की अन्तिम पंक्ति 'वह चुप रही' की संरचना से मिलती-जुलती संरचना दूसरे चरण की अन्तिम पंक्ति की संरचना है 'वह डाल पर बैठी रही'। यहाँ अतीतकालीन स्थिति-मूलकता को संरचनात्मक स्तर पर समान्तरित रूप में उजागर किया गया है।

अर्थ-स्तर पर विरोधी समान्तरताएँ भी इस कविता की सार्थकता को गहराने में महत्त्वपूर्ण भूमिका का निर्वाह करती हैं। पहले चरण में वाचक द्वारा गाने के लिए कहने और 'कोयल' के चुप रहने में विरोधी समान्तरता है। इस प्रकार दूसरे चरण में वाचक द्वारा पास आने के लिए कहने और उसके डाल पर बैठे रहने में विरोधी समान्तरता है। तीसरे चरण में वाचक द्वारा अपना गाना सुनने के लिए आग्रह करने और उसके उड़ जाने में भी विरोधी समान्तरता है। 'गाना' एक शाब्दिक व्यापार है। इसके लिए उच्चार और मधुर स्वर में सुर उठाने की आवश्यकता होती है। चुप रहकर गाया नहीं जा सकता और कोयल चुप रहती है। यहाँ विरोधी समान्तरता शब्दता बनाम निःशब्दता की विरोधिता में रेखांकित हो रही है। आने के लिए गतिशील होने, चलने, उड़ने की आवश्यकता पड़ती है। मूलतः यह एक 'चल' और 'गतिशील' व्यापार है, जबकि बैठा रहना एक स्थिर व्यापार। यहाँ विरोधी समान्तरता में विरोधिता 'चलना' बनाम 'स्थिरता' की है। इसी प्रकार गाना सुनने के लिए तीसरे

चरण में कोयल की उपस्थिति अपेक्षित है, किन्तु कोयल उड़कर अनुपस्थित हो जाती है। इस प्रकार यहाँ विरोधिता उपस्थिति बनाम अनुपस्थिति की है।

अन्तिम चरण का विपथन एक और दृष्टि से भी महत्त्वपूर्ण है, पहले दो चरणों में वाचक कोयल से सक्रियता की अपेक्षा रखता है। कविता की अभिव्यक्ति में इसका एक मानक बनता है कि तीसरे चरण में भी वाचक कुछ कोयल से ही सक्रिय होने को कहेगा, किन्तु इस चरण तक आते-आते इस मानक के विरुद्ध प्रोक्ति-स्तर पर वाचक स्वयं सक्रिय हो जाता है। इस प्रकार यह विरोधी समान्तरता ही है, जो विपथन को प्रस्तुत करती है। कहना न होगा कि विपथन इस रूप में विरोधी समान्तरता से ही उत्सृजित हो उठता है।

इस कविता में प्रत्येक चरण की तीसरी पंक्ति भी विचारणीय है। पहले चरण और दूसरे चरण की तीसरी पंक्ति एक ही है : 'कुछ सन्नाटा कटे', किन्तु तीसरे चरण की तीसरी पंक्ति है—'उसने सहमी निगाह से चारों ओर देखा।' यह पंक्ति गहन-संरचना की दृष्टि से अत्यन्त साभिप्राय है। पहले चरण और दूसरे चरण की तीसरी पंक्ति की तुलना में तीसरे चरण की यह तीसरी पंक्ति विरोधी समान्तरता प्रस्तुत करती है। यहाँ विरोधिता अर्थ-स्तर की है। पहले दो चरणों की पंक्ति में जहाँ सन्नाटा के कट सकने की अभिव्यक्ति है, वहाँ तीसरे चरण की तीसरी पंक्ति में सन्नाटा बढ़ा देने की अभिव्यक्ति है। अपनी साभिप्रायता में यह पंक्ति जैसे अभिव्यक्ति देती है कि जिससे सन्नाटा छाँटने का आग्रह किया जा रहा है, परिवेश और वातावरण के सन्नाटे के छाँटने का आग्रह, उसके भीतर स्वयं ही सन्नाटा भरा हुआ है। इसीलिए उसकी निगाहें सहमी हुई हैं, उसके भीतर एक खौफ छाया हुआ है, जिसके कारण वह सहमी नजर से चारों ओर देखती है। इस बिन्दु पर आकर विरोधिता काफी गहरी हो जाती है। यहाँ आकर कारण स्पष्ट हो जाता है कि जिससे सन्नाटा काटने का आग्रह किया गया है वह स्वयं सन्नाटे से जकड़ी हुई है। इसलिए वह सन्नाटा को नहीं काट सकती। यह विरोधिता और भी कई-कई अर्थवत्ताओं को निर्दिष्ट करती है। अपने भीतरी सन्नाटे से भरे होने के कारण वह उड़ जाती है और इस प्रकार अपनी अनुपस्थिति से एक गहरा सन्नाटा पैदा कर जाती है। साथ ही वाचक की—'अच्छा, सुनो मैं ही गाता हूँ' की पहल को भी पूर्ण नहीं होने देती। इस प्रकार यह परिवेश और भी सन्नाटे से भर उठता है। कविता का मन्तव्य सन्नाटा छाँटना है, लेकिन विडम्बना यह है कि पूरा सन्दर्भ सन्नाटे से सहम जाता है। यहीं यह साभिप्रायता भी स्पष्ट होती है कि यह कविता संवादहीनता को उजागर करनेवाली कविता है। 'मैं'—'तुम' स्थिति की यह संवादहीनता 'वाचक' और 'कोयल' के बीच

की संवादहीनता, समाजसेवी नेता और रचनाकार-कलाकार के बीच की संवादहीनता को अच्छी तरह उजागर कर देती है (निष्क्रिय 'कोयल' अन्त में अपनी सक्रियता दिखाती है—उड़ने की सक्रियता)। इस सन्नाटे को गहराने और संवादहीनता को उपस्थित करने के लिए कविता की अन्तिम पंक्ति 'और एकाएक उड़ गयी' के बाद कवि ने बिन्दुक के प्रयोग किये हैं। यह लेखिम के स्तर का विचलन है। यहाँ बिन्दुक-प्रयोग खामोशी, सन्नाटा और संवादहीनता को गैरतपरक और आकर्षक बना जाता है। प्रत्येक चरण में 'कोयल से मैंने कहा' के बाद लेखिम के स्तर पर जिस संकेतक (—) का प्रयोग किया गया है, वह भी साभिप्राय है, जिससे 'मैं' (वाचक) के साथ अगला कथन-मात्र नहीं जुड़ता, बल्कि कोयल को भी जोड़ने की, उससे संवाद बनाने की स्थिति स्पष्ट होती है।

प्रत्येक चरण की तीसरी पंक्ति में कवि ने 'थीम' का स्थलीकरण (लोकेलाइजेशन) किया है। रूप-स्तर पर क्रिया रूपों में 'गा-ओ', 'आ-ओ', 'सु-नो' जैसी आग्रहमूलक क्रिया की समान्तरता उभरी है तो 'रही', 'रही' और 'गयी' में इसी स्वर की सामान्य भूतकालिक, एकवचनी, स्त्रीलिंगी समान्तरता व्यापारित हुई है।

विरोधी समान्तरता के तेवर को आग्रहमूलक क्रिया और स्थितिमूलक क्रिया के विरोधी कथ्य के सन्दर्भ में—'गाओ' और 'चुप रही', 'आओ' और 'बैठी रही', 'सुनो' और 'उड़ गयी' में देखा जा सकता है।

तीसरे चरण की तीसरी पंक्ति में प्रयुक्त तीन शब्द अत्यन्त संसक्त हैं : 'सहमी', 'निगाह' और 'देखा'। इन तीनों शब्दों का पारस्परिक सम्बन्ध सहवर्गीयता (को-मेम्बरशिप) का है, जिससे यह भाषिक कौशल कथ्य को सघन बनाने के सन्दर्भ में अत्यन्त उपयोगी और सार्थक हो उठा है।

इस प्रकार के विश्लेषण से यह स्पष्ट होता है कि शैलीवैज्ञानिक विश्लेषण रचना के अर्थ को खोलने, उसकी साभिप्रायता और सार्थकता को उजागर करने की दृष्टि से अत्यन्त सार्थक है। कहना न होगा कि प्रस्तुत कविता, जो सहसा व्यक्ति-शैली में लिखी हुई कविता प्रतीत होती है, उसकी मूल्यवत्ता समाज-राजनीतिक मूल्यवत्ता है। पूरी कविता उस सन्दर्भ को प्रस्तुत करती है, जहाँ 'सन्नाटा' समाज-राजनीतिक सन्दर्भ का सन्नाटा बन जाता है और उस आतंक के कारण समाज में संवादहीनता की स्थिति उत्पन्न हो जाती है। एक कलात्मक कविता एक समाज-राजनीतिक सन्दर्भ की गहरायी में जाकर कलात्मक कौशल के साथ उपस्थित करती है। वह बयान और नारेबाजी के रूप में इसे उपस्थित नहीं करती। यहीं यह तथ्य भी उपस्थित होता है कि कविता का अर्थ कितना अनुभूत है, अहसास कितना गहरा है और संवेदना

कितनी संहनित है। एक बयानमूलक नारेवाली कविता में इसी संवेदना का अभाव होता है। कहना न होगा कि 'वसन्त' कविता में यह संवेदना घनीभूत है।

इस कविता का एक और दृष्टि से भी विश्लेषण किया जा सकता है। यह दृष्टि अन्तरपाठीयता की विरोधी समान्तरता की है। 'वसन्त' और 'कोयल' हिन्दी कविता के पूर्व पाठों में भी कई जगहों पर आये हैं। माखनलाल चतुर्वेदी की 'कैदी और कोकिला' इस सन्दर्भ में स्मरणीय है। वहाँ कैदी और कोकिल के बीच संवादशीलता की स्थिति है। वहाँ कोकिल लगातार गाती जाती है, किन्तु यहाँ कोकिल गाना नहीं चाहती। चतुर्वेदी जी लिखते हैं—''इस शान्त समय में अन्धकार को वेध रो रही क्यों हो? कोकिल बोलो तो? चुपचाप मधुर विद्रोह-बीज इस भाँति बो रही क्यों हो? कोकिल बोलो तो?'' इससे स्पष्ट हो जाता है कि उस पाठ के विरोध में प्रस्तुत कविता का पाठ खड़ा है। वहाँ संवादशीलता है, यहाँ संवादहीनता है। वहाँ 'मैं' वाचक कैदी है, जो व्यवस्था को उलटना चाहता है और यहाँ कोयल 'रवि किरणों से खेल जगत् को रोज जगानेवाली' है। वहाँ कवि कोयल का गाना बन्द करवाना चाहता है—'फिर कहूँ, अरे क्या बन्द न होगा गाना?' यहाँ सन्नाटा मिटाने के लिए कवि कोयल से गाना गाने का आग्रह करता है, पर वहाँ सन्नाटा लाने के लिए कवि कोयल से मौन रहने का आग्रह करता है। वहाँ रात्रि में थोड़ा एकान्त चाहिए, क्योंकि ''लौह-सीखचों की कठोर पाशों में क्या भर दोगी? बोलो निद्रित लाशों में?'' कवि का प्रश्न गूंजता है।

इस प्रकार अन्तरपाठीय विरोधी समान्तरता के सहारे भी रामदरश मिश्र की उक्त कविता को नयी अर्थवत्ता प्राप्त होती है।

22

भादों का ठहरा प्यार

फिर घुमड़े वही मेघ, फिर आया याद प्यार
फिर खिलने लगे पहले-पहले के हरसिंगार
देह खोखली थी
वर्ष छूछे, आखिरी, उदास
आँखों में जाले रुग्ण
था असाध्य हर प्रयास
देखा तुम्हें
मेरी मिट्टी में उठे हरे ज्वार
छुआ तुम्हें
छू गये सब बिजली के नंगे तार
फिर घुमड़े वही मेघ, फिर आया याद प्यार
तुम ताजी नयी घटा नील-मोर रंग की
जाल के चंदोवे, साड़ी कसी, नीची तंग-सी
बाँहों-भरी देह थी, पेट्रा की सुगन्ध-सी
नसों की नदियों में घूमी जलतरंग-सी
पहले रुकीं, झिझकीं तुम
फिर टूटे सब कगार
पहले तुम फुहार बनीं, फिर वर्षा धार-धार
फिर घुमड़े वही मेघ, फिर आया याद प्यार
भीगे मुग्ध पक्षियों-सी
थी वह रिमझिमी शाम
जली बत्तियों में झिलमिल लिखे थे तुम्हारे नाम
तैरती घुमेर बने प्यार वाले गुप्त धाम
रुक-रुककर हटे देह पर बने सभी विराम
फूल हुए रोम
गिरे उम्र पर जमे पहाड़
मुँदती हुई आँखों में मीठा हुआ अन्धकार
फिर घुमड़े वही मेघ, फिर आया याद प्यार

'भादों का ठहरा प्यार' कविता में तीन प्रकार के पूर्ण शब्द-कुलक के प्रयोग हुए हैं। ये शब्द-कुलक क्रमशः (1) दैहिक-आंगिक, (2) उपकरण-मूलक, और (३) प्रकृति-मूलक जैसे वर्ग के हैं। प्रकृति-मूलक में पुष्प-परक और जलपरक शब्द-कुलक प्राप्त होते हैं। जलपरक शब्द-कुलक भौमीय और आकाशीय—दो प्रकार के हैं। दैहिक-आंगिक शब्दावली में शरीरांगों को निर्दिष्ट करनेवाले शब्द प्रयुक्त हुए हैं। ऐसे शब्दों में पूरे शरीर और उसके अंगों के लिए विशिष्ट शब्दों के चयन द्रष्टव्य हैं। पूरे शरीर के लिए 'देह' शब्द का प्रयोग हुआ है, तो अवयव-रूप में 'आँखें', 'बाँहों', 'नसों', 'रोम' तथा 'गुप्त धाम' जैसे शब्द प्रयुक्त हुए हैं। उपकरणमूलक में 'बत्ती', 'बिजली' और 'तार' जैसे पूर्ण शब्दों के प्रयोग हुए हैं। पुष्पपरक शब्दों में 'फूल' और 'हरसिंगार' जैसे प्रकृतिमूलक शब्द आये हैं, जलपरक शब्दावली के अन्तर्गत भौमिक जलपरक शब्दों में 'नदियों', 'कगार' और 'जलतरंग' जैसे शब्दों का चयन हुआ है और आकाशीय जलपरक शब्दों में 'फुहार', 'वर्षा', 'मेघ' और 'छटा' जैसे शब्द व्यवहृत हुए हैं। इन शब्दों में आगे-पीछे विशेषण और क्रियामूलक शब्द भी उसी अनुपात में संयोजित हुए हैं। 'देह' के लिए 'मिट्टी' शब्द का ही व्यवहार हुआ है—'देखा तुम्हें, मेरी मिट्टी में उठे हरे ज्वार'। यहाँ विभिन्न प्रकार के ऐसे शब्द मुख्यतः दूसरे प्रकार की प्रयुक्तियाँ/'रजिस्टर्ज' होकर भी शरीर के सन्दर्भ में ही अर्थ देते हैं।

कवि ने रिक्त शब्दों में यहाँ 'फिर' शब्द का साभिप्राय प्रयोग किया है। पूरी कविता में यह शब्द दस बार प्रयुक्त हुआ है, जिससे समतामूलक समान्तरित अग्रप्रस्तुति की सृष्टि हुई है। यह समान्तरता शब्द-स्तर पर उद्भूत होकर वाक्य-रचना के स्तर तक आती है। कविता का आरम्भ ही इस समान्तरित अग्रप्रस्तुत शब्द से होता है। वस्तुतः 'फिर' की आवृत्ति के सहारे ठहरे हुए प्यार के फिर से आवेग-तीव्रित हो उठने की अनुभूति की समर्थ व्यंजना की गयी है। इसके साथ संयोजित संज्ञामूलक और क्रियामूलक शब्द इस घुमड़न को और अधिक तीव्रता प्रदान करते हैं। 'मेघ' केवल प्रकृतिपरक मेघ नहीं रहकर 'प्यार का मेघ' बन जाता है। प्यार की इस तीव्रित अनुभूति को दर्शाने के लिए कवि एक ओर 'मेघ' जैसे शब्द का चयन करता है और दूसरी ओर 'हरसिंगार' जैसे शब्द का। 'मेघ' घुमड़न के आवेग को अभिव्यक्त करने के लिए साभिप्राय रूप में आता है, तो 'हरसिंगार' आह्लाद को व्यक्त करने के लिए और इच्छाओं की असंख्यता को, उसकी अगणित रूप-कल्पनाओं को प्रस्फुट करने के लिए व्यवहृत होता है।

अर्थ के स्तर पर समान्तर शब्दावली का लगभग पर्यायी एकार्थता के रूप में चयन दीखता है। 'खोखली', 'छूछे' और 'उदास' अर्थ-स्तर पर समतामूलक समान्तरित

अभिव्यक्ति उपस्थित करते हैं। विरोधी समान्तरता के रूप में अर्थ-स्तर पर एक ओर आँखों में रुग्ण जाले का होना और दूसरी ओर वाचक की मिट्टी में हरे ज्वार का उठना उपस्थित होता है। 'शुष्कता' और 'हरीतिमा', 'निष्क्रियता' और 'सक्रियता', 'जड़ता' और 'अनुभूति चेतनता' आदि रूपों में अर्थ-स्तर की यह विरोधी समान्तरता परिलक्षित होती चलती है, 'देखा तुम्हें' और 'छुआ तुम्हें' जैसे वाक्यांश वाक्य-संरचना की समान्तरता को उपस्थित करते हैं।

इस कविता में विशेषण शब्दों के प्रयोग भी अत्यन्त साभिप्राय हैं। यहाँ 'वर्ष' के साथ 'छूछे', 'आखिरी' और 'उदास' जैसे विशेषणों का, 'देह' के साथ 'खोखली' विशेषण का, 'जाले' के साथ 'रुग्ण' विशेषण का, 'प्रयास' के साथ 'असाध्य' विशेषण का, 'ज्वार' के साथ 'हरे' विशेषण का, 'तार' के साथ 'खुले' विशेषण का, 'घटा' के साथ 'ताजी' और 'नयी' विशेषण का; 'रंग' के साथ 'नील मोर' विशेषण का, 'देह' के साथ 'बाँहों-भरी' विशेषण का, 'शाम' के साथ 'रिमझिम' विशेषण का, 'लिखे' के साथ 'झिलमिल' क्रिया-विशेषण का, 'पहाड़' के साथ 'जमे' विशेषण का, 'आँखों' के साथ 'मुँदती हुई' विशेषण का और 'मेघ' के साथ पहचान-भरे 'वही' जैसे सार्वनामिक विशेषण का संयोजन किया गया है।

क्रिया के स्तर पर 'मेघ' के साथ 'घुमड़ने', 'याद' के साथ 'आने', 'हरसिंगार' के साथ 'खिलने' जैसी क्रिया के सहभावी (कोलोकेटिव), संसक्त प्रयोग किये गये हैं। 'वर्षा' के साथ 'धार-धार' विशेषण का भी प्रयोग हुआ है। सहभावी-संसक्त क्रियाओं में 'कगार' के साथ 'टूटने', 'विराम' के साथ 'हटने' के भी सहभावी प्रयोग हुए हैं। विचलित क्रिया-मूलक संयोजन में 'अन्धकार' के 'मीठे होने' का संयोजन द्रष्टव्य है—'मुँदती हुई आँखों में मीठा हुआ अन्धकार'। 'रोम' का फूल होना भी—'फूल हुए रोम'—विचलित संयोजन का उदाहरण है। कवि ने एक ही प्रकार के शब्द-वर्ग के सहभावी संयोजन का रेखांकन किया है। इसीलिए अगर आँखों के जाले रुग्ण हैं तो उन्हें हटाने का हर प्रयास भी असाध्य है।

कविता में अर्थ-स्तरीय विचलन की दृष्टि से 'मेरी मिट्टी में हरे ज्वार का उठना', 'मेरी' के कारण अस्वीकार्य, फलतः विचलित है। 'नसों की नदियों' का कथन भी अस्वीकार्य, फलतः अर्थ-स्तर पर विचलित है। वाचक की नायिका 'तुम' का पहले 'फुहार' बनना, फिर उसका धार-धार वर्षा में रूपान्तरित हो जाना भी अर्थ-स्तर पर अस्वीकार्य, फलतः विचलित ही है। कवि ने शब्द-चयन के स्तर पर 'घुमेर' शब्द का विचलित अग्रप्रस्तुत प्रयोग किया है। यह शब्द लोकभाषा से लिया हुआ है। 'मानक हिन्दी कोश' जैसे शब्द-कोश में इस शब्द का प्रयोग प्राप्त नहीं होता। 'घुमेर' का अर्थ

आघूर्णन से—चक्कर मारने की क्रिया से—जुड़ता है। 'देह' पर विराम का बनना भी अस्वीकार्यतावश विचलित ही है। 'रिमझिमी शाम' को 'भीगे, मुग्ध पक्षियों-सी' कहना भी अर्थ-स्तर पर अस्वीकार्यतावश विचलन का ही उदाहरण है। नगरपालिका की जली हुई झिलमिलाती बत्तियों में किसी के नाम के लिखे होने का अहसास भी अस्वीकार्य, फलतः अर्थ-स्तर का विचलित प्रयोग ही है।

इस कविता में घनत्वमूलक रूप में भी विशेषणों के प्रयोग हुए हैं। एक तो 'शाम' रिमझिमी, दूसरे वह 'पक्षियों-सी', तीसरे वह 'मुग्ध' पक्षियों-सी, चौथे वह 'भीगे' मुग्ध पक्षियों-सी दिखायी गयी है। यह घनत्वमूलकता यहाँ अर्थ की सूक्ष्मता को रेखांकित करती है।

कवि कहना चाहता है कि प्रणय की आवेगिक घटा उसके जीवन में पुनर्वार घुमड़ी है। विस्मृत, भूला हुआ प्रणय-सन्दर्भ उसे फिर याद हो उठा है। कामनाओं के कैशोर्य के हरसिंगार-जैसे पुष्प उत्कण्ठ और व्यग्र हो फिर खुलने-खिलने लगे हैं। वाचक का शरीर खोखला था, जीये जा रहे वर्ष रिक्ति और आखिरी उदासी से भरे थे या जीवन के आखिरी वर्ष रिक्ति और उदासी-भर थे। आँखों में संजीवनी कान्ति के विपरीत रुग्णता के जाले घनीभूत हो उठे थे, जिन्हें नीरोग करने का हर प्रयास असाध्य बन गया था। आरम्भ की दो पंक्तियों में कवि जिस प्रणय-आवेग और स्नेहिल मनस्कामना के जाग्रत् हो उठने का स्थिति-कथन करता है, उसका कारण वह छह पंक्तियों के बाद उपस्थित करता है। कविता में कार्य पहले घटित होता है, तात्कालिक स्थिति उसके बाद आती है और तब कारण का स्पष्ट उल्लेख होता है। ये कारण वाचक के द्वारा 'तुम' को देखा जाना—और उसी के द्वारा 'तुम' को छुआ जाना—अर्थात् 'दर्शन' और 'संस्पर्शन' हैं। कवि 'देखने' और 'छूने' की व्याख्या और भी स्पष्टता के साथ करता है। 'मेघ' के घुमड़ने और 'हरसिंगार' के खिलने के साथ ही 'मिट्टी' में हरे ज्वार के उठने से देह में काम की तरंग के उठने का कथन आता है। साथ ही बिजली के खुले तारों के छूने का भी उल्लेख होता है। यह कथन पूरा-का-पूरा अप्रस्तुत-विधान से भरा है, जिसमें शरीर की नसों को तन्तु-शाखाओं के, बिजली के खुले तार के रूप में देखा गया है। इसके झटके लगने के साथ ही एक विद्युत्-स्पर्श गतिमान हो उठता है।

दूसरे छन्दबन्ध में उस 'तुम' की रूप-सज्जा का वर्णन किया गया है—

"तुम ताजी, नयी घटा नील-मोर रंग की
जाल के चंदोवे, साड़ी कसी, नीची तंग-सी
बाँहों-भरी देह थी, पेट्रा की सुगन्ध-सी
नसों की नदियों में घूमी जलतरंग-सी।"

इस चरण में अन्तिम पंक्ति वाचक तथा 'तुम' के बीच के सम्बन्ध को स्पष्ट करनेवाली है, जहाँ प्राथमिक अवरोध और संकोच के बाद सारी सीमाएँ टूट जाती हैं। सीमाबन्ध की विराटता को द्योतित करने के लिए 'कगार' जैसे साभिप्राय और सार्थक शब्द का व्यवहार किया गया है। उसके आगम और उसकी प्राप्ति को 'फुहार' से आरम्भ कर 'धार-धार वर्षा' के रूप में अनुभूत और बिम्बीकृत किया गया है।

अन्तिम छन्द में कवि उस शाम का उल्लेख करता है, जो वर्षा-स्नात थी। यहाँ नगर के मार्ग पर बत्तियों के जलने और झिलमिलाने का उल्लेख मिलता है। वाचक को बत्तियों की झिलमिल में अपनी 'तुम' का नाम ही लिखा हुआ प्रतीत होता है, जो उसकी मानसिक अभिवृत्ति का सूचक है। उस शाम काया के सारे बन्ध निर्बन्ध हुए थे। क्रम-क्रम से सभी आवरण उतरे थे। स्नेह का 'गोपनधाम, स्थिर नहीं रहकर तैरती 'घुमेर' की तरह सक्रिय हो उठा था। बढ़ती हुई अवस्था के कारण अथवा किन्हीं और कारणों से विवशता के जमे पहाड़ भरभराकर गिर पड़े थे। उनका अस्तित्व खत्म हो गया था। रोम-राजि फूल की तरह हलकी हो उठी थी। संभोग के पश्चात् निमीलित नयनों में जो अन्धकार छाया था, वह भी मधुर प्रतीत होने लगा था। इस प्रकार मिलन के शीर्ष पर आकर यह कविता प्रणय की टेकवाली आवर्तक पंक्ति—'फिर घुमड़े वही मेघ, फिर आया याद प्यार'—के साथ समाप्त हो जाती है।

इस कविता का अन्तिम बन्ध अग्रप्रस्तुत बन जाता है। यह अग्रप्रस्तुति अर्थ-स्तर पर सामने आती है। कथ्य शीर्ष पर पहुँचकर आकर्षण-परक होता हुआ प्रमुख हो जाता है। दैहिक अनुभूति स्पर्श की चरमसीमा पर आ जाती है, जो प्रणय की आवेगिक घुमड़न और मनस्कामना के पुष्पों के प्रस्फुटन का अन्तिम परिणाम है। ऐसे इस कविता में समान्तरता और विचलन के सहारे अनेक स्तरों पर भी अग्रप्रस्तुति उपस्थित होती है। समान्तरता रूप-स्तर पर विरोध-मूलक और समता-मूलक दोनों ही रूपों में उभरती है। पहले बन्ध में 'देह खोखली थी' और 'था असाध्य हर प्रयास' में 'थी' और 'था' के प्रयोग में रूप-स्तर की विरोधी समान्तरता है, लेकिन 'देह खोखली थी' कहने और 'वर्ष छूछे आखिरी उदास' (थे) कहने में 'थे' का लोप किया गया है। यहाँ 'थे' के अध्याहार के कारण विचलन है। उसके बाद की पंक्ति 'आँखों में जाले रुग्ण' (थे) में भी 'थे' के अध्याहार के कारण विचलन उपस्थित हुआ है। पुनः 'वर्ष छूछे आखिरी उदास' और 'आँखों में जाले रुग्ण' दोनों ही में 'थे' के अध्याहार के कारण अध्याहार-मूलक विचलित समान्तरता उपस्थित हुई है।

इस कविता में क्रियापद का व्यवहार भी महत्त्वपूर्ण है। 'मेघ' का 'घुमड़ना', 'प्यार' का 'याद आना', 'हरसिंगार' का 'खिलना', 'मिट्टी' में 'हरे ज्वार का उठना',

'बिजली' के खुले तार का 'छू जाना', 'कगार' का 'टूटना', 'गुप्तधाम' का 'तैरना', 'विराम' का 'हटना', 'रोम' का 'फूल होना', 'जमे पहाड़' का 'गिरना', 'अन्धकार' का 'मीठा होना'—एक खास पद्धति के मुख्य क्रिया-प्रयोग हैं। दूसरी पद्धति के क्रिया-प्रयोग 'थी', 'था' जैसी सहायिका क्रिया में देखे जा सकते हैं।

'पेट्रा की सुगन्ध-सी' और 'घूमी जलतरंग-सी' में 'सी' जैसे वाचक के प्रयोग में समता-मूलक रूप-स्तरीय समान्तरता है। रुकने, झिझकने में अर्थ-स्तर की समता-मूलक, लगभग पर्यायी समान्तरता है तो, रुकने-झिझकने और हटने में अर्थ-स्तर की विषमता-मूलक समान्तरता है। 'जाल के चंदोवे' और 'नसों की नदियों' जैसी अभिव्यक्ति-प्रणाली में रूपक-रचना की संरचनागत समान्तरता है।

अर्थ-स्तर की दृष्टि से अर्थ का उच्चावच क्रम भी इस कविता में देखा जा सकता है। मेघ, फुहार, वर्षा—तीनों में उच्चावच क्रम की अर्थवत्ता है। वैसे ही शरीर और शरीर के अवयवों के बीच उच्चावच-क्रम की अर्थवत्ता है। देह, आँख, बाँह, नस, रोम आदि इसी प्रकार के शब्द हैं। फूल और हरसिंगार में भी यह क्रम विद्यमान है। नदी, कगार और जल-तरंग में भी यह उच्चावच क्रम प्राप्त होता है। मेघ और मोर का प्रभावक-प्रभावित सम्बन्ध भी अर्थ-स्तर पर महत्त्वपूर्ण है। मेघ वाचक के हृदयाकाश में घुमड़ता है तो वाचक को नायिका 'नील-मोर रंग की ताजी नयी घटा' प्रतीत होती है। इसके घुमड़ने और सरसाने से ही प्यार सार्थक होता है।

'प्यार' शब्द इस कविता का उन्मीलक शब्द है और 'फिर' प्रतिपाद्य शब्द। अवयवभूतार्थता की दृष्टि से इस प्यार में—आवेग, प्रस्फुटन, अंकुरण, संस्पर्शन, युगनद्ध संक्रमण, पिपासा, तृप्ति, सम्भोग, सुख-प्राप्ति और उसकी अन्तिम प्रशान्ति—ये सारे अर्थ विद्यमान हैं। ये सभी 'धन+' होकर ही इस शब्द से जुड़े हैं। 'प्यार' ही कविता का मुख्य कथ्य है, जो 'फिर' के सहारे आवर्तित होकर जीवन में प्रत्यक्षमाण हो उठा है। कवि ने बड़ी कलात्मकता के साथ इसके सारे व्यापार को क्रमबद्ध रूप में उद्घाटित कर दिया है। कवि ने जिन कौशलों का इस कविता की अभिव्यक्ति में सहारा लिया है, वे कौशल वस्तुतः समान्तरता और विचलन के मुख्य कौशल हैं, जिनसे अग्रप्रस्तुति की सृष्टि हुई है। पूरी कविता में 'तुम ताजी नयी घटा नील-मोर रंग की' सर्वाधिक अग्रप्रस्तुत पंक्ति है। यहाँ अग्रप्रस्तुति विचलन और विपथन दोनों ही के कारण उद्भूत हुई है। समापिका क्रिया के अभाव के कारण यहाँ विचलित अग्रप्रस्तुति है, तो कविता की अन्य पंक्तियों के मानक की तुलना में क्रियाविहीन होने के कारण विपथित अग्रप्रस्तुति। इस प्रकार नायिका की सार्वकालिक शाश्वत ताजगी की उक्ति की साभिप्रायता भी यहाँ स्पष्ट होती है। आलम्बन की इस घटा

के कारण ही प्यार का मेघ घुमड़ता है। कविता के सारे सार्थक क्रिया-व्यापार की शक्ति वस्तुतः इसी 'ताजी, नयी घटा नील-मोर रंग की' से सम्प्राप्त होते हैं। इसी की सरस तरलता में 'तैरती घुमेर बने प्यारवाले गुप्त धाम' की परिणति सिद्ध हो पाती है। इसी के कारण रुग्ण वयस्क के जीवन में प्यार के हरसिंगार खिलते हैं, उम्र के जमे पहाड़ गिर जाते हैं और रोम-रोम फूल हो उठते हैं।

23
घर रहेंगे

घर रहेंगे, हमीं उनमें रह न पाएँगे:
समय होगा, हम अचानक बीत जाएँगे:
अनर्गल जिन्दगी ढोते किसी दिन हम
एक आशय तक पहुँच सहसा बहुत थक जाएँगे।
मृत्यु होगी खड़ी सन्मुख राह रोके,
हम जगेंगे यह विविधता, स्वप्न, खो के
और चलते भीड़ में कन्धे रगड़कर हम
अचानक जा रहे होंगे कहीं सदियों अलग हो के।
प्रकृति और पाखण्ड के ये घने, लिपटे,
बँटे, ऐंठे तार,—
जिनसे कहीं गहरा, कहीं सच्चा,
मैं समझता—प्यार,—
मेरी अमरता की नहीं देंगे ये दुहाई।
छीन लेगा इन्हें हम से देह-सा संसार।
राख-सी साँझ, बुझे दिन की घिर जाएगी।
वही रोज संसृति का अपव्यय दुहराएगी।

'घर रहेंगे' कविता के मर्म को भी अग्रप्रस्तुति के समान्तरता, विचलन और विपथन जैसे अभिकरण अच्छी तरह उद्‌घाटित करते हैं। इनके रेखांकन और सम्यक् विश्लेषण से इस कविता का मर्म हमें अधिक स्पष्ट रूप से प्राप्त हो पाता है।

कवि लिखता है— *"घर रहेंगे, हमीं उनमें रह न पाएँगे*
समय होगा, हम अचानक बीत जाएँगे।"

यहाँ 'घर के रहने' और 'हमीं' के 'उनमें न रह पाने' में अर्थ-स्तर की विरोधी समान्तरता मिलती है। इसी प्रकार 'समय' के बने रहने, होने और 'हम' के अचानक बीत जाने यानी नहीं होने में भी अर्थ-स्तर की विरोधी समान्तरता है। दूसरे, 'हम' के बीतने में अस्वीकार्यतामूलक विचलन भी है, क्योंकि बीतना समय का काम है, हमारा नहीं। लेकिन तब समय रहेगा, हम बीत चुके होंगे। कवि कहता है किसी दिन हम निर्बन्ध जिन्दगी ढोते एक आशय तक पहुँचकर अचानक ही बहुत थक चुके रहेंगे।

इस कविता में समय को उच्चावच अर्थवत्ता (हिपोनिम) के रूप में नियोजित किया गया है। 'समय', 'सदियाँ', 'दिन' और 'साँझ' –इनके इस सम्बन्ध को हम ऐसे रेखांकित कर सकते हैं–

समय → सदियाँ → दिन → साँझ

इस कविता में 'स्थल-तत्त्व' और 'काल-तत्त्व' की स्थायिता बतायी गयी है। 'घर रहेंगे' कहकर कवि स्थल-तत्त्व की स्थायिता को रेखांकित करता है और 'समय होगा' कहकर काल-तत्त्व की स्थायिता को। यहाँ घर 'घर' भी है और 'संसार' भी है। लेकिन मनुष्य इतना निरुपाय और विवश है कि न तो वह स्थल-तत्त्व की तुलना में स्थायी हो पाता है और न ही काल-तत्त्व की तुलना में स्थायी रह सकता है। कवि ने दूसरी पंक्ति में 'अचानक', चौथी पंक्ति में 'सहसा' और आठवीं पंक्ति में 'अचानक' का प्रयोग कर अर्थ-स्तरीय समतामूलक समान्तरता की भी सृष्टि की है। मनुष्य का, हमारा इस संसार से विदा लेना अचानक और सहसा ही होता है। उसकी यह थकान और उसका यह बीत जाना सदैव आकस्मिक ही रहेगा, क्योंकि हम अवश हैं। कवि कहता है कि सामने हमारी राह रोक कर मृत्यु खड़ी होगी। जीवन के न केवल नाना परिदृश्य को वह 'विविधता' कहता है, बल्कि नाते-रिश्तों की विविधता की ओर भी इशारा करता है और अपने अनपूरे, अधूरे अरमानों को 'स्वप्न' बताता है। उस दिन हम इस विविधता, इस स्वप्न को खोकर जगेंगे, होश में आएँगे। आठवीं पंक्ति में पुनः 'अचानक' शब्द का व्यवहार मनुष्य के अस्तित्व के सहसा ही किसी और शक्ति के द्वारा नष्ट किये जाने का द्योतक है। पाँचवीं पंक्ति–'मृत्यु होगी खड़ी सम्मुख राह रोके' में इस तथ्य का संकेत नहीं है कि वह किसकी राह रोके खड़ी होगी। वस्तुतः यह हमारे जीवन की राह है। यहाँ इसके लोप से वाक्यस्तरीय और अर्थस्तरीय अध्याहृत विचलन उपस्थित हुआ है। कवि ने छठी पंक्ति में मृत्यु के आने पर संसारी जागरण को स्वप्न कहकर अर्थस्तरीय विचलन किया है। सातवीं और आठवीं पंक्ति में वह कहता है–

''और चलते भीड़ में कन्धे रगड़कर हम
अचानक जा रहे होंगे कहीं सदियों अलग हो के।''

पहले चरण में कहा गया है 'हम बहुत थक जायँगे'। दूसरे चरण में कहा गया है 'हम अचानक जा रहे होंगे'। थकना है निर्बाध, चिन्तन-विहीन जिन्दगी जीते हुए, वह भी एक आशय तक पहुँचकर, व्यंजित है अपने-अपने लक्ष्य के आशय तक जहाँ तक हम पहुँच सकें और जाना है 'चलते भीड़ में' से। थकना है जिन्दगी ढोते हुए और जाना है भीड़ में से कन्धे रगड़कर। पर उसी 'भीड़' से कहीं 'सदियों अलग हो

के'। 'भीड़' अपनों की भीड़ और संसार का संकेत देती है। 'घर' की तरह यह भी स्थलवाची है, लेकिन 'सदियों' का प्रयोग कालवाचक तत्त्व को दिखलाता है। ध्यान देने योग्य है कि स्थल के स्तर पर बहुत निकट रहकर भी हम कहीं सदियों की दूरी पर रहनेवाले दो प्राणियों की तरह अजनबी और अपरिचित रह सकते हैं। इस आठवीं पंक्ति में कवि ने अस्वीकार्यता की दृष्टि से साभिप्राय विचलन किया है। अलगाव और दूरी की चेतना 'स्थल-तत्त्व' से मापी जाती है, लेकिन इसका अतिक्रमण कर कवि ने मील और किलोमीटर की दूरी न दर्शाते हुए सदियों की दूरी दर्शायी है, मानों समकालीनता से अलग होकर पुरातन पड़कर संसार से दूर हो रहे हों।

नवीं से लेकर चौदहवीं पंक्ति तक कवि ने सांसारिक जीवन को प्रकृति और पाखण्ड के तार के रूप में देखा है। इन तारों की विशेषता बताने के लिए उसने विशेषण के रूप में तीव्रकों (इण्टेन्सिफायर्स) का प्रयोग किया है। 'कैसे हैं ये तार?' तो 'घने', 'लिपटे', 'बँटे', 'ऐंठे' हैं। इन विशेषणों में अन्तिम 'ए' ध्वनि के कारण अथवा मुक्त आक्षरिकता के कारण यहाँ ध्वनिमूलक समान्तरता भी उभरती है। ग्यारहवीं पंक्ति में 'कहीं गहरा', 'कहीं सच्चा' में 'कहीं' की आवृत्ति में शब्द-स्तरीय समता-मूलक समान्तरता आती है। कवि, जीवन को ऐसे तार से निर्मित मानता है, जो प्रकृति और पाखण्ड के तत्त्वों के तार से बने हैं। पर कवि इन तारों को अमरता की दुहाई देने में असमर्थ मानता है। इसीलिए उसका अहसास है कि इन तारों से कहीं ज्यादा, गहरा और कहीं ज्यादा सच्चा कवि की दृष्टि में 'प्यार' है। कवि की अमरता की दुहाई ये तार नहीं देंगे। उन्हें तो देह की तरह ही संसार छीन लेगा, लेकिन 'प्यार' अमरता की शक्ति से भरा होता है। उसी से अनर्गल जिन्दगी सार्थक होती है। उसी से सदियों अलग होने का अजनबीपन हटता है। वही संस्कृति के अपव्यय को होने से रोकता है। कवि तीसरे चरण में वाक्यस्तरीय विचलन का उदाहरण प्रस्तुत करता है। सामान्य रचना की दृष्टि से उसे यह कहना था–

"प्रकृति और पाखण्ड के ये घने लिपटे,
बँटे, ऐंठे तार–
मेरी अमरता की नहीं देंगे ये दुहाई
छीन लेगा इन्हें हम से देह-सा संसार।"

लेकिन वह इन पंक्तियों की रचना के बीच में वाक्य के मोचक (Release) होते हुए भी प्रोक्ति की संरोधी-संरचना उपस्थित करता हुआ 'जिनसे कहीं गहरा, कहीं सच्चा, मैं समझता प्यार' जैसे वाक्यांश को संयोजित करता है। दरअसल ये विचलित पंक्तियाँ हैं, जो अग्रप्रस्तुत हो जाती हैं। कवि इन पंक्तियों की पुनः नीचे कोई व्याख्या

नहीं करता। पन्द्रहवीं और सोलहवीं पंक्ति में वह अनर्गल, स्वप्निल जीवन के विनाश की उक्ति करता है। सोलहवीं पंक्ति में यह स्पष्ट हो जाता है कि ऐसी जिन्दगी और कुछ नहीं, नित्य ही संसार के अपव्यय का दोहराव-मात्र है। सोलह पंक्तियों की इस कविता में ग्यारहवीं और बारहवीं पंक्ति अत्यन्त सुसंगत रूप में उपस्थित होती है। अन्य पंक्तियों की व्याख्या तो कविता में प्राप्त हो जाती है, पर ये पंक्तियाँ अव्याख्येय ही रहती हैं। ये अग्रप्रस्तुत पंक्तियाँ हैं। पूरी कविता में कवि ने 'हम' का व्यवहार किया है, जो समष्टिमूलक है, लेकिन बारहवीं पंक्ति में वह 'मैं' का व्यवहार करता है, जो व्यष्टिमूलक है। वह अपनी ही समझ का परिचय देता हुआ 'समझता' क्रिया का व्यवहार करता है। यहाँ प्रयुक्त 'समझता' शब्द अत्यन्त साभिप्राय है। इस प्रकार इस पूरी कविता में कविता का अनुभव-संसार कवि की इसी समझ से उत्पन्न होता है। कवि ने समझा है—

1. घर रहेंगे................	हमी उनमें रह न पायेंगे
2. समय होगा............	हम अचानक बीत जायेंगे
3. मृत्यु होगी.............	जा रहे होंगे कहीं सदियों अलग हो के

यहाँ वह देश, काल और पात्र को अच्छी तरह देखता हुआ देश, काल की स्थायिता और पात्र की अस्थायिता पर प्रकाश डालता है। आगे वह पुनः अपनी समझ स्पष्ट करता है—

1. प्रकृति के यह घने, लिपटे; बँटे, ऐंठे तार	1. मेरी अमरता की नहीं देंगे दुहाई
2. पाखण्ड के ये घने, लिपटे, बँटे ऐंठे तार	2. छीन लेगा इन्हें हम से देह-सा संसार
3. जिनसे कहीं गहरा, कहीं सच्चा मैं समझता प्यार	3. ....

इस प्रकार कवि ने 'प्रकृति' और 'पाखण्ड' के तारों के विषय में तो कहा है कि ये नश्वर हैं, अमर नहीं हैं और इनसे कहीं गहरा, कहीं सच्चा 'प्यार' को बताया है। लेकिन आगे इसकी कोई व्याख्या नहीं की है। कवि मौन रह गया है, पर इस मौन से अर्थ उभरता है—देश, काल रहेंगे, पात्र नहीं रहेंगे। प्रकृति पात्र को अमर नहीं करती। पात्र को अमर पाखण्ड नहीं करता। पात्र की अमरता जिससे आती है, यह तत्त्व स्नेह का ही चिरन्तन तत्त्व है, यही काल-तत्त्व और स्थल-तत्त्व के ऊपर जीत प्राप्त करता है। इस प्रकार इस पूरी कविता में 'प्यार' उन्मीलक शब्द (Key words) बनकर उपस्थित होता है। 'समय', 'दिन', 'साँझ' आदि तो प्रतिपाद्य शब्द के रूप में व्यवहृत हैं। इस कविता में सारे क्रिया-प्रयोग भविष्य-क़ालिक हैं—'रहेंगे', 'पायेंगे',

'जायेंगे', 'होगा', 'होंगी', 'जगेंगे', 'होंगे', 'देंगे', 'लेगा', 'जायेगी', 'दोहरायेगी'। सिर्फ एक क्रिया वर्तमानकाल में आयी है, जो बारहवीं पंक्ति की अग्रप्रस्तुत क्रिया है—'मैं समझता'। इस प्रकार वर्तमानकालिक क्रिया के एकमेक होने के कारण रूप-स्तर पर भी यह पंक्ति विपथित होकर अग्रप्रस्तुत हो जाती है।

'समझता' क्रिया के साथ कवि ने किसी भी सहायक क्रिया का प्रयोग नहीं किया। न तो 'था' का प्रयोग है, न 'हूँ' का और न ही 'हूँगा' का। किसी एक सहायक क्रिया का प्रयोग करने से समझने का सत्य एककालिकता में सिमट जाता है। कवि इस रूप में यहाँ अध्याहृत विचलन कर अर्थात् किसी एक सहायक क्रिया का प्रयोग नहीं कर अपने समझने को त्रैकालिक समझ के रूप में उपस्थित करता है। इस प्रकार उसकी यह समझ निर्बन्ध रूप में कालातीत हो जाती है। इस रूप में भी यह पंक्ति पूरी कविता में अग्रप्रस्तुत हो उठती है।

इस कविता पर विचार करते हुए यद्यपि डॉ. रवीन्द्रनाथ श्रीवास्तव ने यह लिखा है कि वह अपने जीवन की सार्थकता-निरर्थकता के प्रश्नों के भीतर से गुजर कर इस सत्य का अन्तर्ज्ञान पाता है कि जीवन और जगत् में अगर कोई ऐसा तत्त्व है, जो उसकी अमरता की दुहाई दे सकने में सक्षम है और जिसे संसार उससे देह-सा छीन लेने में समर्थ नहीं है तो वह है 'प्यार'।[1] लेकिन डॉ. श्रीवास्तव ने उस विशिष्ट कौशल को स्पष्ट नहीं किया है जिसके सहारे इन पंक्तियों का कथ्य इस कविता में इतना महत्त्वपूर्ण हो उठा है। वस्तुतः यह कौशल उस अग्रप्रस्तुति का है, जो वाक्यस्तरीय विचलन और शब्दस्तरीय समान्तरता से उत्पन्न हुई है। अनकहा अर्थ यह है कि यह 'प्यार' हमारी अमरता की दुहाई देगा और इसे देह की तरह संसार छीन नहीं सकेगा। संस्कृति के अपव्यय में जीवन-जगत् में यही एक सद्व्यय है। अपव्यय स्थायी नहीं होता, लेकिन सद्व्यय स्थायी होता है। कविता का शीर्षक है 'घर रहेंगे'। इस पृष्ठप्रस्तुति में कवि यह बताना चाहता है कि घर के रहने में और समय के होने में हमारा कोई नियन्त्रण और अधिकार नहीं है। लेकिन स्नेह को सुरक्षित रखने और उसे स्थायिता देने का सारा अधिकारी मनुष्य है। यह वह तत्त्व है, जो मृत्यु की भीति से मनुष्य को अलगा देता है अर्थात् कविता के शीर्षक का प्रत्युत्तर भीतर कविता में निहित है। घर का रहना और समय का रहना महत्त्वपूर्ण नहीं है, पर 'प्यार' का संजीवित रहना कहीं अधिक महत्त्वपूर्ण है और क्या यह घर उसकी रचना-सर्जना का घर नहीं है? और 'प्यार' पाठकों का 'प्यार (रचना के प्रति) नहीं है?

---

1. रवीन्द्रनाथ श्रीवास्तव, 'शैलीविज्ञान और काव्य-विश्लेषण', संरचनात्मक शैलीविज्ञान, (दिल्ली : आलेख प्रकाशन, 1979), पृष्ठ 218।

24
'एक पारिवारिक प्रश्न'

आज हिन्दी में मार्क्सवादी आलोचक प्रायः किसी भी कविता के भावन में इतिहास, समाज, राजनीति को लाने और अपने ज्ञान-कोश को कविता से जोड़ने के उद्यम में लगे हुए हैं। वे यह समझने की कोशिश नहीं करते कि कविता की समझ काव्य-विवेक से उत्पन्न होती है और यह काव्य-विवेक प्रथमतः और अन्ततः पाठ की भाषिक संरचना और पाठक की भावन-क्षमता पर आधारित होता है। अन्तर-पाठ की जो भी स्थितियाँ होती हैं, वे इन दोनों के बीच की होती हैं। अभी हाल में वागर्थ के मई, 2008 अंक में केदारनाथ सिंह की 'एक पारिवारिक प्रश्न' कविता का पुनर्पाठ किया गया है। पर दो स्तम्भों वाले दो पृष्ठों में 'स्वतन्त्र भारत में गुलाब' शीर्षक से आलोचक रविभूषण द्वारा किया गया यह पुनर्पाठ इसलिए बेमानी हो जाता है कि इसमें कहीं भी कविता के मर्म को पकड़ने की कोशिश नहीं की गयी है। यूँ तो कविता का हर वाचन एक 'मिसरीडिंग' ही है पर यह वाचन एक गलत या अभावात्मक 'मिसरीडिंग' (Misreading) बन कर रह गया है।

कविता इस प्रकार है—

"छोटे से आँगन में
माँ ने लगाये हैं
तुलसी के बिरवे दो
पिता ने उगाया है
बरगद छतनार
मैं अपना नन्हा गुलाब
कहाँ रोप दूँ?
मुट्ठी में प्रश्न लिये
दौड़ रहा हूँ वन-वन
पर्वत-पर्वत
रेती-रेती...
बेकार।"

इस पुनर्पाठ में आलोचक प्रश्न खड़े करता है—"क्या उस समय का पारिवारिक प्रश्न मात्र पारिवारिक प्रश्न था या उसमें ऐसे कई संकेत स्वर-अर्थ छिपे थे, जिन्हें आज ढूँढ़ना और खोलना आवश्यक है।... क्या उस समय और आज भी पारिवारिक प्रश्न

को हम सामाजिक-राष्ट्रीय प्रश्न के रूप में देखना चाहेंगे?" पर वह अपने पूरे विवेचन में न तो इस कविता के संकेत-स्वरों को पहचान पाता है और न ही इसकी सामाजिक-राष्ट्रीय साभिप्रायता को खोल पाता है। इसीलिए उसके विवेचन में, न तो आँगन स्पष्ट हो सका है, न माँ, न पिता, न तुलसी के बिरवे, न बरगद और न नन्हा गुलाब। न वन-वन, न पर्वत-पर्वत, न रेती-रेती ही। लेखक ने अपनी व्याख्या को पहले ही मुक्तिबोध के घर की तुलसी से अन्तःसम्बन्धित कर दिया है। कविता अपने अर्थबोध के लिए पाठ की गहनता में जाने की माँग करती है। पुनर्पाठ का व्याख्याकार उसे व्यापक सन्दर्भ में देखने की आवश्यकता तो बताता है। पर वह मूल कविता से व्यापक सन्दर्भ की ओर नहीं जाता, बल्कि व्यापक सन्दर्भों को कविता पर आरोपित कर देता है। यद्यपि उसकी इच्छा तो संकेत-स्वरों को पकड़ने की है, पर वह ऐसा कर नहीं पाता है। केदार जी की कविता में कहीं भी 'घर' शब्द का प्रयोग नहीं है। व्याख्याकार ने परासन्देशीय (Hypogramic) रूप में उसे घर से जोड़ दिया है तथा त्रिलोचन, मंगलेश आदि कवियों की कविता में 'घर' कहाँ-कहाँ और कैसे आया है, इसे वह उद्धृत-विवेचित करने लगा है। साथ ही उसने इसे गाँव की कीमत पर स्वतन्त्र भारत में विकास के स्वरूप से भी जोड़ दिया है। पुनर्पाठ में इस कविता के सन्दर्भ में विद्यानिवास मिश्र के 'आँगन का पक्षी और बनजारा मन' तथा मुक्तिबोध जैसे साहित्यकारों को ही स्मरण किया गया हो, ऐसी बात नहीं है। लेखक काव्य-विवेक से विरहित होकर जवाहरलाल नेहरू, पटेल, अम्बेडकर जैसे राजनेताओं की बात करने लगता है। वह गाँव और नगर के बीच नगरीकरण की योजनाओं को समझाता है। सरकार-निर्देशित मॉडल की याद दिलाता है तथा लिखता है—"इसमें नन्हें गुलाब रोपने का कहाँ स्थान था?... स्वतन्त्र भारत की नयी पीढ़ी अपना नन्हा गुलाब रोपने के लिए पचास के दशक में बेचैन थी। कवि का प्रश्न निजी नहीं पारिवारिक था।" उसकी दृष्टि में "गुलाब रोपने का सम्बन्ध मिट्‌टी और धरती से है।" कविता में जो प्रश्न मुखर है कि 'कहाँ रोपूँ' इसकी उक्त व्याख्या करता हुआ वह इसे सीधे उस समय के और आज के भारत के सत्ता-पक्ष से जोड़ देता है। वह वन-वन, पर्वत-पर्वत, रेती-रेती को नहीं समझ पाता और रोमाण्टिक होकर लिखता है—"आज पर्वतों और रेतीले स्थानों की क्या स्थिति है?" और बताता है कि "कविता में जो प्रश्न मुट्‌ठी में था वह बाद में खुली हथेली पर आ गया और आज वहाँ से भी निकलकर चारों ओर फैल चुका है।" पर क्या प्रश्न का यह विस्थलीकरण ही उसकी विफलता का कारण नहीं है? सफलता के लिए प्रश्न का मस्तिष्क में रहना अपेक्षित है न कि मुट्‌ठी में। जैसा प्रश्न है, उसका समाधान मस्तिष्क से, हृदय से सम्भव है,

मुट्ठी से नहीं। यदि वह सामान्य गुलाब होता, तो मुट्ठी में गुलाब की टहनी होती, प्रश्न नहीं होता। पुनर्पाठकर्त्ता केवल सुपरफ्लुअस (Superfluous) प्रश्न उठाता है कि गुलाब की खुशबू और सौन्दर्य कहाँ है? क्या सचमुच यह दौड़ बेकार थी? क्या सचमुच यह दौड़ जारी है? वह इस दौड़ को घुड़दौड़ से भी जोड़ देता है और प्रश्न करता है कि कविता की इस दौड़ का आज की घुड़दौड़ से कोई सम्बन्ध है?

अब उक्त पुनर्पाठ की पृष्ठभूमि में केदार जी की कविता पर विचार करें। यह छोटा-सा आँगन किसी व्यक्ति के घर का आँगन नहीं है। यह विभाजन के बाद छोटे हुए हमारे देश का छोटा आँगन है। माँ भी किसी परिवार की माँ नहीं है। यह भारत माता है, जिसने तुलसी के दो बिरवे लगाये हैं। विभाजन के समय ही अपने देश में हिन्दू और मुसलमान दोनों धर्मों के लोगों को समान स्थान दिया गया था। धर्म-निरपेक्षता का सिद्धान्त आया था। हिन्दू भी उतने ही पवित्र, मुसलमान भी उतने ही पवित्र हैं। आजाद देश में ये दोनों तुलसी जैसे पवित्र बिरवे ही हैं। इनमें किसी प्रकार का कोई भेद नहीं है। ये मनुष्यता के दो बिरवे हैं। पिता और कोई नहीं, राष्ट्रपिता महात्मा गाँधी हैं। उन्होंने बरगद छतनार उगाया है। गाँधी द्वारा हिन्दू और मुसलमान दोनों को एक समान मानना, उनमें अभेद मानना एक नये इतिहास का आरम्भ था। बरगद छतनार को उगाने की बात कही गयी है। गाँधी ने भारत के आजाद होने की कोशिशें की थीं। उनकी कोशिश सार्थक हुई। बरगद जहाँ इस नये इतिहास को व्यंजित करता है वहीं यह विशाल मानवीयता को भी व्यंजित करता है। माँ ने जो बिरवे लगाये हैं, वे आजादी के बाद के हैं, पिता ने जो बरगद छतनार उगाया है, वह आजादी के पहले का है, जो आजादी के बाद छतनार होकर छाया दे रहा है। इसी के आधार पर भारत सेक्युलर राष्ट्र बना। इसलिए यह कविता एक सामान्य पारिवारिक प्रश्न बनकर नहीं रह जाती, बल्कि पूरे देश को एक परिवार के रूप में प्रस्तुत करती है और देश-रूपी परिवार के ही सवाल उठाती है। पर आलोचक वैयक्तिक और पारिवारिक की सीमा में ही सिमट कर रह जाता है—"कवि का प्रश्न निजी नहीं, पारिवारिक था।"

कवि की कविता में 'मैं' अपने नन्हें 'गुलाब' को रोपने के लिए बेकल-बेचैन है। 'मैं' आजाद देश की नयी पीढ़ी का एक प्रबुद्ध व्यक्ति है, पर वह अमूर्त प्रेम का मूर्तीकरण भी है। यह गुलाब क्या है? आलोचक अर्थ-चिह्नों (Traces) को पहचानने से रह गया है। यह गुलाब प्रेम की सुगन्ध है, आपसी भाईचारा है, यह अहिंसक शान्ति है। यह 'सुन्दरम्' ही मानवता का 'सत्य' और 'शिव' है। यह कवि का व्यंजनात्मक प्रयोग है। उस गुलाब के पहले 'नन्हा' विशेषण लगा हुआ है। यह 'नन्हा' भी इसे

बरगद और तुलसी से अलग करता है। यह 'नन्हा' ही 'विराट्' में परिवर्तित होता है। इसके बिना 'बरगद' और 'तुलसी' की सार्थकता नहीं।

यदि यह एक ग्रामीण परिवार के घर का आँगन है, तो जहाँ पिता ने बरगद लगाया, माँ ने तुलसी के बिरवे लगाये, उस छोटे-से आँगन में एक नन्हें गुलाब को लगाने की जगह तो होनी ही चाहिए थी, पर नहीं! कवि यहीं आकर फन्तासी की हलकी-सी परत बुनता है, वह वन-वन, पर्वत-पर्वत, रेती-रेती दौड़ता है, पर कहीं उसे नन्हा गुलाब रोपने की जगह नहीं मिल पाती। यहाँ इस कविता का पुनर्पाठ करनेवाले आलोचक ने यह नहीं देखा कि नन्हें गुलाब को लगाने की जगह आखिर कहाँ है? यह ठीक है, यह प्रश्न दो पीढ़ी के बीच का है या कि आजादी के बाद भारत में विकसित होती जाती अनेक पीढ़ियों का भी है। वास्तव में यहाँ नन्हा गुलाब लगाने की जगह हृदय है, मिट्टी और धरती नहीं। प्रेम, अहिंसक शान्ति, भाईचारा, सद्भाव—ये सब हृदय में रहते हैं। 'मैं', कविता का एकवचनीय वाचक लगातार दौड़ता जाता है कि वह कहाँ और किस मनुष्य के हृदय में इसे रोपे? व्याख्याकार ने बड़े-बड़े लोगों के नाम गिनाये हैं। इसमें कोट के बटन-होल में गुलाब लगानेवाले भी हैं। पर उनके दिल में गुलाब नहीं खिलता है। यह सच है कि नेहरू का सम्बन्ध डाली से तोड़कर लाये हुए गुलाब के साथ है। उनके हृदय में गुलाब नहीं खिलता। वहाँ वोट-बैंक की राजनीति चलती है। वाचक गुलाब रोपने के लिए विशेष से सामान्य जन तक बेचैन दौड़ता रहा। पर वह जहाँ भी गया, उसे हिंस्र हृदय मिला (वन-वन), निर्मम हृदय मिला (पर्वत-पर्वत), अनुर्वर हृदय मिला (रेती-रेती)। वह गुलाब कहाँ रोपता? उसने अनुभव किया, अपने देश में इसके लायक कोई हृदय-स्थली कहीं नहीं है। अन्त में वह कहता है—बेकार। क्या उसकी दौड़ बेकार हो गयी या उसकी दौड़ बेकार थी? यह प्रश्न सचमुच अब तक अस्तित्ववान् है, क्योंकि वह हिंस्र, निर्मम और अनुर्वर में यह गुलाब नहीं रोप सकता।

वस्तुतः हृदय ही प्रेम, शान्ति और अमन-चैन का स्थल है, जहाँ गुलाब का पौधा आजादी के बाद देश के लोगों के हृदय में लगाया जा सकता था, उगाया जा सकता था। आज भी यह रोपा जा सकता है। पर इस देश के हम करोड़ों पुत्र (1957) और आज की हम एक अरब मानव-सन्तान इसे रोपने से विमुख हैं। कवि का बेकार शब्द यहाँ पूरी तरह सार्थक है, क्योंकि हमारे हृदय में 'गुलाब' का नन्हा पौधा कोई और रोप नहीं सकता, उसे प्रेम-रूप हम स्वयं ही अपने-अपने हृदय में लगा सकते हैं। काँटों की सहनशीलता के बीच ही हम गुलाब लगा सकते हैं। प्रेम स्वयं इसके लिए हमें अभिप्रेरित कर रहा है। पर व्याख्याकार को इन अर्थों से कोई साक्षात्कार नहीं हो पाया है।

गुन्नार मिर्डल ने अपने 'एशियन ड्रामा' और 'पॉवर्टी इन इण्डिया' (Poverty in India) में आजाद भारत की औद्योगिक नीति की प्राथमिकता की आलोचना की है और लिखा है कि भारत को सबसे पहले शिक्षा-नीति और कृषि-नीति पर ध्यान देना चाहिए था। सच्चाई यही है कि हृदय-हृदय में गुलाब लगाने का सरोकार हमारी मूलभूत प्राथमिक शिक्षा से जुड़ा है। पर हम शान्ति, अहिंसा, भाईचारा और धर्म-निरपेक्षता पर करोड़ों रुपये खर्च कर राष्ट्रीय-अन्तरराष्ट्रीय संगोष्ठियाँ आयोजित करते हैं, जो गुलाब रोपने की सही कोशिश नहीं है। वह तो ऐसे हृदयों में उसे घुसेड़ने की नाकाम कोशिश है, जहाँ वन का हिंस्र अन्धेरा, पाषाण की निर्ममता और रेती की अनुर्वरता-ही-अनुर्वरता है। अतः पहले इस हिंस्र अन्धकार, पाषाणी निर्ममता और रेती की अनुर्वरता को मिटाने की अपेक्षा है, जिससे गुलाब रोपने की जगह तैयार हो सके। पर आज आजादी के 61 वर्ष बीत जाने के बाद भी मूलभूत शिक्षा के आरम्भिक स्तर पर—चाहे वह शिक्षा कान्वेण्ट की हो, पब्लिक स्कूल की हो, सरकारी स्कूल की हो, जिला-परिषद् या नगरपालिका के स्कूल की हो—कहीं भी इस अन्धकार, निर्ममता और अनुर्वरता को मिटाने का पाठ नहीं पढ़ाया जाता है और न वैसे संस्कार ही दिये जा पाते हैं। फिर शान्ति, भाईचारा, अमन-चैन, धर्म-निरपेक्षता का पाठ कैसे ग्रहण किया जा सकता है, गुलाब कैसे रोपा जा सकता है? निराला ने कभी सपाटबयानी में लिखा था—"एक पाठ पढ़ेंगे, टाट बिछाओ।" केदारनाथ सिंह व्यंजना में कहते हैं—"यह नन्हा-सा गुलाब कहाँ रोप दूँ" और यह व्यंजित कर देते हैं कि कुकरमुत्ता भले ही 'उगाया नहीं उगता', पर प्रेम और शान्ति की टहनी लगाये लगती है, उगाये उगती है। आज 61 वर्ष बीत जाने के बाद भी इस कविता को यह प्रतीक्षा है कि हमारा समाज, हमारे सामाजिक संगठन, हमारी सरकार और हम स्वयं यह प्रयास कर पायें कि हम गुलाब को अपने-अपने हृदय में स्वयं लगा सकें, इसे वहाँ खिला सकें।

कहना होगा कि यह छोटी-सी कविता पाठक के काव्य-विवेक को झकझोरती है। कविता का समाज और राजनीति के साथ सम्बन्ध ऊपरी सतह पर नहीं होता, गहरायी में होता है और काव्य-विवेक से ही उसका भावन हो सकता है, काव्य-विवेक को नकार कर नहीं। यह पूरी कविता एक चुनौती है, गुलाब को हृदय में उगाने का आत्म-संस्कार विकसित करने की दृष्टि से। दूसरों के द्वारा लगाये जाने का प्रयत्न तो बेकार ही रहेगा। यह तभी सार्थक होगा जब हम सभी इसे अपने-अपने हृदय में बहुवचनीयता में रोप सकें। प्रेमभाव से इसे लगाने दे सकें।

इस कविता के पुनर्पाठ में आलोचक रविभूषण गोताखोरी नहीं कर तैरते चले गये हैं। उन्होंने 'दो' सार्वनामिक विशेषण पर भी ध्यान नहीं दिया है। आखिर बिरवा एक

क्यों नहीं है? आँगन में लगाया जानेवाला तुलसी का बिरवा एक ही होता है। फिर गाँव के आँगन में तुलसी के बिरवे तो लगाये जा सकते हैं, पर बरगद छतनार भला कैसे लगाया जा सकता है? उन्होंने अपनी ओर से बाहर बरगद लगाने का अभिप्राय ले लिया है। पर बरगद जैसा वृक्ष कोई भी घर के बाहर नहीं लगाता। पीपल और बरगद जैसे वृक्ष गाँव में कहाँ लगाये जाते हैं, यह किसी से छिपा नहीं है। कविता में जो प्रकटतः कहा जाता है, उसमें कविता नहीं होती। कविता अनकहे में होती है। वे इस 'अनकहे' को उद्घाटित नहीं कर सके हैं। यह कविता एक आद्य-लेखन (Arche writing) है। कविता का प्रश्न घरेलू, पारिवारिक प्रश्न नहीं है, पूरे देश का प्रश्न है, देश-रूपी परिवार का प्रश्न है। कविता बताती है कि बिना गुलाब को रोपे बरगद छतनार के उगाये जाने और तुलसी के दो बिरवों के लगाये जाने की सार्थकता भी अर्थहीन हो जाती है।

आलोचक रविभूषण के पुनर्पाठ की विशेषता यह है कि उन्होंने प्रश्न-पर-प्रश्न उठाये हैं। भावक-पाठक को इसकी अन्तर्वस्तु के प्रति जागरूक किया है। मैंने इसकी विसंरचनात्मक सर्जना में उनके द्वारा उठाये गये प्रश्नों के ही उत्तर दिये हैं। विसंरचनावादियों (Deconstructionists) ने कविता के प्रत्येक भावन को अभावात्मक वाचन (Misreading) माना है, जिसमें कुछ-न-कुछ छूट जाता है, अनदेखा रह जाता है। इस दृष्टि से कोई 'मिसरीडिंग' अधिक सही हो सकती है और कोई कम। पर कविता के किसी भी वाचन में अर्थ पूरी तरह निःशेष नहीं हो जाता, अर्थ-क्रीड़ा और अर्थोन्मेष की सम्भावनाएँ सदैव शेष रहती हैं। इसीलिए किसी कविता को अन्तिम रूप में अर्थायित नहीं किया जा पाता। पर सर्जनात्मक उन्मेष में वह अपनी झाँकी अवश्य दिखा जाती है। यह प्रक्रिया इस कविता के साथ भी चलती रहेगी।

कहना न होगा कि इस अर्थगर्भी गुणात्मक कविता ने केदारनाथ सिंह को 1957 में ही एक बड़ा कवि बना दिया था।

25
विद्रोह

आज घर में घुसा/तो वहाँ अजब दृश्य था/सुनिए-मेरे बिस्तर ने कहा/यह रहा मेरा इस्तीफा/मैं अपने कपास के भीतर वापस जाना चाहता हूँ।

उधर कुर्सी और मेज का/एक संयुक्त मोर्चा था/दोनों तड़प कर बोलें/जी, अब बहुत हो चुका/आप को सहते-सहते/हमें बेतरह याद आ रहे हैं हमारे पेड़/और उनके भीतर का यह चिकना-सा द्रव/जिसकी हत्या कर दी है आपने/इधर आलमारी में बन्द किताबें चिल्ला रही थीं-हमें खोल दो/हम जाना चाहती हैं अपने बाँस के जंगल/और मिलना चाहती हैं अपने बिच्छुओं के डंक/और साँपों के चुम्बन से।

पर सबसे अधिक नाराज थी वह शॉल/जिसे अभी कुछ दिन पहले/कुल्लू से खरीद लाया था/बोली-साहब/आप तो बड़े साहब निकले/मेरा दुम्बा भेंड़ा मुझे कबसे पुकार रहा है/और आप हैं कि अपनी देह की कैद में/लपेटे हुए हैं मुझे।

उधर टी.वी. और फोन का बुरा हाल था/जोर-जोर से कुछ कह रहे थे वे/पर उनकी भाषा/मेरी समझ से परे थी/कि तभी नल में टपक्रता पानी तड़पा/अब तो हद हो गयी साहब!/अगर सुन सकें तो सुन लीजिए इन बूंदों की आवाज/कि हम यानी आपके सारे-के-सारे कैदी/आदमी की जेल से मुक्त होना चाहते हैं/"आप जा कहाँ रहे हैं?"/मेरा दरवाजा कड़का/जब मैं बाहर निकल रहा था।

'विद्रोह' कवि केदारनाथ सिंह द्वारा हाल के वर्षों में लिखी गयी कविता है, जो पहली बार अक्टूबर, 2009 की 'आउटलुक' पत्रिका में प्रकाशित हुई थी। 'विद्रोह' कविता का नाभिकेन्द्र भाषा का प्रोक्ति-स्तर है।

कविता का वाचक जब अपने घर में प्रवेश करता है, तो वह वहाँ अजब दृश्य पाता है। कवि ने घर के अन्दर के बिस्तर, कुर्सी, मेज, आलमारी में बन्द किताबें, वाचक की शॉल, टी.वी., फोन, नल से टपकता पानी और दरवाजे के बहाने कविता में अपना प्रतिपाद्य उपस्थित किया है। कवि पाता है कि घर के अन्दर के सारे उपादान विद्रोह कर उठे हैं। विद्रोह भी अजीब किस्म का है। बिस्तर वाचक को अपना इस्तीफा

सौंपता है। वह अपने उस मूल रूप से जा मिलना चाहता है, जिससे वह बिस्तर बना था।

इसी तरह कुर्सी और मेज दोनों संयुक्त रूप से वाचक बनाम गृहस्वामी को सहने से इनकार कर देते हैं। दोनों कहते हैं कि हमें अपने मूल की याद आ रही है। हम अपने पेड़ और उसके अन्दर के चिकने द्रव से मिलना चाहते हैं, जिसके आप हत्यारे हैं—"जी—अब बहुत हो चुका/आपको सहते-सहते/हमें बेहद याद आ रहे हैं/हमारे पेड़ और उनके/भीतर का वह चिकना-सा द्रव/जिसकी हत्या कर दी है आपने।" यहाँ 'आपने' केवल कविता के एकवचन वाचक को सम्बोधित नहीं है, बल्कि यह हमारी पूरी मनुष्य जाति को सम्बोधित है और यह विद्रोही उलाहना केवल पेड़ का नहीं है, बल्कि पूरी प्रकृति का है, जिसको लगातार मनुष्य अपनी महत्त्वाकांक्षा और सभ्यता के विकास के नाम पर क्षत-विक्षत करता जा रहा है।

कविता का वाचक देखता है कि आलमारी में बन्द किताबें भी यहाँ विद्रोह कर रही हैं। वे कह रही हैं—"खोल दो हमें खोल दो/हम जाना चाहती हैं/अपने बाँस के जंगल/और मिलना चाहती हैं/अपने बिच्छुओं के डंक/और साँपों के चुम्बन से।" यहाँ बड़ी विचित्र-सी स्थिति है। किताब जिन कागजों से बनती है वे कागज बाँस से बनते हैं। इन किताबों के कागज में बाँस से मिलने की भयानक तड़प है। इतना ही नहीं, वहाँ वे जंगलों में बिच्छुओं के डंक और साँपों के चुम्बन से मिलना चाहती है। अपनी मूल प्रकृति में जाकर जहरीले जीवों से मिलना भी इन्हें खतरनाक नहीं लगता।

आखिर कविता यहाँ कहना क्या चाहती है? वह कौन-सा अर्थ-गह्वर है, जो यहाँ अनकहा रह गया है। अगर उसका अर्थ-चिह्नन (Tracing) किया जाय, हम अर्थ-गह्वर में प्रवेश करें, तो पता चलेगा कि मूल प्रकृति के ये बिच्छू और साँप भी उतने जहरीले नहीं हैं, जितने जहरीले ये मनुष्य हैं, जो सभ्यता के नशे में अपने मूल से काफी दूर जा पड़े हैं और जिन्हें अपने मूल की न कभी स्मृति आती है और न कभी उस तक लौटने की चिन्ता ही उसे उन्मथित करती है।

वाचक पाता है कि बिस्तर पर पड़ी शॉल भी उससे सर्वाधिक नाराज है, जिसे उसने कुछ दिनों पहले ही कुल्लू में खरीदा था। वह अपनी नाराजगी जाहिर करती हुई बोली—"साहब, आप तो बड़े साहब निकले/मेरा भेंड़ा मुझे कब से पुकार रहा है/और आप हैं कि अपनी देह की कैद में/लपेटे हुए हैं मुझे।" यहाँ शॉल भी उस दुम्बे भेंड़े की पुकार सुन रही है, जिसके शरीर के रोयें से, ऊन से वह निर्मित हुई है। इसे भी अपने मूल की पुकार सुनायी पड़ रही है। यहाँ सम्बोधन में 'साहब' शब्द का प्रयोग बहुत साभिप्राय और सटीक है। आज मनुष्य पश्चिमी सभ्यता का दीवाना

होकर लगातार 'साहब' और 'साह्रब' और 'बड़ा साहब' बनता जा रहा है। उसे अपने मूल की पुकार कभी नहीं सुनायी पड़ती और वह कभी प्रकृति की पुकार नहीं सुन पाता। वह तो अपनी भौतिक सुख-समृद्धि के लिए सारी प्रकृति को कैद करता जा रहा है। पर्यावरण को नष्ट कर रहा है।

वाचक टी.वी. और फोन की भी जोर-जोर से की जा रही चीख-पुकार सुन रहा था। पर उनकी भाषा को वह नहीं समझ रहा था। टी.वी. और फोन ने भी अपने स्वामी का नियन्त्रण खो दिया था। वस्तुतः वे विज्ञान के मशीनी नियन्त्रण में अपने-अपने माध्यम के दुरुपयोग के विरुद्ध जोर-जोर से कह रहे थे।

यह विद्रोह अपने-अपने माध्यमों से पश्चिमी पिशाची सभ्यता के प्रचार-प्रसार किये जाने और आम जन को उसके मूल से विच्छिन्न करने के प्रति था।

वाचक ने नल से टपकते पानी की वह तड़प भी सुनी—"अब तो हद हो गयी/आप अगर सुन सकें तो सुन लीजिये/इन बूँदों की आवाज या आवाज/अब हम यानी आपके सारे-के-सारे कैदी/आदमी की जेल से मुक्त होना चाहते हैं।" मुक्ति की यह इच्छा नल के पानी की नहीं, बल्कि प्रकृति के पाँच तत्त्वों में जल नामक तत्त्व की है, जिसे मनुष्य ने विज्ञान और प्रौद्योगिकी के जरिये तरह-तरह से बाँध रखा है, यहाँ नल की टपकती बूँद की जो तड़प है और उसका आग्रह है, वह केवल अपने लिये नहीं है, बल्कि आदमी के द्वारा प्रकृति के बनाये गये सारे-के-सारे कैदी के लिए है। बिस्तर, कुर्सी और मेज तथा बाँस—ये सभी प्रकृति के क्षिति-तत्त्व से जुड़े हैं। इसलिए मिट्टी पर, स्थल तत्त्व पर जो मनुष्य का नियन्त्रण है, उससे वह मुक्ति चाहते हैं। दुम्बा भेंड़ के रूप में अपने से निम्न जीवधारियों को भी नियन्त्रण से मुक्त करने का आग्रह है। कुल मिलाकर इस कविता में विद्रोह को जिन मूलभूत तत्त्वों से निर्मित पदार्थों के द्वारा दर्शाया गया है, वे दो प्रकृति-तत्त्व ही नहीं हैं, बल्कि टी.वी. और टेलीफोन में पवन और गगन तत्त्व का विद्रोह भी सम्मिलित है। अग्नि तत्त्व का विद्रोह दरवाजे की कड़क में, उसकी ऊष्मा में उभरता है।

कविता का यह चरम उसके अन्तिम बन्ध में उपस्थित होता है, जबकि वाचक विद्रोह के उन स्वरों को सुनते-सुनते घबराकर दरवाजे से बाहर निकलना चाहता है—"अब जा कहाँ रहे हैं"/मेरा दरवाजा कड़का/जब मैं बाहर निकल रहा था।" यहाँ 'अब जा कहाँ रहे हैं'? के कई अर्थ हैं। सामान्य अर्थ तो यही है कि हमारे विद्रोही स्वरों को सुनकर आप हमारी मुक्ति का उपाय नहीं करते, हमें आजाद नहीं करते। अब कौन-सा कुचक्र रचने के लिए आप भाग रहे हैं? व्यंजित यह भी है कि आप जाइये, मत रुकिये, पर उससे पहले हमारा इस्तीफा लीजिये, अपना नियन्त्रण हटाइये

और हमें अपनी कैद से मुक्त कर दीजिये। प्रतीयमान अर्थ यह भी है कि सभ्यता के विकास में, उस विकास के व्यामोह में आप जिस गन्तव्य तक जा रहे हैं, क्या आपको उसकी परिणति मालूम है? क्या हमारे विद्रोह को देखकर आप उस परिणति का अनुमान कर सकते हैं? व्यंजना है कि प्रकृति के ऊपर जितना अधिक नियन्त्रण आपने (मनुष्य ने) किया है, उसकी प्रतिक्रिया में प्रकृति का विद्रोह कभी 'सुनामी' बनकर आता है, कभी भूकम्प-भूचाल बनकर, कभी ज्वालामुखी के फटने का रूप धारण करके और कभी धरती के सीने में लम्बी-लम्बी दरारों का अन्तराल पैदा कर। 'कड़का' शब्द का प्रयोग केवल प्रकृति की डाँट-फटकार को व्यंजित नहीं करता, बल्कि यह चेतावनी भी देता है।

आखिर कविता इस विद्रोह के माध्यम से, जिसके मूल में अपने मूल से मिलने की बेहद तड़प-भरी आकांक्षा है, कहना क्या चाहती है? कविता कहीं-न-कहीं यह सुझाती है कि इनसान भी अपने भीतरी मूल से जुड़ने की ऐसी तड़प पैदा करे, इसलिए दरवाजा उसे बाहर जाने से रोकता है। बाहर निकलने का अर्थ है मूल की ओर मुड़ने की आवाज सुनने से परे हो जाना, दूर हो जाना, दरवाजा इसीलिए कड़ककर आदमी को रोकता है।

यह कविता आदमी के द्वारा सभ्यता के विकास के मद में अनेक रूपों में प्रकृति पर किये जा रहे नियन्त्रण और उसके शोषण को रोकने की दिशा में उसके उपादानों के द्वारा आदमी की अन्तरात्मा की आवाज को जगाना चाहती है, जिससे पर्यावरण का असन्तुलन मिट सके। आदमी दुनिया को प्रलय और विनाश की दिशा में और आगे न ले जाये, बल्कि प्रकृति के साथ सन्तुलन बिठा कर जीना सीख पाये।

कविता विद्रोह के इस समय को 'अजब दृश्य' इसलिए कहती है क्योंकि यह मूल से, प्रकृति से विच्छिन्नता का निरूपण करती है और अपने-अपने उस मूल से मिलने के लिए ही विद्रोह करती है। आदमी के लिए यही बात अचम्भे की है, जबकि अपने मूल से, प्रकृति से आदमी का दूर होता चला जाना ही सबसे बड़ा अजब दृश्य है। पर आदमी इसे सहज-स्वाभाविक विकास समझकर उसी दिशा में सेतु-पर-सेतु पार करता चला जा रहा है।

यदि इस कविता की गूँज को ध्यान से सुनें, तो यह कविता एक और व्यंजित साभिप्रायता को संकेतित करती है। कविता में निरूपित 'कमरा' पूरा 'देश' बन जाता है। इसके सारे उपादान व्यवस्था-तन्त्र के भागीदार बन जाते हैं। उनका विद्रोह इस देश के शासन-तन्त्र में सबसे ऊपर बैठे हुए आदमी के प्रति मुखर होता है। कविता की फैण्टेसी यथार्थ बनने लगती है। उपादान अपना-अपना प्रतिकार्थ खोलने लगते

हैं। कुर्सी, मेज, आलमारी, शॉल—ये चारों उद्यम से जुड़े उद्योगपतियों, उद्यमियों को प्रतीकित करते हैं। किताबें अधीनस्थ खरीदे जाने वाले ज्ञानियों और बुद्धिजीवियों को प्रतीकित करती हैं। नल उन बिचौलियों को प्रतीकित करता है, जो इनकी प्यास लगातार बुझाता रहा है, खतरे के समय में भी इन्हें बचाकर जीवन देता रहा है। फोन और टी.वी. का विरोध भूमण्डलीकरण के हक में इन माध्यमों को 'मिसयूज़' करने का विरोध है, जो भारतीय संस्कृति को चाटते-मिटाते जा रहे हैं। 'दरवाजा', 'जनसमूह' को प्रतीकित करता है, जिनके मार्ग से ये आते और पद-स्थापित होते हैं। 'मूल से मिलना' इनके द्वारा गृहीत और चालू पाश्चात्य सभ्यता का विरोध करते हुए अपनी भारतीय सभ्यता कीं ओर लौटने का संकल्प है—मुझे देवीप्रसाद मिश्र की एक कविता याद आती है—'प्रार्थना के शिल्प में नहीं।' केदार जी की यह कविता जैसे इसी संकल्प की व्याख्या करती हुई राजनीतिक शासन-तन्त्र में उसके अधीनस्थों से ही मुखर किये गये 'विद्रोह' को निरूपित करती है। मिश्र जी की कविता में जो अलग-अलग देव और देवी हैं वे सब केदार जी की कविता में कुशासन-तन्त्र के सर्वोच्च पद पर बैठे प्रभुत्व-सम्पन्न आदमी में ही यहाँ अन्तर्भुक्त और समाहित हो गये हैं।

इस प्रकार इस कविता की साभिप्रायता व्यापक मानवीय हित और देश के हित में अपने मूल से जुड़ने की साभिप्रायता बन जाती है। यह फैण्टेसी-मात्र न रहकर सामान्य यथार्थ से कहीं अधिक बड़े यथार्थ को उजागर करने लगती है। 'विद्रोह' जनवादी विद्रोह के रूप में नहीं उभरता, बल्कि गाँधीवादी दबाव के रूप में उभरता है। इस प्रकार यह कविता 'हिन्द स्वराज' में गाँधी द्वारा निरूपित अपनी मूल सभ्यता के प्रति लौटने के आग्रह को वाणी दे देती है। प्रायः कविताएँ समस्याओं को उठाती, उन्हें निरूपित, बिम्बित और प्रतीकित करती रहती हैं। पर यह कविता व्यंजित रूप में समाधान भी प्रस्तुत करती हैं।—'विद्रोह' के इस समाधान को कवि ने अपने ढंग से मूर्त किया है। यह विद्रोह प्रभुत्व की छाया में रह रहे अधीनस्थों का विद्रोह है। यह 'मिसयूज़' किये जा रहे तकनीकी उपकरणों का विद्रोह है। यह एकमत जन-समूह का विद्रोह है। यह मूल से जुड़कर विकास करने के लिए किया गया विद्रोह है। यहाँ हम सबके लिए जो मानसिकता कविता में साकार और जीवन्त दीखती है, वही मानसिकता यथार्थतः पूरे देश में बननी चाहिए।

26

विवशता

कितना चौड़ा पाट नदी का, कितनी भारी शाम!
कितने खोये-खोये-से हम, कितना तट निष्काम!
कितनी बहकी-बहकी-सी, दूरागत वंशी-टेर!
कितनी टूटी-टूटी-सी, नभ पर विहगी की फेर!
कितनी सहमी-सहमी-सी क्षिति की सुरमयी पिपासा!
कितनी सिमटी-सिमटी-सी जल पर तट-तरु अभिलाषा!
कितनी चुप-चुप गयी रोशनी, छिप-छिप आयी रात!
कितनी सिहर-सिहर कर अधरों से फूटी दो बात!
चार नयन मुस्काये, खोये, भीगे फिर पथराये!
कितनी बड़ी विवशता जीवन की कितनी कह पाये?

यहाँ अग्रप्रस्तुत प्रतिमान के आधार पर उपर्युक्त कविता का विश्लेषण विचलित अग्रप्रस्तुति, विपथित अग्रप्रस्तुति, समान्तरित अग्रप्रस्तुति और विरल अग्रप्रस्तुति के चारों आधारों पर किया जा रहा है।

ध्वनि-स्तर पर स्वर ध्वनि की दृष्टि से प्रत्येक पंक्ति में प्रायः 'इ', 'अ', 'आ' अथवा 'इ', 'अ', 'इ' की पद्धति बनती है। अन्त में 'आ-अ'/'ए-अ'/'आ-आ'/'आ-अ' और 'आ-ए' की पद्धतियाँ दीख पड़ती हैं। पूरी कविता में स्वर ध्वनि-प्रयोग की दृष्टि से 'आ' और 'ई' ध्वनियों के प्रयोग अधिक हुए हैं। 'आ' विवृत ध्वनि है, तो 'ई' संवृत ध्वनि। इस कविता में प्रेम की मुक्तता पर विवशता की बन्दिश को अधिकाधिक रूप में छायी 'ई' ध्वनि का प्रयोग स्पष्ट करता है। पुनः इससे विवशता की गहराई और विस्तृति दोनों का पता चलता है। विवृत ध्वनि विस्तृति को बताती है, तो संवृत ध्वनि गहनता को सूचित करती है। कुल मिलाकर इस कविता में इक्कीस (21) बार 'आ' ध्वनि के प्रयोग हुए हैं तथा पैंतीस (35) बार 'ई' ध्वनि के प्रयोग। इस दृष्टि से विवशता की गहराई अधिक है। 'ई' ध्वनि के प्रयोग में एक विशेषता देखी जाती है कि इसका आवर्तन त्वरा के साथ हुआ है। इस प्रकार इसका चयन-संयोजन समान्तरित रूप में उपस्थित होता है। उदाहरण के लिए–

कितनी भारी	–	2 बार
बहकी-बहकी-सी	–	3 बार
टूटी-टूटी-सी	–	3 बार

सहमी-सहमी-सी	–	3 बार
सिमटी-सिमटी-सी	–	3 बार
कितनी बड़ी	–	2 बार
जीवन की कितनी	–	3 बार
विहगी की	–	2 बार
की सुरमयी	–	2 बार

प्रारम्भ की पंक्ति में कवि ने पहले वाक्यांश में 'आ' ध्वनि के अधिकाधिक प्रयोग किये हैं, लेकिन उसी पंक्ति के दूसरे वाक्यांश में 'ई' ध्वनि के प्रयोग उभर कर आये हैं। यहाँ 'आ' और 'ई' ध्वनियाँ पुल्लिंगता और स्त्रीलिंगता की परिचायिका हो गयी है। उदाहरण के लिए 'कितना चौड़ा पाट नदी का' से पुरुष के जीवन की और 'कितनी भारी शाम' से नारी के जीवन की विवशता का द्योतन होता है। दीर्घ ध्वनियों के अतिरिक्त ह्रस्व ध्वनि में 'इ' ह्रस्व ध्वनि के प्रयोग द्रष्टव्य हैं। जीवन के राग और हर्षोल्लास के जीवन से अनायास खिसक जाने के लिए तथा अवसाद और दुःख के अन्धकार के आने के लिए दीर्घ 'ई' के तुरन्त बाद ह्रस्व 'उ' और ह्रस्व 'इ' के प्रयोग अत्यन्त समीचीन और अधिक सार्थक बन पड़े हैं।

संयोजन की दृष्टि से कहीं दीर्घ ध्वनि का संयोग हुआ है, जैसे 'भारी', 'चौड़ा', 'खोये-खोये', 'बहकी-बहकी-सी', 'टूटी-टूटी-सी', 'सहमी-सहमी-सी', 'सिमटी-सिमटी-सी', तो कहीं ह्रस्व ध्वनि का संयोजन–'चुपचुप', 'छिप-छिप' और 'सिहर-सिहर'। यहाँ दुःख की बोझिलता और दुर्वहता को दीर्घ ध्वनियाँ और दीर्घायित करती हैं, तो संकोच, चुपकी और छिपावे को ह्रस्व ध्वनियाँ अच्छी तरह उजागर कर देती हैं। कृष्ण कुमार शर्मा ने इस कविता का विश्लेषण करते हुए स्वनिक-विश्लेषण में यह स्पष्ट किया है कि इस कविता में प्रयुक्त स्वनिम अघोष अल्पप्राण हैं और महाप्राण ध्वनियाँ बहुत कम हैं। लेकिन इस अल्पप्राणता के रहस्य को इस कविता की सार्थकता के साथ वे नहीं जोड़ पाये हैं। दरअसल 'विवशता' में प्रेमी-प्रेमिका के प्रेम की सान्दर्भिक अल्पप्राणता के कारण अल्पप्राण ध्वनियों के प्रयोग सार्थक हुए हैं। कृष्ण कुमार शर्मा ने स्वर-ध्वनियों की सटीकता पर भी कोई प्रकाश नहीं डाला है। कविता में महाप्राण वर्णों का प्रयोग अल्पतम किया गया है। अधिकांश स्वनिम अघोष, अल्पप्राण है। घोष भी है, तो अल्पप्राण ही। अनुनासिक दो ही प्रयुक्त हुए हैं–न/म। ऊष्म में 'स' सर्वाधिक प्रयुक्त हुआ है। इन कोमल वर्णों से माधुर्य गुण की द्युतिमूलक प्रतीति सम्भव हुई है। 'स' का अधिक प्रयोग आकांक्षा और अवसाद की अभिव्यक्ति में सहायक है। 'उ' का एक बार प्रयोग हुआ है। पर वह 'च' के साथ होने से कटु नहीं

लगता। कृष्ण कुमार शर्मा ने पूरी कविता में 'कितना' शब्द को आवर्तित होने के कारण सर्वाधिक अग्रप्रस्तुत माना है। किन्तु यह तो शब्द-स्तर की समान्तरित अग्रप्रस्तुति-मात्र है। उन्होंने वाक्य-रचना के स्तर पर नवीं पंक्ति की विपथन-मूलक अग्रप्रस्तुति पर बिलकुल ध्यान नहीं दिया है, जबकि इस कविता की सबसे बड़ी अग्रप्रस्तुति और सार्थकता इस नवीं पंक्ति में ही निहित है। यही इस कविता का मुख्य कथ्य है।

अक्षर-योजना की दृष्टि से पहली, दूसरी, तीसरी, चौथी तथा सातवीं, आठवीं पंक्ति की अक्षर-योजना में पंक्ति के अन्त में बद्ध अक्षर-योजना का सहारा लिया गया है। लेकिन इन पंक्तियों के विपरीत पाँचवीं, छठी और नवीं, दसवीं पंक्ति की अक्षर-योजना मुक्त है। कविता में अन्य स्थलों पर जो अक्षर-योजना हुई है, उसमें भी समान्तरता है, जो लय की सृष्टि करती है। पूरी कविता की अक्षर-योजना निम्न रूप में द्रष्टव्य है–

पंक्ति एक [1]कित/[2]ना/[3]चौ/[4]ड़ा/[5]पाट/[6]नदी/[7]का/[8]कित/[9]नी/[10]भा/[11]री/[12]शाम=12
पंक्ति दो कित/ने/खो/ये/खो/ये/से/हम/कित/ना/तट/निष्/काम=13
पंक्ति तीन कित/नी/बहकी/बहकी/सी/दू/रा/गत/बं/शी/टेर=11
पंक्ति चार कित/नी/टू/टी/टू/टी/सी/नभ/पर/विह/गी/की/फेर=13
पंक्ति पांच कित/नी/सह/मी/सह/मी/सी/क्षिति/की/सुर/मयी/पिपा/सा=13
पंक्ति छह कित/नी/सिम/टी/सिम/टी/सी/जल/पर/तट/तरु/अभि/ला/षा=14
पंक्ति सात कित/नी/चुप/चुप/गयी/रो/शनी/छिप/छिप/आ/यी/रात=12
पंक्ति आठ कित/नी/सिहर/सिहर/कर/अध/रों/से/फू/टी/दो/बात=12
पंक्ति नौ चार/नयन/मुस/का/ये/खो/ये/भी/गे/फिर/पथ/रा/ये=12
पंक्ति दस कित/नी/बड़ी/विवश/ता/जी/वन/की/कित/नी/कह/पा/ये=13

'कितना' समान्तरित अग्रप्रस्तुति के रूप में उभरनेवाला शब्द है। यह शब्द-स्तर पर और रूप-स्तर पर समान्तरित सार्वनामिक परिणामवाचक विशेषण है; जिसका प्रयोग इस कविता में विशेषण और क्रिया दोनों ही रूपों में हुआ है। यहाँ 'कितना' शब्द के दो बार प्रयोग से तथा 'कितनी' शब्द के नौ बार प्रयोग से दोनों की अलग-अलग समतामूलक समान्तरित अग्रप्रस्तुति उत्सृजित हुई है। रूप-स्तर पर 'कितना' और 'कितने' के प्रयोग में वचन-विधान की दृष्टि से तथा 'कितना' और 'कितनी' के प्रयोग में लिंग-विधान की दृष्टि से विरोधमूलक समान्तरित अग्रप्रस्तुति उपस्थित हुई है। मूलतः यहाँ अनुपात और परिमाण को घोषित करनेवाला यह समान्तरित अग्रप्रस्तुत शब्द 'प्रतिपाद्य शब्द' के रूप में व्यवहृत हुआ है। पहली दो

पंक्तियों में, पहले और चौथे वाक्यांशों में 'कितना' शब्द का व्यवहार हुआ है, जबकि पहले और दूसरे वाक्यांशों में 'कितना' और 'कितनी' का। 'कितना चौड़ा पाट' के 'कितना' में पुल्लिंगता है, तो 'कितनी भारी शाम' के 'कितनी' में स्त्रीलिंगता। शरीर के अंगों में 'अधर' और 'नयन' अधिक सहभावित हैं। इसी प्रकार 'पिपासा', 'अभिलाषा' और 'विवशता' इनका सहभावन भी द्रष्टव्य है। दूसरी ओर ऐसे आवर्तन-मूलक संयोजन भी द्रष्टव्य हैं, जो अर्थ की प्रभविष्णुता और बिम्ब-विधान की दृष्टि से महत्त्वपूर्ण बन पड़े हैं। 'बहकी-बहकी-सी', 'टूटी-टूटी-सी', 'सहमी-सहमी-सी', 'सिमटी-सिमटी-सी', 'चुपचुप', 'छिपछिप', 'सिहर-सिहर', ऐसे प्रयोग इसी प्रकार के शब्द-गत समान्तरित संयोजन के उदाहरण हैं।

वाक्य स्तर पर पहली पंक्ति से छठी पंक्ति तक क्रिया का एक भी प्रयोग नहीं हुआ है। कवि चाहता तो 'था' या 'है' जैसी क्रिया का प्रयोग कर सकता था, जिससे काल का केन्द्रण हो जाता, पर कवि ने जानबूझकर विवशता के इस बोझिल चित्र को न तो केवल भूतकालिकता में केन्द्रित किया है और न ही केवल वर्तमानकालिकता में। विवशता के अनुभावक के लिए यह बोझिलपन भविष्य में भी वर्तमान रहनेवाला है। अतः छठी पंक्ति तक क्रिया-प्रयोग का सर्वथा अध्याहार कर, अध्याहृत विचलन की सृष्टि करता हुआ कवि इस बोझिल विवशता को कालातीत कर बैठा है। दूसरे, क्रिया-प्रयोग का निषेध करता हुआ वह एक ओर कृदन्तीय विशेषण का लगातार प्रयोग करता गया है, जिससे बिम्बों की निर्मिति घनीभूतता में उपस्थित हो सकी है, तो तीसरी ओर 'फेरना', 'टेरना' जैसी क्रिया को 'फेर' और 'टेर' जैसे संज्ञारूपों में रूपान्तरित कर बैठा है, जिससे इन शब्दों के अर्थों में एक गहराव और ठहराव आ गया है, और चौथी ओर बिम्ब को सूक्ष्मता और केन्द्रण प्रदान करने के लिए वह इसका व्यवहार पूर्वकालिक क्रिया-रूप में भी कर बैठा है।

इस कविता में पहली बार सातवीं पंक्ति से क्रिया के प्रयोग शुरू होते हैं। पूरी कविता में 'गयी', 'आयी', 'फूटी', 'मुस्काये', 'भीगे', 'पथराये' और 'कह पाये' जैसे कुल सात क्रिया-प्रयोग हुए हैं। सातवीं पंक्ति में दो भिन्न वाक्यांशों में एक-एक क्रिया के प्रयोग, आठवीं पंक्ति के पूरे एक वाक्य में एक क्रिया का प्रयोग तथा नवीं पंक्ति में चार क्रिया के नैरन्तर्यमूलक प्रयोग हुए हैं। दसवीं में पुनः एक ही क्रिया का प्रयोग हुआ है, जो संयुक्त क्रिया है।

रूप के स्तर पर 'से', 'सी' जैसे निपात के प्रयोग भी कविता में हुए हैं। पूर्वकालिक क्रिया 'कर' का प्रयोग भी रूप-रचना के स्तर पर देखा जा सकता है। 'सी', 'से' के प्रयोग से रूप-स्तरीय समान्तरता की सृष्टि हुई है।

इस कविता में अर्थगत विचलित अग्रप्रस्तुति संयोजन के अक्ष पर 'शाम' को 'भारी' कहने में उपस्थित होती है। इसके मूल में अस्वीकार्यता है। वस्तुतः 'भारी' ऐसा गुणवाचक विशेषण है जो वजन को द्योतित करता है। पर यहाँ गहन संरचना में यह उदासी के बोझ से भरी शाम है, जो काटे-न-कट पाये! यहाँ नदी के पाट दो व्यक्तियों की जिन्दगी के दो भिन्न किनारों के रूप में प्रस्तुत हुए हैं। इसीलिए यहाँ मापवाले गुण-वाचक विशेषण 'चौड़ा' का व्यवहार हुआ है, जो इन किनारों में दूरी का संकेत करते हैं। यहाँ 'शाम' सम्बन्धों की समाप्ति की शाम बन गयी है। 'निष्काम तट' व्यक्ति के जीवन की निष्कामता को व्यंजित करता है। सम्बन्धों के आकाश पर प्रेमिका की परिक्रमा अत्यल्प और टूटी-उखड़ी दीखती है। प्रेम की द्रुतवंशी-ध्वनि आज बहुत दूर से खण्डित लय में सुनायी पड़ रही है। तटवर्ती वृक्ष की इच्छा सिमट गयी और सीमित हो गयी है।

'नदी' सामान्य नदी भी है और दोनों के जीवन में बहनेवाली प्रेम की नदी भी। 'शाम' प्राकृतिक शाम भी है और दोनों के जीवन के प्रेम-सम्बन्ध की शाम भी। 'हम' प्रेमी और प्रेमिका दोनों ही हैं। उनके जीवन में प्रेम का गन्तव्य तट जो न जाने कभी कितनी इच्छाओं, अभिलाषाओं से परिपूर्ण था, अब निष्काम बनकर रह गया है। 'दूरागत वंशीटेर' प्राकृतिक वंशीधुन भी है और अतीत में बीते प्रेम का वशीरव भी। 'विहगी की फेर' प्राकृतिक बिम्ब भी है और प्रेमिका-रूपी सपनों के आकाश की टूटी-टूटी विहगी की फेर भी। 'क्षिति की सुरमयी पिपासा' प्रेमिका की गहरी प्यास को जाहिर करती है। 'जल-तट तरु-अभिलाषा' प्राकृतिक बिम्ब के साथ-साथ प्रेमिका पर प्रेमी के छाने की अभिलाषा के सिमटाव का भी द्योतन करता है। 'चुप-चुप जाना' निःशब्द जाना है और 'छिप-छिप आना' अनदेखे आना है। 'रोशनी का जाना' दिवस बीतने के साथ-साथ प्रेम-सुख का जाना और 'रात का आना' प्राकृतिक रात के आने के साथ-साथ प्रेम में निराशा और विरह-विच्छेद का आना भी है।

जीवन का सुख चुपके से सरक गया है और दुःख का घटाटोप छिप-छिपकर आ गया है। कवि उस वर्तमान को सूचित करता है, जिसमें अब होंठों से दो बातों का निकलना भी सहज नहीं रहा है। पता नहीं, कितनी सिहरन और कितनी कठिनाई से भर कर दो बात होंठों से फूट पाती है। इस विवशता का कवि ने चार नयनों के पारस्परिक संयोग में घटनेवाली प्रक्रिया से उजागर कर दिया है। यहाँ पहले मुस्कुराहट आती है, फिर आँखे खो-सी जाने लगती हैं, फिर रुदनशीलता होती है, आँखें अश्रु-वृष्टि करती हैं और अन्त में पथरा जाती हैं। 'मुस्काये' और 'खोये' से उल्लास व्यंजित होता है, तो 'भीगे' और 'पथराये' से 'करुण' निरुपायता व्यक्त होती है। यह

पंक्ति वाक्य-स्तर पर विपथित होने के कारण पूरी कविता में सर्वाधिक अग्रप्रस्तुत बन जाती है। विपथित यह इसलिए है कि इसमें एक ओर तो 'कितना', 'कितनी' शब्द का पद्धति-मूलक प्रयोग नहीं है, जो इस वाक्य के अतिरिक्त कविता की शेष सारी पंक्तियों में कवि के मानक साँचे की तरह व्यवहृत है। दूसरे, इस अकेले वाक्य में चार क्रियाओं के लगातार प्रयोग हुए हैं, जैसा इसके पूर्व किसी पंक्ति में नहीं हुआ है। इस प्रकार यह पंक्ति दोनों रूपों में कविता में पहले से निर्मित कवि के साँचे से अलग विपथित अग्रप्रस्तुत रूप में प्रस्तुत होती है। यह विशेषता इसे अन्य पंक्तियों की व्यवस्थित पद्धति से अलग करती है। पूरी विवशता का द्योतन आँखों में मूर्त इस विवशता से हो जाता है। अन्तिम पंक्ति के 'कितनी' के आवर्तक प्रयोग में अर्थ-स्तर पर विरोधमूलक समान्तरता है, क्योंकि 'कितनी' का पहला प्रयोग जहाँ अधिकाधिकता का, 'उतनी' का अर्थ देता है, वहीं अन्तिम पंक्ति में इस शब्द का दूसरा प्रयोग अत्यल्पता का, 'इतनी' का अर्थ देता है।

गहराई से देखें, तो ऐसा लगता है कि कविता में आरम्भ की दो पंक्तियों का और कविता की सबसे अन्तिम पंक्ति का, वाक्य-रचना की दृष्टि से, एक साँचा है। फिर तीसरी पंक्ति से लेकर छठी पंक्ति तक, इन चार पंक्तियों का वाक्य-रचना के लिहाज से एक साँचा है। इसी प्रकार सातवीं और आठवीं पंक्ति का वाक्य-रचना के लिहाज से एक साँचा है। इस प्रकार पूरी कविता में वाक्य-संरचना के तीन परस्पर भिन्न साँचे हमारे सामने उभरकर आते हैं। पर ये साँचे भिन्न होकर भी आपस में बहुत मिलते-जुलते हैं। इन सबसे भिन्न साँचा जो इस कविता में वाक्य-रचना की दृष्टि से एक चौथे प्रकार साँचा हो सकता है, वह नवीं पंक्ति में स्पष्ट होता है। साँचा-संख्या एक में जो समान्तरता उभरती है उसे स्वाभाविक (नैचुरल) समान्तरता कहा जायगा। यहाँ एक निश्चित स्थल पर शब्दों के आवर्तनमूलक प्रयोग देखने को मिलते हैं, लेकिन तीसरी, चौथी, पाँचवीं और छठी पंक्ति में पुनरुक्त विशेषण के बाद जो 'सी' के प्रयोग से समान्तरता उभरती है, उसको स्थलीय समान्तरता (पोजीशनल इक्विवेलेंस) कहेंगे। निश्चित रूप में 'सी' का प्रयोग सदैव बाद में ही होगा, पुनरुक्त विशेषण के आरम्भ में नहीं। इसकी जगह निश्चित है।

इस कविता में विचलन के 'भारी शाम', 'बहकी-बहकी टेर', 'टूटी-टूटी-सी विहगी की फेर', 'सहमी-सहमी-सी पिपासा', 'सिमटी-सिमटी अभिलाषा', 'चुप-चुप गयी रोशनी', 'छिप-छिप आयी रात', 'सिहर-सिहर कर फूटी बात' जैसे प्रयोगों को रेखांकित करते हुए डॉ. शर्मा ने यह बताया है कि ये व्याकरण के विरुद्ध किये गये चमत्कारी प्रयोग हैं। यहाँ यह ध्यानीय है कि विचलन प्रायः दो कारणों से उपस्थित

होता है। कहीं तो वह व्याकरणिकता के उल्लंघन के कारण आता है और कहीं अस्वीकार्यता के कारण। व्याकरणिकता ध्वनि, रूप, शब्द और वाक्य जैसे स्तरों पर क्रियाशील होती है, पर अस्वीकार्यता मूलतः अर्थ-स्तर पर कार्यरत होती है। उपर्युक्त विचलन अस्वीकार्यतापरक हैं। ऐसे विचलन को अव्याकरणिक विचलन के रूप में रेखांकित करना अत्यन्त भ्रामक है। ये वस्तुतः अस्वीकार्यात्मक प्रयोग हैं अथवा अर्थ-स्तरीय विचलन हैं। यहाँ अतिरिक्त नियम के आरोपण से रूप एवं शब्द के स्तर पर समान्तरता उपस्थित होती है।

अस्वीकार्य विचलन के रूप में 'गयी रोशनी' और 'आयी रात' जैसे संयोजन अध्याहृत विचलन को स्पष्ट करते हुए 'सुख की, मिलन के दिनों की रोशनी गयी' तथा 'दुःख की, विरह की रात आयी'—ऐसा अर्थ देने लगते हैं। इसी प्रकार छठी पंक्ति में अध्याहृत और अस्वीकार्य विचलित संयोजन के कारण 'जल' नारी का और 'तटतरु' पुरुष का अर्थ स्पष्ट करने लगता है। यहाँ अतिरिक्त नियम के आरोपण से रूप एवं शब्द के स्तर पर समान्तरता उपस्थित होती है।

इस कविता में एक ओर 'नभ' और 'क्षिति' अर्थ-स्तर पर विषमतामूलक समान्तरित अग्र-प्रस्तुति के उदाहरण हैं तो दूसरी ओर 'क्षिति' और 'जल' भी इसके दृष्टान्त हैं। 'विवशता' में 'नदी', 'पाट', 'तट', 'तरु', 'जल' का एक प्राचल/'पाराडाइम' बनता है। संख्यामूलक विशेषण के दो प्रयोग इस कविता में हुए हैं—'दो' और 'चार'। 'दो' बातों का विशेषण है और 'चार' नयनों का। 'रोशनी' और 'रात' तथा 'गयी' और 'आयी' में भी विषमतामूलक या विरोधी समान्तरता मिलती है। यहाँ 'रोशनी', 'शाम', 'रात' तथा 'नभ' और 'विहगी' भी अपने-अपने 'पाराडाइम' बनाते हैं।

अन्तिम पंक्ति की बहिस्तरीय संरचना में दो गहन अन्तःस्तरीय संरचनाएँ छिपी हुई हैं। इसे इस प्रकार स्पष्ट किया जा सकता है—(क) जीवन की कितनी बड़ी विवशता (है), हम कितनी कह पाये (हैं)? (ख) कितनी बड़ी विवशता है? जीवन की कितनी (विवशता) को हम कह पाये (हैं)?

कवि ने प्रकृति के उपकरणों को भी प्रेमी और प्रेमिका की विवशता में विवश देखा है। यहाँ मानवीय विवशता का प्रभाव प्रकृति में भी प्रतिबिम्बित दीखता है। पूरी कविता प्रेमी और प्रेमिका के जीवन की विवशता को रूपायित करती है, जहाँ सदा-सदा के लिए उनके प्रेम-सम्बन्ध टूट जाते हैं। इस विवशता को नवीं पंक्ति की क्रियाएँ अच्छी तरह से व्यंजित करती हैं तथा 'कितना' शब्द का समान्तरित आवर्तक चयन-संयोजन इसके अनुपात को और भी गहरा देता है। कहना न होगा कि पूरी कविता में 'विवशता' शब्द का चयन विरल (रेयर) अग्रप्रस्तुत शब्द के रूप में हुआ

है, जो अत्यन्त साभिप्राय है। यहाँ स्वशब्द-वाच्यता का दोष भी नहीं है। यह तथ्य इसके संयोजन को देखने से स्पष्ट हो जाता है। एक ओर 'विवशता' शब्द 'जीवन' से जुड़ता है और दूसरी ओर 'कुछ भी न कह पाने' की स्थिति से। दोनों के साथ परिणामवाचक विशेषण 'कितनी' भी संयोजित है। यहाँ तुलना दोनों के अन्तर को स्पष्ट कर देती है। स्थितिगत विवशता के बोझिल अनुपात को (कितनी-उतनी) दो बात किसी भी तरह (कितनी-इतनी) नहीं कह पाती। इससे पुनः एक और विवशता और कविता के कथ्य की कदाचित् सबसे बड़ी विवशता सिरज उठती है—प्रीति-व्यथा की अनभिव्यक्ति की, उसे अभिव्यक्त नहीं कर पाने की विवशता।

27
अकेला

तारीखें भी तीस
और आदमी अकेला
हफ्ते भी चार
और आदमी अकेला
महीने भी बारह
और आदमी अकेला
ऋतुएँ भी छह
और आदमी अकेला
वर्ष भी अनेक
और आदमी अकेला
काम भी बहुत-से
और आदमी अकेला।

इस कविता में भी समान्तरित अग्रप्रस्तुति के अभिलक्षणों के रेखांकन से इसकी समझ और साभिप्रायता प्राप्त होती है। यहाँ प्रमुख समान्तरता शब्द-स्तर पर 'भी' की आवृत्ति की और वाक्य-स्तर पर 'और आदमी अकेला' की आवृत्ति की है। यह समता-मूलक समान्तरता है। शब्द-स्तर पर 'भी' की कुल प्रयुक्ति-संख्या छह है, अर्थात् यह पाँच बार आवृत्त हुआ है। कविता कुल बारह पंक्तियों में लिखी गयी है। इसमें पहली, तीसरी, पाँचवीं और सातवीं पंक्ति का अन्तिम पद संख्या-मूलक विशेषण है। व्याकरणिक इकाई के रूप में इस संख्या-मूलक विशेषण के दोहराव में भी समता-मूलक समान्तरता देखी जा सकती है, किन्तु इनकी निश्चित संख्या में अन्तर है। 'तीस', 'चार', 'बारह' और 'छह', ऐसे ही संख्या-मूलक विशेषण हैं। नवीं और ग्यारहवीं पंक्ति में संख्यावाची विशेषण जैसी व्याकरणिक इकाई के विरुद्ध असंख्यता को निर्दिष्ट करनेवाली विशेषणमूलक व्याकरणिक इकाई का प्रयोग हुआ है—'अनेक' और 'बहुत-से'। इस तरह संख्या-मूलक विशेषण और इन असंख्यतापरक विशेषताओं के बीच अर्थ-स्तर पर विरोधी समान्तरता है। इसी प्रकार पहली, तीसरी, पाँचवीं, सातवीं और नवीं पंक्ति का प्रत्येक पहला (इनीशियल) शब्द समय का एक व्यापक प्राचल (पारामीटर) बनाता है। यहाँ अर्थ की संघटना की दृष्टि से उच्चावच अर्थवत्ता (Hyponym) के तत्त्व मिलते हैं। 'वर्ष' ऐसा ही शब्द है। सबसे पहली पंक्ति में

'तारीख' का प्रयोग किया गया है और नवीं पंक्ति में 'वर्ष' का। इस प्रकार 'तारीख' से 'वर्ष' की ओर इस प्राचल (पारामीटर) की व्यापारशीलता सूचित होती है। यहाँ 'तारीख' से → 'हफ्ते', हफ्ते से → 'महीने', महीने से → 'ऋतुएँ', ऋतुएँ से → 'वर्ष' का स्थानिक क्रम विस्तृत उच्चावच अर्थवत्ता को स्थापित करता है। वर्ष की व्याप्तिशील अर्थवत्ता के भीतर ऊपर निर्दिष्ट समग्र अंग-रूप अर्थवत्ताएँ सिमट आती हैं। प्रोक्ति के स्तर पर सबसे नीचे की दो पंक्तियाँ विपथन के कारण अग्रप्रस्तुत हो जाती है—'काम भी बहुत से और आदमी अकेला'। इससे पहले की सारी प्रोक्तियों में समय के प्राचल (पारामीटर) का विस्तार दिखाया गया है। पाँच प्रोक्तियाँ केवल इस विस्तार को सूचित करती हैं, किन्तु यहाँ छठी प्रोक्ति इस कथ्य से विपथन करती है। कवि अपनी पूर्व प्रोक्ति से अलग हटता है और समय की जगह काम के 'अनेक' होने की, 'बहुत-से' होने की उक्ति व्यक्त कर जाता है। शब्द के स्तर पर 'अकेला' इस कविता का प्रतिपाद्य-शब्द है तथा वाक्य के स्तर पर 'और आदमी अकेला' प्रतिपाद्य-वाक्य। इस दृष्टि से 'काम भी बहुत-से' उन्मीलक (Key)-वाक्यांश हैं।

इस कविता में एक ओर समय का व्यापक प्रसार है। तारीख, हफ्ते, महीने, ऋतुएँ और वर्ष—ये सभी संख्याहीन और असंख्य हैं। दूसरी ओर 'काम' है, और 'काम भी' बहुत सारे। तीसरी ओर 'मनुष्य' है और मनुष्य अकेला है। अकेला मनुष्य 'समय' और 'काम' के बीच तालमेल बिठाता है। अपने अकेलेपन और इनके अनेकपन को देखने-समझने के बाद वही इनमें तारतम्य लाता है। वह जहाँ भोक्ता है, वहीं कारक भी। समय के प्रसार में वह भोक्ता-मात्र है, किन्तु काम के फैलाव में वही उसे साधता है। इस प्रकार वह अपना कारकत्व उपस्थित करता है। कार्य के सहारे ही वह काल-तत्त्व पर विजय प्राप्त कर पाता है। काल उसे क्षीयमान करना चाहता है, पर मनुष्य काम के सहारे अमर बनना चाहता है, तारीख को तवारीख में बदलना चाहता है। आदमी का काम ही इतिहास बनाना है। यहाँ मनुष्य अकेला होकर भी अकेला नहीं है, शक्तिमान है, अपनी उस बुद्धि के कारण, जिसके सहारे वह काम और समय में तालमेल बिठाता है। बहुत-से काम बहुत-सी तारीखों पर छा जाते हैं। बहुत-से काम बहुत-से हफ्तों पर फैल जाते हैं। बहुत-से काम बहुत-से महीनों पर छा जाते हैं, बहुत-से काम बहुत-सी ऋतुओं को घेर लेते हैं, बहुत-से काम बहुत-से वर्षों तक चलते जाते हैं। काम के फैलाव को जीतने का अकेले आदमी के पास एक ही तरीका है, वह है काम की संलग्नता का, काम में जुड़े रहने का। भोक्ता बनकर मनुष्य काल को झेलता है, पर कारक बनकर उसे जीतने की चेष्टा करता है। इस कविता में काल-तत्त्व, कर्म-तत्त्व और मानवीय-तत्त्व को प्रस्तुत करते हुए कवि ने

आदमी के अकेलापन को उसकी दुर्बलता नहीं, उसकी शक्ति के रूप में उपस्थित किया है।

'अकेला' कविता की विचलनपरक अग्रप्रस्तुत विशेषता इसकी क्रियाहीनता है। पूरी कविता में एक भी समापिका क्रिया का कवि ने व्यवहार नहीं किया है। यदि इस अध्याहृत क्रिया को उपलब्ध करने की कोशिश करें तो इसका रूप पहले वाक्य में इस प्रकार बनेगा–

'तारीखें भी तीस (हैं)
और आदमी अकेला (है)।

यहाँ अध्याहृत 'है' हिन्दी की तिङ्न्त क्रिया है, जो सहायक क्रिया के रूप में काम करती है। यह वर्तमान काल का वाचक है। पर 'अकेला' कविता में कवि का जो कथ्य है वह सार्वकालीन या कालातीत है। 'है' के व्यवहार से सिर्फ वर्तमान काल का बोध होता है, जबकि कवि का यह अनुभूत उद्गार सभी कालों के लिए अस्तित्वमय है। कथ्य की इस कालातीतता को दर्शाने के लिए कवि ने हिन्दी-गद्य की इस मानक-पद्धति से यहाँ प्रत्येक पंक्ति में विचलन किया है। फलतः क्रिया का अध्याहार उपस्थित हुआ है। यहाँ विचलन वाक्य-स्तर पर क्रियाशील है। इस विचलन की दूसरी सार्थकता सम्प्रेषण की दृष्टि से भी है, जहाँ कवि पूरी बिम्ब-उद्भूति की गत्वरता और सघनता को उपस्थित करने के लिए 'है' जैसी क्रिया का विचलित लोप कर बैठता है। इसी कारण तारीखों, हफ्तों, महीनों, ऋतुओं और वर्ष के अलग-अलग अनेक होने और आदमी के हर कहीं अकेले होने का एक सघन और संश्लिष्ट बिम्ब उपस्थित होता है। फिर इस संग्रथित बिम्ब को पृष्ठभूमि में धकेलकर एक दूसरा बिम्ब सामने आता है, अग्रप्रस्तुत होता है–'काम भी बहुत-से और आदमी अकेला'।

इस कविता में 'और' निपात का प्रयोग भी ध्यान देने योग्य है। 'और' एक संयोजक-मूलक अव्यय है। वाक्यातीत-स्तर के शैली-चिह्नकों में इसे योगात्मक (एडीटिव) कहा जाता है। ध्यान देने योग्य है कि यहाँ किसी विरोधात्मक (एडवर्सिव) 'पर', 'परन्तु', 'किन्तु', जैसे अव्यय का व्यवहार नहीं किया गया है। इस दृष्टि से 'और' निपात का व्यवहृत होना मनुष्य को काल के प्राचल (पराजइम) के साथ उसके जूझने की शक्ति को जताता है। इसी प्रकार काम के साथ भी 'और' निपात का प्रयोग मनुष्य की सन्नद्धता और संलग्नता को उजागर करता है। मनुष्य के जिस कर्ममय और जुझारू तथ्य का, प्रतिज्ञप्ति (प्रोपोजीशन) के स्तर पर, इस कविता में कथन नहीं किया गया है, उसको यहाँ 'और' निपात का प्रयोग ही स्पष्ट करता है। यदि 'और' की जगह 'पर', 'परन्तु' का प्रयोग हुआ होता, तो आदमी की निःसहायता, निरवलम्बता

और कर्महीनता की अशक्ति द्योतित होती, किन्तु 'और' के सहारे असंख्य तारीखों के समान्तर अकेले आदमी को खड़ा किया गया है, जो असंख्य कामों के समान्तर भी अकेला खड़ा है। यह मनुष्य की जयिष्णुता का गान है, मनुष्य के अकेलापन की त्रासदी नहीं है। इस दृष्टि से यह छोटा निपात 'और' बड़े काम का है, जो गहन संरचना के स्तर पर अत्यन्त साभिप्राय और अर्थवान् है।

इस कविता में बलात्मक निपात 'भी' का प्रयोग कालपक्ष और कर्म-पक्ष को पूरी सबलता के साथ प्रस्तुत करनेवाला है। आदमी के पक्ष में इस 'भी' के समान्तर 'ही' का प्रयोग अध्याहृत है। 'भी' कहीं अभिवर्द्धनशीलता को दर्शाता है, तो कहीं इससे क्रमशः एक-एक संख्यावाची कालक्रम का, विराटता का भी द्योतन होता है, जिन सबके साथ अकेला आदमी जुझारू बना हुआ है। 'भी' एक शृंखलाबद्धता को भी उपस्थित करता है, जबकि आदमी शृंखलाहीन, अकेला है फिर भी वह अपनी जिजीविषा में इन सबके समान्तर कर्मनिरत है।

अन्त में यह स्पष्ट होने लगता है कि अकेला आदमी तीस तरीखों का सामना करता है, चार हफ्तों का सामना करता है, बारह महीनों का सामना करता है, छह ऋतुओं का सामना करता है, बहुतेरे कामों का सामना करता है और काम और समय के सामञ्जस्य पर, उसकी अनुस्यूति पर भी ध्यान देता है।

28
विरोधी

जरूरी नहीं कि जो एक ही जगह के हैं
वे आपस में दोस्त भी हों
लगभग एक जैसी ऊँचाई पर रहते हैं
पहाड़ और बादल
इन्द्रधनुष और ओले
हिरण और चीता
एक ही जगह के रहने वाले हैं
छूना और चिकोटना
इसी तरह एक ही चीज को लेकर
हुनर दो हो सकते हैं
जैसे चेहरे पर चुम्बन और घूँसा।

इस कविता में विरोधी भाषिक समान्तरता के अभिलक्षण प्राप्त होते हैं। इन विरोधों को लें। पहाड़ और बादल में पहाड़ ठोस है और बादल द्रव का बाष्पीकृत रूप। पहाड़ स्थिर है और बादल अस्थिर। पहाड़ स्थायी है और बादल अस्थायी। पहाड़ प्रलम्ब में खड़ा है, किन्तु बादल प्रलम्बहीन विस्तृति में फैला है। पहाड़ की प्रकृति है दृढ़ता, बादल की प्रकृति है द्रवणशीलता। पहाड़ का निर्मातृ तत्त्व है क्षिति, बादल का निर्मातृ तत्त्व है जल और अग्नि, दूसरा निमित्त कारण है और पहला उसका उपादान कारण। बादल हवा के सामने विवश है, पर पहाड़ हवा के सामने अड़ा-खड़ा है। अपने स्वभाव की इस विरोधिता के कारण लगभग एक जैसी ऊँचाई पर होकर भी बादल और पहाड़ परस्पर मित्र नहीं हैं। इनमें विरोध का भाव है। पहाड़ बादल के अस्तित्व को मिटा देता है। इसी प्रकार इन्द्रधनुष और ओले बादल के कारण ही बनते हैं। इन्द्रधनुष मोहक है, ओला घातक। इन्द्रधनुष का स्पर्श सम्भव नहीं है, ओले का स्पर्श सम्भव है। इन्द्रधनुष में रंग हैं और ओला रंगहीन है। दोनों की प्रकृति भिन्न है। इन्द्रधनुष मन को स्पर्श करता है, ओला तन को, पदार्थ को। इन्द्रधनुष जहाँ मन का रंजन करता है, वहाँ ओला पदार्थों का संहार करता है। एक ही प्रकृति से उत्पन्न होने पर भी इनकी प्रकृति भिन्न-भिन्न है, इसी कारण इनमें मित्रता नहीं है। जंगल में हिरण और चीता रहते हैं। जगह एक ही है, किन्तु दोनों ही पशुओं की प्रकृति भिन्न है। चीता मनुष्य के लिए घातक है, किन्तु हिरण नहीं। हिरण चीते से भागता

है और चीता हिरण को मारता है। चीता हिरण का विरोधी है। हिरण संगीतप्रिय है, किन्तु चीता नहीं। एक जगह पर इस संसार में चीता और हिरण की तरह के अलग-अलग स्वभाव के लोग भी रहते हैं, जिनके बीच दोस्ती नहीं हो सकती, क्योंकि इनका सम्बन्ध भक्ष्य-भक्षक का होता है। यह विरोध अस्तित्व को खत्म ही कर डालता है।

'छूने' और 'चिकोटने' की क्रिया उँगलियों से ही होती है। ये दोनों ही व्यापार एक ही स्थान से सम्पादित होने वाले हैं। किन्तु ये दोनों अलग-अलग हुनर हैं। 'छूना' में कोमल स्पर्श होता है और 'चिकोटना' में तिलमिला देनेवाला स्पर्श। छूने में रोमांच, सिहरन और पुलक सम्भव है, जिससे एक आह्लाद की अनुभूति होती है, किन्तु चिकोटने से पीड़ा की अनुभूति होती है। इसी प्रकार एक ही आलम्बन पर दो प्रकार की क्रियाएँ सहज सम्भव हैं, जैसे चेहरे पर चुम्बन और घूँसे की प्रतिक्रिया। चुम्बन की प्रतिक्रिया सम्मोहक और रंजक है। इसका शृंगारिक आधार है, किन्तु घूँसा का हिंसक आधार। चुम्बन उत्फुल्लता देता है, किन्तु घूँसा क्रोध से भरता है। चुम्बन मेल करवाता है और घूँसा विरोध। इसलिए इन दोनों में एक ही आलम्बन के प्रति प्रतिक्रिया होने पर भी विरोध देखा जाता है।

इस कविता में कवि ने पहले विभिन्न संज्ञाओं के बीच मिलनेवाली विरोधी समान्तरता को उपस्थित किया है, फिर एक ही जगह से जुड़ी हुई विभिन्न क्रियाओं को उपस्थित किया है और अन्त में एक आलम्बन के प्रति उभरनेवाली दो विरोधी प्रतिक्रियाओं को दिखाया है। इस प्रकार विरोध की प्रकृति को एक जगह से जोड़कर, एक जैसी ऊँचाई से जोड़कर और एक ही चीज के प्रति व्यक्त प्रतिक्रिया से जोड़कर तीनों रूपों में देखा गया है। विरोधी समान्तरता के ये विभिन्न अर्थपरक अभिलक्षण आलोचक-विश्लेषक को अर्थ की आवयविक अर्थवत्ता से अथवा उसके परमाणु-विखण्डन की प्रक्रिया से प्राप्त होते हैं, जिन्हें पाँच निम्न युग्मों में इस प्रकार देखा जा सकता है–

पहाड़ और बादल

पहाड़	बादल
+ ठोस	+ बाष्पीकृत द्रव
+ स्थिर	+ अस्थिर
+ स्थायी	+ अस्थायी
+ प्रलम्बित	+ विस्तृत
+ दृढ़	+ द्रवणशील

+ क्षिति तत्त्व	+ अग्नि/जल तत्त्व
+ वायु के समक्ष दृढ़	+ वायु के समक्ष विवश

इन्द्रधनुष और ओला

इन्द्रधनुष	ओला
+ मोहक	+ घातक
+ अस्पर्श्य (स्पर्श-असम्भव)	+ स्पर्श्य (स्पर्श-सम्भव)
+ रंगयुक्त	+ रंगहीन
+ चित्त-प्रभावक	+ तन/पदार्थ-प्रभावक
+ चित्तरंजक	+ वस्तु-संहारक

हिरण और चीता

हिरण	चीता
+ मोहक	+ घातक
+ संगीतप्रिय	+ आखेटप्रिय
+ आह्लादक	+ भयप्रद

छूना और चिकोटना

छूना	चिकोटना
+ कोमल स्पर्श	+ तिलमिला देनेवाला स्पर्श
+ रोमांचक	+ पीड़क

चुम्बन और घूँसा

चुम्बन	घूँसा
+ सम्मोहक	+ हिंसक
+ उत्फुल्लताप्रद	+ क्रोधप्रद
+ संयोगमयता	+ विरोधिता

इस कविता की मूल स्थापना है कि एक ही जगह के रहनेवाले आपस में दोस्त हों, यह आवश्यक नहीं है। इसके लिए दूसरे चरण में, जो उदाहरण लिये गये हैं, वे या तो पशु-जगत के हैं अथवा प्रकृति के। किन्तु तीसरे चरण में पहले जो दो क्रियाएँ आयी हैं, वे मानवीय व्यापार हैं, मनुष्य की क्रियाएँ है। 'छूना' और 'चिकोटना'—ये दोनों क्रियाएँ मानवीय हैं। 'चिकोटना' व्यापार तो पूरी तरह मानवीय हैं। इसी प्रकार अन्त में जो दो भाववाचक संज्ञाएँ आयी हैं, 'चुम्बन' और 'घूँसे', ये दोनों भी पूरी तरह मानवीय व्यापार हैं। घूँसे की तरह का व्यापार, अन्य जीवों में नहीं पाया जाता। अब यदि हम कविता के पहले चरण की दूसरी पंक्ति में व्यवहृत 'दोस्त' शब्द को लें तो

पता चलेगा कि दोस्ती का सम्बन्ध भी नितान्त मानवीय सम्बन्ध है। कवि ने पहले चरण की प्रोक्ति में एक अध्याहृत विचलन प्रस्तुत किया है, जो सहज उपलब्ध है। उस प्रोक्ति को अपने पूर्ण रूप में इस प्रकार होना चाहिए—(यह) जरूरी नहीं (है) कि जो (लोग/मनुष्य/व्यक्ति) एक ही जगह के हैं वे (लोग/मनुष्य/व्यक्ति) आपस में दोस्त भी हों।" इससे यह स्पष्ट होता है कि 'दोस्त' शब्द कविता का उन्मीलक मर्म-शब्द (केर्नल/की-वर्ड) है। जैसे 'दोस्ती' का सम्बन्ध मनुष्य और मनुष्य के बीच होता है, वैसे ही 'विरोधिता' का सम्बन्ध भी मनुष्य और मनुष्य के बीच दिखाना ही कवि को अभीष्ट है। बीच में जो शब्द प्राकृतिक-जगत् अथवा पशु-जगत् से लिये गये हैं, वे भी मानवीय गुणवत्ता को उजागर करनेवाले हैं। अवयव-भूतार्थता से प्राप्त अभिलक्षण इस तथ्य को स्पष्ट कर देते हैं। इस प्रकार कविता की यह साभिप्रायता प्रकट होती है कि एक स्थल से जुड़े होकर, एक जैसे ऊँचे पद पर रहकर, एक ही परिवेश के होकर और एक ही आलम्बन से सरोकार रखकर भी व्यक्तियों में परस्पर मैत्री-भाव हो, यह आवश्यक नहीं है। बाहर की समानता से मित्रता नहीं होती, मित्रता आन्तरिक समानता की वस्तु है। यही इस कविता की साभिप्रायता है।